宋代科举制度史

诸葛忆兵◎著

浙江人民出版社

图书在版编目（CIP）数据

宋代科举制度史 / 诸葛忆兵著. — 杭州 ：浙江人民出版社，2023.6

ISBN 978-7-213-11067-2

Ⅰ. ①宋… Ⅱ. ①诸… Ⅲ. ①科举制度-研究-中国-宋代 Ⅳ. ①D691.3

中国国家版本馆CIP数据核字(2023)第077897号

宋代科举制度史

诸葛忆兵 著

出版发行：浙江人民出版社（杭州市体育场路347号 邮编 310006）
市场部电话：(0571)85061682 85176516

责任编辑：朱碧澄　　营销编辑：陈雯怡 陈芊如 张紫懿

责任校对：何培玉　　责任印务：程 琳

封面设计：张合涛

电脑制版：杭州天一图文制作有限公司

印　　刷：杭州广育多莉印刷有限公司

开　　本：710毫米×1000毫米 1/16　　印　　张：27

字　　数：373千字　　插　　页：6

版　　次：2023年6月第1版　　印　　次：2023年6月第1次印刷

书　　号：ISBN 978-7-213-11067-2

定　　价：128.00元

目录

引　言

科举制度是隋唐以来中央政府选官、任官的一种基本制度，指朝廷允许士人自由报考，通过分科、分级考试选拔录用人才、分别任官的一种制度。这种制度肇始于隋代，确立于唐代，到宋代才建立起比较完善的体制。宋代，是科举制度演变的关键时期。明清的科举制度，大致沿袭宋人之变革。“求人之本，唯科场最大。”[①]自宋朝以来，科举制度也是多数朝代选拔官员最为重要的制度。

有关宋代科举制度研究之论著，汗牛充栋，其中又以祝尚书、张希清等先生的著作最为突出。祝尚书先生《宋代科举与文学考论》一书，对宋代科举各级制度做了精要深入的研究，如发解试、省试、殿试、诸科试、词科试等，并对宋代科举制度形式的演变和考试内容的变革都做了大量的梳理澄清之工作，筚路蓝缕，厥功甚伟。张希清先生《中国科举制度通史·宋代卷》承接其后，对宋代科举考试的各个环节有了更加细致周详的介绍。以此为研究起点，有必要从历史演变的角度对宋代科举制度做一番清理，勾勒其大致演变轮廓，清理出史的线索，尤其需要追问“为什么”，即宋代科举制度演变之深层原因。如此追问，必然涉及宋代君王治国理念、宋代独有政治生态、宋代相关政治制度等因素，换言之，就是要在更加开阔的宋代政治与社会环境、制度等背景之下，俯

---

① 〔宋〕富弼：《上仁宗乞革科举之法令牧守监司举士》，〔宋〕赵汝愚编，吴小如等校点：《宋朝诸臣奏议》卷八〇，上海：上海古籍出版社，1999年，上册，第865页。

视宋代科举制度之演变，尽量给出合乎历史真相的回答。

从追问“为什么”的目的出发，需要对纷繁杂多的文献史料做一番正本清源的梳理，撮其大要，去其枝蔓，凸显科举制度史的发展脉络。宋人科举考试门类众多，除进士试之外，还有诸科、制科、词科、武举等考试。本专著以进士试为核心，其他门类考试从略，只有在需要时才会被提及或一笔带过。其原因如下：第一，进士试乃科举制度最核心、最重要的内容，将其梳理清晰，足以呈现制度史之演变过程。如再一一介绍其他门类，只能成为面面俱到之枝蔓。第二，其他科目考试，或者只存在一段时间，或者时断时续，其保存之文献也不如进士试那么完整。如，宋初就没有诸科录取数字，历届制科也没有具体荐举和筛选之文献。文献缺失，就无法做出史的比较和描述。《宋史》云：“宋初承唐制，贡举虽广，而莫重于进士、制科。”①后，制科或停罢，或空设，进士一科独秀。第三，其他门类考试制度之盛衰，祝尚书、张希清等先生已经有很好的研究成果，可以参看。

《宋史》云：“宋之科目……进士得人为盛。”②事实上，进士试占据宋代科举制度的绝大部分内容。宋人时常用“科举”二字指代进士试，如徽宗朝“罢科举”，指的就是罢进士试。本书以这样的思维构建宋代科举制度史，力图对纷繁复杂的历史事件或历史现象做出独特的梳理。当然，见仁见智，读者可以对此作出自己的评判。

---

① 〔元〕脱脱等撰：《宋史》卷一五五《选举志一》，北京：中华书局，1995年，第11册，第3603页。

② 《宋史》卷一五五《选举志一》，第11册，第3604页。

第一章
沿袭与变革期

宋代各项政治制度，最初都是沿袭唐五代，在实际操作过程中，针对以往制度的弊病，根据现实政治的需求，逐步予以变革，宋代科举制度亦如此。就宋代科举制度而言，这样的沿袭与变革过程发生在太祖、太宗、真宗三朝，即史学界通常所言的北宋前期。换言之，这个阶段科举制度通过不断的自身嬗变，以适应当时君主治国之需求。

第一节　太祖朝

宋太祖赵匡胤于公元960年2月登基，卒于公元976年11月，在位17年。[①]赵匡胤策划陈桥兵变以夺取政权，在位期间，主要精力用于稳定内部、统一外部之南征北伐方面，无暇顾及科举制度之建设与变革。所以，这一阶段之科举制度，大致处于沿袭唐五代之状态，所谓“国初取士之科，皆袭唐制。”[②]

一、省试年份与录取人数

宋太祖年间礼部举行省试的年份间隔和进士录取人数，基本上都是沿袭唐代。唐代除特殊情况之外，礼部每年都举行省试，[③]每年都有士人登第，进士录取人数在20—40之间。唐文宗诏云：进士科“礼部岁取登第者三十人，苟无其人，不必充其数。”[④]唐代历届取士，大致都以30人为限，有所伸缩。以唐宪宗在位期间为例，朝廷每年皆开科取士，大体情况见表1-1：

表1-1　唐宪宗在位期间朝廷开科取士情况

年份	进士取数	省试诗赋题
元和元年（806）	23	山出云诗
元和二年（807）	28	贡院楼北新栽小院诗，舞中成八卦赋

① 帝王在位年数及以下的其他统计数字，本书采用四舍五入统计法。如此，在做其他平均值计算时，数字相对准确。

② 〔清〕徐松辑：《宋会要辑稿·选举》三之三二，北京：中华书局，1997年，第5册，第4277页。

③ 据学者统计，唐朝开科“前后凡283年，共开科270次。”参见黄云鹤：《唐宋时期落第士人群体研究》，北京：中华书局，2020年，第14页。

④ 〔宋〕欧阳修等撰：《新唐书》卷四四《选举志上》，北京：中华书局，1986年，第4册，第1168页。

续表

年份	进士取数	省试诗赋题
元和三年（808）	19	
元和四年（809）	20	荐冰诗
元和五年（810）	32	恩赐魏文贞公诸孙旧第以导直臣诗
元和六年（811）	20	金谷园花发怀古诗
元和七年（812）	29	
元和八年（813）	30	履春冰诗
元和九年（814）	27	
元和十年（815）	30	春色满皇州诗，乡老献贤能书赋
元和十一年（816）	33	
元和十二年（817）	35	
元和十三年（818）	32	玉声如乐诗
元和十四年（819）	31	骐骥长鸣诗，王师如时雨赋

资料来源：〔清〕徐松撰，孟二冬补正：《登科记考补正》卷十六至十八，北京：北京燕山出版社，2003年，第671—766页。

赵匡胤在位期间，唯有开宝七年（974）权停贡举。是年，朝廷部署出兵南征，欲吞并南唐，权停贡举或与此相关。将宋太祖在位年间科举相关信息列为表1-2，以作对比：

表1-2　宋太祖在位期间朝廷开科取士情况

年份	进士取数	殿试诗赋题
建隆元年（960）	19	
建隆二年（961）	11	
建隆三年（962）	15	
建隆四年（963）	8	
乾德二年（964）	8	
乾德三年（965）	7	
乾德四年（966）	6	
乾德五年（967）	10	

续表

年份	进士取数	殿试诗赋题
乾德六年（968）	10	
开宝二年（969）	7	
开宝三年（970）	8	
开宝四年（971）	10	
开宝五年（972）	11	
开宝六年（973）	26	悬爵待士诗，未明求衣赋
开宝八年（975）	31	龙舡习水战诗，桥梁渡长江赋

资料来源：诸葛忆兵编著：《宋代科举资料长编·北宋卷》，南京：凤凰出版社，2017年，上册，第1—33页。

对太祖朝进士录取数字做一统计：太祖朝总共录取进士正奏名187名，以在位17年计算，平均每一年度是11名。太祖年间多数年份进士录取名额只有唐代的一半或者更少，与五代十国时取士数相当。[①]考虑到当时众多政权并立、赵宋版图狭小的原因，这是可以理解的。马端临这样解释五代进士取数减少原因："土宇分割，人士流离，固无怪其然。"[②]太祖朝同理。太祖朝唯有最后两年录取名额与唐代相仿，或与开宝七年（974）停考相关，更可能是宇内渐渐混一、国家版图扩大、朝廷一切举措逐步恢复常态所致。

二、积弊延续与矫正

太祖年间进士科取士并没有得到足够重视，唐五代之积弊亦得以沿袭。唐五代科举取士，多数情况下被权贵豪门所把持，[③]不公正不公平的现象比比皆是。如，唐德宗朝权臣李实，便公然逼迫知贡举者录取自己

① "五代十国各政权取士数量低于唐朝，尤其是进士科，不及唐朝一半。"参见《唐宋时期落第士人群体研究》，第27页。

② 〔元〕马端临撰：《文献通考》卷三〇《选举考三》，北京：中华书局，1986年，第283页。

③ 参见傅璇琮：《唐代科举与文学》，西安：陕西人民出版社，1995年，第351—373页。

荐举者。"权德舆为礼部，而（李）实私荐士二十人，迫语曰：'应用此第，不尔，君且外迁！'"[①]约30人的录取名额，李实私荐者要占20人，且以盛气凌人之言语威胁知贡举权德舆。唐代科举积弊由此可见一斑，当时流行语云："及第不必读书，做官何须事业！"[②]

宋朝开国，科举考试舞弊行为，随处可见。豪门权贵也依然视科第为囊中物，肆意干扰科举考试。举四例：

> 太祖时，宋白知举，多受金银，取舍不公。恐榜出群议沸腾，乃先具姓名以白上，欲托上指以自重。上怒曰："吾委汝知举，取舍汝当自决，何为白我？我安能知其可否！若榜出别致人言，当斫汝头以谢众。"白大惧而悉改其榜，使协公议而出之。[③]

> （建隆四年，963）龙捷左厢都指挥使、汉州防御使马仁瑀尝私以士属知贡举薛居正，居正实不许而阳诺之。及闻喜宴日，仁瑀乘醉携所属士慢骂居正，御史中丞刘温叟劾奏仁瑀，上虽怒，曲为容忍。[④]

> （乾德二年，964）屯田员外郎、知制诰高锡以弟铣应进士举，属之开封府推官河南石熙载求首荐。铣辞艺浅薄，熙载弗许，锡深衔之，累于上前言熙载裨赞无状。[⑤]

> （开宝五年，972）有郑伸者，客崇矩门下几十年，崇矩知其险

① 《李实传》，《新唐书》卷一六七，第16册，第5112页。

② 〔宋〕赵令畤撰，孔凡礼点校：《侯鲭录》卷四，北京：中华书局，2002年，第103页。

③ 〔宋〕司马光撰，邓广铭、张希清等点校：《涑水记闻》卷一，北京：中华书局，1997年，第21页。按：宋白太祖年间未曾知贡举，疑为他人，司马光误记姓名。

④ 〔宋〕李焘撰：《续资治通鉴长编》卷四，北京：中华书局，2004年，第1册，第102页。

⑤ 《续资治通鉴长编》卷五，第1册，第127页。

> 诐无行，待之渐薄。伸怨恨，击登闻鼓，告崇矩受太原人席羲叟黄金，私托翰林学士扈蒙与羲叟甲科，引军器库使范阳刘审琼为证。上大怒，召审琼诘问，审琼具言其诬，上怒稍解。癸酉，崇矩罢为镇国节度使。赐伸同进士出身，酸枣县主簿。①

上述案例中，文武官员都会向负责科举考试的官员推荐考生，且荐举行为公然而嚣张，这是唐代“公荐”风习的遗传。太祖虽怒，最初却尽量容忍，这与宋初政治环境和唐五代遗留风气有关。然而，改革科举制度的构思也因此出现。一旦有人举报科举名第私相授受的舞弊行为，即使被证实是诬告，太祖依然处罚了被告的官员，奖励了举报者。这表明帝王越来越不能容忍科举舞弊行为了。

科举不公，举报、喧闹等事件也时时可见。建隆元年（960），“前乡贡《三传》孙兰治《左氏春秋》，聚徒教授。其门人有被黜退者，兰乘醉突入贡部，喧哗不已。”②开宝六年（973），“进士徐士廉等击登闻鼓，诉（李）昉用情，取舍非当。上以问翰林学士卢多逊，多逊曰：‘颇亦闻之。’”③

针对科举制度之种种弊病，太祖的关注度越来越高，在戎马倥偬之际，也在不断予以纠正。建隆三年（962），朝廷诏云：

> 国家悬科取士，为官择人。既擢第于公朝，宁谢恩于私室？将惩薄俗，宜举明文。今后及第举人不得辄拜知举官子孙、弟侄。如违，御史台弹奏。应名姓次第放榜时，并须据才艺高低，从上安排，不得以支科为贵。兼不得呼春官为恩门、师门，亦不得自称门生。除赐宴外，不得辄有率敛。并依后唐长兴元年六月敕处分。④

---

① 《续资治通鉴长编》卷一三，第1册，第289页。

② 《续资治通鉴长编》卷一，第1册，第9页。

③ 《续资治通鉴长编》卷一四，第1册，第297页。

④ 《宋会要辑稿·选举》三之一、二，第5册，第4262页。

后唐明宗长兴元年（930）六月敕云："新及第进士所试新文，委中书门下细览详覆，方具奏闻。不得辄徇人情，有隳事体。"[①]太祖此次诏令，就是"不徇人情"原则的一项落实，史籍将此归纳为一句话："及第举人不得呼知举官为恩门、师门及自称门生。"[②]此举是要杜绝座主、门生纠集成政治等方面的利益集团。而考生后续再通过殿试，中第者通称"天子门生"，就是恩归于君主。

建隆四年（963），朝廷又颁发诏令：

> "礼部贡举人，今后朝臣不得更发公荐，违者重置其罪。"故事，每岁知举，将赴贡闱，台阁近臣得公荐所知者。至是，禁止之。[③]

这项诏令废除了唐代的"公荐"习俗。唐代各类官员或其他名流可以向知贡举者公开推荐考生，已是习俗，《唐摭言》卷六录"公荐"诸多案例。[④]权贵豪门借助"公荐"，最容易上下其手、操纵科举。上文列举的唐代李实、宋代马仁瑀，都是利用"公荐"胁迫知贡举者。所以，曾巩云："旧制，台阁近臣每年得以抱文艺者公荐于贡闱，知举官去取不能无所徇。建隆四年，诏禁止之。"[⑤]

为了改变朝廷高官达贵把持科举考试的现状，太祖特别出台"中书复试"制度。乾德六年（968）：

---

① 〔宋〕王钦若等编：《册府元龟》卷六四二《贡举部》，北京：中华书局，1960年，第8册，第7694页。

② 《续资治通鉴长编》卷三，第1册，第71页。

③ 《宋会要辑稿·选举》三之二，第5册，第4262页。

④ 〔五代〕王定保撰：《唐摭言》卷六，上海：上海古籍出版社，1978年，第63—72页。

⑤ 〔宋〕曾巩撰，王瑞来校证：《隆平集校正》卷二，北京：中华书局，2012年，第69页。

权知贡举王祜擢进士合格者十人，陶谷子邴名在第六。翌日，谷入致谢，上谓左右曰："闻谷不能训子，邴安得登第？"遽命中书复试，而邴复登第。因下诏曰："造士之选，匪树私恩，世禄之家，宜敦素业。如闻党与，颇容窃吹，文衡公器，岂宜私滥！自今举人凡关食禄之家，委礼部具析以闻，当令复试。"①

此诏书详细内容如下：

取士之道，责实为先。今岁辟礼闱，明悬科级，贤良之选，务在得人。世禄之家，尤宜笃学。如闻搢绅之内，朋比相容，论才苟爽于无私，擢第即成于滥进。自今应诸色举人内，有父兄骨肉食禄者，委礼部贡院于奏名之时，并别具开析，当议更与复试。贵于公道，无所屈焉。②

这项举措的目的非常明确，就是针对"世禄之家"之"朋比相容"，"擢第即成于滥进"，努力改变科场不良风气。

殿试制度的确立，初衷也是针对豪门权贵把持科举之弊病。③开宝六年（973），"下第人徐士廉打鼓论榜，诏于讲武殿重试，通放二十六人，贬试官李昉秩。御试自此始。"④因落第士人击鼓告状，太祖举行殿试，原来录取11人，殿试从落第者中再录取15人，合为26人。是年登第者柳开，有如下叙说：

---

① 《续资治通鉴长编》卷九，第1册，第200页。

② 《宋会要辑稿·选举》三之二，第5册，第4262页。

③ 关于宋代殿试，学界已有较多研究。参见祝尚书：《宋代科举与文学考论》，郑州：大象出版社，2006年，第84—110页；张希清：《中国科举制度通史·宋代卷》，上海：上海人民出版社，2015年，第260—320页。

④ 《宋会要辑稿·选举》一之二，第5册，第4231页。

> 太祖皇帝开宝六年，命今仆射李公考试贡举人，取士有不能尽。是时，太祖方刻意务理，思与前代英主并立。然而，刑政德业，世用不变于唐。春，进士徐士廉谋曰："天子起艰难中，识艰难事，每外闻纡横直捷，为梗为利，即薙划增树，急如身病。我当上言有司之不良，堙压中善，取快于帝。"且伏阙下，求见太祖。太祖召与之见，廉即具道贡举人事，请太祖廷试之。曰："方今中外兵百万，提强黜弱，日决自上前，出无敢悖者。惟岁取儒为吏官下百数，常常赘戾，以其授于人而不自决致也。为国家天下，止文与武二柄取士耳！无为其下鬻恩也。"太祖即命礼部试所中、不中贡举人，列于殿廷试之，得百有二十七人，赐登高第，开幸在其数。①

徐士廉所言，正中太祖下怀，殿试因此举行。史籍称："自兹殿试遂为常式。"②宋人叙说并评价云："自唐以来，进士皆为知举门生，恩出私门，不复知有人主。开宝六年（973），下第人徐士廉挝登闻鼓，言久困场屋。乃诏入策进士、终场经学，并试殿庭。……艺祖皇帝以初御试，特优与取放，以示异恩。而御试进士不许称门生于私门，一洗故习，大哉宏模，可谓知所先务矣。"③开宝八年（975），太祖二度主持殿试，诏云："向者登科名级，多为势家所取，致塞孤寒之路，甚无谓也。今朕躬亲临试，以可否进退，尽革畴昔之弊矣。"④将殿试的作用阐述得非常清晰。殿试，又称御试、廷试、亲试，唐代也曾临时举行。太祖开宝六年之后，遂成固定制度，宋代科举发解试、省试、殿试三级考试制度，由此成型。

---

① 《与郑景宗书》，曾枣庄、刘琳主编：《全宋文》卷一二三，第6册，上海：上海辞书出版社；合肥：安徽教育出版社，2006年，第329页。

② 《续资治通鉴长编》卷一四，第1册，第298页。

③ 〔宋〕王林撰，诚刚点校：《燕翼诒谋录》卷一，北京：中华书局，1997年，第2页。

④ 《续资治通鉴长编》卷一六，第1册，第336页。

三、其他沿袭与创新

科举制度对唐五代之沿袭在其他诸多方面得以体现。建隆二年（961）十一月，“诏诸州贡举人员群见讫，就国子监谒先师，迄今行之，循唐制也。”[①]乾德二年（964）正月，颁发诏令云：“旧置制举三科，一曰贤良方正能直言极谏，二曰经学优深可为师法，三曰详闲吏理达于教化。并州府解送，吏部试论三道，共三千字已上，当日内成，取文理优长、人物爽秀者中选。……今后不限内外职官，前资见任，黄衣布衣，并许直诣阁门，进奏请应，朕当亲试，以进时贤。所在明扬，无隐朕意。”[②]唐代“其天子自诏者曰制举，所以待非常之才焉”[③]，可见宋初制举沿此而来。同年九月，“权知贡举卢多逊言诸州所荐士数益多。乃约周显德之制，定《发解条例》及殿罚之式，以惩滥进。诏颁行之。”[④]此沿五代之制，只是国家版图扩大，考生迅速增加，需要《发解条例》予以约束。

太祖朝在科举制度方面偶尔也有全新的举措。主要是两项措施：给食和特奏名。

所谓给食，又称续食，就是朝廷为赴京考生提供食宿和差旅费用。开宝初，“川蜀、荆湖内附，试数道所贡士，县次往还续食。”[⑤]这项举措的初衷乃是收取新归附地区之士心。开宝二年（969）十月，颁布诏令：

> 汉诏吏民明当世之务，习先圣之术者，县次给食，令与计偕，盖优贤之道也。朕开设礼闱，敷求俊乂，四方之士，岁贡而来。眷惟遐远之乡，虑迫道途之费，爰稽古典，用示朝恩。自今应西川、

---

① 〔宋〕王辟之撰，吕友仁点校：《渑水燕谈录》卷六，北京：中华书局，1997年，第67页。

② 《宋会要辑稿·选举》一〇之六，第5册，第4414页。

③ 《新唐书》卷四四《选举志上》，第4册，第1159页。

④ 《续资治通鉴长编》卷五，第1册，第132页。

⑤ 《宋史》卷一五五《选举志一》，第11册，第3606页。

山南、荆湖等道所荐送举人，并给往来公券。仍令枢密院定例施行。[1]

宋人笔记对此也有记载：

远方寒士预乡荐，欲试礼部，假丐不可得，则宁寄举不试，良为可念。谨按：开宝二年十月丁亥，诏西川、山南、荆湖等道，所荐举人并给往来公券，令枢密院定例施行。盖自初起程以至还乡费皆公家。如是而挟商旅于关节，绳之以法，彼亦何辞。今不复闻举此法矣。[2]

因为是战争时期的临时举措，故令分管军政的枢密院“定例施行”。给食的对象和地区都有限定，必须是自己无法负担食宿旅费的“寒士”，必须是新归附中央政权的西川、山南、荆湖诸道。随着全国的统一和政权的稳定，此法随之终止，故后云“今不复闻举此法矣”。

所谓特奏名，就是照顾性地录取年龄较大、屡次落第的考生。《宋史》云：

凡士贡于乡而屡绌于礼部，或廷试所不录者，积前后举数，参其年而差等之，遇亲策士则别籍其名以奏，径许附试，故曰特奏名。[3]

特奏名制度之开端乃在开宝三年（970）。是年三月初一，诏云：“礼部贡院阅进士、诸科十五举以上、曾经终场者，以名闻。”是举，录取特

① 《宋会要辑稿·选举》三之二，第5册，第4262页。
② 《燕翼诒谋录》卷一，第5页。
③ 《宋史》卷一五五《选举志一》，第11册，第3609页。

奏名“司马浦等六十三人”[①]。三月初七，朝廷诏云：

> 汉诏有云：“结童入学，白首空归。”此盖悯乎耆年无成，而推恩于一时也。朕务于取士，期在得人，岁命有司，大开贡部。进者俾升上第，退者俟乎再来。而礼闱相继，籍到十五举已上贡士司马浦等一百六人，皆困顿风尘，潦倒场屋，学固不讲，业亦难专，非以特恩，终成遐弃。浦等宜各赐本科出身。今后不得为例。[②]

诏书特别强调：“今后不得为例。”可见，给食和特奏名在太祖朝都是临时举措。给食制度后来有所恢复和发展变化，特奏名制度则终于固定下来，成为宋代科举制度的特有现象。

综上所述，太祖朝科举制度以沿袭为主，然君主对此逐渐予以关注，不断有所调整，偶尔还有变革创新。

第二节 太宗朝

宋太宗赵光义于公元976年11月登基，卒于公元997年5月，在位21年。太宗在位期间，境内统一战争已经进入尾声，境外曾两次发动伐辽战役，失败后便不再作战。换言之，这一时期战争已经不是朝廷的主要事务，太宗将主要精力转移到国家和平建设方面。太宗登基，又有“烛影斧声”之疑案，人疑其中有政变阴谋。笼络人心，收取士心，都是太宗的当务之急。科举制度正是获取士心的最好途径，因此，太宗在沿袭的基础上，又对科举进行了新的变革。

---

① 《续资治通鉴长编》卷一一，第1册，第243页。

② 《宋会要辑稿·选举》三之三，第5册，第4263页。

一、省试年份与录取人数

太宗朝新的变革，呈杂乱无章之形态，首先表现在科举考试举行的年份和录取人数方面。太宗在位期间，一共有8个年度开科取士。从举行年份看，或年年贡举，类似唐朝和太祖朝；或相隔一年；或相隔二年，类似后来的三年一贡举；或完全停止贡举，即太宗在位最后5年停贡举。详见表1-3：

表1-3 宋太宗在位期间朝廷开科取士情况

年份	进士取数	殿试诗赋论题
太平兴国二年（977）	109	主圣臣贤诗，训兵练将赋
太平兴国三年（978）	74	二仪合德诗，不阵而成功赋，登讲武台观习战论
太平兴国五年（980）	119	明州进白鹦鹉诗，春雨如膏赋，文武何先论
太平兴国八年（983）	229或175	鹦啭上林诗，六合为家赋，文武双兴论
雍熙二年（985）	255	烹小鲜诗，颍川贡白雉赋，玄女授兵符论；淡交如水诗，庭燎赋
端拱元年（988）	160	暑月颁冰诗；冰壶诗；堂上有奇兵诗，一叶落知天下秋赋
端拱二年（989）	186	五色一何鲜诗，圣人不尚贤赋，禹拜昌言论
淳化三年（992）	353	射不主皮诗，卮言日出赋，儒行论

资料来源：诸葛忆兵编著：《宋代科举资料长编·北宋卷》，南京：凤凰出版社，2017年，上册，第36—91页。

注：关于太平兴国八年进士取数，《宋会要辑稿·选举》七之四载："得王世则已下二百二十九人，并赐及第、出身。"第5册，第4357页。《续资治通鉴长编》卷二四载："擢进士长沙王世则而下百七十五人。"第1册，第540页。两书记载不一，待考。又，雍熙二年，二度御试。《续资治通鉴长编》卷二六：三月"己未，上御崇政殿，复试礼部贡举人，得进士须城梁颢等百七十九人。……壬戌，复试，又得进士上元洪湛等七十六人。"第2册，第595页。复试从简，只有诗赋题。两次取士，合计255人。又，端拱元年，三次御试。《续资治通鉴长编》卷二九："先是，翰林学士、礼部侍郎宋白知贡举，放进士程宿以下二十八人。"第2册，第654页。此举没有殿试记载，不知何故。《宋会要辑稿·选举》七之四：闰五月"十七日，帝御崇政殿，试礼部不合格进士，内出《暑月颁冰诗》题，得马国祥已下五十四人。翌日，又出《冰壶诗》题，得张熙尧以下四十七人。"第5册，第4357页。这两次御试，都是针对落第考生，故从简，只有诗题。《宋会要辑稿·选举》七之五：六月"十一日，帝御崇政殿，试武成王庙合格进士，内出《一叶落知天下秋赋》《堂上有奇兵诗》题，得叶齐已下三十一人，并赐及第。"第5册，第4358页。这次御试依然面对落第考生，只有诗赋题。四次取士，合计160人。

权停贡举年份如下：太平兴国元年（976）、太平兴国四年（979）、太平兴国六年（981）、太平兴国七年（982）、雍熙元年（984）、雍熙三年（986）、雍熙四年（987）、淳化元年（990）、淳化二年（991）、淳化四年（993）、淳化五年（994）、至道元年（995）、至道二年（996）、至道三年（997）。

太宗于太平兴国元年登基，至道三年去世，这两个年度权停贡举，还是可以理解的。其他年份停止贡举，显示出太宗没有明确想法，摇摆不定。太平兴国二年（977）取士数遽增，是年十月，便颁布诏令：

> 朕昨以振举滞淹，详求俊乂，乃以清闳之宴，亲校贤能之书。中我悬科，几乎数百，所宜暂停贡举，且使进修。其礼部贡举，宜权罢一年。今年诸州已得解举人，将来特免解。仍令有司颁行天下。①

次年八月，太宗临时改变主意，恢复当年科举考试。史书云：

> 上先诏权罢贡举，复恐场屋间有留滞者，乃诏诸州："去年已得解者，除三礼、三传、学究外，余并以秋集礼部。"②

于是，该年九月举行殿试。唐宋省试和殿试常规是在春季举行，故又称"春试"。唯独太平兴国三年（978）因太宗主意不定，突然于秋季考试。史载："故事，礼部唯春放榜，至是秋试，非常例也。"③

权停贡举始于太平兴国四年（979）。太平兴国三年冬，"诸州贡举人并集，会将亲征河东，罢之。自是，每间一年或二年乃置贡举。"④清楚说明太宗登基后首次权停贡举的原因是战争。然而，综观太宗年间，何

① 《宋会要辑稿·选举》一之二，第5册，第4231页。
② 《续资治通鉴长编》卷一九，第1册，第434页。
③ 《续资治通鉴长编》卷一九，第1册，第434页。
④ 《续资治通鉴长编》卷一九，第1册，第438页。

年开科考试、何年权停贡举，完全乱糟糟，无规律可寻。雍熙二年(985)，三月十五日、十八日相隔仅仅三天，两度御试；端拱元年(988)，甚至三度御试，亦全无章程。再度御试的理由是太宗对贡举官员不信任，怀疑他们营私舞弊或遗漏人才。如，端拱元年第一次殿试之后，"榜既出，而谤议蜂起，或击登闻鼓求别试。上意其遗才，壬寅，召下第人复试于崇政殿。"[①]太宗疑忌心过重，在科举考试方面也得以表现。太宗年间权停贡举常态化，开后代间隔年份举行科举考试之先例。

再来讨论太宗朝的取士数。太宗朝科举，大量增加取士数，史有定评。这是太宗变革科举制度的重大举措。关于太平兴国二年（977）取士，史书记载非常详细：

> 上初即位，以疆宇至远，吏员益众，思广振淹滞，以资其阙。顾谓侍臣曰："朕欲博求俊乂于科场中，非敢望拔十得五，止得一二，亦可为致治之具矣。"先是，诸道所发贡士凡五千三百余人，命太子中允直舍人院张洎、右补阙石熙载试进士，左赞善大夫侯陶等试诸科，户部郎中侯陟监之。于是，礼部上所试合格人名。戊辰，上御讲武殿，内出诗赋题复试进士，赋韵平侧相间依次用。命翰林学士李昉、扈蒙定其优劣为三等，得河南吕蒙正以下一百九人。庚午，复试诸科，得二百七人，并赐及第。又诏礼部阅贡籍，得十五举以上进士及诸科一百八十四人，并赐出身。九经七人不中格，上怜其老，特赐同《三传》出身。凡五百人，皆先赐绿袍、靴、笏，锡宴开宝寺，上自为诗二章赐之。唐时礼部放榜之后，醵饮于曲江，号曰"闻喜宴"，五代多于佛舍名园。周显德中，官为主之。上命中使典领，供帐甚盛。第一、第二等进士并九经授将作监丞、大理评事，通判诸州。同出身进士及诸科并送吏部免选，优等注拟初资职事，判、司、簿、尉。宠章殊异，历代所未有也。薛居正等言取人

① 《续资治通鉴长编》卷二九，第2册，第654页。

太多，用人太骤。上意方欲兴文教，抑武事，弗听。及蒙正等辞，特召令升殿，谕之曰："到治所，事有不便于民者，疾置以闻。"仍赐装钱，人二十万。或云：太祖之幸西京也，洛阳人张齐贤献下并汾、富民、封建、敦孝、举贤、太学、籍田、选良吏、惩奸、谨刑十策。太祖召见便坐，问之，齐贤以手画地条陈，太祖善其四策，齐贤坚执其余策皆善，太祖怒，令卫士拽出。及还，语上曰："我幸西京，惟得一张齐贤，我不欲遂官爵之，汝异时可收以自辅也。"于是齐贤举进士，上决欲置之高等，而有司第其名适在数十人后。上不悦，乃诏进士尽第二等及九经凡一百三十人悉与超除，盖为齐贤故也。①

史书特意将这年的取士数与唐代做对比：

自隋大业中，始设进士科，至唐以来尤盛。当时每岁不过三十人，咸亨、上元中，增旧额为七十人，寻亦复故。开成中，连数岁放四十人，旋复旧制。进士外，以经术登科者，亦不及百人。自帝即位，以州县阙官，故旬浃之中，贡士几三百人，将以补缺员而振滞淹也。②

这一年进士录取109人，数量确实明显增加了。加上诸科和特奏名，取士合计500人。取士数增加的原因，上述文献列举了三种：其一，版图扩大，"疆宇至远"，需要大量的行政官员。其二，"广振淹滞"，朝廷想让更多的考生获取功名。其三，为了张齐贤。第三点明显是民间传说，史书亦不予采信，仅仅是聊备一说而已。前两点的意图是一致的，太宗的解释是"欲兴文教，抑武事"，即国家和平建设的需要，宋朝基本国策由此逐渐转向"重文抑武"。

然而，针对太宗朝取士数增加的史实，还需要以数字统计来做出分

---

① 《续资治通鉴长编》卷一八，第1册，第393—394页。

② 《宋会要辑稿·选举》七之二，第5册，第4356页。

析。因为太宗朝权停贡举年份过多，需要得出取士平均值，才能更加清楚地说明问题。唐代与宋代，历届进士取数大都有明确记载，故以其为案例。太宗朝8个年度科举录取进士正奏名一共1485人，平均每年录取数约为71人。[①]与唐代比较，进士取数翻了一番有余。一方面，太宗朝确实增加了取士数量；另一方面，太宗朝取士数量的增加并不像史籍所言那么夸张，但其为后来进一步增加取士数导夫先路。太宗是一位疑忌心极重的君王[②]，雍熙二年（985）任命权知贡举后，对宰相说："夫设科取士之门，最为捷要。然而近年籍满万余人，得无滥进者乎？"[③]这种既欲市恩又恐被蒙骗的独裁者心态，限制了取士数的进一步扩增。

进士录取数量增加，有必要对登第者分等分甲，在授官时予以不同对待。"分甲次自兴国八年王世则榜始"[④]，此举为后代更为详尽的登第进士分等分甲之先例。雍熙二年（985）次举，史籍便有分等明确记载："得梁颢已下一百七十九人，第为三等。"[⑤]后再分为五等。淳化三年（992）录取进士，"定优劣为五等。第一至三赐及第，第四、第五赐出身。"[⑥]但是，太宗朝登第者分甲或分等，同样无一定之规：

> 分甲取人，始于太平兴国八年，然是年第三甲五十四人，第二甲一百五十七人，反三倍于第三甲之数。端拱元年、二年，则又不分甲。淳化三年，第二甲五十一人，第一甲三百二人，反六倍于第二甲之数，则累科分甲人数之多少无定例也。[⑦]

太宗种种作为，侵夺臣僚职权，引起非议。"雍熙初，贡举人集阙下

① 太平兴国八年取最高值229人，以宋太宗在位21年平均之。
② 参见诸葛忆兵：《宋代宰辅制度研究》，北京：中国社会科学出版社，2000年，第87—89页。
③ 《续资治通鉴长编》卷二六，第2册，第594页。
④ 《渑水燕谈录》卷六，第67页。
⑤ 《宋会要辑稿·选举》七之四，第5册，第4357页。
⑥ 《宋会要辑稿·选举》七之五，第5册，第4358页。
⑦ 《文献通考》卷三〇《选举考三》，上册，第286页。

者殆逾万计，礼部考合格奏名尚不减千人。上自旦及夕，临轩阅试，累日方毕。宰相屡请以春官之职归于有司。”①宋代士人在肯定太宗上述作为的同时，也有批评言论：“太宗皇帝以亲邸勋望，绍有大统。深惩五代之乱，以刷涤污俗、劝人忠义为本。连辟礼闱，收采时俊，每临轩试士，中第者不下数百人。虽俊特者相踵而起，然冗滥亦不可胜言。当时议者多以为非古选士之法。”②

太宗朝敢言之士王禹偁也有类似的批评。端拱二年（989）正月，右拾遗、直史馆王禹偁奏议曰：“二曰艰难选举，抑儒臣而激武臣也。自陛下统御，力崇儒术，亲主文闱，志在得人，未尝求备。大则数年便居富贵，小则数月亟预官常。或一行可观，一言可采，宠锡之数，动逾千万，不独破十家之产，抑亦起三军之心。臣亦其人，固自言耳。但恐授甲之士，有使鹤之言。望减儒冠之赐，以均战士之恩。”③王禹偁所言，与“重文抑武”国策相背，太宗不予理睬。真宗甫即位，王禹偁奏疏再提“艰难选举，使入官不滥”，批评太宗“在位将逾二纪，登第亦近万人。不无俊秀之才，亦有容易而得。”④

二、收取士心与恩宠手段

太宗作为，收取士心之目的十分明显。太平兴国八年（983）科举取士之后，太宗自我表彰说：“朕亲选多士，殆忘饥渴，召见临问，以观其材，拔而用之，庶使岩野无遗逸，而朝廷多君子尔。朕每见布衣搢绅，间有端雅为众所推誉者，朕代其父母喜。或召拜近臣，必为择良日，欲其保终吉也。朕于士大夫无所负矣。”⑤市恩意图，表露无遗。雍熙二年（985），

---

① 《续资治通鉴长编》卷二八，第2册，第640页。

② 〔宋〕田况撰，储玲玲整理：《儒林公议》，《全宋笔记》第一编第五册，郑州：大象出版社，2003年，第88页。

③ 《续资治通鉴长编》卷三〇，第2册，第673页。

④ 《续资治通鉴长编》卷四二，第2册，第898页。

⑤ 《续资治通鉴长编》卷二四，第1册，第547页。

唱名日，“帝按名一一呼之，面赐及第。唱名赐第，盖自是为始。”[①]点滴恩德，皆归君王。王禹偁因此有《应制皇帝亲试贡士歌》颂圣，诗云：

> 天王出震寰海清，奎星灿灿昭文明。诏令郡国贡多士，大张珠网罗群英。皇情孜孜终不倦，日斜犹御金銮殿。宫柳低笼三月烟，炉香飞入千人砚。麻衣皎皎光如雪，一一重瞳亲鉴别。孤寒得路荷君恩，聚首唯言尽臣节。小臣踪迹本尘泥，登科曾赋御前题。屈指方经五六载，如今已上青云梯。位列谏官无一语，自问将何报明主？应制非才但泪垂，强作登歌歌舜禹。[②]

太宗阅读此诗后，非常兴奋，云：“此不逾月，当遍天下。”[③]亟欲全国士人知悉他的恩德与功绩。

取士之后，太宗予以特别尊宠，如“赐绿袍、靴、笏，锡宴开宝寺，上自为诗二章赐之”等。授官方面，同样予以特别眷顾。唐代士人登进士第，不能直接授官，还需参加吏部关试。[④]宋太祖朝登第者，“进士、九经，判入初等职事官。”[⑤]太宗登基首度开科，“第一、第二等进士并九经授将作监丞、大理评事，通判诸州。同出身进士及诸科并送吏部免选，优等注拟初资职事，判、司、簿、尉。宠章殊异，历代所未有也。”[⑥]《文献通考》比较且排列云：

---

① 《宋会要辑稿·选举》一三之一，第5册，第4468页。

② 北京大学古文献研究所编，傅璇琮等主编：《全宋诗》卷六八，北京：北京大学出版社，1995年，第2册，第778页。

③ 《小畜外集序》，〔宋〕苏颂著，王同策等点校：《苏魏公文集》卷六六，北京：中华书局，2004年，下册，第1009页。

④ 参见吴宗国：《唐代科举制度研究》，吉林：辽宁大学出版社，1997年，第64—65页。

⑤ 《续资治通鉴长编》卷八，第1册，第192页。另参见龚延明编著：《宋代官制辞典》，北京：中华书局，1997年，第575页：“初等职官，职官总名。北宋前期选人四等之第二等（含选人第四阶），即防御、团练、军事推官与军、监判官阶。”

⑥ 《续资治通鉴长编》卷一八，第1册，第393—394页。

艺祖、太宗皆留意于科目。然开宝八年，王嗣宗为状元，止授秦州司理参军，尝以公事忤知州路冲，冲怒，械系之于狱。然则当时状元所授之官既卑，且不为长官所礼，未至如后世“荣进素定，要路在前”之说也。至太平兴国二年，始命第一、第二等进士及九经授将作监丞、大理评事，通判诸州，其次皆优等注拟，凡一百三十人。淳化二年试士，第一甲至三百二人，皆赐及第。太宗时，惟此二年科目恩数最为优渥。……愚以为太宗寤寐英贤，如恐不及，时出特恩，以示奖励，故初无一定之例。有如太平兴国二年、三年，第一等、第二等并授通判，而五年则前二十三名授通判，八年则第一甲授知县，雍熙二年第一等为节察推官，淳化三年则止前四名授通判，则累科授官之崇庳无定例也。[①]

授官优宠，然亦“无一定之例”，仍然呈现为变化不定之态势，既显示出独裁者的随性而为，也是科举制度最初变革态的表现。此外，部分登第者升迁迅捷，尤其是状元及第者。吕蒙正“七年为参知政事，十二年而相”[②]，便是一个典型的案例。

考试过程和进士录取之后的种种活动，太宗朝在沿袭唐人的基础上，也予以比较全面的完善。端拱元年（988）：

知贡举宋白等定贡院故事：先期三日，进士具都榜引试，借御史台驱使官一人监门，都堂帘外置案，设银香炉，唱名给印试纸。及试中格，录进士之文奏御，诸科惟籍名而上。俟制下，先书姓名散报之。翌日，放榜唱名。既谢恩，诣国学，谒先圣先师，进士过堂阁下告名。闻喜宴分为两日，宴进士，请丞郎、大两省；宴诸科，

① 《文献通考》卷三〇《选举考三》，上册，第286页。

② 〔宋〕叶梦得撰，徐时仪校点：《避暑录话》卷三，《宋元笔记小说大观》第3册，上海：上海古籍出版社，2007年，第2649页。

请省郎、小两省。缀行期集，列叙名氏、乡贯、三代之类书之，谓之《小录》。醵钱为游宴之资，谓之“酺”，皆团司主之。制下，而中书省同贡院关黄复奏之，俟正敕下，关报南曹、都省、御史台，然后贡院写春关散给。登科之人，例纳朱胶绫纸之直，赴吏部南曹试判三道，谓之“关试”。①

其中，放榜后的唱名、谢恩、期集、谒先师、闻喜宴，都是唐代旧俗，此际则更为规范。这种规范行为，都是为了给予登第士人以更大的恩宠，引起更多士人的艳羡与向往之情，从而更好地达到收取士心之目的。宋人有如下形象的描述：

太宗临轩放榜，三五名以前皆出贰郡符，迁擢荣速。陈尧叟、王曾初中第，即登朝领太史之职，赐以朱韨。尔后状元登第者，不十余年皆望柄用，人亦以是为常，谓固得之也。每殿庭胪传第一，则公卿以下无不耸观，虽至尊亦注视焉。自崇政殿出东华门，传呼甚宠，观者拥塞通衢，人摩肩不可过。锦韉绣毂，角逐争先，至有登屋而下瞰者。士庶倾羡，欢动都邑。洛阳人尹洙，意气横跞，好辩人也。尝曰：“状元登第，虽将兵数十万，恢复幽蓟，逐强虏于穷漠，凯歌劳还，献捷太庙，其荣亦不可及也。”②

太宗上述作为，收取士心的效果也非常明显，宋代文人对此津津乐道，笔记屡有记载，列举数条：

赐诗自兴国二年吕蒙正榜始。③

---

① 《宋史》卷一五五《选举志一》，第11册，第3608页。

② 《儒林公议》，第88页。

③ 《渑水燕谈录》卷六，第67页。

宴新进士吕蒙正等于开宝寺，赐御制诗二首。……至是，官为供帐，岁以为常。先是，进士参选，方解褐衣绿，是岁锡宴后五日癸酉，诏赐新进士并诸科人绿袍、靴、笏。自后以唱第日赐之，惟赐袍、笏，不复赐靴。①

国初取进士，循唐故事，每岁多不过三十人。太宗初即位，天下已定，有意于修文，尝语宰相薛文惠公治道长久之术，因曰："莫若参用文武之士。吾欲科场中广求俊彦，但十得一二，亦可以致治。"居正曰："善。"是岁御试题，以"训练将"为赋，"主圣臣贤"为诗，盖以示参用之意。特取一百九人，自唐以来未有也。②

故事，进士期集，常择榜中最年少者为探花郎。熙宁中始罢之。太平兴国三年，胡秘监旦榜，冯文懿拯为探花，是岁登第七十四人，太宗以诗赐之曰："二三千客里成事，七十四人中少年。"始，唐以礼部放榜，故座主门生之礼特盛，主司因得窃市私恩。上稍欲革其弊，既更廷试，前一岁吕文穆公蒙正为状头，始赐以诗，盖示以优宠之意，至是复赐文懿。然状头诗迄今时有，探花诗后无继者，惟文懿一人而已，最为科举之盛事也。③

同时，太宗沿袭太祖抑制权贵豪门把持科举考试的做法。雍熙二年（985）科举录取名单出来后，"宰相李昉之子宗谔、参知政事吕蒙正之从弟蒙亨、盐铁使王明之子扶、度支使许仲宣之子待问，举进士试皆入等。上曰：'此并势家，与孤寒竞进，纵以艺升，人亦谓朕为有私也！'皆罢

① 《燕翼诒谋录》卷一，第4页。

② 〔宋〕叶梦得撰，宇文绍奕考异，侯忠义点校：《石林燕语》卷五，北京：中华书局，1997年，第71—72页。

③ 〔宋〕阮阅编，周本淳校点：《诗话总龟·后集》卷一，北京：人民文学出版社，1987年，第2页。

之。”[①]太祖还只是令中书复试予以抑制，而太宗干脆将高干子弟直接刷落，不给他们任何中第的机会。可见，太宗所要收取的是更为广大的中下层士人之心。

三、其他沿袭与重要创新

太宗朝部分变革，是对唐代制度的沿袭和回归，或者说这些变革是从唐代制度中汲取经验的。

首先，关注考生出身阶层问题。古代存在出身阶层歧视，唐代科举考试，限制僧侣、工商、吏员出身者，但时而有例外。[②]这些例外大都发生在中晚唐时期，是制度松弛的一种表现，宋初得以继续。太宗欲重整制度，从源头上澄清士流。太平兴国八年（983）十二月，颁布诏令：“朝廷比设贡举，以待贤材。如闻缁褐之流，多弃释老之业，反袭褒博，来窃科名。自今贡举人内有曾为僧道者，并须禁断。”[③]太宗曾就此对宰相等说：“迩来场屋混淆，颇闻有僧道还俗赴举者。此辈不能专一科教，可验操履，他日在官，必非廉洁之士。”[④]

淳化三年（992），朝廷再颁诏令：

> 国家开贡举之门，广搜罗之路，采其乡曲之誉，登于俊造之科。近年举人颇隳前制，不于本贯取解，多是随处荐名。行止莫知，真虚罔辨。乃至工商之子，亦登仕进之途。……州府子细辨认，如不是本贯及工商杂类、身有风疾、患眼目、曾遭刑责之人，并不在解送之限。如违，发解官当行朝典，本犯人连保人并当驳放。如工商杂类人内有奇才异行、卓然不群者，亦许解送。[⑤]

---

① 《续资治通鉴长编》卷二六，第2册，第595页。
② 详见《唐代科举与文学》，第195—201页。
③ 《宋会要辑稿·选举》三之四，第5册，第4263页。
④ 《续资治通鉴长编》卷二四，第1册，第560页。
⑤ 《宋会要辑稿·选举》一四之一五、一六，第5册，第4490页。

宋代关注考生出身阶层问题的数则记载和诏令，时间大都在太宗朝，说明太宗对此特别重视。因出身阶层问题太宗予以抑制的，举二例：

> （端拱二年，989）时中书令史守当官陈贻庆举《周易》学究及第。既而上知之，令追夺所授敕牒，释其罪，勒归本局。谓侍臣曰："科级之设，待士流也，岂容走吏冒进，窃取科名哉！"乃诏："自今中书、枢密院、宣徽学士院、京百司、诸州系职人吏，并不得离局应举。"……又，贡举人中有工贾杂类，或被废疾，及曾罹刑责，不得荐送。其杂类中有茂材异等卓然秀出者，许之。①

> 陈舜封以科第进。及为评事，太宗闻其父为伶人，责宰相不分流品，改授殿直。②

太宗初衷是注重官员伦理道德修养，纯洁官员队伍，以求赵宋王朝世代相传、国家久治长安。但是，为"茂材异等卓然秀出者"留出一路，语气上比唐代诏令松动③，太宗以后，上述出身参加科考者便源源不绝。

其次，限制发解试名额。唐代科举考试，对州府解送，有名额限定："应诸州贡人：上州岁贡三人，中州二人，下州一人。必有才行，不限其数。"④宋初因境内未统一，对各地发解试名额不做限定。乾德二年（964）

---

① 〔宋〕章如愚编撰：《山堂考索·后集》卷三六《士门》，北京：中华书局，1992年，第684页。

② 《林侍郎神道碑》，〔宋〕刘克庄撰，王蓉贵等校点：《后村先生大全集》卷一四五，成都：四川大学出版社，2008年，第7册，第3725页。

③ 唐代工商者不可出任官职，当然也不可参加科考。《旧唐书》卷一四《宪宗纪上》："举人曾为官司科罚，曾任州县小吏，虽有辞艺，长吏不得举送。违者，举送官停任，考试官贬黜。"；《唐会要》卷五二："工商杂色之流。假令术逾侪类。止可厚给财物。必不可授之官秩。"参见〔后晋〕刘昫等撰：《旧唐书》，北京：中华书局，1986年，第2册，第423页；〔宋〕王溥撰：《唐会要》，北京：中华书局，1998年，中册，第912页。

④ 《唐会要》卷二六，上册，第499页。

“卢多逊言诸州所荐士数益多”[1]，已经注意到这个问题，但未得以落实。太宗朝，宇内大致统一，聚集在京城的考生人数剧增。太平兴国七年（982）九月，“上以诸道进士猥杂，或挟书假手，侥幸得官，所至多触宪章，欲惩革之。甲寅，诏所在贡举等州，自今长吏择官考试，合格许荐送。仍令礼部，自今解贡举人，依吏部选人例，每十人为保，有行止逾违为他人所告者，同保并当连坐，不得赴举。”[2]要求各地提高发解士人之质量，其目的之一就是要对发解数量有一定限制。然而，因为没有明确提出限制办法，依然无法遏制发解数量日益增长的势头。淳化三年（992），“诸道贡举人万七千三百，皆集阙下。”[3]宋人对此也多有记载，列举两条：

诸州贡士，国初未有限制，来者日增。淳化三年正月丙午（十一日），太宗命诸道贡举人悉入对崇政殿，凡万七千三百人。时承平未久也，不知其后极盛之时，其数又几倍也。[4]

国初，州郡贡士犹未限数目。太宗始有意广收文士，于是，为守者率以得士多为贵。淳化三年，试礼部遂几二万人，自后未有如是盛者。[5]

发解试荐送者过多，礼部省试终于无法承受，到了必须出台限制名额规定的时候了。至道三年（997）五月：

诏曰：“朝廷为官择人，设科待士，当惩滥进，方尽至公。应两京、诸道州府进士、诸科举人发解及贡院考试条贯，宜令翰林学士、

---

① 《续资治通鉴长编》卷五，第1册，第132页。
② 《续资治通鉴长编》卷二三，第1册，第527—528页。
③ 《续资治通鉴长编》卷三三，第2册，第733页。
④ 《燕翼诒谋录》卷二，第16页。
⑤ 《避暑录话》卷三，第2651页。

> 中书舍人参议，先具发解条贯以闻。”翰林学士承旨宋白等议曰：“国家封域至广，州郡甚多，每岁举人，动以万数，将惩滥进，理在精求。欲乞不限两京、国学及诸道州府，应新旧进士、诸科举人，每秋赋各依前后敕命，委本处逐色差官考试。须是文章经义最精者，每进士一百人只解二十人，九经已下诸科共及一百人，只解二十人赴阙。如将来考试或有缪滥，其逐处发解官并依先敕殿罚。内州府不及一百人处，亦令约此数目解送，但十分中只解送二分。”诏依所奏。[①]

此项规定随着各地参加考试人数的增多或减少，不断有所改动。然而，发解试限定名额的制度，从此得以确立。[②]

再次，加重科考题目的政治化、道德化倾向。唐人进士科考试诗赋题，有政治化、道德化倾向，如宪宗年间的《恩赐魏文贞公诸孙旧第以导直臣诗》等，但更多的只是景物题咏或怀古，如宪宗年间的《山出云诗》《金谷园花发怀古诗》《春色满皇州诗》等。宋代进士考试诗赋题，几乎全部是政治化、道德化的命题，这样的倾向在太祖朝就开始了。太祖朝最后两届殿试诗歌考题为：《悬爵待士诗》《龙舡习水战诗》，皆与时事政治相关。太祖朝只留下两届考题，还不具代表性，太宗朝诗赋考题政治化、道德化倾向则更加明显，仅以诗歌题为例，有《主圣臣贤诗》《二仪合德诗》《烹小鲜诗》《射不主皮诗》等。且喜欢从经典论著中出题，如“烹小鲜”语出《道德经》“治大国若烹小鲜”，“射不主皮”语出《论语》“射不主皮，为力不同科”。相比较而言，唐代科场诗赋题更具审美价值，因此唐代考场偶尔还能出现钱起《湘灵鼓瑟》、祖咏《终南望余雪》等佳作，宋代科场则没有出现一篇具有文学价值诗赋。太平兴国三年（978），殿试“进士加论一首，自是常以三题为准。”[③]除政治化、道德化

---

① 《宋会要辑稿·选举》一四之一六，第5册，第4490页。

② 参见《宋代科举与文学考论》，第19—23页；《中国科举制度通史·宋代卷》，第148—165页。

③ 《续资治通鉴长编》卷一九，第1册，第434页。

之外，再加议论化倾向之引导，宋代科场时文离文学审美越来越远。

除了沿袭类变革之外，太宗朝科举制度有全新的开创。尤其是淳化三年（992）推出的两项重大改革创新：锁院和糊名。[①]锁院出现在省试期间，糊名出现在殿试期间。

宋代科举制度之变革，是君臣共同努力的结果，有大量官员参与其中，尤其是获得临时差遣之权知贡举者，往往是诸多变革的直接推动者和实践者。这些变革有时是自下而上的，先由权知贡举者实践，然后形成固定制度。锁院行为便是如此。锁院，指朝廷公布考官名单后，考官立即进入考试场所贡院锁闭，不再与外界接触，直到录取名单公布才离开贡院。是年正月，"以翰林学士承旨苏易简等权知贡举。易简等以贡举重柄，义在无私，受诏之日，五人便赴尚书省锁宿，更不归私第，以杜绝请托。物论嘉之。"[②]此举至真宗朝成为固定制度。

糊名，指将考生姓名等信息弥封，考官因此无法获知答卷者为何人。"先是，胡旦、苏易简、王世则、梁灏、陈尧叟皆以所试先成，擢上第，由是士争习浮华，尚敏速，或一刻数诗，或一日十赋。将作监丞莆田陈靖上疏，请糊名考校，以革其弊，上嘉纳之。于是，召两省、三馆文学之士，始令糊名考校，第其优劣，以分等级。"[③]糊名制的初衷比较简单，仅仅是为了打击"浮华"文风，因为糊名之后，考官就不知道哪一份试卷是最初交卷者的。古人以稳重踏实作为官员的必要品质之一，考生文风浮华，将来为官可能浮躁浅露，所以，宋人一直关注科场文风问题。后来欧阳修等排斥"太学体"，宗旨与此一致。

关于这一年殿试抑制"浮华"文风，宋人颇多记载，选读三则：

太宗时，亲试进士，每以先进卷子者赐第一人及第。孙何与李

① 关于锁院、糊名制度，学界已有大量的研究论著。参见《宋代科举与文学考论》，第175—181页；《中国科举制度通史·宋代卷》，第321—327、第481—486页。

② 《宋会要辑稿·选举》一九之二，第5册，第4563页。

③ 《续资治通鉴长编》卷三三，第2册，第734页。

庶几同在科场，皆有时名。庶几文思敏速，何尤苦思迟。会言事者上言："举子轻薄，为文不求义理，惟以敏速相夸。"因言："庶几与举子于饼肆中作赋，以一饼熟成一韵者为胜。"太宗闻之大怒，是岁殿试，庶几最先进卷子，遽叱出之。由是何为第一。①

孙何榜，太宗皇帝自出试题《卮言日出赋》，顾谓侍臣曰："比来举子浮薄，不求义理，务以敏捷相尚。今此题渊奥，故使研穷意义，庶浇薄之风可渐革也。"语未已，钱易进卷子，太宗大怒叱出之，自是科场不开者十年。②

会稽钱易，时年十七，日未中，所试三题皆就。言者指其轻俊，特黜之。③

前两条"先进卷子，遽叱出之""钱易进卷子，太宗大怒叱出之"，是笔记者所为，颇具故事性；最后一条是史书所载，平实可信。太宗君臣在这次科考中特别重视文风问题，其导向性是明确的。

太宗朝科举考试制度，宋人评价说："涤污革旧，一新簪笏，则明者亦默知其意焉。"④其提高官员素质是显性目的，收取士心是隐性目的。太宗收取士心之意过于突出，便有马端临之言"无一定之例"，这也成为太宗朝科举制度最为显著的标志。此可视为变革过程中的大动荡、大摇摆，打乱原有制度，新的规范尚且没有完全建立，再加上"人治"这一决定性因素，太宗朝科举制度呈随心所欲之态势。然而，其间仍有某些规律可寻，即考试过程和结果越来越追求公平与公正，登第士人越来越多地获得荣耀与重视。

① 〔宋〕欧阳修撰，李伟国点校：《归田录》卷一，北京：中华书局，1997年，第2页。

② 〔宋〕魏泰撰，李裕民点校：《东轩笔录》卷一，北京：中华书局，1997年，第6页。

③ 《续资治通鉴长编》卷三三，第2册，第734页。

④ 《儒林公议》，第88页。

宋代“以儒立国，士习微恶，世道所关”[①]，所以，赵宋代周而起，除了军事统一南北、恢复国内经济、重建国家制度等要务以外，弘扬士德，改变士风，同样是当务之急。士风盛衰，直接关系国家的前途命运。科举考试是太祖、太宗用来改变士风最为重要的手段之一。北宋初期之科举制度，虽然沿袭与变革并存，然而，改革趋势越来越明显，“以儒立国”之气象昭然显现。后朝沿此路径持续变革科举制度，为两宋王朝输送了大量治国人才。

第三节　真宗朝

宋真宗赵恒于公元997年5月登基，卒于公元1022年3月，在位25年。真宗即位时，对内消灭割据的统一战争已经完全结束，景德元年（1004），宋辽签订“澶渊之盟”，对外战祸得以消弭，北宋内外无战事，真正进入和平发展时期。经历太祖、太宗两朝，“重文抑武”的基本国策得以确立。科举制度作为“重文”的重头戏，得到空前的重视，制度变革加紧步伐，最终完成了与考试环节相关的诸多制度建设。

一、省试年份与录取人数

真宗朝科举考试的年份和录取人数，依然变化不定，承继了太宗朝无规律的做法。真宗在位期间，一共有12个年度开科取士，或年年开科考试，或相隔一年，或相隔四年。其中，咸平五年（1002）、景德二年（1005）、大中祥符元年（1008）三次连续之科考，已合乎后来三年一开科取士之规则。开科情况详见表1–4：

---

① 〔元〕佚名撰，李之亮校点：《宋史全文》卷三四，哈尔滨：黑龙江人民出版社，2004年，下册，第2291页。

表1-4　宋真宗在位期间朝廷开科取士情况

年份	进士取数	殿试诗赋论题
咸平元年（998）	51	
咸平二年（999）	71	
咸平三年（1000）	378	崇德报功诗，观人文以化成天下赋，为政宽猛先后论；膏泽多丰年诗，以贤为宝赋
咸平五年（1002）	38	高明柔克诗，有物混成赋，君子黄中通理论
景德二年（1005）	393	德輶如毛诗，天道犹张弓赋，以八则治都鄙论；昭德塞违诗，建用皇极赋，汉文宣二帝政理孰优论
大中祥符元年（1008）	207	明征定保诗，清明象天赋，盛德大业论
大中祥符二年（1009）	31	神无方诗，大德曰生赋，升降者礼之末节论
大中祥符四年（1011）	31	神以知来诗，礼以承天道赋，何以为大道之序论
大中祥符五年（1012）	126	天险不可升诗，铸鼎象物赋，以人占天论
大中祥符七年（1014）	21	冲气为和诗，道无常名赋，天地何以犹橐籥论
大中祥符八年（1015）	203	君子以恐惧修省诗，置天下如置器赋，顺时慎微其用何先论
天禧三年（1019）	162	君子居易以俟命诗，君子以厚德载物赋，日宣三德论

资料来源：《宋代科举资料长编·北宋卷》，南京：凤凰出版社，2017年，上册，第113—247页。

注：关于咸平三年两次殿试数据：第一次，《宋会要辑稿·选举》七之五、六，第4358页："得陈尧咨已下三百六十五人……赐第一、二、三等及第，四等出身，五等同《三传》学究出身。"《续资治通鉴长编》卷四六，第998页："赐陈尧咨以下二百七十一进士及第，一百四十三人同本科及《三传》学究出身。"《长编》所载此次取士414人，然缺第四等"出身"者，故不取。第二次，《宋会要辑稿·选举》七之七，第4359页："得齐革已下十三人"。第二次殿试仅有诗赋题，两次合计378人。又，景德二年两次殿试。第一次，《宋会要辑稿·选举》七之八，第4359页："得李迪已下二百四十七人"。第二次，《宋会要辑稿·选举》七之九，第4360页："得进士范昭已下一百四十六人"。两次合计393人。又，大中祥符元年取士数，《宋会要辑稿·选举》七之一〇，第4360页："得姚晔已下三百七十人"。《续资治通鉴长编》卷六八，第1533页："赐进士姚晔等一百六人及第，三人同出身，十五人同《三礼》出身，八十三人学究出身。"合计207人。《宋会要辑稿》应当是抄写错讹。又，天禧三年取士数，《宋会要辑稿·选举》七之一三，第4362页："得王整已下二百四十人"。《续资治通鉴长编》卷九三，第2139页："得进士王整以下六十三人，赐及第，八十六人同出身；又赐学究出身者一十三人。"合计162人。《长编》记载更加详尽，故取之。

权停贡举年份如下：咸平四年（1001）、咸平六年（1003）、景德元年（1004）、景德三年（1006）、景德四年（1007）、大中祥符三年（1010）、大中祥符六年（1013）、大中祥符九年（1016）、天禧元年（1017）、天禧二年（1018）、天禧四年（1020）、天禧五年（1021）、乾兴元年（1022）。

年年贡举，有诸多不便。咸平六年（1003）停贡举诏云："言念远方，岁偕上计，未遑肄业，遽已饬装，颇聚学之勤，有异育材之旨。宜令礼部，权停今年贡举。"①真宗朝开始，为了考生学习和赴考之便利，有意识地间隔省试年份，为后来的科考制度开辟先路。换言之，真宗朝省试年份虽然仍不确定，但是逐渐趋向三年一科考。

真宗年间数次科考，具有时代背景之特殊性，需要特别说明。

其一，两次专门殿试河北进士。北宋河北路紧邻辽国，真宗即位初，连年发生边境战争，直至澶渊之盟订立，宋辽边境始复归和平。一方面，需弥补战争对当地士人赴考的影响；另一方面，需要对当地参与保家卫国的士人有所奖励，故真宗朝两度特别举行针对河北等地考生的殿试。

咸平二年（999）四月，"命直史馆刘蒙叟、曾致尧，直昭文馆尹少连，秘阁校理刁衎于武成王庙考试河北及青、齐等州举人。"②咸平三年（1000）二月，诏曰："河北经戎虏侵轶州军举人，除已赴礼部试外，有实曾请解及经礼部试者，委贡院籍名以闻，当议别试。"③五月十八日，"帝御崇政殿，试礼部奏名河北进士……得齐革已下十三人……召殿试下第举人，暨先试武艺及乞量材录用者五百六十八人，各赐装钱三千，慰谕遣之。仍诏礼部并理为一举，且令归募勇士捍寇，俟有劳效，赏以官秩。"④朝廷特别奖励保家卫国士人的意图十分明显。

景德元年（1004），宋辽签订澶渊之盟。景德二年（1005）三月殿试

① 《宋会要辑稿·选举》一之七，第4234页。
② 《宋会要辑稿·选举》一九之三，第4564页。
③ 《宋会要辑稿·选举》三之六、七，第4264—4265页。
④ 《宋会要辑稿·选举》七之七，第4359页。

之后，“命权知贡举赵安仁等，复于尚书省考试河北举人赴常期不及者、其不合格而曾预防城者。……瀛州城守有劳者，即赴殿试。以去冬河朔用兵，举人赴常期不及，故特命延限别试。”[①]是年五月，“帝御崇政殿，试礼部奏名河北举人……得进士范昭已下一百四十六人。”[②]这次河北进士特别录取人数是咸平三年的十几倍，大约是上一年度宋辽战争规模较大、御驾亲征等因素带来的。“上以去岁河北用兵，民甚惊扰，其乘城捍寇奋勇力者，多出士人，欲广示甄采”[③]。宋辽之间大规模战争结束，以后就不再举行此类考试了。

其二，三次因封禅、祭祀带来的考试。真宗为了宣扬自己治理国家的丰功伟绩，与佞臣王钦若等扮演了一出“天书封禅”的闹剧，后又亲祀太清宫，科举考试也必须配合这种种闹剧，因此有了大中祥符年间三次“服勤词学、经明行修”的特别考试。服勤词学，重文章才华；经明行修，重融通经典和道德修养，即要求御驾经过的州府推荐德才兼备的士人参加额外增加的科举考试。

大中祥符元年（1008）十月四日，真宗启程前往泰山。是月二十五日，朝廷即颁布诏书：“车驾所经州府及开封府，有服勤词学、经明行修者，如发解例考试。开封府、兖州各五十人，郓州四十八人，澶、濮州各三十人，进士、诸科相半。来春荐送阙下。”[④]大中祥符二年（1009）四月，再“令国子监举服勤词学、经明行修进士、诸科各十人。前诏止开封府洎所过州军，至是，本监上言，故及之。”[⑤]是年五月七日，诏云：“权罢今年贡举。”[⑥]五月“十五日，命工部侍郎张秉、知制诰周起，于武成王庙试开封府、国子监、兖、郓、澶、濮州解送服勤词学、经明行修

---

① 《宋会要辑稿·选举》三之七，第4265页。
② 《宋会要辑稿·选举》七之九，第4360页。
③ 《续资治通鉴长编》卷六〇，第1340页。
④ 《宋会要辑稿·选举》一四之二〇，第4492页。
⑤ 《续资治通鉴长编》卷七一，第1601页。
⑥ 《宋会要辑稿·选举》一之八，第4234页。

举人。”[①]六月“二十七日，帝御崇政殿，试服勤词学、经明行修举人……得进士梁固等三十一人。”[②]

大中祥符四年（1011）二月，再诏云：“考试服勤词学、经明行修者，开封府五十人，国子监二十人，河中府五十人，西京四十人，陕、郑州各三十人，河阳汜水县、虢州虢略县、同州朝邑县、华州华阴县各七人，进士、诸科相半，今年七月送阙下。”[③]十一月“七日，帝御崇政殿，试服勤词学、经明行修举人，……得进士张师德已下三十一人。”[④]

大中祥符七年（1014）正月，真宗亲祀太清宫。诏云：“应车驾经由州府，有服勤词学及经明行修者，如发解例，考试所业。开封府、亳州各五十人，国子监二十人，进士、诸科相半，限八月一日荐送阙下。”[⑤]九月“十五日，帝御景福殿，试经明行修、服勤词学举人……得进士张观已下二十一人。”[⑥]

实际上，大中祥符二年（1009）、大中祥符四年（1011）、大中祥符七年（1014）三个年度的科举考试，属于针对部分地区少量考生的特别考试，就全国范围而言，这三个年度依然属于“权停贡举”的年份。

真宗朝进士录取人数起伏变化更大。

真宗即位初，已经停止贡举五年，真宗登基后立即表现出对科举考试的极大重视，接二连三地发布指令。咸平元年（998）正月，翰林学士杨砺等受诏知贡举，真宗嘱咐云：“贡举重任，当务选擢寒俊，精求实艺，以副朕心。”[⑦]是年二月：

> 三日，诏曰：“春官取士，抑惟旧章。举而复之，所委甚重。冀

① 《宋会要辑稿·选举》一九之五，第4565页。
② 《宋会要辑稿·选举》七之一一，第4361页。
③ 《宋会要辑稿·选举》一四之二〇、二一，第4492—4493页。
④ 《宋会要辑稿·选举》七之一一，第4361页。
⑤ 《宋会要辑稿·选举》一四之二四，第4494页。
⑥ 《宋会要辑稿·选举》七之一二，第4361页。
⑦ 《续资治通鉴长编》卷四三，第907页。

从精择，以尽至公。宜令礼部贡院考试毕日，录合格人姓名以闻，当议降敕放榜赐及第。如复试有谬滥，知举官重行朝典。”九日，诏曰：“久停贡举，颇滞时才，言念士伦，不忘勤恤。宜令礼部贡院，据合格人数内，进士放五十人，诸科共放百五十人。来年不得为例。”①

这两道诏令能够看出真宗关于科举制度的初衷。首先是“抑惟旧章”，即沿袭旧制。其次，因为“久停贡举”，所以“进士放五十人……来年不得为例。”贡举停摆五年，才将进士取数放宽到50人，可见真宗遵循的是唐朝之旧章。这年进士取数51人，比较严格地落实了真宗的指令。咸平二年（999）贡举，真宗显然已经忘记了“来年不得为例”的指示，对宰辅们说：“今岁举人颇众，若依去年人数，虑单平者有所遗落。进士可增及七十，诸科可增及百八十人。”②这一年进士取数71人，也是贯彻了真宗的旨意。

上述两年贡举，真宗处于“谅阴”时期，免殿试，省试取士数即为最后取士数。这两届取士数一定程度的增加，完全是久停贡举之考生积压带来的。

取士数发生巨大变化的是咸平三年（1000）。此年进士取数，省试“合格奏名进士李庶几已下五百四十七人”，③殿试“得陈尧咨已下三百六十五人”。④淳化三年（992）进士取数为353人，是太宗朝取士最多的一届，咸平三年取士数直接超越淳化三年。究其原因，大约为两点：

第一，大量免解士人参加省试。咸平二年（999）五月诏云：“天下贡举人应三举者，今岁并免取解，自余依例举送。”⑤“进士旧无免解之

---

① 《宋会要辑稿·选举》三之六，第4264页。
② 《宋会要辑稿·选举》三之六，第4264页。
③ 《宋会要辑稿·选举》一之七，第4234页。
④ 《宋会要辑稿·选举》七之五，第4358页。
⑤ 《续资治通鉴长编》卷四四，第943页。

条”，[①]积五代、太祖、太宗及真宗初期之落第士人，应该是一个比较庞大的数字，咸平三年省试突然增加这样一批考生，录取数就应该随之发生变化。

第二，谅阴阶段结束，真宗恢复殿试。真宗即位后前两届贡举之“抑惟旧章”，应该与谅阴免殿试有一定关联，所以真宗才反复嘱托：“如复试有谬滥，知举官重行朝典。”事实上并没有举行复试（殿试），真宗却故意以此警示考官。咸平三年（1000）三月，真宗还特别下诏云：“贡院所试及格举人内，有权要亲族者，具名以闻。”[②]唯恐考官营私舞弊或恩归私门的顾虑非常明显。咸平三年经历御试，登第者皆为天子门生，恩归君王，真宗就可以放心大胆地增加取士数量了。史书载：“上连三日临轩，初无倦怠之色。所擢凡千八百余人，其中有自晋天福中随计者。校艺之详，推恩之广，近代所未有也。”[③]显而易见，真宗非常清楚太宗通过科举收取士心之目的，咸平三年便照章办事了。

到了咸平五年（1002）贡举，“贡举人集阙下者万四千五百六十二人”。[④]进士取数，省试“合格奏名进士王曾已下七十八人”，[⑤]殿试“得王曾已下三十八人”[⑥]，“抑惟旧章”，中规中矩，剔落极多。

咸平五年（1002）之后，除了上述介绍的特殊考试之外，每次贡举进士取数都在一百多人至二百多人之间。如景德二年（1005）试进士，“得李迪已下二百四十七人”，[⑦]加上第二次针对河北考生的考试，进士取数才接近四百人。

---

① 《燕翼诒谋录》卷一，第9页。
② 《宋会要辑稿·选举》三之七，第4265页。
③ 《续资治通鉴长编》卷四六，第998页。
④ 《续资治通鉴长编》卷五一，第1120页。
⑤ 《宋会要辑稿·选举》一之七，第4234页。又，《归田录》卷二载：“咸平五年，陈恕知贡举，选士最精，所解七十二人。”；《东轩笔录》卷一三载：“省榜才放七十二人”。当以北宋人记载为准，此年省试取进士72人。参见《归田录》，第36页；《东轩笔录》，第149页。
⑥ 《宋会要辑稿·选举》七之八，第4359页。
⑦ 《宋会要辑稿·选举》七之八，第4359页。

最后，对真宗朝进士取数做一统计，并得出其平均值：真宗朝12个年度科举共录取进士正奏名1712人，以真宗在位25年计算之，平均每年录取数约为68人。每个年度科举取士数虽然起伏不定，大致保持与太宗朝相当的水准而略有减少。可以说，太宗扩大取士的做法，在真宗朝基本得以确定。

二、保障科场公平公正的诸多举措

宋代一系列保障科场公平公正的重大举措，都是在真宗朝定型的。这些举措，或承袭前朝变革，将之最终确定为朝廷常规制度；或是真宗朝新创，与已有制度相辅相成。

真宗朝，由于制度的不完善，科场舞弊案依然频发。举咸平元年（998）两则案例：

> （六月）庚寅，密州发解官鞠傅坐荐送非其人，当赎金，特诏停任。仍令告谕诸道，以警官吏。上谓辅臣曰："凡所举官，多闻谬滥，宜先择举主，以类求人。今外官要切惟转运使，卿等可先择人，令举之。"①

> （九月）十六日，淄州邹平县令正可象坐考试举人受钱三万，法当绞。诏：贷死，决杖，配少府监役。知州、通判各停官。帝曰："官吏如此，何以柬拔寒俊？"令刑部别定条制以闻。②

咸平五年（1002）爆发科场大案：

> 比部员外郎、直史馆洪湛削籍，流儋州。工部尚书兼御史中丞

① 《续资治通鉴长编》卷四三，第912页。

② 《宋会要辑稿·选举》一九之三，第4564页。

赵昌言、膳部郎中兼侍御史知杂事范正辞并削一任，昌言责授安远行军司马，正辞滁州团练副使。推直官殿中丞高鼎、主簿王化并削两任，鼎责授蕲州别驾，化黄州参军。

先是，有河阴民常德方者，讼临津尉任懿纳贿登第。下御史台鞫，得懿款云："咸平三年补太学生，寓僧仁雅舍。仁雅问懿就举有知识否，懿曰无。仁雅曰：我院内有长老僧惠秦者，多识朝贵，当为道达。懿署纸许银七铤。仁雅、惠秦私隐其二，易为五铤。惠秦素识王钦若，钦若时已在贡院，乃因钦若馆客宁文德、仆夫徐兴纳署纸钦若妻李氏。李氏密召家仆祁睿，书懿名于睿左臂，并口传许赂之数，入省告钦若。及懿过五场，睿复持汤饮至省。钦若遣睿语李氏，令取所许物。懿未即与，而懿预奏名登科，授官未行，丁内艰还乡里。仁雅为文德、惠秦辈所迫，驰书河阴，形于诅詈。"德方者，卖卜县市，获仁雅书以告。昌言具得其事，白请逮钦若属吏。

先是，钦若为亳州判官，睿即其厅干。及代归，以睿从行，虽久事钦若而未除州之役籍。贡举事毕，会州人张续还乡里持服，钦若托为睿解去名籍。至是，钦若自诉，云睿休役之后，始佣于家，而惠秦未尝及门。钦若方被宠顾，上谓昌言曰："朕待钦若至厚，钦若欲银，当就朕求之，何苦受举人赂耶？且钦若才登政府，岂可遽令下狱乎？"昌言争，不能得。乃诏翰林侍读学士邢昺、内侍副都知阎承翰，并驿召知曹州工部郎中边肃、知许州虞部员外郎毋宾古就太常寺别鞫，得懿款云："有妻兄张驾举进士，识湛。懿亦与驾同造湛门，尝以石榴二百枚、木炭百斤馈之。懿之输银也，但凭二僧达一主司，实不知谁何。"至是，昺等缘懿识湛，以为湛纳其银。湛适使陕西，中途召还。时张驾已死，宁文德、徐兴悉遁去。钦若近参机务，门下仆使多新募置，不识惠秦，故无与为证。又钦若固执知举时未有祁睿，而懿款已具，遂以湛受银为实，议法当死，特贷之。懿杖脊，配隶忠靖军。惠秦坐受简及隐银未入己，以年七十余，当赎铜八斤，特杖一百，黥面配商州坑冶。仁雅坐诅詈懿，杖脊，配隶郢州牢城。是狱也，仁雅虽坐诅詈懿索银，而不穷用银之端。

初，王旦与钦若知举，出为同知枢密院事，以湛代之。湛之入贡院，懿已试第三场毕。及官收湛赃，家实无物。湛素与梁颢善，假颢白金器，乃取颢所假者输官。昌言等皆坐故入并及于责。[①]

科场弊案年年有，真宗朝酿成这等大案，与帝王对科举的特别关注有关。此前此后，真宗屡屡颁发相关诏令：

（咸平三年五月）辛卯，诏曰："去岁天下举人，数逾万人，考核之际，缪滥居多。盖其荐送之时，辄容侥幸。合申典宪，以儆官司。又自前贡院举奏诸州不合格举人，朝廷每虑停殿人多，或与宽宥。将惩前弊，再示明文：自今滥有解荐及遗落孤寒实艺之士，并从复试，有不当者，悉论如律。"[②]

（景德元年九月）十七日，令御史台谕馆阁、台省官："有以简札贡举人姓名嘱请者，即密以闻，当加严断。其隐匿不言，因事彰露，亦当重行朝典。"[③]

（景德四年闰五月）二十五日，诏榜贡院门曰："国家儒学斯崇，材能是选。眷惟较艺，务在推公。而近岁有司罔精辨论，尚存请托，有失拟论，其何以待八方英秀之流，辟四海孤寒之路？虑遗贤俊，深轸予衷。今乡赋咸臻，礼闱方启，俾司文柄，慎择春官，用革弊源。别申条制，靡间单平之选，庶无徼幸之人。咨尔众多，咸体予意。"[④]

---

① 《续资治通鉴长编》卷五一，第2册，第1118—1120页。
② 《续资治通鉴长编》卷四七，第2册，第1016页。
③ 《宋会要辑稿·选举》三之七，第5册，第4265页。
④ 《宋会要辑稿·选举》三之八，第5册，第4265页。

宋代君主确定了重文抑武的基本国策，在贯彻以文治国的过程中，急需收取士心，选拔优秀士人，建立相对有能力且廉洁的干部队伍。选官制度关系到朝廷之兴衰，科场选拔之公平公正问题上升到前所未有的重要地位。唐五代以来科举之积弊，已经成为宋代君主最为关心的问题之一，因此，真宗开始着手逐步解决科举制度不公的系列问题。主要有以下三项措施。

第一，弥封，又称糊名、密封、封弥。始于太宗淳化三年（992）之殿试，矛头指向"浮华"文风。真宗朝固定为科举考试之常规，目的是为了保障科举考试过程之公平与公正，且推行至省试阶段。咸平二年（999）正月：

> 乙丑，命礼部尚书温仲舒知贡举，御史中丞张咏、刑部郎中知制诰师颃同知贡举，刑部员外郎董龟玉、太常寺博士王涉同考试及封印卷首，仍当日入院。礼部贡院封印卷首自此始。[①]

封印卷首，即把考卷最上端考生信息予以密封，判卷官因此不能获知答卷者为谁。上引文献提供了两条信息：其一，省试"封印卷首自此始"；其二，"当日入院"之锁院行为此前已经成为常规。咸平三年（1000）三月殿试，"又命国子博士雷说、著作佐郎梅询于殿后封印卷首。"[②]弥封行为亦推行至殿试。

又，景德四年（1007）闰五月：

> 二十九日，帝问宰臣等："天下贡举人几何？"王旦曰："万三千有余人。"帝曰："约常例，奏名几何？"曰："大约十取其一而已。"帝曰："当落者不啻万人矣。必慎择其有司。"旦曰："至于封印卷

---

① 《续资治通鉴长编》卷四四，第2册，第929页。

② 《宋会要辑稿·选举》七之六，第5册，第4358页。

> 首，若朝廷差官，于理亦顺，然须择素有操执者。凡进士、诸科试卷，悉纳封印院糊名，送知举官考校，仍颁其式。知举官考定等级后，复令封之，俟复考毕，参校其得失。”①

宰臣的回答提供了三条信息：其一，“封印卷首”已是常规。其二，弥封制度日益成型，有了专门的“封印院”机构设置。其三，有两度封弥。首次封弥，用于“考校”和“考订等级”；再度封弥，用于“复考”。

弥封制之贯彻落实，既给寒门弟子提供了公平竞争的机会，又为有才华的达官贵族子弟打开了科举之门。“旧制，执政子弟多以嫌不敢举进士。有过省而不敢就殿试者，盖时未有糊名之法也。其后法制既备，有司无得容心，故人亦不复自疑。”②

第二，誊录，即朝廷雇佣专门抄写者，将考生答卷全部誊录一遍，以免考官凭借笔迹或其他记号辨认出考生。这是针对糊名之后，依然可能出现的漏洞之弥补措施。景德二年（1005）四月：

> 丁酉，枢密直学士刘师道责授忠武行军司马，知制诰陈尧咨单州团练副使。先是，师道弟几道举进士，礼部奏名，将廷试。近制，悉糊名校等。尧咨为考官，教几道于卷中密为识号。几道既擢第，或告其事，诏落籍，永不得预举。上初欲含容，不复穷理其事。而师道固求辨理，诏东上阁门使曹利用、兵部郎中边肃、内侍副都知阎承翰诣御史府杂治之，坐论奏诬罔，与尧咨并及于责。大理寺丞王湛者，咸平五年登进士第，与几道同，至是，狱词连及，亦

---

① 《宋会要辑稿·选举》三之八，第5册，第4265页。按：关于这条史料，《续资治通鉴长编》卷六七：“凡礼部封印卷首及点检程试别命官，皆始此。”（第3册，第1512页）其误读之处，学者已有辨析，参见《宋代科举与文学考论》，第176—179页；《中国科举制度通史·宋代卷》，第482—485页。

② 《石林燕语》卷八，第112页。

削官。①

有鉴于此，必须以誊录等手段予以补充。据说，景德四年（1007）颁布的《考校进士程式》就“严设糊名誊录”。②大中祥符八年（1015），“是岁，始置誊录院，令封弥印官封所试卷付之，集书吏录本，诸司供帐，内侍二人监焉。”③书吏抄录的是弥封本试卷，故书吏亦不知答卷者信息。至此，誊录制度完全成熟，有了专设机构，有书吏誊录，内侍监督，朝廷提供饮食。

第三，编排，即去掉试卷卷首的考生信息，以字号为顺序编排试卷。史籍中最早出现“编排”者是大中祥符二年（1009），是年殿试，“龙图阁待制戚纶等二人编排试卷，直史馆王希逸等二人封弥卷首，于《玉篇》中取字为号，乃录本考较。”④大中祥符四年（1011），“内出新定条制：举人纳试卷，内臣收之，先付编排官；去其卷首乡贯状，以字号第之；付弥封官誊写、校勘，用御书院印，始付考官。定等讫，复弥封，送复考官，再定等。编排官阅其同异，未同者再考之；如复不同，即以相附近者为定。始取乡贯状字号合之，乃第其姓名差次并试卷以闻，遂临轩唱第。”⑤编排官成为试卷保密过程中承上启下的重要环节。当代高考等是以阿拉伯字母编排试卷，宋人则以字号编排。⑥天禧三年（1019）殿试，以“直史馆陈尧佐、右正言陈执中为编排官。……殿试之制：……编排之职，无复考验，第据参详所定而已。是岁，尧佐、执中辄有所改

---

① 《续资治通鉴长编》卷五九，第3册，第1328页。

② 〔宋〕文莹撰，郑世刚、杨立扬点校：《玉壶清话》卷五，北京：中华书局，1997年，第50页。又，学界对誊录制也有诸多研究，参见《宋代科举与文学考论》，第179—180页；《中国科举制度通史·宋代卷》，第486—487页。

③ 《续资治通鉴长编》卷八四，第4册，第1913页。

④ 《宋会要辑稿·选举》七之一一，第5册，第4361页。

⑤ 《续资治通鉴长编》卷七六，第3册，第1740页。

⑥ 《宋代科举与文学考论》，第181页；《中国科举制度通史·宋代卷》，第489—491页。

易。”[①]陈尧佐、陈执中因为这次越权行为遭受惩罚，二人“并夺一官。尧佐为起居郎，依前直史馆，监鄂州茶场；执中卫尉寺丞，监岳州酒税……宗道又请以尧佐等妄去留者，明谕贡举人。”[②]而后，编排官职权就非常明确了，宋代制度又规定：“殿试唱名，编排官以试卷列御座之西，对号以次拆封，转送中书侍郎，即与宰相对展进呈，以姓名呼之。军头司立殿陛下，以次传唱。”[③]编排官的工作直到唱名日才结束。

真宗朝防止科举舞弊的措施多种多样。除了上述三项比较重大的之外，其他零零星星的还有许多。如，咸平元年（998）九月，“诏遣官试开封府、国子监发解官亲戚举人。故事，二司交互考试。帝虑涉情弊，故专命官焉。”[④]又，咸平三年（1000）殿试，“始命德裕等考讫，次命白等复之，然后取入等者，帝亲览之。”[⑤]此后，殿试阶段增加复考所，形成规范程序如下：“知举官既考定等级，复令封之进入，送复考所考毕，然后参校得失。”[⑥]又，景德二年（1005）七月，礼部贡院言：“举人除书案外，不许将茶厨、蜡烛等入；除官韵外，不得怀挟书策，犯者扶出，殿一举。”[⑦]是年十二月，礼部贡院言：“进士所纳公卷……请自今并令举人亲自投纳，仍于试纸前亲书家状。如将来程试与公卷全异，及所试文字与家状书体不同，并驳放之。或假用他人文字，辨认彰露，即依例扶出，永不得赴举。”[⑧]又，“大中祥符四年（1011）五月晁迥等奏：引试进士预令于贡院纳案子，试前一日，贡院出榜晓示，逐人排坐位处所。则引试之有坐位榜，自此为始。今亦为之混榜。”[⑨]事实上，此前对考试座

---

① 《宋会要辑稿·选举》七之一三，第5册，第4362页。
② 《续资治通鉴长编》卷九三，第4册，第2140页。
③ 《石林燕语》卷八，第114页。
④ 《宋会要辑稿·选举》一九之三，第5册，第4564页。
⑤ 《宋会要辑稿·选举》七之六，第5册，第4358页。
⑥ 《续资治通鉴长编》卷六七，第3册，第1512页。
⑦ 《燕翼诒谋录》卷二，第11页。
⑧ 《续资治通鉴长编》卷六一，第3册，第1376页。
⑨ 〔宋〕高承撰，〔明〕李果订，金圆、许沛藻点校：《事物纪原》卷三，北京：中华书局，1989年，第167页。

位一直有所安排，[1]如大中祥符元年（1008）殿试，“于殿廊设幔，列坐席，标其姓名。又揭榜，表其次序，令视讫就坐。”[2]大中祥符四年将其定为制度。

真宗朝通过弥封、誊录、编排三大措施和诸多弥补措施，完全改变了唐代以来科场舞弊盛行的状况，最大程度地保证了科举试场之公平公正。真宗朝之后仍然有科场舞弊案，然而总是个别的零星的偶发的，其性质与今日高考偶发之舞弊案相似。自真宗朝改革之后，科举制度成为中国古代专制体制下最为公平公正的一项制度。

三、变革成果的阶段性总结

自太祖朝开始，宋人科举制度在沿袭的基础上不断变革，太宗、真宗两朝作为尤多。宋人科举制度之变革，到了阶段性总结的时候了。朝廷需要将这些方方面面、陆陆续续的变革整理成相对完整的文献，颁布为科举考试之新规。

景德四年（1007）闰五月：

> 十五日，龙图阁待制陈彭年言：“请令有司详定考较进士诗赋、杂文程式，付礼部贡院遵行。”……诏：“贡举《考试进士程式》，宜令彭年与待制戚纶、直史馆崔遵度、姜屿议定。余令彭年各具条制以闻。”[3]

针对臣僚建言，真宗已经不满足于逐项逐处修修补补，而是要制订出台一整套《考试进士程式》。这项工作由陈彭年负责，参与者有戚纶、崔遵度、姜屿等。是年十月：

① 参见《中国科举制度通史·宋代卷》，第333—335页。

② 《续资治通鉴长编》卷六八，第3册，第1533页。

③ 《宋会要辑稿·选举》三之八，第5册，第4265页。

> 翰林学士晁迥等上《考试进士新格》。诏曰："甲乙设科，文章取士。眷惟较艺，素有常规。特用申明，聿加刊定。既遵程式，免误学徒。庶敦奖善之怀，以广至公之道。宜令崇文院雕印，送礼部贡院颁行。"①

显然，为了保证这项重点工程保质保量的完成，真宗又让官阶更高的晁迥领衔主持。

《考试进士新格》文献失传，然而，从参与此项工作官员此前的相关言论和史书零星记载中，还是可以梳理出其中一些内容。景德二年（1005），晁迥和戚纶皆同知贡举。是年七月：

> 丙子，龙图阁待制戚纶与礼部贡院上言："今岁诸道进士仅三千人，诸科万余人。其中文理纰缪、经义十否、九否者甚众，苟非特行约束，必恐益长因循。又虑官吏坐此殿罚，因而避事，全不荐人。窃惟取士之方，合垂经远之制。今请诸色举人各归本贯取解，不得寄应及权买田产立户。诸州取解，发寄应举人，长吏以下请依解十否人例科罪。其开封府委官吏觉察，犯者罪如之。乡里遐远、久住京师者，许于国子监取解，仍须本乡命官委保，判监引验，乃得附学。发解日，奏请差官考试。近年进士多务浇浮，不敦实学。惟钞略古今文赋，怀挟入试。昨者廷试以正经命题，多懵所出。旧敕止许以篇韵入试，今请除官《韵略》外，不得怀挟书策。令监门、巡铺官潜加觉察，犯者即时扶出，仍殿一举。咸平三年诏旨，进士就试，不许继烛。每岁贡院，虽预榜示，然有达曙未出者。今请除书案外，不将茶厨、蜡烛等入。如酉后未就者，驳放之，仍请戒励专习经史。自今开封府、国子监、诸路州府，据秋赋投状举人，解十

① 《宋会要辑稿·选举》一三之九，第5册，第4472页。

之四。如艺业优长，或荒缪至甚，则不拘多少。《开宝通礼义纂》请改为《义疏》，今后《通礼》每场问本经四道、《义疏》六道，六通为合格，本经通二、《义疏》通三亦同。今岁秋赋，止解旧人，新人且令习业。西川、广南旧取解举人，并许免解。今后及第三史、通礼、三礼、三传，除官日比学究、明法，望授月俸多处，贵存激劝。”上以分数至少，约束过严，恐沮仕进之路，乃诏两制、知贡举官同详定以闻。于是，翰林学士晁迥等上议：“令诸州约数解送。或自来举子止有三两人者，欲听全解；或其间才业卓然不群者，别以名闻。南省引试前一日，分定坐次，榜名晓谕，勿容移徙。远人无籍者，令召命官保职，就京府取解。文武升朝官嫡亲，许附国学。先寄应令还本贯者，不得叙理。前举《尚书》、《周易》、学究、明法，经业不广，宜各问疏义六道、经注四道，六通为合格。三礼、三传所习浩大，精熟尤难，请问经注四道、疏义六道，以疏通三以上为合格。余如戚纶等条奏。”从之。①

戚纶等奏请的内容，与进士考试相关的有以下几点：规范发解试制度，考生殿试只许携带《韵略》，严禁“怀挟”，停止“继烛”等。晁迥等复议，大体上都“如戚纶等条奏”，增加了省试之前“分定坐次，榜名晓谕”一条。上述内容在景德二年（1005）已经获得真宗首肯，景德四年（1007）当然会正式进入《考试进士新格》。

再引三则景德四年《考试进士新格》出台时的文献记载：

命有司详定《考校进士程式》，送礼部贡院，颁之诸州。士不还乡里而窃户他州以应选者，严其法。每秋赋，自县令、佐察行义，保任之，上于州；州长、贰复审察得实，然后上本道使者类试。已保任而有缺行，则州、县皆坐罪；若省试而文理纰缪，坐元考官。

① 《续资治通鉴长编》卷六〇，第3册，第1351—1353页。

> 诸州解试额多而中者少，则不必足额。[1]

> 翰林学士晁迥等上《考试进士新格》，诏颁行之。初，陈彭年举进士，轻俊，喜谤主司。宋白知贡举，恶其为人，黜落之，彭年憾焉。于是更定条制，多因白旧事而设关防。所取士不复拣择文行，止较一日之艺。虽杜绝请托，然置甲等者，或非人望，自彭年始也。[2]

> 陈彭年……与晁少保迥、戚密学纶条贡举事，尽革旧式，防闲主司，严设糊名誊录。取《字林》《韵集》《韵略》《字统》，及《三仓》《尔雅》定其字式，为礼部韵及庙国之避。凡科场仪范，遂为著格。[3]

第一则正是戚纶等所言发解试制度问题；第二则所谓“止较一日之艺”，指锁院、弥封、誊录、编排、混榜等保密制度带来的结果；第三则旨为考场字式、用韵、避讳等定下规则，“凡科场仪范，遂为著格”，内容应该相当丰富，可惜流失无考。

大中祥符四年（1011），晁迥重申《礼部贡院条制》，是新规的一部分：

> 请进士就试日，不得张烛，亦不得将入茶担、火燎，汤茶官备。试诗赋日，止许将入《切韵》《押韵》《韵略》，余书悉禁，仍预于贡院纳书案。有司于试前一日排定坐次，榜名告示。至日，监门据姓名引入，依此就座，不得移易。或举人有所请问，主司即与解说。

---

① 《宋史》卷一五五《选举志一》，第11册，第3610页。

② 《续资治通鉴长编》卷六七，第3册，第1497页。

③ 《玉壶清话》卷五，第50页。

举人并不得寄应，仍不得分人田土，虚立户名。违论如法！如有久在乡县，实无户籍，许召命官一人保明行止，非妄冒者，听具本贯家状，于开封府投纳收试。文武升朝官以上骨肉愿于国学请解者，托陈本贯，投状试补。旧是寄应举人，今欲归本贯者，不得叙理前举。其《开宝通礼义纂》，望改为疏。自今所试墨义，每场问正经五道、义疏五道，通六为合格。①

是年殿试落实的《亲试进士条制》，亦为新规的一部分：

凡策士，即殿两庑张帘，列几席，标姓名其上。先一日表其次序，揭示阙外，翌旦拜阙下，乃入就席。试卷，内臣收之，付编排官，去其卷首乡贯状，别以字号第之；付封弥官誊写校勘，用御书院印，付考官定等毕，复封弥送复考官再定等。编排官阅其同异，未同者再考之；如复不同，即以相附近者为定。始取乡贯状字号合之，即第其姓名、差次，并试卷以闻。其考第之制凡五等：学识优长、词理精绝为第一；才思该通、文理周率为第二；文理俱通为第三；文理中平为第四；文理疏浅为第五。然后临轩唱第，上二等曰及第，三等曰出身，四等、五等曰同出身。②

陈彭年在此基础上提出："前所颁诸路发解条式，与礼部新格不同，虑官吏惑于行用，望申明之。"③要求将新规落实到发解试过程之中，朝廷再命晁迥等修订发解试条例。大中祥符四年（1011）八月，"二日，翰林学士晁迥等上《准诏详定诸州发解进士条制》。"④至此，宋代科举三级考试完整条规都得以颁布。后来的科考，依然会对考试规则有所变革，

① 《宋会要辑稿·选举》三之九、一〇，第5册，第4266页。
② 《宋史》卷一五五《选举志一》，第11册，第3610页。
③ 《续资治通鉴长编》卷七六，第3册，第1731页。
④ 《宋会要辑稿·选举》一四之二二，第5册，第4493页。

但是大框架维持不变。

大中祥符五年（1012）四月，再诏礼部贡院："取前后诏敕经久可行者，编为条例。"[①]阶段性的总结工作，一直在持续。

不适应或反对科考新制度者当然数量不少，这些举措堵塞了舞弊者之途径，异常招其忌恨，将诸多变革措施诬为陈彭年的报复心重，即为其例。据说："陈彭年任翰林学士，日求对，归诣政府，公（王旦）延见之。陈起，呈其状，曰：'科场条贯。'公投之于地，曰：'内翰做官几日？待隔截天下进士。'陈惶惧而退。"[②]小说家言，不可采信。史籍载，是年："上降诏榜下礼部贡院，序所以杜绝私请、搜扬寒秀之意，举人见者咸喜。（十二月）丙辰，上与王旦等言及之，旦等曰：'昨颁《考较新格》，周行中颇有议论，且言中书不能守科场大体，但疑春官有私。及诏榜出，天下士乃知陛下务尽至公，恐多遗才，故更此条贯也。'"[③]宰相王旦明确支持新颁布的《考校新格》。次年正月，真宗还对王旦等说："今兹举人，颇以糊名考较为惧。然有材艺者，皆喜于尽公。"[④]

新规之外，还有一些零星出台的变革科举制度之措施。如，大中祥符五年（1012）殿试之前，"令礼部贡院录诸州发解试题进内。上将亲试贡士，虑其重复故也。自是，用为常例。"[⑤]据此，理论上各地发解试诗、赋、论题目皆应该集中保存在礼部贡院。是年殿试，"时以御题摹印赐之，官给起草纸，自是为定制。"[⑥]此举被称为"印题"。大中祥符七年（1014）八月诏云："自今差发解、知举等授敕讫，即令阁门祗候一人引送锁宿，无得与僚友交言，违者阁门弹奏。如所乘马未至，即以厩马给

① 《宋会要辑稿·选举》三之一〇，第4266页。
② 〔宋〕朱熹撰：《宋名臣言行录·前集》卷二，《景印文渊阁四库全书》第449册，台北：台湾商务印书馆股份有限公司，1986年，第29页。
③ 《续资治通鉴长编》卷六七，第3册，第1514页。
④ 《续资治通鉴长编》卷六八，第3册，第1522页。
⑤ 《续资治通鉴长编》卷七七，第3册，第1757页。
⑥ 《宋会要辑稿·选举》七之一二，第5册，第4361页。

之。”[1]这是对锁院制的完善。

真宗朝处于科举制度变革的集大成时期，朝廷也适时推出了比较完整的新规。尤其是在考试保密制度方面，真宗朝建立起相当完善的制度，锁院、密封、编排、混榜等措施，至今高考等各类考试依然沿袭之。宋人认为“一切以程文为去留”[2]的公正公平考试与录取原则，就是真宗朝建立起来的。这大体上清除了科场盛行的舞弊作风，排除了高官达贵把持科举考试的弊端，能够有效地保持各阶层之间的上下流动，相当程度地冲击了专制政体下的世袭制，科举制度为朝廷选拔人才的意义至此才真正得以彰显。

① 《续资治通鉴长编》卷八三，第4册，第1892—1893页。

② 〔宋〕陆游撰，李剑雄、刘德权点校：《老学庵笔记》卷五，北京：中华书局，1997年，第69页。

第二章

完善与深化期

仁宗、英宗、神宗三朝，继续对科举制度予以完善，且将变革推向更深层次。宋代科举制度经过北宋前期三朝的沿袭与变革，在真宗朝已经有了集大成的成果，然而，依旧存在需要完善之处，如，考试年份和录取人数之规定，真宗朝还是处于摇摆不定的状态之中。而且，朝廷政治的变化，社会矛盾的积累，都对科举制度提出新的要求。仁宗朝基本上处于完善阶段，英宗朝因为极其短暂而少有作为，而神宗朝再度迎来科举制度深层次之重大变革。

第一节　仁宗朝

宋仁宗赵祯于公元1022年3月登基，卒于公元1063年4月，在位41年，是北宋在位时间最长的帝王。仁宗朝是两宋最为和平、最为鼎盛的发展时期，各项制度步入正轨，又随着当下社会之需求有所调整，科举制度亦如此。相对稳定而公正的科举制度，在这一阶段为朝廷和社会选拔输送了大批人才，“唐宋八大家”中宋代之六家，除了非科举出身的苏洵之外，其余五人皆在仁宗朝登进士第。

一、考试年份与录取人数

仁宗朝科举考试年份之相隔和录取人数，在变化中渐趋稳定、完善，且成为后来历朝之模板。仁宗在位期间，一共有13个年度开科取士。仁宗朝彻底取消年年科考的做法，然而，两次贡举之间相隔的年份却不确定，或相隔二年，或相隔三年，或相隔四年，以相隔四年的次数最多。详见表2-1：

表2-1　宋仁宗在位期间朝廷开科取士情况

年份	进士取数	殿试诗赋论题
天圣二年（1024）	200	
天圣五年（1027）	377	南风之熏诗，圣有谟训赋，执政如金石论
天圣八年（1030）	249	博爱无私诗，藏珠于渊赋，儒者可与守成论
景祐元年（1034）	501	和气致祥诗，房心为明堂赋，积善成德论
景祐五年（1038）	310	鲲化为鹏诗，富民之要在节俭赋，廉吏民之表论
庆历二年（1042）	432	吹律听凤鸣诗，应天以实不以文赋，顺德者昌论
庆历六年（1046）	538	形盐象虎诗，戎祀国之大事赋，两汉循吏孰优论
皇祐元年（1049）	498	日昃不暇食诗，盖轸象天地赋，天听君人之言论

续表

年份	进士取数	殿试诗赋论题
皇祐五年（1053）	520	吹律听军声诗，圆丘象天赋，乐本人心论
嘉祐二年（1057）	388	鸾刀诗，民监赋，重巽申命论
嘉祐四年（1059）	165	求遗书于天下诗，尧舜性仁赋，易简得天下之理论
嘉祐六年（1061）	193	天德清明诗，王者通天地人赋，水几于道论
嘉祐八年（1063）	194	乐通神明诗，寅畏以飨福赋，成败之机在察言论

资料来源：诸葛忆兵编著：《宋代科举资料长编·北宋卷》，南京：凤凰出版社，2017年，上册，第264—588页；张希清：《中国科举制度通史·宋代卷》，上海：上海人民出版社，2015年，第842—850页。

仁宗朝权停贡举的目的性非常明确，是为了给士人以读书学习的时间，避免他们长期在赴考途中奔波。天圣二年（1024）仁宗登基首次科考后，次年五月：

> 礼部贡院言："今年贡举，乞赐指挥。"帝曰："去岁放及第人数不少，然而览其程试，多未尽善。今宜权罢贡举，各令砺志修学。"宰臣王曾奏曰："前来远郡下第举人方到乡里，今若复许随计，何暇温习事业?"即降诏曰："……暂罢贡书，更期肄业，勉务日新之益，慰兹虚伫之怀。其贡举，宜令礼部贡院更权住一年。"①

仔细辨析仁宗朝贡举相隔年份，也是有规律可寻。先是连续相隔三年，再连续相隔四年。臣僚对四年一贡举有诸多意见，嘉祐二年（1057）十二月，臣僚奏疏云：

> 四年一贡举，四方士子客京师以待试者六七千人，一有喧噪，其徒众多，势莫之禁。且中下之士，往往废学数年；才学之士不幸

① 《宋会要辑稿·选举》一之九，第5册，第4235页。

有故，一不应诏，沉沦十数年，或累举滞留，遂至困穷，老且死者甚众。以此毁行冒法干进者，不可胜数。宜间岁一贡举，中分旧数而荐之……下有司议……诏："自今间岁贡举，进士、诸科悉解旧额之半。"①

大臣认为四年一贡举弊病有三：其一，京师士人聚集过多，容易引发群体事件。其二，士人或"废学"或"沉沦"，不利于教育事业和人才选拔。其三，导引士人"冒法干进"，形成官场不良风气。

仁宗及朝廷接受了上述建议，改为"间岁一贡举"，且于嘉祐三年（1058）闰十二月再度颁布诏令，予以重申：

朕惟国之取士，与士之待举，不可旷而冗也。故立间岁之期，以励其勤；约贡举之数，以精其选，著为定式，申敕有司。②

仁宗朝最后四次科考都是相隔二年。可见，仁宗朝在探索两次贡举之间最合理的相隔年度，二年、三年、四年一贡举皆有尝试，最后确定为"间岁一贡举"。这些尝试为后来制度定型打下良好的基础。而且，仁宗朝再也没有出现一年之中两度殿试的情况，这当然也得力于考试过程中完整保密制度之建立，使得君王对考试结果可以比较放心。

仁宗朝在进士录取数方面也相对稳定，总的趋势是在逐步微量增加。相应的各地解额也随之增加。庆历五年（1045）三月，诏令："礼部贡院增天下解额。"③就是进士取额逐步增加的结果。仁宗朝也尝试对发解试、省试名额做一定的限制。天圣五年（1027）诏令：省试"进士奏名勿过五百人，诸科勿过千人。"④天圣七年（1029）诏令："国子监发解举人，

① 《续资治通鉴长编》卷一八六，第8册，第4495—4496页。
② 《续资治通鉴长编》卷一八八，第8册，第4540页。
③ 《续资治通鉴长编》卷一五五，第7册，第3761页。
④ 《续资治通鉴长编》卷一〇五，第4册，第2435页。

今后进士以五十人为定式，余如旧。”[①]科举取士数，与考试年份间隔之长短相关，仁宗朝因此无法对取士数作出明确的规定。景祐元年（1034），李淑建言：“愿陛下约今岁吏部阙官之数，为来年入等之准。”[②]此建议不具备可操作性，未得朝廷关注。对发解试名额的增加和限制，是一个问题的两个方面，但总的趋势是在增加。

仁宗朝首度科考，仁宗对宰相王钦若等说：“久罢贡举，虑遗天下贤俊，宜令礼部贡院精加校试，将来放进士特增至二百人，诸科三百五十人。”[③]这次科考与上一次科考已经相隔五年，进士录取数在君王特意诏旨增加的情况下，也只有200名。而后，取士数明显增加。仁宗朝大约相隔年份越长，录取人数就越多，这是合理的。仁宗朝最后三次省试，都是相隔二年，嘉祐四年（1059）、嘉祐六年（1061）、嘉祐八年（1063），省试录取人数都是200名，殿试确定录取人数最后二次都在190多名，比较稳定。

取士方面，仁宗朝后期有一大变化，必须予以特别强调，即嘉祐二年（1057）殿试开始，不再黜落考生。史载：“是岁，进士与殿试者始皆不落。”[④]关于原因，有两种说法：

> 旧制：殿试皆有黜落，临时取旨，或三人取一，或二人取一，或三人取二。故有累经省试取中，屡摈弃于殿试者。故张元以积忿降元昊，大为中国之患。朝廷始囚其家属，未几复纵之。于是群臣建议，归咎于殿试黜落。嘉祐二年三月辛巳，诏进士与殿试者皆不黜落。迨今不改。是一叛逆之贼子，为天下后世士子无穷之利也。[⑤]

---

① 《宋会要辑稿·选举》一五之六，第5册，第4498页。
② 《续资治通鉴长编》卷一一四，第5册，第2666页。
③ 《续资治通鉴长编》卷一〇二，第4册，第2350—2351页。
④ 《续资治通鉴长编》卷一八五，第8册，第4472页。
⑤ 《燕翼诒谋录》卷五，第52页。

> 本朝自祖宗以来，进士过省赴殿试，尚有被黜者。远方寒士殿试下第，贫不能归，多至失所，有赴水而死者。仁宗闻之恻然，自此殿试不黜落，虽杂犯亦收之末名，为定制。呜呼！可以谓之仁矣。[①]

一是因为张元叛逃西夏，二是因为殿试黜落士人有自尽者，或者两方面原因兼而有之。殿试再无黜落者，与赵宋"佑文"基本国策相吻合，故确定为常规。

仁宗朝总共录取进士正奏名4565名，以仁宗在位41年计算，平均每一年度约为111名。[②]与太宗、真宗两朝比较，录取数有了明显的增加。臣僚对此有过批评，至和二年（1055），右谏议大夫李柬之言："今选举之路未精……唐制明经、进士及第，每岁不得过五十人；今三四年间，放四五百人。"[③]同年，判礼部贡院王珪批评说："兴国中始大擢贡士，其后浸以益广，无有定数。故近年以来，官吏猥滥，溢于常员，甚非国家所以取人之意。"[④]嘉祐元年（1056），朝廷因此下诏："科场取士，以皇祐四年进士限四百人，诸科毋得过其数。"[⑤]然而，大臣的批评和朝廷的限制诏令，都无法阻挡取士数逐步增加之趋势。

二、条规的修补与落实

北宋前三朝对科举制度的变革以及由此推出的条规，在贯彻落实过程中，会发生种种变异。尤其在初始阶段，官员们对新条规理解不同，执行的方式也就不同。如天圣元年（1023），"（胥偃）与御史高弁试府

---

① 〔宋〕邵伯温撰，李剑雄、刘德权点校：《邵氏闻见录》卷二，北京：中华书局，1997年，第14页。

② 《宋史》卷一五五《选举志一》："仁宗之朝十有三举，进士四千五百七十人。"第11册，第3616页。总数略有出入，不影响平均值。

③ 《续资治通鉴长编》卷一八一，第7册，第4375页。

④ 《宋会要辑稿·选举》三之三二，第5册，第4277页。

⑤ 《续资治通鉴长编》卷一八二，第7册，第4403页。

进士，既封弥卷首，辄发视，择有名者居上。降秘书省著作佐郎、监光化军酒。”[①]这次受处罚的官员有多位：“降侍御史高弁为太常博士，职方员外郎吴济为都官员外郎，太常丞、直集贤院胥偃为著作佐郎，监察御史王轸为太常博士……弁与济、偃乃坐擅拆举人卷首，择有名者居上；轸为封弥官，而不以闻。”[②]这并不是一次集体舞弊行为，“本朝进士，初亦如唐制，兼采时望”[③]，胥偃等官员依然照此处理，完全是对弥封新条规理解有误造成的。其实，朝廷在执行新规过程中，也有模糊或反复行为。如天圣四年（1026），诏：“自今诸州解发举人，并须考访履行。或有乖僻彰暴，虽所试可取，不得一例解送。”[④]明确要求“兼采时望”，不以弥封所试为准，难怪官员在执行过程中会有所误解。“景祐间，犹兼文行取士，不专糊名”[⑤]，这是一种普遍现象。是年八月，宰相王曾等奏：“比来条目繁密，关防周至。善则善矣，然于推心责成、柬贤拔俊之理，恐未允惬。”[⑥]又明确提出对科举考试系列保密制度的批评意见。范镇《议取士状》甚至上纲上线：“世之所谓糊名者，待盗跖可也。以待盗跖之法，而欲求颜、闵之人，其为颜、闵者不化为盗跖，几希矣！”[⑦]

上述情况，造成仁宗朝不断地修补科举制度，但更多的是条规再度颁布，三令五申，要求贯彻落实。因为真宗朝《考试进士新格》《礼部贡院条制》等没有完整的版本保留，无法作出确切的比较，指明何为修补、何为重申，只能作一个大致判断。依据时间顺序，列举天圣年间文献史料三则，以见其大概。

天圣元年（1023）十二月：

---

① 《宋史》卷二九四《胥偃传》，第28册，第9817页。按：高弁，原文为“高升”，据《宋会要辑稿·选举》一九之七、《续资治通鉴长编》卷一〇一等校改。

② 《续资治通鉴长编》卷一〇一，第4册，第2343页。

③ 《老学庵笔记》卷五，第69页。

④ 《宋会要辑稿·选举》一五之五，第5册，第4498页。

⑤ 〔宋〕陆游撰，孔凡礼点校：《家世旧闻》卷上，北京：中华书局，1997年，第175页。

⑥ 《宋会要辑稿·选举》一九之八，第5册，第4566页。

⑦ 《全宋文》卷八六七，第40册，第224页。

> 中书门下言："乞定科场条贯。"诏："两制与孙奭同共详定以闻。"既而上言："殿举人旧实殿一举，后遂以一年理为一举。缘数年一开举场，其间更值恩赦，遂使惩沮之典，虚有其名，负犯之徒，不妨进取。欲令后殿三举以下，即依旧例；其殿五举者，须实殿两举后，方许更理一年为一举。又，曾犯刑责之人，不得收试。大凡无官荫者，笞以上皆决，不复更践科场；有官荫者，流以下皆赎取应，并无妨碍。轻重之间，恐未允当。欲今后有官荫举人身犯徒以上罪，虽赎及虽逢恩宥，并不许应举。如敢罔冒，以违制罪之，同保人殿五举，有保官者与同罪。又，下第举人好撰匿名文字，谤讟主司。或私相期集，构合词讼。欲今后委是知举官等第不公，许令单名实封指论，更不得期集，连名进状。如辄撰无名文字，私相传布，令开封府及巡检人擒捉，重行断决。如不获主名，其文字随处焚毁，勿送官司。"从之。[①]

这次应该是对原来条规的修补，主要内容落实在三个方面：细化殿举制度、调整或统一刑责者参试标准、规范落第考生举报行为。

天圣二年（1024）正月：

> 诏："礼部贡院、开封府、国子监及别头各增置点检试卷、封弥、巡铺、监门官有差。开封府举人无户籍者，召有出身京朝官保二人，无出身曾历任者保一人；外州召命官、使臣为保，不得过一人。所保不实，以违制论。举人两处取解及犯徒而尝以荫赎者，永不得入科场。同保人殿五举，其殿三举者实殿一举，五举殿二举。进士不得以押《韵》入试，罢诸科旧人别院试者，听至复场入试。其被黜而毁谤主司及投匿名文字，令所在收捕之。即主司不公，许

① 《宋会要辑稿·选举》三之一三、一四，第5册，第4268页。

> 单名以告，不得期集连状。广南东西、益、梓、利、夔等路，旧制，于额外有合格者，亦听举送。如闻比来冒籍者多，自今毋得额外发解。”时承平岁久，天下贡士益众，间起争讼，故条约之。[①]

这次诏旨，侧重于重申，重申内容包括临时差遣考试官员、保举无户籍开封府举人、允许试场携带的书籍、禁止考生匿名毁谤等。

天圣四年（1026）闰五月：

> 翰林学士宋绶等言：“准诏：与礼部贡院详定贡举，具合条约以闻。检会天禧二年七月诏书：‘应命官乞锁厅应举，须先行考试，艺业合格，即许取解。如荐发到省，却有纰缪不及格，其前后考试官、举送官并重行朝典，本人勒停。’又雍熙二年六月诏书：‘锁厅应举者须是文学优赡，才器出群，历官无负犯之尤，检身有可观之誉。先试艺文合格以闻，待报解送。或礼部考试纰缪，发解官与举送长官必置重罪，本人免所居官。’参详：锁厅举人既历仕途，复勤词业，非加奖激，恐怠进修。而命官之内，少有全无遗阙者，须至分别轻重。欲乞：今后除历任有赃私罪并见勒停、殿罚、责降、冲替未经叙用人等不许取应外，余并许奏，候朝旨，依举人例荐解，即更不先行考试。将来省试实显纰缪，即乞以雍熙二年诏书从事。仍检会天禧三年、天圣二年礼部贡院奏，考试锁院不及格人，奉敕令御史台各罚铜一十斤，放，仍今后不得锁厅应举。看详：若不及格，便加责罚，不得取应，恐非诱劝之道。今后欲乞与免责罚，并许取应。”奏可。[②]

这次是针对“锁厅试”制度，在重申基础上予以修正。宋绶等比较

---

① 《续资治通鉴长编》卷一〇二，第4册，第2348页。

② 《宋会要辑稿·选举》一四之九、一〇，第5册，第4487页。

了太宗朝、真宗朝的种种条规，或重申，或修正，其目的是给予“锁厅试”考生以更加宽厚的待遇，即“上欲开诱进士之路，下近臣参议，而降是诏”①。

天圣七年（1029），又诏：“铸封弥院印三面、誊录所印三面、发解印三面，送礼部收管。遇科场给付，逐处行用。”②封弥、誊录、发解各有印章，制度更加规范与完善。

仁宗在位时间长，关于科举制度的修修补补或再三重申次数也很多。如天圣七年（1029）十一月讨论确定并重申《贡举条制》有关“进士、诸科如显无户籍，及虽有户籍、久离本贯者，许召官委保就试，仍于卷首具标本贯、寄应二处”的问题。③又，景祐三年（1036）六月，“翰林学士承旨章得象等上《科场发解条制》，下所司颁行。”④又，景祐四年（1037）六月，“诏开封府、国子监及别头试，自今封弥、誊录如礼部，从左司谏韩琦之请也。又诏国子监以翰林学士丁度所修《礼部韵略》颁行。”⑤同年八月，“翰林学士丁度等上准诏修定《开封府国子监发解条制》，乞付贡院，从之。”⑥同年十一月，“详定科场条贯所上发解、考试、巡铺及巡捉、传义、支赏条数。诏：付贡院施行。”⑦庆历元年（1041）八月，“罢天下举人纳公卷。初，权知开封府贾昌朝言：‘唐以来礼部采名誉，观素业，故预投公卷。今有弥封、誊录，一切考诸试篇，则公卷为可罢。’诏从之”⑧。直至庆历八年（1048）四月，朝廷诏令还在强调：“科场旧条皆先朝所定，宜一切无易。”⑨至和二年（1055）十月，“礼部

---

① 《续资治通鉴长编》卷一〇四，第4册，第2410页。
② 《宋会要辑稿·选举》六之五一，第5册，第4355页。
③ 《宋会要辑稿·选举》一五之七，第5册，第4499页。
④ 《续资治通鉴长编》卷一一八，第5册，第2790页。
⑤ 《续资治通鉴长编》卷一二〇，第5册，第2834页。
⑥ 《宋会要辑稿·选举》一五之一〇，第5册，第4500页。
⑦ 《宋会要辑稿·选举》一五之一〇，第5册，第4500页。
⑧ 《续资治通鉴长编》卷一三三，第6册，第3162页。
⑨ 《续资治通鉴长编》卷一六四，第7册，第3945页。

贡院上删定《贡举条制》十二卷。”[①]终仁宗朝，对科举制度补充与完善过程一直没有停止。

上述现象，是新条规贯彻实施过程中必然发生的微量摇摆动荡。每一次的微量摇摆动荡，都会对太祖朝以来出现的新制度加以巩固。如，庆历二年（1042）二月，知制诰富弼认为：“省试有三长，殿试有三短。”[②]要求取消殿试。是月“辛巳，诏罢殿试。而翰林学士王尧臣、同修起居注梁适，皆以为祖宗故事，不可遽废。越三日，癸未，诏复殿试如旧。”[③]此后，殿试制度就没有再被质疑。

又，天圣七年（1029）闰二月，“二十三日壬子，令复置贤良方正能直言极谏、博通坟典明于教化、才识兼茂明于体用、详明吏理可使从政、识洞韬略运筹决胜、军谋宏远材任边寄六科……又置书判拔萃科、武举。”[④]天圣八年（1030）三月，诏令：“应制科，自今听随礼部贡举施行。”[⑤]由此可见，制科和武举考试也相对规范化。[⑥]

三、考试内容的重心逐渐转移

诗、赋、论、策，是进士试的基本内容。盛唐以来进士试形成以诗赋为重的风气，在北宋前期得以延续。太祖朝确立殿试制度，最初仅试诗赋，太宗朝才增加论题，神宗朝以前一直不见策题。

北宋前期进士试高第者，往往以诗赋闻名天下。如太平兴国八年（983），“以《六合为家》为赋题。时进士王世则遽进赋曰：‘构尽乾坤，作我之龙楼凤阁；开穷日月，为君之玉户金关。’帝览之大悦，遂擢为第一人。”[⑦]又，胡则端拱二年（989）登第，有《及第》诗云：“金榜名传

---

① 《续资治通鉴长编》卷一八一，第7册，第4380页。
② 《宋会要辑稿·选举》三之二二，第5册，第4272页。
③ 《续资治通鉴长编》卷一三五，第6册，第3221页。
④ 《宋会要辑稿·选举》一〇之一六、一七，第5册，第4419—4420页。
⑤ 《续资治通鉴长编》卷一〇九，第5册，第2537页。
⑥ 参见《宋代科举与文学考论》，第125—157页；《中国科举制度通史·宋代卷》，第635—738页。
⑦ 〔宋〕吴处厚撰，李裕民点校：《青箱杂记》卷二，北京：中华书局，1997年，第15页。

四海知，太平时合称男儿。五言似剑裁鳞角，七字如刀斫桂枝。”[①]进士试场皆为五言排律，作者是在夸耀自己的诗赋功力。又，咸平五年（1002）状元王曾，乡试、省试都是第一名，时人称其“连中三元”，“莒公尝言：‘王沂公所试《有教无类》《有物混成》赋二篇，在生平论著绝出，有若神助云。’杨亿大年亦云：‘自古文章立名不必多，如王君二赋，一生衣之食之不能尽。’”[②]前篇赋为省试考题，后篇赋为殿试考题。又，“南省试进士《有教无类赋》，王沂公为第一。赋盛行于世。其警句有云：‘神龙异禀，犹嗜欲之可求；纤草何知，尚薰莸而相假。’”[③]时人津津乐道的都是高中科第者之诗赋。北宋前期重诗赋，论策无足轻重，李觏言：“当今取人，一出于辞赋，曰策曰论，姑以备数。”[④]

仁宗朝，随着科场考试保密等系列制度的完善和落实，君臣变革之热情逐渐转移到科举考试内容方面。关于科场考试以诗赋为重，唐人就有批评意见：“考文者以声病为是非，唯择浮艳，岂能知移风易俗化天下之事乎？”[⑤]入宋之后，这样的批评议论不绝于耳。尤其是宋太宗以后，大量的官员都是科举出身，科举内容与为官品质、资质之关系的问题日益引起朝廷上下的关注。孙何言：“策论高者，稍近于仁义；诗赋精者，未离于雕篆。今朝廷取士之制虽古，用道较艺之术，犹专守唐代。”[⑥]马亮也给太宗进言：“诗赋小才，不足观士，愿先策论，以擢优长。”[⑦]真宗咸平五年（1002），张知白奏疏论及进士科考试，云：“先策论，后诗赋，责治道之大体，舍声病之小疵。如此，则使夫进士之流，知其所习之书

① 《全宋诗》卷九六，第2册，第1082页。

② 〔宋〕宋祁撰，储玲玲整理：《宋景文公笔记》卷上，《全宋笔记》第一编第五册，郑州：大象出版社，2003年，第47页。

③ 《归田录》卷二，第25页。

④ 《上叶学士书》，《全宋文》卷八九三，第41册，第343页。

⑤ 《杨绾传》，《旧唐书》卷一一九，第3432页。参见《唐代科举制度研究》，第154—157页；《唐代科举与文学》，第386—392页。

⑥ 《送朱严应进士举序》，《全宋文》卷一八五，第9册，第199页。

⑦ 〔宋〕晏殊：《马忠肃公亮墓志铭》，《全宋文》卷三九八，第19册，第234页。

简而有限，知其所学之文正而有要。”[①]冯拯在大中祥符元年（1008）省试前对真宗说：“比来省试，但以诗赋进退，不考文论。江浙士人，专业诗赋，以取科第。望令于诗赋人内兼考策论。”[②]得到真宗的首肯。天禧元年（1017），右正言鲁宗道言：“进士所试诗赋，不近治道。”真宗因此再次强调：“前已降诏，进士兼取策论。”[③]由此，朝廷上下逐渐达成共识，进士考试中策论地位日益提高。

进入仁宗朝，科举考试内容问题更多地引起朝廷关注。天圣二年（1024），知贡举“刘筠得清臣所对策，奇之，故推第二。国朝以策擢高第，自清臣始。”[④]天圣五年（1027）省试之前，颁布诏令：“贡院将来考试进士，不得只于诗赋进退等第，今后参考策论以定优劣。”[⑤]明道二年（1033），仁宗再对宰辅强调：“近岁进士所试诗赋多浮华，而学古者或不可以自进，宜令有司兼以策论取之。”[⑥]景祐元年（1034），诏令：“贡院所试进士，除诗赋依自来格式考定外，其策论亦仰精研考校。如词理可采，不得遗落。”[⑦]景祐五年（1038），中书门下重申：“检会先诏：贡院考试进士，多只采诗赋，未尽铨择。今后更于策论相兼，考定优劣。”[⑧]庆历初，仁宗再度向端明殿学士李淑咨询“进士诗、赋、策、论先后”问题，李淑梳理了自唐至宋进士科考试内容演变之后，建言：“愿约旧制，先策，次论，次赋，次贴经、墨义，而敕有司并试四场，通较工拙，毋以一场得失为去留。”[⑨]富弼同样认为：“国朝沿隋唐之制，以进士取

---

① 《续资治通鉴长编》卷五三，第2册，第1169页。

② 《续资治通鉴长编》卷六八，第3册，第1522页。

③ 《续资治通鉴长编》卷九〇，第4册，第2082页。

④ 《续资治通鉴长编》卷一〇二，第4册，第2354页。

⑤ 《宋会要辑稿·选举》三之一五，第5册，第4269页。

⑥ 《续资治通鉴长编》卷一一三，第5册，第2639页。

⑦ 《宋会要辑稿·选举》三之一七、一八，第5册，第4270页。

⑧ 《宋会要辑稿·选举》三之一九，第5册，第4271页。

⑨ 《续资治通鉴长编》卷一三五，第6册，第3214—3215页。

人，只采辞华，不求行实……臣欲今后科场考试，以策论为先。”[①]这个问题同样成为范仲淹等人庆历新政的重要内容，下文还将言及。

进士试之策论，频频引发君臣关注，地位变得越来越重要，考试内容之重心因此慢慢得以转移。同时，即使诗赋内容，也更多地要求与伦理道德、现实政治相联系，这一点在太宗朝以来已有明显的表现，仁宗朝更加突出。如，庆历二年（1042）殿试《应天以实不以文赋》，欧阳修云：“题目初出，中外群臣皆欢然……外议皆称，自来科场只是考试进士文辞，但取空言，无益时事。亦有人君能上思天戒，广求规谏以为试题者。此乃自有殿试以来，数百年间最美之事，独见于陛下。”[②]虽有颂圣过度的成分，同时也能证明进士试内容重心的转移。司马光云：“取士之道，当以德行为先，其次经术，其次政事，其次艺能。近世以来，专尚文辞。夫文辞者，乃艺能之一端耳，未足以尽天下之士也。”[③]这是进士试内容重心转移的理论基石，也是仁宗朝大臣的共识。

四、科场文风之演变

随着科场考试重策论、重品德之议论越来越多，科场文风问题引起普遍关注。对于宋人来说，文风问题不是文学创作问题，而是现实政治问题。科场选拔的都是将来的官员，科场文风与考生品德、资质、性格密切关联。要为朝廷输送合格的人才，必须端正科场文风，荡清文章写作之不良风气。宋人是站在政治的高度来认识文风问题的，天圣三年（1025）四月，范仲淹有《奏上时务书》，第一次比较全面地阐述了自己的政改主张，一共五条，第一条就是变革文风：

---

① 〔宋〕富弼：《上仁宗乞革科举之法令牧守监司举士》，《宋朝诸臣奏议》卷八〇，上册，第865页。

② 《进拟御试应天以实不以文赋》，〔宋〕欧阳修撰，李逸安点校：《欧阳修全集》卷五九，北京：中华书局，2001年，第3册，第846页。

③ 《论举选状》，〔宋〕司马光撰，李文泽、雷绍晖校点：《司马光集》，成都：四川大学出版社，2010年，第2册，第549页。

国之文章，应于风化。风化厚薄，见乎文章。是故观虞夏之书，足以明帝王之道；览南朝之文，足以知衰靡之化……伏望圣慈与大臣议文章之道，师虞夏之风……可敦谕词臣兴复古道，更延博雅之士，布于台阁，以救斯文之薄，而厚其风化也。天下幸甚！①

政改第一条居然是洋洋洒洒地讨论文风变革问题，离开科举考试的背景，后人就会感到莫名其妙。

仁宗即位初年，“是时天下学者杨、刘之作，号为时文。能者取科第，擅名声，以夸荣当世。”②时文，指科场考试文章，包括诗赋策论。石介这样描述杨亿、刘筠等所代表的流行文风：“穷研极态，缀风月，弄花草，淫巧侈丽，浮华纂组。刓锼圣人之经，破碎圣人之言，离析圣人之意，蠹伤圣人之道。”③

臣僚们对文风的讨论，同样日益引起君主的关心。天圣七年（1029），朝廷下诏：

国家稽古御图，设科取士，务求时俊，以助化源。而褒博之流，习尚为弊，观其著撰，多涉浮华。或磔裂陈言，或会粹小说，好奇者遂成于谲怪，矜巧者专事于雕镌。流宕若兹，雅正何在？属方开于贡部，宜申儆于词场：当念文章所宗，必以理实为要。探典经之旨趣，究作者之楷模。用复温纯，无陷偷薄。庶有裨于国教，期增阐于儒风。咨尔多方，咸体朕意。④

① 〔宋〕范仲淹撰，〔清〕范能濬编集，薛正兴校点：《范仲淹全集·范文正公文集》卷九，南京：凤凰出版社，2004年，上册，第172—173页。

② 《记旧本韩文后》，《欧阳修全集》卷七三，第3册，第1056页。

③ 《怪说中》，〔宋〕石介著，陈植锷点校：《徂徕石先生文集》卷五，北京：中华书局，1984年，第62页。

④ 《宋会要辑稿·选举》三之一六、一七，第5册，第4269—4270页。

矛头所指，正是欧阳修、石介等批评的时文风气。

科场流行文风，很大程度上是考官审核评判趣味所导引的。考官出题，就有如此“褒博谲怪”之倾向。景祐五年（1038）正月，知制诰李淑奏：“切见近日发解进士，多取别书、小说、古人文集，或移合经注以为题目，竞务新奥……自今应考试进士，须只于国子监有印本书内出题。所贵取士得体，习业有方，稍益时风，不失淳正。”[①]是年四月，朝廷再下诏令：“科举之设，本至公而擢材；仕进之阶，先力学而干禄……贡举人等，自今当研覃古义，景慕前良。为学务于资深，属词尚乎体要。宗师雅正，斥去浮华。”[②]朝廷诏令并没有多少改变考官出题“褒博谲怪”的倾向，金君卿《仁宗朝言贡举便宜事奏状》云：“向者有司命题发策，多不专于经典，往往杂取诸家小说。故朝廷患其如此，亦尝颁示条约，得于国子监经史中出题目。近岁已来，遂于注疏，及但系监本诸杂文字中，摘裂句读，以为题目。”[③]考官总是担心考题寻常，范文已多，考生有充分准备，科场难以选拔，故追求“褒博谲怪”的考题。为迎合这种倾向，科场文风当然趋于“险怪”。

康定、庆历期间，石介利用主持太学的身份，努力倡导新的文风。

> 石守道介康定中主盟上庠，酷愤时文之弊，力振古道。时庠序号为全盛之际，仁宗孟夏銮舆有玉津钹麦之幸，道由上庠。守道前数日于首善堂出题曰《诸生请皇帝幸国学赋》，糊名定优劣。中有一赋云“今国家始建十亲之宅，新封八大之王”。盖是年造十王宫，封八大王元俨为荆王之事也。守道晨兴鸣鼓于堂，集诸王谓之曰：“此辈鼓箧游上庠，提笔场屋，稍或出落，尚腾谤有司，悲哉！吾道之

---

① 《宋会要辑稿·选举》三之一八、一九，第5册，第4270—4271页。

② 《宋会要辑稿·选举》三之一九，第5册，第4271页。

③ 《全宋文》卷一八二四，第84册，第60页。

衰也。如此是物宜遽去，不尔，则鼓其姓名，挞以惩其谬。”时引退者数十人。[①]

石介在太学所倡导并流行于科场的文风，被称之为“太学体”，同样摆脱不了“险怪”的路数，从一个怪圈走入另一个怪圈。庆历六年（1046）二月，权同知贡举张方平奏：

自景祐初，有以变体而擢高第者，后进竞相趋习。比来文格，日失其旧，各出新意，相胜为奇。及建太学，而直讲石介课试诸生，因其好尚，遂以成风。以怪诞诋讪为高，以流荡猥烦为赡，逾越规矩，或误后学。朝廷恶其然也，故下诏书，丁宁诫励，而学者乐于放逸，罕能自还。今贡院考所试，赋有至八百字以上，每句有十六、十八字者；论有一千二百字以上；策有置所问而妄肆胸臆、条陈他事者。以为不合格，则辞理粗通；如遂取之，则上违诏书之意。轻乱旧章，重亏雅俗，驱扇浮薄，忽上所令，岂国家取贤敛材以备治具之意耶？[②]

考官命题和科场文风，一直难以走出“险怪”圈子，是由科场性质所决定的。科场文章不可能有个性、有思想，举子们就在写作方式和技巧方面动脑筋，他们用僻典、造怪句，故弄玄虚，尽量向深奥古朴、佶屈聱牙方向发展。相当一部分考官都会倾倒于此类貌似深奥的奇僻怪诞之作，也就是说，险怪奇僻的科场时文，永远会有一定的市场。一旦某考生借此获取功名，此种文风自然在太学以及其他举子中盛行起来。张方平的批评，并不能逆转科场风气，险怪文风甚至更加流行。至嘉祐二年（1057），欧阳修权知贡举，利用职权全力狙击险怪文风，科场文风才

---

① 〔宋〕文莹撰，郑世刚、杨立扬点校：《湘山野录》卷中，北京：中华书局，1997年，第24页。
② 《宋会要辑稿·选举》三之三〇、三一，第5册，第4276—4277页。

有了根本性的变化。宋人对此记载甚多，选取五则：

先是，进士益相习为奇僻，钩章棘句，浸失浑淳。修深疾之，遂痛加裁抑，仍严禁挟书者。及试榜出，时所推誉，皆不在选。嚣薄之士，候修晨朝，群聚诋斥之，至街司逻吏不能止。或为《祭欧阳修文》投其家，卒不能求其主名置于法。然文体自是亦少变。[①]

至和、嘉祐间，场屋举子为文尚奇涩，读或不能成句。欧阳文忠公力欲革其弊，既知贡举，凡文涉雕刻者皆黜之。[②]

嘉祐二年，先公知贡举。时学者为文以新奇相尚，文体大坏。僻涩如"狼子豹孙，林林逐逐"之语，怪诞如"周公伻图，禹操畚锸，傅说负版筑，来筑太平之基"之说。公深革其弊，一时以怪僻知名在高等者，黜落几尽。二苏出于西川，人无知者，一旦拔在高等。榜出，士人纷然，惊怒怨谤。其后，稍稍信服。而五六年间，文格遂变而复古，公之力也。[③]

是时，进士为文以诡异相高，文体大坏。公患之，所取率以词义近古为贵，凡以险怪知名者黜去殆尽。榜出，怨谤纷然，久之乃服。然文章自是变而复古。[④]

嘉祐中士人刘几，累为国学第一人。骤为怪崄之语，学者翕然效之，遂成风俗。欧阳公深恶之。会公主文，决意痛惩，凡为新文

---

① 《续资治通鉴长编》卷一八五，第8册，第4467页。

② 《石林诗话》卷下，上册，第429页。

③ 〔宋〕欧阳发：《先公事迹》，《欧阳修全集·附录》卷二，第6册，第2636—2637页。

④ 〔宋〕苏辙撰，陈宏天、高秀芳点校：《苏辙集·栾城后集》卷二三，北京：中华书局，1990年，第3册，第1132页。

者，一切弃黜。时体为之一变，欧阳之功也。有一举人论曰："天地轧，万物茁，圣人发。"公曰："此必刘几也。"戏续之曰："秀才剌，试官刷。"乃以大朱笔横抹之，自首至尾，谓之"红勒帛"，判"大纰缪"字榜之。既而，果几也。①

然而，由于科场考试的特殊性，欧阳修的努力也只能是在一段时间扭转风气。南宋中书舍人留正批评当时科场文章言："议论肤浅，而以怪语相高。"②可见，类似"太学体"的险怪文风后又卷土重来。"议论肤浅、怪语相高"的文风，在科场永远有相当的市场，一直延续到当代高考。③

五、庆历新政之科举变革

仁宗是一位想要有所作为的帝王，庆历年间，他非常期望范仲淹等能够为朝廷政治带来全新变革。"上既擢用范仲淹、韩琦、富弼等，每进见，必以太平责之，数令条奏当世务……上再赐手诏督促曰：'比以中外人望，不次用卿等……其当世急务有可建明者，悉为朕陈之。'既又开天章阁召对，赐坐，给笔札，使疏于前。"④庆历新政由此展开，科举变革是其重要组成部分。

庆历三年（1043）九月，范仲淹、富弼等上奏新政条陈，其三曰"精贡举"，涉及考试录取过程的内容如下：

国家专以词赋取进士，以墨义取诸科，士皆舍大方而趋小道，虽济济盈庭，求有才有识者十无一二……臣请诸路州郡有学校处，奏举通经有道之士，专于教授，务在兴行。其取士之科，即依贾昌

① 〔宋〕沈括撰：《梦溪笔谈》卷九，上海：上海书店出版社，2009年，第78页。
② 《宋会要辑稿·选举》四之四一，第5册，第4311页。
③ 参见诸葛忆兵：《宋代科举制度与文学演变》，哈尔滨：北方文艺出版社，2020年，第186—199页。
④ 《续资治通鉴长编》卷一四三，第6册，第3431页。

朝等起请，进士先策论而后诗赋；诸科墨义之外，更通经旨。使人不专辞藻，必明理道，则天下讲学必兴，浮薄知劝，最为至要。内欧阳修、蔡襄更乞逐场去留，贵文卷少而考较精。臣谓尽令逐场去留，则恐旧人捍格，不能创习策论，亦不能旋通经旨，皆忧弃遗，别无进路。臣请进士旧人三举已上者，先策论而后诗赋，许将三场文卷通考，互取其长。两举、初举者，皆是少年，足以进学，请逐场去留。诸科中有通经旨者，至终场，别问经旨十道。如不能命辞而对，则于知举官前，讲说七通者为合格。不会经旨者，三举已上，即逐场所对墨义，依自来通粗施行。两举、初举者，至于终场日，须八通者为合格。又外郡解发进士、诸科人，本乡举里选之式，必先考其履行，然后取以艺业。今乃不求履行，惟以词藻、墨义取之，加用弥封，不见姓字，实非乡里举选之本意也。又南省考试举人，一场试诗赋，一场试策，人皆精意，尽其所能。复考较日久，实少舛谬。及御试之日，诗赋文论共为一场，既声病所拘，意思不达。或音韵中一字有差，虽生平苦辛，即时摈逐。如音韵不失，虽末学浅近，俯拾科级。既乡举之处不考履行，又御试之日更拘声病，以此士人进退，多言命运而不言行业。明君在上，固当使人以行业而进，乃言命运者，是善恶不辨而归诸天也，岂国家之美事哉？臣请重定外郡发解条约，须是履行无恶、艺业及等者，方得解荐，更不弥封试卷。其南省考试之人，已经本乡询考履行，却须弥封试卷，精考艺业。定夺等第讫，进入御前，选官复考，重定等第讫，然后开看。南省所定等第内合同姓名偶有高下者，更不移改。若等第不同者，人数必少，却加弥封，更宣两地参较。然后御前放榜，此为至当。内三人以上，即于高等人中选择，圣意宣放。其考较进士，以策论高、词赋次者为优等，策论平、词赋优者为次等。诸科经旨通者为优等，墨义通者为次等。已上进士、诸科，并以优等及第者放选注官，次等及第者守本科选限。[①]

这次的新政条陈，是范仲淹等汇总了诸位大臣的意见，分析评价之后作出的建言，是庆历年间朝廷大臣集体智慧的结晶。如引文中提及的蔡襄，有《论改科场条制疏》，主要建议就是两条："以试策为去留进士之术，以大义为去留明经之术，庶几可行也。""天下之州军尽许立学，选择乡里有年德通经义者，补为教授，讲说经书，教授生徒。"[②]这些正是庆历新政的重要内容。而引文中提及的欧阳修，有《论更改贡举事件札子》，认为："今之可变者，知先诗赋为举子之弊，则当重策论；知通考纷多为有司之弊，则当随场去留。"[③]

范仲淹等新政建言有六条：第一，各地设立学校培养人才，举荐"通经有道之士"为各地学校教授。第二，科举考试"进士先策论而后诗赋，诸科墨义之外更通经旨"，以达到"使人不专辞藻，必明理道"的目的。第三，逐步实行"逐场去留"的淘汰方式，以求"文卷少而考较精"的效果。第四，外郡考核发解的考生，"更不封弥试卷"，重点考查考生"履行无恶、艺业及等"；礼部考试则"封弥试卷，精考艺业，定夺等第"；最后由殿试决定名次。第五，礼部考试和殿试名次相去不远的，依殿试为准；如果相差甚远，就重新密封，派官员重新考察、确定名次。第六，进士录取标准，"以策论高、词赋次者为优等，策论平、词赋优者为次等"。

六条建议中，第二条和第六条关乎"重策论"，历来关于进士试内容重点必须转移的意见在这里得到集中体现。第一条和第四条关乎兴办学校，选拔人才，发解试取消弥封制，是为了学校能够更加自主地选材。这两方面正是蔡襄所论之重点，是庆历新政"精贡举"的主要内容。"逐场去留""定夺等第"两条，则为操作细节问题，其重要性无法与重策

① 《续资治通鉴长编》卷一四三，第6册，第3435—3437页。

② 《全宋文》卷一〇〇四，第46册，第393—394页。

③ 《欧阳修全集》卷一〇四，第4册，第1590页。

论、兴学选材比较。

范仲淹等条奏上陈之后，仁宗要求大臣充分发表意见。庆历四年（1044），翰林学士宋祁等言：

> 近准敕详定贡举条制者。伏以取士之方，必求其实；用人之术，当尽其材。今教不由于学校，士不察于乡里，则不能核名实；有司束以声病，学者专于记诵，则不足尽人材。此献议者所共以为言也。臣等参考众说，择其便于今者，莫若使士皆土著，而教之于学校。然后州县察其履行，则学者修饬矣。故为立学合保荐送之法。夫上之所好，下之所趋也。今先策论，则文辞者留心于治乱矣；简其程式，则闳博者得以驰骋矣；问以大义，则执经者不专于记诵矣。其诗赋之未能自肆者，杂用今体；经术之未能亟通者，尚依旧科，则中常之人皆可勉及矣。此所谓尽人之材者也。故为先策论过落，简诗赋考式，问诸科大义之法，此数者其大要也。其州郡封弥、誊录，进士，诸科帖经之类，皆细碎而无益者，一切罢之。凡其为法者，皆申之以赏罚而劝焉。如此，则养士有素，取材不遗。苟可施行，望赐裁择。①

宋祁等重点讨论并重申的就是兴学选材、重视策论这两条，以下涉及办学、保人、考试场次、判卷标准等诸多细节问题，都是为了保证范仲淹等新政能够落实到位。此度参加讨论共同奏议的大臣如下：“翰林学士宋祁，御史中丞王拱辰，知制诰张方平、欧阳修，殿中侍御史梅挚，天章阁侍讲曾公亮、王洙，右正言孙甫，监察御史刘湜等。”②仁宗因此颁布诏旨云：

> 朕慎于改更，比令详酌，仍诏宰府加之参定。皆以谓本学校以

---

① 《宋会要辑稿·选举》三之二三、二四，第5册，第4273页。

② 《续资治通鉴长编》卷一四七，第6册，第3563页。

教之，然后可求其行实。先策论，则辨理者得尽其说；简程式，则闳博者可见其材……今朕建学兴善，以尊子大夫之行；而更制革弊，以尽学者之材。其于教育之方，勤亦至矣。有司其务严训导，精察举，以称朕意。学者其思进德修业，而无失其时。凡所科条，可为永式，宜令礼部贡院颁下。[①]

唐宋两朝以至庆历年间，进士科皆重诗赋，有其不可更替的理由，故庆历新政“重策论”之变革，很快又被废止。史书载，庆历五年（1045）三月：

诏：“礼部贡院进士所试诗赋、诸科多对经义，并如旧制考较。”先是，知制诰杨察言前所更令不便者甚众，其略：以诗赋声病易考，而策论汗漫难知，故祖宗莫能改也。且异时尝得人矣，今乃释前日之利，而为此纷纷，非计之得，宜如故便。上下其议于有司，而有司请今者考校，宜且如旧制。遂降此诏。[②]

杨察要求恢复旧制的理由是“诗赋声病易考，而策论汗漫难知”，以诗赋取士便于科场评判取舍。这些讨论和变革摇摆，在神宗朝更为激烈，下文还将涉及。时人也有完全站在政治纷争的立场记载这段历史：庆历新政“诏既下，人争务学，风俗一变。未几，首议者多出外官，所见不同，竞兴讥诋。以谓俗儒是古非今，不足为法。遂追止前诏，学者亦废焉。”[③]这样简单笼统的叙述和评价并不符合史实，[④]如杨察就不是范仲淹等的政治对立面。

后人对此总结说：

---

① 《宋会要辑稿·选举》三之二九、三〇，第5册，第4276页。

② 《续资治通鉴长编》卷一五五，第7册，第3761页。

③ 《儒林公议》，第118页。

④ 参见诸葛忆兵：《范仲淹研究》，北京：中国人民大学出版社，2010年，第151—160页。

> 盖场屋之文，论策则蹈袭套括，故汗漫难凭，诗赋则拘以声病对偶，故工拙易见。其有奥学雄文，能以论策自见者，十无一二。而纷纷鹄袍之士，固有头场号为精工，而论策一无可采者。盖自庆历以来，场屋之弊已如此，不特后来为然也。[①]

“先策论”被废止后，庆历八年（1048），御史中丞鱼周询又重新提出：“愿陛下特诏进士先取策论。”[②]诗赋与策论的争议，在庆历以后一直持续下去。

六、兴办学校以教育选拔人才

欧阳修云：“夫建学校以养贤，论材德而取士，此皆有国之本务，而帝王之极致也。”[③]王安石云：“先王之取人也，必于乡党，必于庠序，使众人推其所谓贤能，书之以告于上而察之。”[④]庆历新政中重视教育、兴办学校一条，得到广泛赞同，得以持续贯彻，并在相当程度上改变了宋代科举的风貌，此处单独加以梳理。

士人参加科举考试之前，首先需要一个接受教育的学习过程。朝廷期望选拔适用人才，必须提前在教育过程中灌输儒家伦理道德和朝廷政治理念，北宋君王对此有清醒的认识。宋代帝王“与士大夫治天下”，士风盛衰，直接关系到国家的前途命运。所以，宋代从君王到士大夫都致力于士风的建设，一个非常重要的手段就是大力发展教育事业，以儒家思想为依归，教育和培养新一代知识分子，而后通过科举选拔，让这些士人进入仕途。

太祖在戎马倥偬之际，就非常关心学校教育。“周世宗之二年，始营

---

① 《宋会要辑稿·选举》三之二一，第5册，第4272页。

② 《续资治通鉴长编》卷一六三，第7册，第3931页。

③ 《议学状》，《欧阳修全集》卷一一〇，第4册，第1672页。

④ 《上仁宗皇帝言事书》，《全宋文》卷一三八〇，第63册，第331页。

国子监，置学舍。上既受禅，即诏有司增葺祠宇，塑绘先圣、先贤、先儒之像。上自赞孔、颜，命宰臣、两制以下分撰余赞，车驾一再临幸焉。”[①]真宗朝内外战争减少，学校教育引起了君王更多的重视。咸平四年（1001）三月，“以国子监经籍赐潭州岳麓山书院。”[②]是年六月，“诏诸路州县有学校聚徒讲诵之所，并赐九经。”[③]大中祥符二年（1009）二月，“应天府民曹诚，以赀募工就戚同文所居造舍百五十间，聚书千余卷，博延生徒，讲习甚盛。府奏其事，上嘉之，诏赐额曰应天府书院。命奉礼郎戚舜宾主之，乃令本府幕职官提举，又署诚府助教。”[④]

范仲淹一生特别重视教育事业。[⑤]兴办学校，培养人才，为朝廷输送合格人才，是其一贯的政治主张。天圣五年（1027），范仲淹《上执政书》提出：

> 宜乎慎选举之方，则政无虚授；敦教育之道，则代不乏人……当太平之朝，不能教育，俟何时而教育哉？乃于选用之际，患其才难，亦由不务耕而求获矣……傥使呈试之日，先策论以观其大要，次诗赋以观其全才。以大要定其去留，以全才升其等级。有讲贯者，别加考试。人必强学，副其精举。复当深思治本，渐隆古道。先于都督之郡，复其学校之制。[⑥]

庆历新政中关于科举与教育的关系及其措施等，这里已经成形。

范仲淹以外，仁宗朝大臣大都重视科举与教育之关系。庆历二年（1042）闰九月，诏令云：“国子监生自今须听读满五百日，乃得解荐。”

---

① 《续资治通鉴长编》卷三，第1册，第68页。

② 《续资治通鉴长编》卷四八，第2册，第1055页。

③ 《续资治通鉴长编》卷四九，第2册，第1065页。

④ 《续资治通鉴长编》卷七一，第3册，第1597页。

⑤ 参见诸葛忆兵：《范仲淹与教育》，《文史知识》2010年第7期。

⑥ 《范仲淹全集·范文正公文集》卷九，上册，第190页。

就是“从天章阁侍讲王洙之请也”。[①]庆历四年（1044）二月，崇政殿说书赵师民奏疏，将学校作用提高到无以复加的地步，甚至要求以学校选拔替代弥封制：“今欲先策论以近古，后诗赋以救弊，而华伪滋久，淆滥者众，文或代作，言或预储。不若还乡举里选，复庠序升黜，以教育而察纠之也。”[②]欧阳修《议学状》则主张：“教学之意在乎敦本，而修其实事。给以糇粮，多陈经籍，选士之良者，以通经有道之士为之师，而举察其有过无行者黜去之，则在学之人皆善士也。然后取以贡举之法。待其居官为吏，已接于人事，可以考其贤善优劣，而时取其尤出类者旌异之。”[③]刘敞则强调教师的重要性，其《请诸州各辟教官疏》云：“今欲游士归乡，而不为设学，则无以收之；设学而不为置师，则无以率之；置师而不立课试讲习之法，则无以成之。三者名存实亡，则学者不归。”[④]认为相辅相成，才是成体系的完善的学校教育。

上文提及庆历四年（1044）宋祁等大臣遵旨讨论庆历新政，议及兴学选材时云：

> 诸路州府军监，除旧有学校外，其余并各令立学。如本处修学人及二百人已上处，许更置县学。若州县未能顿备，即且就文宣王庙或系官屋宇为学舍。仍委本路转运司及本属长吏，于幕职、州县官内奏选充教授，以三年为一任。在任有人同罪保举者，得替日依例施行。若少文学官可差，即令本处举人众举有德行艺业之人，在学教授。候及三年，无私过，本处具教授人数并本人履业事状，保明闻奏，当议等第，特授恩泽。内有由本学应举、及第人多处，亦与等第酬赏。如任满本处举留者，亦听本官从便。其学校规令，宜令国学详定闻奏，颁下施行。如僻远小郡、举人不多、难为立学处，

① 《续资治通鉴长编》卷一三七，第6册，第3303页。

② 《续资治通鉴长编》卷一四六，第6册，第3548页。

③ 《欧阳修全集》卷一一〇，第4册，第1674页。

④ 《全宋文》卷一二八〇，第59册，第87页。

> 仰转运司体量闻奏。初入郡学人，须有到省举人二人委保，是本乡人氏，或寄居已久，无不孝不悌、逾滥之行，即不曾犯刑责，或曾经官司罚赎、情理不重者，方得入学。应取解逐处在学本贯人，并以入学听习。至秋赋投状日前及三百日以上，旧得解人百日以上，方许取应。内有亲老、别无得力弟兄侍养、致在学日数不足者，除依例合保外，别召命官一员或到省举人三名，委保诣实，亦许取应。其随亲属之官者，许就近入学，候归乡取解，据在学实日及无过犯，给与公凭。①

上述建言，对范仲淹、富弼等的提案予以详细补充，具有很强的可操作性，便于朝廷贯彻落实。

对于新政之办学选材，时人并无异议。唯其中必须在校“听读”一条，落实起来有一些难度，因此被质疑诟病。庆历四年（1044）五月，朝廷即下诏予以调整：

> 近制：旧举人听读一百日、新人三百日，方许取解。今天下建学，而未尽有讲说教授之人，其旧举人且与免听读。新人于听读限内以故给假，而逼秋赋、补日不足者，与除之。其州军学校未成，听至后次科场为始。②

这样的调整，余靖依然认为难以落实，因为能否在校听读与地方教育投入、考生个人经济状况相关。是年十一月：

> 判国子监余靖言：“伏缘朝廷所赐庄园、房钱等，赡之有限，而来者无穷。若遍加廪给，则支费不充；若自营口腹，则贫窭者众。

---

① 《宋会要辑稿·选举》三之二四、二五，第5册，第4273—4274页。
② 《宋会要辑稿·选举》一五之一二，第5册，第4501页。

日有定数，不敢不来，非其本心，同于驱役。古之劝学，初不如此。臣以为广黉舍，所以待有志之士；去日限，所以宽食贫之人。国家有厉贤之风，寒士得带经之便。欲乞应国子监、太学生徒，如有情愿听读，满五百日，即依先降敕命，将来取解，十人之中与解三人。其不满五百日者，并依旧额取解应举。所有开封府及天下州、军建立州学处，亦取情愿听读，更不限以日数。所贵寒士营生务学，不失其所。”乃诏：“罢天下学生员听读日限。”[①]

必须在校听读，还有便于考察士人品德之意图，听读日限废止，就应该恢复发解试弥封制。包拯《请依旧封弥誊录考校举人奏》云：“缘天下郡学，自罢听读之后，生徒各以散去。一旦诏下，投牒求试者比比皆是，长吏等又安能一一练悉行实哉？……若今来诸州发解举人，且令仍旧封弥、誊录考校，于理甚便。”[②]

“在校听读”问题上有分歧争议，然而庆历新政以来，上下办学之风兴盛，学校教育得到长足发展。[③]嘉祐元年（1056）十二月：

太子中允、天章阁侍讲胡瑗管勾太学。始，瑗以保宁节度推官教授湖州，科条纤悉备具，以身先之。虽盛暑，必公服坐堂上，严师弟子之礼。视诸生如其子弟，诸生亦信爱如其父兄，从之游者常数百人。庆历中，兴太学，下湖州取其法，著为令。瑗既为学官，其徒益众，太学至不能容，取旁官舍处之。礼部所得士，瑗弟子十常居四五，随材高下。喜自修饰，衣服容止，往往相类。人遇之，虽不识，皆知其为瑗弟子也。于是，擢与经筵，治太学犹如故。[④]

---

① 《续资治通鉴长编》卷一五三，第6册，第3714—3715页。
② 《全宋文》卷五三九，第25册，第329页。
③ 参见李兵：《书院与科举关系研究》，武汉：华中师范大学出版社，2005年，第47—52页。
④ 《续资治通鉴长编》卷一八四，第8册，第4461页。

学校教育对科场的影响是非常明显的。欧阳修嘉祐二年（1057）权知贡举时之奏疏，有这样的评价："臣伏见国家自兴建学校以来，天下学者日盛，务通经术，多作古文，其辞艺可称、履行修饰者不可胜数。"[①]虽有一定的夸张成分，也有相当部分是事实。

仁宗朝科举制度处于相对稳定的状态，在稳定中也有所改变，为神宗朝的再度大变革做好了前期铺垫。仁宗朝通过科举制度选拔，名臣辈出，后人对此艳羡不已，所谓"仁宗皇帝在位最久，得君子最多。"[②]究其实质，与科举制度的相对规范和公正有密切关系。

第二节　英宗朝

宋英宗赵曙于公元1063年5月登基，卒于公元1067年1月，在位4年。英宗在位期间，仅有一次贡举：治平二年（1065），省试进士取213人，谅阴，无殿试，省试录取数即为最终录取数。治平四年（1067）再次贡举时，英宗已经去世。

英宗在位时间短，在科举制度方面作为甚少，唯有一条，至关重要：确定三年一科考。仁宗朝最初三年一科考，后改为四年一科考，最终确定为二年一科考。治平二年（1065）、治平四年（1067）遵循的都是二年一科考制度。讨论四年改为二年之际，有识之士就提出反对意见：

> 近制，礼部四岁一贡士，议者患之，请更为间岁。公（胡宿）独以为不然。曰："使士子废业，而奔走无宁岁，不如复用三岁之制也。"众皆以公言为非。行之数年，士子果以不便而卒用三岁

---

① 《条约举人怀挟文字札子》，《欧阳修全集》卷一一，第4册，第1677页。

② 〔宋〕李心传撰，辛更儒点校：《建炎以来系年要录》卷二七，第2册，第559页。

之制。[①]

嘉祐二年（1057）改为二年一科考之后，弊端马上得以彰显。徐积《上赵殿院书》云：

何谓二年一开科场不便？积常行陕西道中，亲见西川举人多是徒步，或自提挈，或十数人共雇一仆役，其甚者破产业。而未及至半路，或滞霖潦，或不幸而有疾病，故有不得应举而归者。虽应得一举，亦受尽艰险。今又二年一开科场，则其远方孤寒益受其弊也。然又有大不可者。今之为进士者，多是不肯治经，但于经史之内摘拾题目，及赋中要用事迹。其甚者，只是记诵近年词赋、策论及诸家类题，以为苟进之计。今又二年一开科场，宜乎学者尤不暇治经，尤为苟简之计。以此论之，且宜仍旧四年一开科场，或三年一开。若三年一开科场，亦宜于转运司类试。积夙闻朝廷亦尝议转运司类试。[②]

徐积指出二年一科考弊端有二：其一，远方考生疲于奔命，甚至破产或染病；其二，考期仓促，考生不肯认真读书，只为“苟简之计”。徐积更倾向于三年一科考。

改为二年一科考之后，经历了十余年，事实证明其确实不科学，治平三年（1066）诏旨云：

国家承祖宗之休，功成治定，而贡举之法，烦而未安。永惟致治之方，盖本得材之盛。先帝深诏执事，询求其故。诚以士久不贡，则学废于闲肆；时旷难逢，则人嗟于留滞。故易四载之旧，始为间

① 《宋名臣言行录》卷四，第180页。

② 《全宋文》卷一六一六，第74册，第152页。

岁之举。粤自更制，浸闻非便。乃以为里选之牒仍故，而郡国之取减半；计偕之籍屡上，而道途之劳良苦。朕甚闵焉。载图事制之中，俾从更定之令。今后宜每三年一开科场。应天下所解进士、诸科，并以本处旧额四分中解三分。内开封府、国子监以皇祐四年所解进士、诸科数，各四分中以三分为额。所有礼部奏名进士以三百人为额，明经、诸科不得过进士之数。①

为解决“士久不贡”和“计偕屡上”之矛盾，朝廷经过反复实践，确定三年一科考最为合理。科考年份间隔问题至此彻底得以解决，延续到清代，这一制度再无变化。相应的，诏旨对发解试解额和省试取士数，都有了明确规定。因为已经有殿试免黜落制度，依照上述诏旨，每届科考进士取数就是300人，每年平均值为100人，大致维持仁宗朝取士数。史称这次变革“恩典不增，其贡举期缓，士得休息，官以不烦矣。”②所谓“恩典不增”，就是指解额和最终取士数大致与仁宗朝相当。

英宗朝虽短，关于科举制度的一些讨论却还在持续。治平元年（1064）四月，司马光有《贡院定夺科场不用诗赋状》，称：

窃闻昨来南省考校，始专用论策升黜，议者颇以为当。臣犹恐四方疏远，未知所尚，有司各持所见，则人无适从。欲乞今来科场，更不用诗赋。如未欲遽罢，即乞令第一场试论，第二场试策，第三场试诗赋。每遇廷试，亦以论压诗赋，为先后升降之法。庶成先帝之志，永底人文之盛。③

司马光虽然坚持重策论、废诗赋，但是担心考生不适应突然之剧变，

① 《宋会要辑稿·选举》三之三八，第5册，第4280页。
② 《宋会要辑稿·选举》三之三九，第5册，第4281页。
③ 《司马光集》卷二八，第2册，第700页。

要求逐渐改变，以此贯彻落实仁宗朝关于这方面的讨论和诏旨。

治平元年（1064）司马光与欧阳修关于“逐路取人”的讨论，是关于科举制度比较大的一场争论，对后世科举制度一直有所影响。其时，知封州柳材奏疏建议省试弥封时，标明“在京”和“逐路”，按照比例录取。司马光完全同意此建议，《贡院乞逐路取人状》云：

国家用人之法，非进士及第者不得美官，非善为赋诗论策者不得及第，非游学京师者不善为赋诗论策。以此之故，使四方学士皆弃背乡里，违去二亲，老于京师，不复更归。其间亦有身负过恶，或隐忧匿服，不敢于乡里取解者，往往私买监牒，妄冒户贯，于京师取解。自间岁开科场以来，远方举人惮于往还，只在京师寄应者，比旧尤多。国家虽重为科禁，至于不用荫赎，然冒犯之人，岁岁滋甚。所以然者，盖由每次科场及第进士，大率是国子监、开封府解送之人。则人之常情，谁肯去此而就彼哉！夫设美官厚利进取之途以诱人于前，而以苛法空文禁之于后，是犹决洪河之尾，而捧土以塞之，其势必不行矣……国家设贤能之科，以俟四方之士，岂可使京师诈妄之人独得取之？今来柳材所起请科场事件，若依而行之，委得中外均平，事理允当。可使孤远者有望进达，侨寓者各思还本土矣。[①]

司马光认为考生“弃背乡里”“老于京师”，冒籍寄应的最大原因，是录取名额京师与地方差别过大，每次科考中第者，“大率是国子监、开封府解送之人”，所以应该接受柳材的建议，确定“在京”和“逐路”的录取名额分配，使得远方考生“有望进达”，“侨寓”京师者得以还乡。

欧阳修则提出反对意见，上《论逐路取人札子》，云：

① 《司马光集》卷三〇，第2册，第728—729页。

国家取士之制，比于前世，最号至公。盖累圣留心，请求曲尽。以谓王者无外，天下一家。故不问东西南北之人，尽聚诸路贡士，混合为一，而惟材是择。各糊名誊录而考之，使主司莫知为何方之人，谁氏之子，不得有所憎爱薄厚于其间。故议者谓国家科场之制，虽未复古法，而便于今世，其无情如造化，至公如权衡，祖宗以来不可易之制也……若旧法一坏，新议必行，则弊滥随生，何可胜数！故臣以谓且遵旧制，但务择人，推朝廷至公，待四方如一，惟能是选，人自无言。此乃当今可行之法尔。[①]

“糊名誊录”等保密措施采取之后，考官根本不知道考生“为何方之人，谁氏之子”，省试标准乃“混合为一”“惟材是择”。如果改变公平录取原则，“弊滥随生，何可胜数”。欧阳修的顾虑是合理的，京师及第者众，还与优质教育资源集中、教育事业最为发达相关，同时，各地的优秀人才也往往聚集于国子监或开封府，再强行区分京师和逐路，则成弊政。

通观宋代科举制度史，绝大部分时间都是“混同取人”，“逐路取人”主张确实不可操作，欧阳修的观点是正确的。马端临有如下评说：

分路取人之说，司马、欧阳二公之论不同。司马公之意，主于均额，以息奔竞之风；欧阳公之意，主于核实，以免缪滥之弊。要之，朝廷既以文艺取人，则欧公之说为是。盖士既求以用世，则奔名逐利所不能免，不必深訾。至于弃亲匿服、身负过恶者，皆素无行检之人，此曹虽使之生长都城，早游馆学，超取名第，亦未必能为君子。若以为远方举人，文词不能如游学京师者之工，易以见遗，则如欧、曾、二苏公以文章名世，诏令传后，然亦出自穷乡下国，未尝渐染馆阁，习为时尚科举之文也，而皆占高第。然则必须游京

① 《欧阳修全集》卷一一三，第4册，第1716—1718页。

师而后工文艺者，皆剽窃蹈袭之人，非颖异挺特之士也。[①]

马端临赞同欧阳修的主张，并予以论证。关于“逐路取人”问题，英宗朝以后还被一再提出。如，熙宁初范纯仁有《上神宗乞设特举之科分路考校取人》奏疏，[②]但大多停留于讨论阶段，并没有付诸实施。

第三节　神宗朝

宋神宗赵顼于公元1067年1月登基，卒于公元1085年4月，在位18年。神宗是一位欲有大作为的帝王，在位期间全面革新朝政，包括科举制度。因此，在科举制度的完善和深化方面，神宗朝屡有重大举措，对后世影响深远。

一、熙宁初年科举变革讨论

神宗即位之年正是科举年，神宗来不及有所作为。下一届贡举在熙宁三年（1070），神宗亟欲有所作为，便在这次贡举之前下诏，令朝臣对现行科举制度之利弊和变革发表意见。熙宁二年（1069）四月，诏令云：

夫欲化民成俗者，必自庠序之教行；进贤兴功者，抑由贡举之法用。前王致理，何以尚兹。朕博览古今，详求体要，思广得人之路，莫先养士之原。然而，三岁设科，四方兴学，执经艺者或专于诵数，趋乡举者徒狃于文词。与夫古所谓三物宾兴之言，九年大成之业，亦已盭矣！朕念夫都邑之广，岂无茂异之伦；党遂之间，必有超绝之士。盖上之所求者，既拘于程式；则下之所贡者，或诎于

① 《文献通考》卷三一《选举考四》，上册，第292—293页。
② 《宋朝诸臣奏议》卷八〇，上册，第869页。

阔疏。是则虽有德行道艺之人，何由自进于有司邪？今兹诏下郡国，招徕隽贤，惟其教育之方，课试之格。若曰但循旧制，则无以一道德而奖进于人材；若将别为新规，则必当图悠久而详延于众论。惟是台阁之列，与夫禁近之联，必有猷为，固尝讲议，俾悉条于利病，思有助于搜扬。宜令两制、两省待制以上、御史台、三司、三馆臣僚，各限一月内，具议状闻奏。仍令御史台牒催。①

这次诏令已经为臣僚的讨论定下两种调子：其一，将“庠序之教”和“贡举之法”联系在一起讨论；其二，贡举弊端乃“专于诵数”“狃于文词”“拘于程式”“诎于阔疏”。神宗不仅要求朝臣广泛参与，而且给出“一月”的时间限定，令御史台督促，听取意见和求治之心非常迫切。

熙宁年间主政者乃王安石，先来看他的《乞改科条制札子》：

古之取士，皆本于学校。故道德一于上，而习俗成于下，其人材皆足以有为于世。自先王之泽竭，教养之法无所本，士虽有美材，而无学校师友以成就之，议者之所患也。今欲追复古制以革其弊，则患于无渐。宜先除去声病对偶之文，使学者得以专意经义，以俟朝廷兴建学校，然后讲求三代所以教育选举之法，施于天下，庶几可复古矣。所对明经科欲行废罢，并诸科元额内解明经人数添解进士，及更俟一次科场，不许新应诸科投下文字，渐令改习进士。仍于京东、陕西、河东、河北、京西五路先置学官，使之教导。于南省所添进士奏名，仍具别作一项，止取上件京东等五路应举人并府监诸路曾应诸科、改应进士人数。所贵合格者多，可以诱进诸科，向习进士科业。如允所奏，乞降敕命施行。②

① 《宋会要辑稿·选举》三之四一、四二，第5册，第4282页。

② 《全宋文》卷一三八三，第64册，第20—21页。

王安石在仁宗年间就曾批评现行科举制度说："方今取士，强记博诵而略通于文辞，谓之茂才异等、贤良方正……记不必强，诵不必博，略通于文辞，而又尝学诗赋，则谓之进士……不肖者苟能雕虫篆刻之学，以此进至乎公卿。"[①]熙宁初，作为朝廷政令变革主持者，王安石此处提出三条实际操作措施：其一，"兴建学校"以讲求"教育选举之法"，在京东等五路"先置学官"，予以落实并求进一步推广；其二，废除进士科诗赋"声病对偶之文"，驱使士人"专意经义"；其三，废罢明经诸科记诵科目，诱导士人改应进士科。王安石此时变革科举制度的主张，在神宗朝之前就几乎是君臣之共识，在熙宁初同样具有广泛的代表性，与诏令旨意一致，王安石将其设置为具体的逐步的改革措施，具有很强的可操作性。

熙宁初年朝廷倡议的一场讨论，朝臣纷纷发表意见，奏章保留至今的还有十二位：司马光、程颢、苏颂、韩维、苏轼、苏辙、王珪、吕公著、范纯仁、孙觉、刘攽、陈襄。这是两宋期间对科举制度最为集中、最为广泛的一次讨论，归纳其论述，分为意见极其对立的两派。一派以王安石、司马光等为代表，是大多数人的意见，要求办学选材、废罢诗赋、一定程度恢复乡举里选。另一派只有苏轼、刘攽等寥寥数位，要求坚持以科举考试选材，反对废罢诗赋和乡举里选。以下予以分别阐述。

多数人之意见，举司马光、苏颂等为例。

司马光《议学校贡举状》称："欲以少救其弊，今敢试陈二策。"其一，保举之法："今后应系举人，令升朝官以上岁举一人，提点刑狱以上差遣者岁举二人，谏议大夫或待制以上岁举三人……每遇三年一开贡举，委贡院截自诏下之日勘会。选择举主最多者，从上取之……进士试经义策三道，子史策三道，时务策三道，更不试赋、诗及论。"其二，学校之法："应举人初入学者，并为外舍生，唯赴听讲及公试外，不得于学中宿食……委教授选择外舍生到学及半年以上，自前次释奠以来说书多通，

---

① 《全宋文》卷一三八〇，第63册，第336—337页。

公试多在优等，过犯情轻数少，即升入内舍，为初等生，始听于学中宿食。又选择初等生升为中等生，中等生升为高等生，皆如外舍生之法……仍给予公凭，许令免解直就省试。其高等生占不尽解额，方许本处其余举人取解。”[①]第一条类似于汉代的察举制，将荐举与考试相结合，只考策，废除诗赋论。第二条大致是王安石推出并予以落实的“三舍法”，具体操作略有不同。综上，司马光的主张，与王安石基本相同。

苏颂奏章分为两篇：《议贡举法》和《议学校法》。其《议贡举法》认为：“其弊不在法制之失，而在于措置之未尽耳。夫措置之未尽，其说有四：一曰考试关防太密，二曰士子不事所业，三曰诈冒户贯取应，四曰取人多少不均。”其解决措施为“去弥封、誊录之法”“依前令投纳公卷一副”等，几乎全盘否定宋初至真宗朝建立起来的考试保密制度。其《议学校法》主要讨论教师和课程设置问题。[②]

其他大臣主张大致相同，大致集中在废除诗赋和办学取士两个方面。如韩维《议贡举状》[③]、孙觉《上神宗论取士之弊宜有改更》等。[④]某些奏章有所侧重，集中讨论学校教育与人才选拔问题。吕公著《上神宗答诏论学校贡举之法》比较有代表性，云：

> 自尧舜三代以来，其养士取人之法虽随时损益不同，然教必本于学校，进必由于乡里……至于设科取士，则各出于一时之苟且。国家承其极弊之后，而因循未暇制作……莫若先建学校，兼而行之。学校所进者岁增，则科举所取者岁减。如此，不十数年间，士皆以学校进矣。所谓学校之法者，天子自立太学于京师，取道德足以为天下师法者主之；自开封府及天下州县皆立学，取道德足以为人师者主之。……所谓贡举之法者，应天下士人，并须本县公吏等结罪

① 均见《司马光集》卷三九，第2册，第889—893页。
② 均见《苏魏公文集》卷一五，上册，第210—217页。
③ 《全宋文》卷一〇六四，第49册，第154—155页。
④ 《宋朝诸臣奏议》卷八〇，上册，第868—869页。

保明乡贡素行，方得入于州学。州学每岁贡士，量州府大小。大郡贡二人；其小郡士人绝少处，二岁若三岁贡一人。并知州、通判与主学官，于学生内选入学一年以上、经明行修者，贡于朝廷。而升于太学者，官为给食。太学每岁于学生内，选到住太学一年以上、经明行修、通世务、可以治人者七十人，进于朝廷。其在上等者，委中书门下量才官使；其在次等者，送流内铨依名次注官。计一岁所贡者七十人，三岁所贡者二百人，则后次科场进士、经学，南省奏名之数内可各减一百人。三岁之后，就学者众，诸州所贡人数可以倍增，而太学三岁可增置四百人，则进士、经学奏名内更各减一百人。又行之三岁，科举可尽罢，而士之进者皆出于学校矣……臣以谓自后次科场，进士可罢诗赋，而代以经。先试本经大义十道，然后试以论策。①

吕公著试图以学校教育选拔逐步取代科举考试，最终达到“科举可尽罢”的目的。奏章对各级学校之间的推荐选拔有详细的设置，看起来也具有相当的可操作性。奏章同样提及“罢诗赋”，然不是讨论的重点。

此外，程颢《请修学校尊师儒取士札子》就学校教育与取士发表详细意见，认为：贯彻落实之后，“一以道德仁义教养之，又专以行实材学升进，去其声律小碎、糊名誊录、一切无义理之弊，不数年间，学者靡然丕变矣。岂惟得士浸广，天下风俗将日入醇正，王化之本也”②。陈襄《议学校贡举札子》则向朝廷推荐教授太学之“贤哲之士”常秩、陈烈、管师常、程颐四人。③以上大臣都是将讨论的重点落实在学校教育方面。

从熙宁党争的角度观察，王安石属于新党，司马光、吕公著等属于旧党。然而，更换到科举制度变革的维度观察，新旧党派之间并无政见

---

① 《宋朝诸臣奏议》卷七八，上册，第852—853页。

② 〔宋〕程颢、程颐著，王孝鱼点校：《二程集·河南程氏文集》卷一，北京：中华书局，2012年，上册，第450页。

③ 《全宋文》卷一〇八一，第50册，第59—60页。

纷争，观点高度一致，当然，也与前述熙宁诏书保持高度一致。

苏轼在此时则独持异见，与众不同。其《议学校贡举状》云：

> 得人之道，在于知人；知人之法，在于责实……使三代圣人复生于今，其选举养才，亦必有道矣，何必由学！且天下固尝立学矣，庆历之间，以为太平可待，至于今日，惟有空名仅存……故臣以谓今之学校，特可因循旧制，使先王之旧物不废于吾世，足矣。至于贡举之法，行之百年，治乱盛衰，初不由此。陛下视祖宗之世贡举之法，与今为孰精？言语文章，与今为孰优？所得文武长才，与今为孰多？天下之事，与今为孰办？较此四者，而长短之议决矣。今议者所欲变改不过数端。或曰：乡举德行，而略文章；或曰：专取策论，而罢诗赋；或欲举唐室故事，兼采誉望，而罢封弥；或欲罢经生朴学，不用贴墨，而考大义。此数者，皆知其一不知其二者也。臣请历言之。夫欲兴德行，在于君人者修身以格物，审好恶以表俗……若欲设科立名以取之，则是教天下相率而为伪也……自文章而言之，则策论为有用，诗赋为无益；自政事言之，则诗赋、策论均为无用矣。虽知其无用，然自祖宗以来莫之废者，以为设法取士，不过如此也……议者必欲以策论定贤愚、决能否，臣请有以质之。近世士大夫文章华靡者，莫如杨亿。使杨亿尚在，则忠清鲠亮之士也，岂得以华靡少之？通经学古者，莫如孙复、石介，使孙复、石介尚在，则迂阔矫诞之士也，又可施之于政事之间乎？自唐至今，以诗赋为名臣者，不可胜数。何负于天下，而必欲废之？近世士人纂类经史，缀缉时务，谓之策括。待问条目，搜抉略尽。临时剽窃，窜易首尾，以眩有司，有司莫能辨也。且其为文也，无规矩准绳，故学之易成；无声病对偶，故考之难精。以易学之士，付难考之吏，其弊有甚于诗赋者矣。唐之通榜，故是弊法。虽有以名取人、厌伏众论之美，亦有贿赂公行、权要请托之害。至使恩去王室，权归私

门。降及中叶，结为朋党之论，通榜取人又岂足尚哉？……[1]

苏轼奏章以“知人责实”为核心观点，不留情面地批评了以学校教育取代科举制度、废罢诗赋、乡举里选等流行观点。苏轼认为：学校选材是一条失败之路，庆历以来的实践可以证明，所以，学校教育方面“因循旧制”就可以了。科举制度“行之百年”，选拔了大量人才，行之有效。对于策论与诗赋之争，苏轼认为士人为官品质和行政能力，与诗赋、策论都没有关系。从考试选拔人才的角度，诗赋更易考官辨识把握，故不必废除。且策论“临时剽窃，窜易首尾，以眩有司”，考察士人政治观点或行政能力的目的也不能落实。苏轼奏章论据确凿充分，议论朴实流畅，结论自然令人信服。其批评王安石、司马光等的变革主张是“知其一不知其二”，击中肯綮。此时年仅22岁的宋神宗也有所醒悟，史载：

上得轼议喜曰：“吾固疑此，得轼议释然矣。”即日召见……上曰：“欲用轼修中书条例。”安石曰：“轼与臣所学及议论皆异，别试其事可也。”[2]

熙宁二年（1069）诏书乃大臣起草，代表了大多数臣僚的看法，神宗受其影响，但仍然有所疑虑。苏轼切合实际的透彻分析言论，使得神宗有所醒悟。次年殿试改为策问，苏轼依然借题发挥，其《送章子平诗叙》盛赞仁宗朝进士试“较之以声律，取之以糊名，而异人出焉。”[3]但此时主政者是王安石，办学选材、废罢诗赋又是绝大多数大臣的共同主张，苏轼的意见最终被忽略搁置。

---

① 〔宋〕苏轼撰，孔凡礼点校：《苏轼文集》卷二五，北京：中华书局，1986年，第2册，第723—725页。

② 〔清〕黄以周等辑注，顾吉辰点校：《续资治通鉴长编拾补》卷四，北京：中华书局，2004年，第1册，第188—189页。

③ 《苏轼文集》卷一〇，第1册，第324页。

苏轼观点在当时非常孤立，只有个别臣僚意见与之相同。刘攽《贡举议》云：

> 人臣之议者，盛言古事以为高，侈言己忠以为博，迂远而不切事情，漫汗而不济世务……本朝承百王之末，创起律令，虽未及三代，其随时因俗，从宜应变，增损不常，亦成一朝之制。而选举之法行之百有余岁，累朝将相名卿及今之所谓贤材与共天下之论议者，皆非以他途进者也，而诬以未尝得人，臣窃以为过矣。且臣论之，今时选举之患，不在创法之未善，而在有司之弗良；不患试言之非要，而患听者之不察……议者或谓文词之为艺薄陋，不足以待天下之士。臣愚以谓今进士之初仕者，不过得为吏部选人。国家待门荫恩泽者亦为选人，流外小吏亦为选人。选人如此之卑也，而天下之士以文词应此选，岂不固有余裕哉？朝廷设置何等爵禄，而更艰难其选乎？且进士成名者，国家亦何尝便以为才杰而任用之。或以文章显，或以法律用，或以善政事称，或以治财赋进，皆待其来日成效而后有取……士之居乡里者，何由察知？苟凭虚名以进人，后有不称，将复相与蔽护其短而谓之材，终亦不得真贤实廉矣。是乡举里选，又不可尽用也。①

刘攽观点与苏轼完全相同。当时大臣奏疏的一种普遍现象乃是“盛言古事以为高，侈言己忠以为博，迂远而不切事情，漫汗而不济世务”，刘攽的批评，切中要害。刘攽增加的论据是：科举考试只是为“吏部选人”，与“门荫”等制度比较，科举制度更为合理。士人中第进入官场之后，是凭借特长或才能胜任某方面工作，“或以法律用，或以善政事称，或以治财赋进”，与诗赋或策论没有任何关系，所以没有必要批评诗赋“为艺薄陋”。

当然，神宗朝科举制度最终是遵循王安石、司马光等多数人之意见

① 《全宋文》卷一四九四，第69册，第29—31页。

而变革发展的。

二、殿试策问

熙宁三年（1070）贡举，进士正奏名和特奏名殿试首次采用制策问答的方式考试，王安石、司马光等人的主张得到部分落实。“旧制：殿试进士以诗、赋、论，特奏名进士一论。至是，进士就席，有司又犹给《礼部韵》。及试题出，乃策问也。上顾执政曰：‘对策亦何足以实尽人材？然愈于以诗赋取人尔。’……翌日，试特奏名进士，内出制策。”[①]殿试策问源自制科考试，其策问内容及希望考生发表政见等套路，都有所沿袭。[②]如此重大的变革，神宗也是犹豫到最后，殿试之际临时改变。据记载：

> 公（吕公著）知贡举，在贡院密上奏，曰：“天子临轩策士而用诗赋，非举贤求治之意。且近世有司考校，已专用策论。今来殿试，欲乞出自宸衷，惟以诏策，咨访治道。”是岁，上临轩，遂以策试进士。[③]

吕公著一再坚持，甚至再上密奏，才帮助神宗最后下定决心。此后，省试或诗赋取士，或经义取士；殿试则以策取士，沿袭不变，殿试内容有了颠覆性的变化。

科举考试，是为朝廷选拔人才，统治者期望通过策问，考核士人两个方面能力：对现实政治弊病的了解和应对方案，综合分析、归纳等逻辑思考能力和语言表达能力。“多言时政阙失”[④]，是应策时文的应有之义。阅读熙宁三年（1070）殿试制策，能够基本了解宋代试策套路。制策云：

---

① 《宋会要辑稿·选举》七之一九，第5册，第4365页。
② 参见《宋代科举制度与文学演变》，第145—147页。
③ 《宋名臣言行录·后集》卷八，第230页。
④ 《宋会要辑稿·选举》一一之二〇，第5册，第4436页。

> 朕德不类，托于士民之上，所与待天下之治者，惟万方黎献之求。详延于庭，诹以世务，岂特考子大夫之所学，且以博朕之所闻。盖圣人之王天下也，百官得其职，万事得其序。有所不为，为之而无不成；有所不革，革之而无不服。田畴辟，沟洫治，草木鬯茂，鸟兽鱼鳖无所不得其性者，其富足以备礼，其和足以广乐，其治足以致刑。子大夫以谓何施而可以臻此？方今之弊，可谓众矣。救之之道必有本末；所施之宜，必有先后，此子大夫所宜知也。生民以来，所谓至治，必曰唐虞、成周之时，《诗》《书》所称，其迹可见。以至后世贤明之君、忠智之臣，相与忧勤，以营一代之业。虽未尽善，要其所以成就，亦必有可言者。其详著之，朕将亲览焉。[①]

制策谦称"朕德不类"，要求考生针对"方今之弊"，提出变革主张，涉及百官职责、田畴生产、礼乐制度、刑罚举措等，并要求考生引经据典予以论证，如唐虞、成周、《诗》、《书》等。总而言之，神宗欲借殿试策问机会，广泛听取当代知识阶层意见，为朝政变革提供新鲜思维。此年进士第三名及第者陆佃《御试策》原文保留至今，[②]全文约1500多字，只能是最为简约地回答了制策所提出的问题，少有论证或展开讨论。后来殿试考生答策，洋洋洒洒，往往有万余字，与之比较，熙宁三年的对策不脱初期的粗陋。

殿试改用策问，其弊端立即显现，其严重性超乎苏轼等原来之批评，或者说是苏轼等人事先无法想象的。其大要有二：阿谀奉承，逢上之好；格式呆板，模拟抄袭。

制策名义上要求考生针对现实弊病，发表批评性意见，并提出改进或变革建议。事实上，应策时文大都奉上所好，阿谀时政，歌功颂德。在专制体制中，不允许不同的政见存在，统治者实际上厌恶甚至憎恨听

① 《宋会要辑稿·选举》七之一九，第5册，第4365页。

② 《全宋文》卷二二〇二，第101册，第108—111页。

到批评的声音。考生为了进入仕途，必须揣摩帝王或当政者之想法，以此作为应策时文的主要论点，贯穿全文。更有甚者，揣摩帝王与时相好恶，恶意攻击当时政坛上受排挤打击的政治派别，应策时文堕落为朝廷鹰犬。另一方面，制策者也是根据时政提问，体现当政者意志，考生对策阿谀奉承之特征，也是策问导引的结果。

神宗即位，起用王安石主持变法，这是熙宁初年朝廷政治大趋势。熙宁三年殿试，策问迎合者皆得高第，引发出新旧党派巨大分歧。这一年状元叶祖洽尤为突出：

> 祖洽策言："祖宗多因循苟简之政，陛下即位，革而新之。"初考为三等，复考为五等。上令宰相陈升之面读，以祖洽为第一。轼乃上言："陛下试士，将求朴直之人，而阿谀顺旨者率据上第，臣窃悲之。"是以不胜愤懑，拟《进士对御试策》以进。上以轼所对策示安石，安石曰："轼才亦高，但所学不正，陛下何不黜轼，岂以其才可惜乎？譬如调恶马，须减刍秣，加鞭棰，使其帖服，乃可用。陛下不可不察也。"①

《司马光目录》也有详细记载：

> 时韩维、吕惠卿初考，附者皆在高等，言直者多在下等。宋敏求、刘攽复考及之，吴充、陈襄从初考。祖洽："考祖宗多因循苟且之政，建隆下革而新之。"初考为三等，吴允等奏泛与者。吕公著、苏轼编排上官均第一，祖洽二，佃第五，程尧佐奏名第三。以陆佃知新法，故易第二为第五焉。是岁进士二人，直诋时病，皆在下：

① 〔宋〕陈均编，许沛藻等点校：《皇朝编年纲目备要》卷一八，北京：中华书局，2006年，第427—428页。

开封范越，一不知名。[①]

熙宁之新旧党争，在科场中直接表现出来。此时，考官中有新旧两党人士，故录取意见不同，但最终录取结果当然取决于皇帝和主政者的意见。

苏轼对殿试策问中形成的阿谀奉承之风极其愤慨，故特意作《拟进士对御试策》，其序言云：

> 窃见陛下始革旧制，以策试多士。厌闻诗赋无益之语，将求山林朴直之论，圣听广大，中外欢喜。而所试举人不能推原上意，皆以得失为虑，不敢指陈阙政，而阿谀顺旨者又卒据上第。陛下之所以求于人至深切矣，而下之报上者如此，臣窃深悲之。夫科场之文，风俗所系，所收者天下莫不以为法，所弃者天下莫不以为戒。昔祖宗之朝，崇尚辞律，则诗赋之士，曲尽其巧。自嘉祐以来，以古文为贵，则策论盛行于世，而诗赋几至于熄。何者？利之所在，人无不化。今始以策取士，而士之在甲科者，多以谄谀得之。天下观望，谁敢不然！臣恐自今已往，相师成风，虽直言之科，亦无敢以直言进者。风俗一变，不可复返，正人衰微，则国随之，非复诗赋、策论迭兴迭废之比也。是以不胜愤懑，退而拟《进士对御试策》一道。[②]

苏轼是非常敏锐的，迅速察觉到殿试策问的最大弊病之所在，即如此科举选拔出来的将大量是阿谀奉承之徒。同时，当代士风会因此改变，“利之所在，人无不化”。可悲的是，熙宁以后，殿试策问不变，考生对

---

① ［宋］彭百川撰：《太平治迹统类》卷二八，《丛书集成续编》第275册，台北：新文丰出版公司，1988年，第29页。

② 《苏轼文集》卷九，第1册，第301页。

策之媚上恶俗越来越严重。苏轼的反对意见，如螳臂当车，毫无作用。即使如此，神宗年间，苏轼还是一直利用各种机会批评殿试策问，对熙宁科场变革持坚决反对态度。史载：

> 熙宁八年，轼知徐州日，有杭州盐官县安国寺相识僧居则，请轼作《大悲阁记》。意谓：旧日科场以赋取人，赋题所出多关涉天文地理、礼乐律历，故学者不敢不留意于此等事。今来科场以文义取人，故学者只务空言高论而无实学。以讥讽朝廷改更科场法度不便也。①

元丰元年（1078）十月，苏轼又作《日喻》："讥讽近日科场之士，但务求进，不务积学，故皆空言而无所得。以讥讽朝廷更改科场新法不便。"②

其他臣僚也逐渐觉察到殿试策的根源性弊病。元祐大臣刘安世"论熙宁殿试用策"云：

> 士人得失计较为重，岂敢极言时政阙失，自取黜落？或居下第，必从而和之。是士人初入仕，而上之人已教之谄也。傥或有沽激慷慨直言之士，未必有益。③

刘安世一语中的。未进入仕途就已经引导士人走奉承媚上一路，其结果自然是官场充斥着阿谀拍马之徒。北宋中期以后官场文化日益堕落，与熙宁殿试改为策问有相当的关系。

---

① 中华书局编辑部编：《咸淳临安志》卷九一，《宋元方志丛刊》第4册，北京：中华书局，1990年，第4195页。

② 孔凡礼：《苏轼年谱》卷一七，北京：中华书局，1998年，上册，第408页。

③ 〔宋〕马永卿编：《元城语录》卷下，《景印文渊阁四库全书》第863册，台北：台湾商务印书馆，1986年，第383页。

此外，殿试制策关乎时政，大致不离官员队伍建设、士人品德、经济生产、农业、教育、军事等方面，可以事先预测。宋代众多士人中第之前，皆闭门苦读，两耳不闻窗外事。他们既少生活阅历，对现实政治也缺乏足够或深入的了解。部分已经仕宦而参加“锁厅”试的考生，或未得实际差遣，或混迹下层，积累的从政经验也不多。他们为了应对科举考试，往往是收集以往时文典范之作，学习揣摩，模拟写作，格式呆板、模拟抄袭的弊病由此形成，明清八股文风即源于此。①

殿试策问，极大程度地改变了宋代士人的读书、写作风习。熙宁三年（1070）以后，士人逐渐将更多的学习热情转移到策文的写作上。叶适言：“自熙宁以策试进士，其说蔓延，而五尺之童子，无不习言利害以应故事。”②

三、三舍法的出台和弊端

兴办学校，发展教育，用学校选拔，取代科举考试，一直是北宋诸多大臣追求的理想选官制度，也是熙宁初臣僚奉旨讨论时最为重要的建议。神宗年间，逐步付诸实践，这就是慢慢成形的三舍法。

进士试等科举制度数百年来行之有效，为朝廷输送了大量人才，骤然予以废止，任何一位君主或大臣都不敢冒天下之大不韪。况且，在专制独裁社会里，神宗朝之前的科举制度具有内在的合理性，其选材效能远远优于学校教育，无法被其他选官制度所取代。庆历新政也有各州县兴办学校、一段时间内要求考生必须在校听读等措施，到熙宁初年，时间过去仅仅数十年，苏轼称其“惟有空名仅存”。苏轼所言或过于夸张，然而，神宗朝之前学校教育都是围绕着科举考试而展开，一切为现行科举考试服务，是不争的事实。换言之，神宗朝之前，学校教育与科举考

① 参看《宋代科举制度与文学演变》，第164—165页。

② 〔宋〕叶适著，刘公纯等点校：《叶适集·水心别集》卷一三《制科》，北京：中华书局，2013年，第802页。

试是紧紧绑定在一起的，两者有相辅相成的作用。

神宗朝不断强化学校教育，其方向确实欲以学校选材取代进士试等，去除科举制度这一环节。

首先，神宗朝努力健全学校教育，补足生员与师资，使师生配置走向完善。熙宁元年（1068）正月：

> 诏太学增置外舍生百员。初，太学置内舍生二百员，官为给食。至是员足，远方之士待次而入者盖百余人，谏官滕甫、刘庠并以为言，故有是诏。[①]

这是补充在校生员，使之达到满员状态。

熙宁四年（1071）二月：

> 中书言："古之取士皆本于学校，故道德一于上，习俗成于下，其人材皆足以有为于世。自先王之泽竭，教养之法无所本，士虽有美材而无学校师友以成就之，此议者之所患也。今欲追复古制以革其弊，则患于无渐。宜先除去声病、偶对之文，使学者得以专意经义，以俟朝廷兴建学校。然后讲求三代所以教育、选举之法，施于天下，则庶几可复古矣……仍于京东、陕西、河东、河北、京西五路先置学官，使之教导……中书选择逐路各三五人，虽未仕、有经术行谊者，亦许权教授，给下县主簿、尉俸。愿应举者亦听，候满三年，有五人奏举，堂除本州判、司、主簿、尉，仍再兼教授。即经术行谊卓然，为士人所推服者，除官充教授。其余州军，并令两制、两省、馆阁、台谏臣寮荐举见任京朝官、选人有学行可为人师者，中书体量，堂除逐路官，令兼本州教授。"从之。[②]

---

① 《山堂考索·后集》卷二七《士门》，第618页。

② 《续资治通鉴长编》卷二二〇，第9册，第5334—5335页。

朝廷以中书奏疏颁为诏令，重点是选拔和完善各级学校之学官。此次操作要点有二：其一，仍以京东等五路为试点，“先置学官”，然后推广到“逐路”。其二，学官以“经术行谊”为标准，不限制“未入仕”者。这是师资匮乏时的弥补措施。

学生与老师都有所补充完善之后，熙宁四年（1071）十月，中书执政班子再度进言：

> 近制，增广太学，益置生员。除主判官外，直讲以十员为额，每二员共讲一经。委中书选差，或主判官奏举。其生员分三等，以初入学生员为外舍，不限员。自外舍升内舍，内舍升上舍，上舍以一百员、内舍以二百员为限。生员各治一经，从所隶官讲授。主判官、直讲月考，试优等举业，上中书。学正、学录、学谕，于上舍人内，逐经选六员。如学行卓然尤异者，委主判及直讲保明，中书考察，取旨除官。具有职事者受官讫，仍旧管勾，候直讲、教授有阙，次第选充。其主判官、直讲职事生员，并第增给食钱。[①]

至此，三舍法雏形已经出现：学校设外舍、内舍、上舍，三舍之间通过多阶段的考试考核升级，最后直接进入官场，其作用完全等同于科举制度。关于学官及其讲授的内容，也有一些规定和设置。然而，三舍具体考试或考核过程，还是非常模糊粗糙。

这一阶段学校教育的规模、内容、过程之公正性，都无法与原有科举考试相比拟。熙宁五年（1072）五月，神宗与执政有如下一段对话：

> 上谓王安石等曰：“蔡确论太学试，极草草。”冯京曰：“闻举人多盗王安石父子文字，试官恶其如此，故抑之。”……安石曰：“旧

---

① 《山堂考索·后集》卷二八《士门》，北京：中华书局，1992年，第624页。

科人虽不尽变，十须变三四，后生即往往尽变。凡革旧为新，亦须期成效在十年之后也。”①

学校教育初期“极草草”，这是变革过程导致的，所以王安石“期成效在十年之后”。然而，在独裁政体中，学校教育很快又走上阿谀当政者的邪路，所谓“举人多盗王安石父子文字”，其发展趋势与殿试策问一致。学校很容易堕落为培养阿谀奉承之徒的场所，这是令人绝望的。可以预见，“十年之后”，前景可悲。

熙宁五年（1072）八月，“赐太学生叶适进士及第，为试校书郎、睦州推官、郓州州学教授。适，处州人。管勾国子监张琥等言适累试优等也。”②这是最早通过三舍法获取功名进入仕途者。林希《野史》对此事的标杆作用有详细记载：

> 熙宁四年春，更学校贡举之法，设外舍、内舍、上舍生，春秋二试。由外舍选升内舍，由内舍选升上舍。上舍之尤者，直除以官，以锡庆院为太学……诸学官公然直取其门下生无复嫌疑。四方寒士，未能习熟新传，而用旧疏义，一切摈黜。自此士人不复安业，日以趋走权门、交结学官为事。叶适者，处之巨豪，前此斥于廷试，素以交结陆佃，为之引誉，琥、定遂推第一，欲诱动士心，贪利慕己。于是列奏适之文章、行义卓绝，遂赐进士及第、郓州教授，又留为直讲……是岁，国子监荐一百五十人，诸家门生占百三十人；开封荐二百六十人，诸家门生占二百余人。诸直讲扬言曰：“自此罢科举，但用太学春秋两试，所占上等如叶适直除以官。”于是士心惶惧，惟恐不得出诸学官之门也。③

---

① 《续资治通鉴长编》卷二三三，第9册，第5659—5660页。
② 《续资治通鉴长编》卷二三七，第10册，第5773页。
③ 《续资治通鉴长编》卷二三七，第10册，第5773—5774页。

这一年上舍释褐仅仅只有叶适一人，三舍法选拔没有形成规模。而且，学官把持选拔过程，私相授受，无公正性可言。三舍法实施初期，就已经是“诸学官公然直取其门下生无复嫌疑”，国子监、开封府所荐绝大多数为“诸家门生”，其恶果就是“士人不复安业，日以趋走权门、交结学官为事”。两相比较，科举制度的严格保密措施之合理性彰显无疑。诸学官成为三舍法利益获得者之一类，故扬言“自此罢科举”，诱导士人奔走其门下。

熙宁年间三舍法始终处于建设和完善过程之中。熙宁五年（1072）八月，诏：“国子监外舍生以七百人为额，日给食，岁赐钱万缗。”[①]熙宁六年（1073）三月，再度下诏要求选拔学官：“诸路学官委中书选京官朝官选人或举充。又诏：诸路择举人最多州军，依五路法各置教授一员，委国子监询考通经品官及新及第出身进士可为诸路学官，即具所著词业以闻。”[②]熙宁十年（1077）二月，诏书明令以三舍选拔作为现行进士试的补充手段：

> 诏：“国子监上舍生自今应补中后，在学实及二年，无犯学规第二等已上过，委主判同学官保明，与免解，从上不得过三十人。内于贡举自合免解者，与免省试一次。已该免解后，又在学及二周年已上，别无公私过者，并免省试。”[③]

同年五月，诏：“上舍生在学一年，并免解。”[④]此时，三舍法与进士试并存，三舍法更多地是进士试之补充。

至元丰初，三舍法大致成熟。元丰二年（1079）八月，正式颁布三

---

① 《续资治通鉴长编》卷二三七，第10册，第5768页。
② 《山堂考索·后集》卷二八《士门》，第618页。
③ 《宋会要辑稿·职官》二八之八、九，第3册，第2975—2976页。
④ 《续资治通鉴长编》卷二八二，第12册，第6918页。

舍法：

> 《学令》：太学置八十斋，斋各五楹，容三十人。外舍生二千人，内舍生三百人，上舍生百人。月一私试，岁一公试，补内舍生；间岁一舍试，补上舍生，弥封、誊录如贡举法；而上舍试则学官不预考校。公试，外舍生入第一，第二等，升内舍；试入优、平二等，升上舍，皆参考所书行艺乃升。上舍分三等。学正增为五人，学录增为十人，学录参以学生为之。岁赐缗钱至二万五千，又取郡县田租、屋课、息钱之类，增为学费。初，以国子名监，而实未尝教养国子。诏许清要官亲戚入监听读，额二百人，仍尽以开封府解额归太学，其国子生解额，以太学分数取之，毋过四十人。①

《学令》有如下四点内容：第一，确定太学规模和三舍生人数；第二，明确三舍考试过程和升舍标准；第三，规定学官人数；第四，言明学校经费及其来源。

考试过程和升舍标准是三舍法的核心内容，《宋史》有更加详细的记载：

> 始入学，验所隶州公据，试补外舍，斋长、谕月书其行艺于籍。行谓率教不戾规矩，艺谓治经程文。季终考于学谕，次学录，次正，次博士，后考于长贰。岁终会其高下，书于籍，以俟复试，参验而序进之。凡私试，孟月经义，仲月论，季月策。凡公试，初场经义，次场论策。试上舍，如省试法。凡内舍，行艺与所试之业俱优，为上舍上等，取旨授官；一优一平为中等，以俟殿试；俱平若一优一否为下等，以俟省试。②

① 《宋史》卷一五七《选举志三》，第11册，第3660—3661页。
② 《宋史》卷一五七《选举志三》，第11册，第3657页。

三舍生日常考核非常频繁。私试、公试、舍试是规模较大的考试，其成绩决定学生是否升舍，同样采用弥封、誊录等保密措施。考试内容只有经义、论、策，诗赋已经被完全摒弃。上舍分三等：上等直接授官，人数极少；中等免省试，直接参加殿试；下等免解，参加省试。

正式颁布的三舍法，有两点非常明确：其一，三舍法考试过程和内容借鉴现行科举制度；其二，三舍法始终是进士试之补充，决策者并没有期望取而代之。故元丰二年（1079）十二月，朝廷重新切割太学和开封府的解额分配：

> 诏："自今解发进士，太学以五百人，开封府以百人为额。"旧制：开封三百三十五人，国子监百六十人。熙宁八年合为一，以解额通取。至是复分，而太学生数多，故损开封解额以益之。[①]

京城解额绝大部分给了太学，这是三舍法实施的结果。元丰三年（1080）十二月，再诏："开封府解额并拨属太学，其国子生解额，以太学分数取人。"[②]此条未见其他史料佐证，或者是将开封府发解试置于太学管理之下。可用元丰七年（1084）八月一条史料为佐证：

> 权国子司业朱服言："天下郡县之学皆隶本监，四方之士多出太学。将来礼部试，虑诸路举人群集京师，自以不在学籍，无纠禁稽察之法，循缘旧习，浮纵寡耻。兼本学生交杂，相为掩蔽，难以办究。乞应举人到京，或有显过亏损行义，若博奕、斗讼、酗酒、不检、造为飞语、谤讪朝政，委本监检察闻奏，比附学规殿举。"

① 《续资治通鉴长编》卷三〇一，第12册，第7325页。
② 《宋会要辑稿·选举》一五之二三，第5册，第4507页。

从之。[①]

这是将所有赴省试考生在开封府的日常管理权都授予太学，并以太学学规约束之。

三舍法贯彻过程中，朝廷还予以制度上的特别照顾。元丰二年（1079）正月，御史何正臣言："熙宁元年礼部试上舍生，并于试卷印'特免'字，恐于考较不合公议。今上舍赴礼部试，乞更不印号。"[②]朝廷至此才免去这项特殊照顾的政策。凡此种种，不一而足。

即使如此，神宗朝三舍法始终难以独立，且形不成规模。元祐初谏官王岩叟奏章云："臣伏见太学每岁有公试诸生法，朝廷锁院如科场制，欲以与学中一岁之十二试，参考其艺，而进之为内舍。行之累年，所进者无几。如元丰六年，预升补者三人；七年，一十四人；八年，四人而已。虽进而为内舍，亦于诸生未有沮劝，独比外舍增飡钱八金耳。"[③]举此一端，可见其余。

正如前言，三舍法实施过程中，公正性更加难以得到保证，弊案频发。学官可能特别熟悉部分学生，串通作弊也更加方便。元丰元年（1078）七月，御史黄履言："国子监生员著述议论，尽得讲官绪余。将来逐官例差考试，窃恐去取之际，或未能判然无疑。"[④]这还是以常理推之，是泛泛的担心。同年十二月，就有建州进士虞蕃上书言："太学讲官不公，校试诸生，升补有私验。"[⑤]学官有私，人之常情，难以避免。元丰二年（1079）七月，同判国子监张璪主动要求："太学内舍、上舍生中选者免解或免礼部试，旧以直讲考校，不无挟情，容有私取。请自今补

① 《续资治通鉴长编》卷三四八，第14册，第8350页。
② 《续资治通鉴长编》卷二九六，第12册，第7199页。
③ 《续资治通鉴长编》卷三七一，第15册，第8992页。
④ 《续资治通鉴长编》卷二九〇，第12册，第7103页。
⑤ 《续资治通鉴长编》卷二九五，第12册，第7181页。

内舍、上舍，皆自朝廷差官考校。”①

即使如此，元丰二年（1079）还是有大批官员因太学弊案受到处理。是年十月：

> 管勾国子监沈季长落职勒停……判国子监黄履免追官，勒停，听赎铜，除侍讲外，差遣并罢；枢密直学士陈襄罚铜十斤。季长坐受太学生竹簟、陶器，升补内舍生不公及听请求；履坐不察属官取不合格卷子，及对制不实；襄坐请求，皆因虞蕃上书，御史台鞫得其罪也。②

是年十一月：

> 诏："国子监直讲、颍川团练推官王沇之除名，永不收叙；太常丞余中追一官，勒停；监东作坊门，河南左军巡判官王沔之、秘书丞范峒冲替。"沇之坐受太学生章公弼赂，补上舍不以实，罪当徒二年；中坐受太学生陈度赂，罪当杖；峒坐为封弥官漏字号；沔之，沇之弟，亦坐纳赂，嘱请于中、沇之等。皆因虞蕃上书，下御史台案劾，又用御史何正臣之请。狱辞所及，虽蕃所不言，皆得究治。沇之等虽会赦降，犹特责之。沇之始议送湖南安置，既而止除名。然太学一狱，逾年方决，追逮遍四方，盖舒亶、何正臣为之。③

此次弊案牵涉甚广，在追查过程中又发现了许多新的问题。前因后果，宋人笔记有详尽记载：

① 《续资治通鉴长编》卷二九九，第12册，第7265页。
② 《续资治通鉴长编》卷三〇〇，第12册，第7311页。
③ 《续资治通鉴长编》卷三〇一，第12册，第7320页。

> 王荆公在中书，作新经义以授学者。故太学诸生，几及三千人，以至包展锡庆院、朝集院，尚不能容。又令判监、直讲程第诸生之业，处以上、中、下三舍，而人间传以为凡试而中上舍者，朝廷将以不次升擢。于是轻薄书生，矫饰言行，坐作虚誉，奔走公卿之门者如市矣。会秋试有期，而御史黄廉上言："乞不令直讲、判监为开封国学试官。"又有饶州进士虞蕃伐登闻鼓，言："凡试而中上舍者，非以势得，即以利进，孤寒才实者，例被黜落。"上即此二说，疑程考有私，遂下蕃于开封府。而蕃言：参知政事元绛之子耆宁尝私荐其亲知，而京师富室郑居中、饶州进士章公弼等，用赂结直讲余中、王沇之、判监沈季长，而皆补中上舍。是时许将权知开封府，恶蕃之告讦，抵之罪。上疑其不直，移劾于御史府，追逮甚众。而蕃言许将亦尝荐亲知于直讲，于是摄许将、元耆宁及判监沈季长、黄履、直讲余中、唐懿、叶涛、龚原、王沇之、沈铢等皆下狱。其间，亦有受请求及纳贿者。狱具，许将落翰林学士，知蕲州。沈季长落直舍人院，追官勒停。元耆宁落馆职，元绛罢参知政事，以本官知亳州。王沇之、余中皆除名，其余停任。诸生坐决杖编管者数十，而士子奔竞之风少挫矣。[①]

三舍法实施初期，就形成"奔走公卿之门者如市"风气，其弊端一目了然，当然无法替代进士试等科举制度。这次弊案牵涉之广、规模之大，完全暴露了三舍法的弊端。

三舍法的初衷之一，就是依赖学官对生员的熟悉，一定程度回归"乡举里选"的品德考察。这种对生员的品德考察，又依赖于学官的公正。在"人治"专制社会里，企图依赖官员的德道自觉性做到公正公平，完全是痴心妄想。但是，处于"人治"社会中的众多官员往往意识不到这一点，宋代官员关于选拔人才之"乡举里选"的喋喋不休，皆属于这

---

① 《东轩笔录》卷六，第71页。

一类。熙宁末，御史彭汝砺甚至有《论上舍当罢糊名之法奏》，“欲乞试内、上舍，皆以文行参考。”[①]实在是冬烘不通之论。熙宁年间，秘书省著作佐郎冯山奏章论及“正学校以厚风化”，云：

> 今四方之士，舍父母，去乡里，裹粮糊口，坌集于都下，不啻五六千人矣。日驰骛求丐于公卿之门，纷纭周章，不本一乡之法，不知三物之教，不穷六艺之原本，不见历代之兴废，惟诵新义，习庄老。虽增至万员，广成十舍，道不足以通达治体，教不足以化成人文，徒贼粮食、害风教、损人才而已。[②]

对三舍法形成过程中之弊端就有很好的针对性批评。

四、余论

神宗朝科举制度之演变，还有一些枝枝节节，在此予以交代。

其一，进士试录取人数。神宗朝进士试录取人数，总体趋势依然在上涨，虽然英宗朝规定三年一科考时，已经限定了省试录取之人数。治平四年（1067）省试录取305人，熙宁三年（1070）省试录取300人，大致遵循英宗朝每届录取300人的规定。熙宁六年（1073）省试则增至408人，元丰五年（1082）和元丰八年（1085）省试录取都是485人。[③]神宗朝总共录取进士正奏名2805名，[④]以神宗在位18年计算，平均每一年度约为156名，比起仁宗朝又有了大幅度的上涨。

其二，省试经义。在熙宁初年关于科举制度大讨论中，王安石、司马光等都是主张经义取士的。王安石云：“除去声病对偶之文，使学者得

---

① 《宋朝诸臣奏议》卷七九，上册，第860页。

② 《上言六事封事》，《全宋文》卷一七〇八，第78册，第263页。

③ 神宗朝省试录取数据，参见诸葛忆兵编著：《宋代科举资料长编·北宋卷》，南京：凤凰出版社，2017年，第682—800页。

④ 此数据来源为《中国科举制度通史·宋代卷》，第851—855页。

以专意经义。”[①]司马光云：“进士试经义策三道，子史策三道，时务策三道，更不试赋、诗及论。”[②]上述主张在熙宁四年（1071）得以落实，中书进言：“今定贡举新制，进士罢诗赋、帖经、墨义，各占治《诗》《书》《易》《周礼》《礼记》一经，兼以《论语》《孟子》。每试四场，初本经，次兼经并大义十道，务通义理，不须尽用注疏。”[③]朝廷将此颁为诏令。熙宁六年（1073）贡举，省试经义，殿试策问，诗赋完全退场。

省试经义的弊端在神宗朝立即得以显现：

> 王荆公改科举，暮年乃觉其失，曰：“欲变学究为秀才，不谓变秀才为学究也。”盖举子专诵王氏章句，而不解义，正如学究诵注疏尔。教坊杂戏亦曰：“学《诗》于陆农师，学《易》于龚深之。”盖讥士之寡闻也。[④]

士人专门诵读朝廷新贵所作的经义注疏，以求迎合，不仅以谄媚求出身，而且读书视野和知识面都变得狭窄。王安石是非常睿智的，对此马上有所觉察。此外，苏轼云：“予见章子厚言，裕陵元丰末欲复以诗赋取士。及后作相，为蔡卞所持，卒不能明裕陵之志，可恨也！”[⑤]即：主持科举变革的领袖人物宋神宗和王安石都对经义取士有所反思和后悔，然而并没有做出改变，或恢复旧制。苏轼的解释是“为蔡卞所持”，理由有点简单，实际上恐怕还有决策者不愿自我否定等心理在起作用。省试经义因此作为常规制度一直得以保留。

其三，废罢诸科。宋朝开国之后，一直有诸科考试。史载：“宋之科目，有进士，有诸科，有武举……初，礼部贡举，设进士、九经、五经、

---

① 《全宋文》卷一三八三，第64册，第20页。
② 《司马光集》卷三九，第2册，第891页。
③ 《续资治通鉴长编》卷二二〇，第9册，第5334页。
④ 〔宋〕陈师道撰，李伟国点校：《后山丛谈》卷一，北京：中华书局，2007年，第24页。
⑤ 〔宋〕朱弁撰，孔凡礼点校：《曲洧旧闻》卷二，北京：中华书局，2002年，第102页。

开元礼、三史、三礼、三传、学究、明经、明法等科，皆秋取解，冬集礼部，春考试。”[①]进士以外，皆属诸科。熙宁初年诸大臣讨论科举制度变革时，重点是进士试，旁及诸科。熙宁初诏书认为诸科弊病是“执经艺者或专于诵数”，[②]所以王安石要求“明经科欲行废罢，并诸科元额内解明经人数添解进士”。[③]这些讨论和建议在熙宁四年（1071）二月得到落实，朝廷明令“罢明经诸科”[④]。销解全国诸科考生有一个过程，但是，废罢诸科已成现实，神宗朝之后也没有得以恢复。[⑤]

其四，废罢制科。宋代“常选之外，又有制科。”[⑥]“制举无常科，所以待天下之才杰，天子每亲策之。”[⑦]熙宁三年（1070），孔文仲等应制科考试，“指陈时病，语最切直”[⑧]，招致主政者的极度厌恶，已有废罢之意。又，神宗朝进士殿试改为对策，与制科考试方式相同，为废罢制科提供了依据。熙宁六年（1073）八月，陈彦古应制科试，《续资治通鉴长编》载：“空疏未有如彦古者，自是，制科亦罢矣。”[⑨]朝廷正式出台决策在次年。熙宁七年（1074）五月，中书执政班子进言：“勘会策试制举，并以经术、时务，今进士已能辞赋，所试事业即与制科无异。于时政阙失，即诸色人自合许上封论。其贤良方正等科，自今欲乞并行停罢。”[⑩]立即获得神宗同意，制科因此废罢。与诸科不同，神宗朝以后又恢复制科考试，然取人极少，影响不大。[⑪]

其五，允许宗室参试。宋代“宗王襁褓即裂土而爵之，然名存实亡，

---

① 《宋史》卷一五五《选举志一》，第11册，第3604页。
② 《宋会要辑稿·选举》三之四一、四二，第5册，第4282页。
③ 《全宋文》卷一三八三，第64册，第20页。
④ 《宋会要辑稿·选举》一四之一，第5册，第4483页。
⑤ 参见《宋代科举与文学考论》，第112—115页。
⑥ 《宋史》卷一五五《选举志一》，第11册，第3604页。
⑦ 《宋史》卷一五六《选举志二》，第11册，第3645页。
⑧ 《续资治通鉴长编》卷二一五，第9册，第5246页。
⑨ 《续资治通鉴长编》卷二四六，第10册，第6002页。
⑩ 《宋会要辑稿·选举》一一之一四，第5册，第4433页。
⑪ 参见《宋代科举与文学考论》，第125—136页。

无补于事。”[①]宗室不得差遣，与实际事权无关。为了断绝宗室掌握实权的可能，北宋前期不允许宗室参加科举考试。北宋中期，宗室人数大量增加，且许多已是“五服”以外的宗亲，关系十分疏远。为了减轻奉养宗室的财政负担，仁宗以后开始放宽对宗室参加科举考试的限制。皇祐元年（1049），宗室赵叔韶“献所著文，召试学士院，入优等”，赐进士及第。仁宗面见时鼓励说：“宗子好学无几，尔独以文章得进士第，前此盖未有也。”[②]这是见诸文献最早的宗室得赐进士及第者，然不是参加科举考试所得。皇祐五年（1053），宗室“（赵）克悚上拟试诗、赋、论十卷，且请随举人赴殿试。”仁宗仍然只令学士院召试。[③]

英宗朝首先开放对宗室女婿参试的限制。治平元年（1064）：

> 贡院奏：“准皇祐四年诏，娶宗室女补官者不得应举。按贡举条例，进纳及工商杂类有奇才异行者，亦听取解。今宗室婿皆三世食禄，有人保任乃得充选，比工商杂类纳财受官流品为胜，岂可以姻连皇族，遂同赃私罪戾之人。乞许应举，以广求贤之路。”从之。[④]

唐宋禁止工商杂类参加科举考试是因为其社会地位过低，禁止宗室及姻亲参加科举考试则是为了杜绝他们过度亲近权力，出发点完全不一样。贡院奏疏或忘记制度初衷，将两者混为一谈，当然，理由相当充分，其时已经放宽对宗室限制，允许宗室女婿参试只是顺应了这股潮流。

取消宗室参加科举考试的限制，一直到神宗朝才得以落实。熙宁二年（1069）十一月：

> 中书、枢密院言：“伏以祖宗受命百年，皇族日加蕃衍，而亲疏

① 《宋史》卷二四四《宗室传一》，第25册，第8665页。
② 《续资治通鉴长编》卷一六六，第7册，第4000—4001页。
③ 《续资治通鉴长编》卷一七四，第7册，第4202页。
④ 《续资治通鉴长编》卷二〇二，第8册，第4890页。

之施未有等衰，甄叙其才，未能如古。臣等今议定方今可行之制：……愿锁厅应举者，依外官条例。其袒免亲，更不赐名授官，只许令应举。应进士者，止试策论；明经者，止习一大经，试大经大义及策。初试考退不成文理者，余令复试。取合格者以五分为限，人数虽多，毋过五十人。累经复试不中年长者，当特推恩，量材录用。”诏：“宜依中书、枢密所奏施行。”[①]

神宗同意二府班子合议，到熙宁五年（1072）五月，正式颁布诏令：

诏：“宗室非袒免亲许应举者，试策三道、论一道，或大经议十道。初试黜其不成文理者，余令复试。所取以五分为限，人数虽多，不得过五十人。累复试不中，年长者当议量材录用。”[②]

省试期间，宗室单列，如锁厅试，故有考试内容和录取人数的特别限定，予以特别照顾。宋人称：“熙宁间，始命宗室应科举……宗子及第，始于令铄。”[③]赵令铄于神宗年间及第，具体哪年已无考。

神宗是亟欲有所作为的帝王，神宗朝也完成了宋代科举制度最后的重大变革。殿试策、经义取士、三舍法，后来皆成为宋代科举考试的重要内容。至此，进士试从形式到内容都发生了根本性的改变。此后，宋代科举制度之动荡摇摆，皆在上述变革的范围内进行。然而，上述变革的不足之处也显而易见，时人已经有所觉察，后代更是争执纷纷，故三舍法等时废时置，反复变化。至真宗朝，科举考试建立起锁院、弥封、誊录、编排等系列保密制度，利大于弊。神宗朝科举制度方面的举措与之比较，往往显得劳而不惠，弊病丛生。

---

① 《续资治通鉴长编拾补》卷六，第1册，第256—257页。

② 《续资治通鉴长编》卷二三三，第9册，第5647页。

③ 〔宋〕朱彧撰，李伟国点校：《萍洲可谈》卷一，北京：中华书局，2007年，第112页。

第三章

分化与震荡期

北宋最后三朝，钦宗在位仅一年多时间，且始终挣扎于外患的巨大压力之下，无暇顾及科举。哲宗和徽宗两朝陷入新旧党争恶斗之中，科举制度成为党争的一个重要方面。大臣们立场不同，关于科举制度的意见也分化各异，科举制度随着党争的动荡而不断摇摆。这一阶段，科举制度再无变革，只是以震荡性的形式回应以往的变革。

第一节 哲宗朝

宋哲宗赵煦于公元1085年4月登基，卒于公元1100年2月，在位15年。哲宗朝之科举制度，经历了太祖至真宗三朝的变革完善、仁宗朝的平稳实施和神宗朝的刻意改变，其纷争和摇摆大都是回应神宗朝的作为。哲宗在位期间，朝政分为两个阶段：元祐年间，太皇太后高氏垂帘听政，旧党得势；元祐之后，哲宗亲政，新党当政。哲宗朝之科举制度，也随着新旧党派的此起彼伏而震荡改变。

一、经义与诗赋之争

哲宗以八岁幼龄登基，高氏垂帘听政，起用司马光等旧党，朝政逆转，神宗朝的多数变革举措被废除或部分废除，包括科举制度的系列变革。

首先引起部分旧党关注的是省试经义取士制度，这是哲宗朝争论最多、分歧最大的一项制度。即使旧党内部，也是分歧巨大。旧党中的主流意见是要求恢复诗赋取士。元祐元年（1086），重新主政的旧党大臣马上开始对经义取士制度进行批判。尚书省执政班子进言：

> 伏见朝廷用经术设科，盖欲人知礼义，学探原本。近岁以来，承学之士，闻见浅陋，辞格卑弱。其患在于治经者专守一家，而略去诸儒传记之说；为文者惟务解释，而不知声律、体要之学。深虑人材不继，而适用之文，从此遂熄。兼一经之内，凡可以为义题者，牢笼殆尽，当有司引试之际，不免重复。若不别议更张，浸久必成大弊。欲乞朝廷于取士之法，更加裁定。[①]

---

① 《续资治通鉴长编》卷三六八，第15册，第8858页。

奏疏从两个角度批评经义取士：考生“闻见浅陋”，考题“不免重复”。此番言论，为恢复诗赋取士张目。

尚书省进言的同时，侍御史刘挚单独上疏，其核心内容是批评经义取士、主张恢复诗赋取士。奏疏云：

> 今之治经，以应科举，则与古异矣。以阴阳性命为之说，以泛滥荒诞为之辞，专诵熙宁所颁《新经》《字说》，而佐以《庄》、《列》、佛氏之书，不可究诘之论，争相夸尚。场屋之间，群辈百千，浑用一律。主司临之，珉玉朱紫，困于眩惑。其中虽有深知圣人本旨、该通先儒旧说，苟不合于所谓《新经》《字说》之学者，一切在所弃而已。至于蹈袭他人，剽窃旧作，主司猝然亦莫可辨。盖其无所统纪，无所檃括，非若诗、赋之有声律、法度，其是非工拙，一披卷而尽得知也。诗、赋命题，杂出于六经、诸子、历代史记，故重复者寡。经义之题，出于所治一经。一经之中可为题者，举子皆能类聚，裒括其数，豫为义说，左右逢之。才十余年，数榜之间，所在义题，往往相犯。然则文章之体，贡举之法，于此其弊极矣。诗赋之与经义，要之，其实皆曰取人以言而已。贤之与不肖，正之与邪，终不在诗赋、经义之异。取于诗赋，不害其为贤；取于经义，不害其为邪……臣愚欲乞试法复诗赋，与经义兼用之。进士第一场试经义，第二场试诗赋，第三场试论，第四场试策。经义以观其学，诗赋以观其文，论以观其识，策以观其才。前二场为去留，后二场为名次。其解经义，仍许通用先儒传注或己之说，而禁不得引用字解及释典，庶可以救文章之弊，而适乎用。革贡举之弊，而得其人。亦使学者兼通他书，稍至博洽。[①]

① 《续资治通鉴长编》卷三六八，第15册，第8858—8859页。

刘挚的观点也是两个方面：其一，经义取士，考生专用一家观点，甚至荒唐不经、蹈袭剽窃；而诗赋有声律法度，便于考官取舍。其二，诗赋命题博涉经、史、子，多种多样，不会重复；而经义命题只出一经，一经中可命题者有限，必然重复。刘挚归纳云："诗赋之与经义，要之，其实皆曰取人以言而已"，即：经义取士，并不能使得考生品德更加纯正或高尚，切中要害。而以往攻击诗赋取士、主张经义取士者，都是从考生将来的品德修养、为官素质角度立论的，刘挚是从根本上否定了经义取士的合理性。如前所言，经义取士是新旧党派众多大臣的共识，刘挚也不敢完全否定经义取士，因此他的科举考试方案是经义、诗赋两存，经义不主一家之说。其实，刘挚偏重诗赋的立场非常明确。

朝廷很快就此颁布诏令："礼部与两省学士、待制、御史台、国子司业集议闻奏。所有将来科场，且依旧法施行。"[①]虽然要求大臣们发表意见，同时明确科举制度将"依旧法施行"，即恢复诗赋取士的旧法。苏轼为此创作《复改科赋》：

> 新天子兮，继体承乾；老相国兮，更张孰先？悯科场之积弊，复诗赋以求贤。探经义之渊源，是非纷若；考辞章之声律，去取昭然。原夫诗之作也，始于虞舜之朝；赋之兴也，本于两京之世。迤逦陈齐之代，绵邈隋唐之裔。故遒人狥路，为察治之本；历代用之，为取士之制。追古不易，高风未替。祖宗百年而用此，号曰得人；朝廷一旦而革之，不胜其弊。……三舍既兴，贿赂公行于庠序；一年为限，孤寒半老于山林。[②]

苏轼对熙丰科举新制"经义取士""三舍法"等都有批判，高度肯定诗赋取士，称其源远流长，取士"得人"。苏轼又将恢复旧法的功劳归于

---

① 《续资治通鉴长编》卷三六八，第15册，第8861页。
② 《苏轼文集》卷一，第1册，第29—30页。

老相国司马光。旧党领袖司马光是元祐初首相，上述尚书省集体意见本来应该体现司马光的意志，苏轼如此颂扬也应该没有问题。但是，如前所言，在科举制度变革方面，司马光的意见与王安石一致，此际司马光奏疏依然坚持原来的立场，云：

> 至于以赋诗、论策试进士，及其末流，专用律赋格诗取舍过落，摘其落韵，失平侧，偏枯不对，蜂腰鹤膝，以进退天下士，不问其贤不肖。虽顽如跖、跷，苟程试合格，不废高第；行如渊、骞，程试不合格，不免黜落，老死衡茅。是致举人专尚辞华，不根道德，涉猎钞节，怀挟剿袭，以取科名。诘之以圣人之道，未必皆知。其中或游处放荡，容止轻儇，言行丑恶，靡所不至者，不能无之。其为弊亦极矣！神宗皇帝深鉴其失，于是悉罢诗赋及经学诸科，专以经义、论策试进士。此乃革历代之积弊，复先王之令典，百世不易之法也。但王安石不当以一家私学，欲掩盖先儒，令天下学官讲解及科场程试，同己者取，异己者黜……今国家大议科场之法，欲尽善尽美。以臣所见，莫若依先朝成法，合明经、进士为一科，立《周易》《尚书》《诗》《周礼》《仪礼》《礼记》《春秋》《孝经》《论语》为九经，令天下学官依注疏讲说，学者博观诸家，自择短长，各从所好……所有今来乞复诗赋者，皆向日老举人。止习诗赋，不习经义，应举不得，故为此说，欲以动摇科场制度，为己私便。①

司马光立场非常鲜明，仍然明确反对“诗赋取士”，坚持“经义取士”，唯独对王安石以一家之说为准的科场录取标准提出批评。司马光指责诗赋取士“不问其贤不肖”，然经义取士同样不能解决“贤不肖”的问题，司马光这种“知其一不知其二”的偏执立场，苏轼在熙宁年间就有过针对性的批评意见。司马光的意见与前文叙说的尚书省班子意见明显

① 《续资治通鉴长编》卷三七一，第15册，第8975—8979页。

有分歧，这是非常奇怪的，只能解释为尚书省旧党宰辅班子多数成员要求恢复“诗赋取士”，司马光是屈从者，事后不甘心，故再单独上奏疏。

司马光意见在元祐初同样获得许多旧党大臣的支持。这些旧党大臣始终肯定或高度评价神宗朝经义取士的变革，只是批评经义只取王安石一说的做法，他们的立场与司马光完全相同。旧党另一领袖人物吕公著，在神宗朝就赞成经义取士，此时云：“先帝更新法度，如试进士以经术，最为近古。且仲尼六经何负于后世？特安石课试之法为谬尔。安石解经亦未必不善，惟其欲人同己为大谬尔。”①

又，监察御史上官均言：

> 经术以理为主，诗赋以文为工。以理者于言为实而所根者本，以文者于言为华而所逐者末。先帝去数百年之弊，不为不艰，而议者不计本末，乃欲袭前日诗赋之弊，未见其为得也。源深流长，事大体重，张官置吏之原，安危理乱之本，愿陛下详听而谨行之。②

朱光庭有《请用经术取士奏》，云：

> 臣窃以圣朝用经术取士，冠越前代。止是不当专用王安石之学，使后生习为一律，不复穷究圣人之蕴，此为失矣。若谓学经术不能为文，须学诗赋而后能文，臣以为不然。③

王存也说：“比废进士专经一科，参以诗赋，失先帝黜词律、崇经术之意。”④中书舍人彭汝砺言：“朝廷取士非古，其陋至于用诗赋，极矣。先皇帝受天明命，悼道之郁滞，奋于独断，初用经术造士，以革数百千

① 《续资治通鉴长编》卷四〇八，第16册，第9939页。
② 《续资治通鉴长编》卷三七四，第15册，第9060—9061页。
③ 《全宋文》卷二〇一二，第92册，第399页。
④ 〔宋〕曾肇：《王学士存墓志铭》，《全宋文》卷二三八四，第110册，第128页。

年之弊，士知本且向方……诗赋不经，可以无辨，是犹滑稽俳优之戏，门巷讴唱之辞而已。”[①]

换言之，元祐朝政更化，全面推翻神宗朝变革举措，恢复种种旧制，“诗赋取士”为其中之一。然而，旧党许多头面人物立即认识到具体到科举制度这一个问题上，“经义取士”制度是合理的，仅仅是王安石个人失误，予以小小纠正便可以了，不必大动干戈，不能废除经义取士，不可恢复诗赋取士旧制。

旧党中更有调和者。右司谏苏辙面对“欲复诗赋，议上未决”的现状，主张“来年科场一切如旧，但所对经义兼取注疏及诸家议论，或出己见，不专用王氏之学。”实际上是主张诗赋、经义两存，因为“先是，言者请兼用诗赋，尽黜经义，太学生改业者十四五。”[②]考生已经大量跟进朝廷“诗赋取士”的举措，坚持“经义取士”已经不现实。苏辙两存的建议得到众多朝臣的赞同。毕仲游《经术诗赋取士议》云：“为今之策，莫若复诗赋以取士，而不累于科举，以进治经之人。……析诗赋、经义为两科，学诗赋者举进士，治经者举明经。”[③]

纷争过大，反而是折中者意见获得通过，朝廷最终采用苏辙、毕仲游等的调和意见。元祐元年（1086）十一月，“三省奏立经义、词赋两科，下群臣议，从之。”[④]元祐二年（1087）十一月，朝廷又诏令云：“进士以经义、诗赋、论策通定去取……将来一次科场，未习诗赋人依旧法取应，解发不得过元额三分之一。令礼部立诗赋格式以闻。”[⑤]元祐三年（1088）是贡举年，朝廷的两次诏令为诗赋、经义之争暂时画上句号。

经义和诗赋虽然两存之，但是，元祐三年（1088）是苏轼主持贡举，其偏颇诗赋的立场当然非常明显，因此再度引起众多朝臣的不满。这次

---

① 《续资治通鉴长编》卷四一七，第17册，第10123页。
② 《续资治通鉴长编》卷三七四，第15册，第9060页。
③ 《全宋文》卷二四〇〇，第111册，第72页。
④ 《续资治通鉴长编》卷三九二，第16册，第9533页。
⑤ 《宋会要辑稿·选举》一五之二五，第5册，第4508页。

贡举考试结束之后，御史中丞李常、侍御史盛陶、殿中侍御史翟思、监察御史赵挺之、王彭年等谏官集体上奏：

> 见行科场诏条称：将来一次科场，如有未习诗赋举人，许依旧法取应解发合格人，不得过解额三分之一。以此观之，则是朝廷更无用经术设科取人之理，止以旧人未习诗赋，且于将来一次科场，量以分数收取，而欲阴消之故也……臣等今采之舆议，欲以经义、诗赋各设为一科：一，经义进士科。欲试四场：第一场试经义六道，每经二道：欲于《易》《书》《诗》《春秋》《礼记》内，第一场各出题二道，人许占对三经，以古今注疏及己见所长，文理通赡者为合格，不得如旧日止记诵一家之义。第二场试经义三道，每经一道，《论语》《孟子》各一道，共五道。第三场试论一首，第四场试策三道，并问子史时务。一，诗赋进士科。四场：第一场试诗赋各一首；第二场试经义四道，出题同第一场，人许占对一经，试本经三道，《论语》《孟子》一道；第三场试论一首；第四场试策三道，并问子史时务……伏望陛下深加省察，必存经义一科，令与诗赋并行均取，以为万世之利。①

他们认为此前经义、诗赋两存之的数道诏令，只不过是消除经义科的过渡措施，故要求朝廷最终确立经义、诗赋两科取士的制度，并提出两科具体考试内容。他们的奏疏中，还有大段论证经义取士之必要性、诗赋取士之荒谬性的文字，虽然他们要求经义、诗赋两科“并行均取”，也是一种折中调和的姿态，但奏疏言及考生现实状况，则云：“臣等窃闻今太学举人与四方之士，观望朝廷意旨，已皆不复治经旨。凡干义理之书，一皆斥而不谈。博士所讲，与其父兄之训，不复更及高远。群居切

---

① 《续资治通鉴长编》卷四二〇，第17册，第10168—10172页。

磨，惟是论声韵，调平仄，事属对，校比拟，以轻巧靡丽为务。”[①]宋代考生更加喜欢诗赋科，一直是不争的事实。

毕仲游是元祐三年（1088）殿试复考官，上《理会科场奏状》，自称：“守官以来，累蒙差入试院对读考校，熟见举人科场文字，颇知诗赋、经义取士利害之实。”他认为经义、诗赋之争的原因在于“诗赋、经义之利害固已未决，而又各匿其所短，暴其所长，此所以更相不信而无定说也。”他辨析云：“盖经术者，古学也，可以谋道而不可以为科举之用；诗赋者，今学也，可以为科举之用而不足以谋道。”毕仲游最终坚持的是诗赋取士立场：“专复诗赋以取士，设嘉祐明经之科以待不能为诗赋之人，而又诏天下求穷经谋道、不累科举者，使传道于诸生，则政有并举，才无或弃，亦可以释民疑矣。”[②]毕仲游等要求恢复明经诸科，将经义取士者归于明经考试。

换言之，哲宗即位首次贡举结束之后，经义与诗赋之争再起战端，争论不休。元祐四年（1089）三月，中书侍郎刘挚上书：“近日又将科场一事，摇动荧惑。昨元祐元年，两制、侍从、台省臣僚，讲议定夺，凡一年有余，又经圣览，方此施行。亦是将祖宗先帝之法，合诗赋、经义为一科，是万世有利无害可行之法。今人情已定，止是安石之党，力要用经义。臣愿陛下坚守已行之法，勿为浮议所动。”[③]他将主张经义取士者，一棍子打入“安石之党”，赋予这场争论以特殊的党争政治意义。赵挺之等少数人固然可以归入“安石之党”，然而，谏官正副首长李常和盛陶都不是新党，刘挚欲从党争角度干脆利索地结束这场争论，其说辞牵强附会，难以服众。

旧党中有大量的主张经义取士者，刘挚的故意抹黑法解决不了争端，元祐四年（1089）四月，礼部只得出台一个“经义兼诗赋”调和方案，

① 《续资治通鉴长编》卷四二〇，第17册，第10169页。

② 《全宋文》卷二三八九，第110册，第213—217页。

③ 《续资治通鉴长编》卷四二三，第17册，第10246页。

具体如下："经义兼诗赋进士听习一经：第一场试本经义二道，《论语》或《孟子》义一道；第二场赋及律诗一首；第三场论一首；第四场子史、时务策二道。经义进士并习两经……不以人数多寡，各取五分。"[①]此方案获朝廷通过，确立为制度。

此方案一出台，又遭反对，尤其是针对诗赋、经义五五平分的录取原则。是年六月，左谏议大夫梁焘建议云：

> 臣伏睹科举之制，以经义、词赋进士各取五分。窃闻进士多从词科，十常七人，或举州无应经义者。如此，则五分之限固不可行。臣愚欲乞圣慈特赐指挥，更不以两科分取，止以两科入试人数多寡，用解额均取合格之人。南省奏名依此。所贵事归乎一，允协至公，上副陛下乐育英材之意焉。[②]

此奏章说明一个事实：诗赋科一经恢复，多数考生皆选择此科。梁焘要求按实际参试人数的比例录取，那么，录取者当然以诗赋科居多。

元祐四年（1089），苏轼外放知杭州，他以杭州及以往见闻为例，阐述经义、诗赋平分名额的不合理性。云：

> 天下学者日夜竞习诗赋举业，率皆成就，虽降平分取人之法，缘业已习熟，不愿再有改更。兼学者亦以朝廷追复祖宗取士故事，以词学为优，故士人皆以不能赋诗为耻。比来专习经义者十无二三，若平分解名，委是有亏诗赋进士……臣在都下，见太学生习诗赋者，十人而七。臣本蜀人，闻蜀中进士习诗赋者，十人而九。及出守东南，亲历十郡，又多见江南、福建士人皆争作诗赋，其间工者，已自追继前人。专习经义，士以此为耻。以此知前言天下学者不乐诗

① 《宋会要辑稿·选举》三之五〇、五一，第5册，第4286—4287页。
② 《续资治通鉴长编》卷四二九，第17册，第10377页。

赋，皆妄也……欲乞朝廷参详众意，特许将来一举，随诗赋、经义数多少，各纽分数发解。[1]

苏轼以具体见闻和数字统计，证实了梁焘的奏疏，苏轼的意见与梁焘一致。

是年十二月，礼部据众人所奏，称诗赋、经义两科“就试人数不定，则解额难以均当，终非通法，似不可久行”。朝廷随即诏令：“来年科场，以试毕举人分数均取。后一次科场，其不兼诗赋人解额，依元祐三年六月五日所降朝旨。如有未习诗赋举人，许依旧法取应解发合格人，不得过解额三分之一。已后并依元祐二年十一月十二日敕命。”[2]完全采用梁焘、苏轼等人意见，录取名额倾向诗赋科。

综上所述，高后垂帘、旧党当政之元祐期间，经义取士和诗赋取士争论虽然非常激烈，朝廷也反复推敲，频频修正制度，但是，偏颇诗赋的立场非常明显。

哲宗亲政，启用新党，朝政再度反转，在科举制度上也得以直接表现。绍圣元年（1094）五月，朝廷颁布诏令：“进士罢试诗赋，专治经术。”[3]诗赋科又一次被取消。然而，朝廷需要文学人才，起草诏诰之类四六公文。作为补救手段，罢诗赋科当日就设立了“宏词科”。史载：

中书省言：“有唐随事设科，其名不一，故有词藻宏丽、文章秀异之属，皆以众之所难，劝率学者。今来既复旧法，纯用经术取士，其应用文词，如诏、诰、章、表、箴、铭、赋、颂、赦、敕、檄书、露布、诫谕之类，凡诸文体，施之于时，不可阙者。在先朝亦尝留意，未及设科。”诏：“别立宏词一科。每科场后，许进士登科人，

① 《续资治通鉴长编》卷四三四，第17册，第10466—10467页。
② 《续资治通鉴长编》卷四三六，第17册，第10507页。
③ 《宋会要辑稿·选举》三之五五，第5册，第4289页。

经礼部投状乞试。依试进士法差官考校，试诏、诰或表、章、杂文共三篇。应者虽多，所取不过十人。中程者申三省看详，仍分为两等：上等循两资，中等循一资，承务郎以上比类推恩。词格超异者，临时取旨。”①

是年七月，再诏云：“宏词今后每年许经礼部投状，仍附春试。虽多，所取不得过五人。”②是年秋，再罢制科，宏词科的重要性更加突出。绍圣二年（1095）正月，礼部颁布宏词科考试具体规则，云：

宏词除诏、诰、赦、敕不试外，今拟立程试考校格。一，试格十条：章、表，依见行体式；赋，如唐人《斩白蛇》《幽兰》《渥洼马赋》之类；颂，如韩愈《元和圣德诗》、柳宗元《平淮夷雅》之类；箴，如扬雄《官箴》《九州箴》之类；铭，如柳宗元《涂山铭》、张孟杨《剑阁铭》之类；诫谕，如近体《诫谕风俗》《戒百官》之类；露布，如唐人《破蕃贼露布》之类；檄书，如司马相如《喻蜀檄》之类；序，如颜延之、王融《曲水诗序》之类；记，亦用四六。以上考试官临时取三题作一场试。其章、表、颂、檄书、露布、诫谕、序、记，并限二百字以上成；箴、铭并限一百字以上成；赋八韵，限三百字以上。一，考格三条：词理俱优者为上等，词理次优者为次等，词理超异者取旨。上等循两资，次等循一资，承务郎以下比类推恩。③

是年三月，首次举行宏词科考试。三省言：“试宏词衡州司法参军黄符、滁州司法参军罗畸、开封县主簿高茂华、真定府户曹参军赵鼎臣、

---

① 《宋会要辑稿·选举》一二之二，第5册，第4448页。
② 《宋会要辑稿·选举》一二之三，第5册，第4449页。
③ 《宋会要辑稿·选举》一二之三，第5册，第4449页。按：此段文字之错、缺处，据《续资治通鉴长编拾补》卷一〇补正，第419页。

瀛州防御推官知鄂州崇阳县事慕容彦逢，考入次等，各循一资。”[①]此后每年都举行宏词科考试，不同于进士三年一贡举制度。

二、经明行修取士

司马光对于科举制度之变革，有两个坚持不懈的基本立场，即经义取士和乡举里选，都是从考生道德品质取舍的角度考虑问题。哪怕在实践中一再被证明是不可行的，是荒谬可笑的。完全推行经义取士或乡举里选，司马光也明白是不可操作的，于是，他推出修改版：经明行修科取士。

“经明行修”，原指通晓经学、品行端正。经明，回应了经义取士的立场；行修，回应了乡举里选的立场，这都是司马光所醉心的。于是，在元祐初科举制度向“诗赋取士”一定程度回归之同时，司马光又提出“经明行修取士”的补充建议：

> 每岁委升朝文官保举一人，不拘见在任不在任，是本部非本部，各举所知。若系亲戚，亦于举状内声说。其举状称：“臣窃见某州、某县人某甲，有何行能，臣今举堪应经明行修科。于后不如所举，臣甘当连坐不辞。”……臣窃料此法初行，其奔竞属请，固不能免。若朝廷必坐举主，无有所赦，行三五人后，自皆审择其人，不敢妄举。如此则士之居乡、居家，独处暗室，立身行己，不敢不审，惟惧玷缺有闻于外矣……其本州及贡院考试，并依旧法，差弥封、誊录、监门、巡铺官。程试之日，严加检察，如旧试经学诸科法。各令求己，毋得移坐位相从，托商量相聚，传义传本，怀挟代笔，违者扶出。第一场先试《孝经》《论语》大义五道，内《孝经》一道、《论语》四道……次场试《尚书》，次场试《诗》，次场试《周礼》，次场试《仪礼》，次场试《礼记》，次场试《春秋》，次场试《周易》

① 《宋会要辑稿·选举》一二之四，第5册，第4449页。

大义，各五道。令举人各随所习经书就试，考校过落，如《孝经》《论语》法。次场试论二道：一道于儒家诸子书内出题，一道于历代正史内出题。次场试策三道，皆问时务。考策之日，方依解额及奏名人数定去留，编排高下。以经数多者在上；经数均，以论、策理长文优者在上。其余经明行修举人，并于进士前，别作一项出榜解发。及奏名，至御前试时务策一道，千字以上，弥封官于号上题所明经数及举主人数。候校考详定毕，编排之时，亦以经数多者在上；经数均，以策理长文优者在上；文理均，以举主多者在上。其经明行修举人，亦于进士前别作一项编排，先放及第。其推恩注官，比进士特加优异。他时选择清要官、馆阁、台谏等，并须先取经明行修人。①

经明行修科有以下要点：其一，必须经过推荐，应试者数量有限；其二，考试过程，采用弥封、誊录等保密措施；其三，考试以经义为主，旁及策论；其四，其录取和升迁都“别作一项”“特加优异”。司马光明白推行这项考试之后，必然造成“奔竞属请”之现状，但他认为严格执行“必坐举主”制度，就可以改变这种现状。在“人治”独裁专制社会，企图通过推荐制公正选拔人才，完全是痴心妄想，这是一再被汉代以来的察举制等所证明了的。司马光等身处独裁体制之下，不可能认识到这一点，这就是所谓的时代局限性。苏轼、刘攽等官员已经从现实操作中领悟到乡举里选之不可行，比之司马光等“冬烘”，观念领先一步。

但司马光也知道现行的进士试是不能废除的，所以特别强调：

臣所乞置经明行修科者，欲使举人知向去科场，朝廷崇尚行义，不专取文学，所以美教化、厚风俗。比于经义、文体，尤为要切，宜使举人预知。欲乞亦降朝旨，先次施行，况与进士旧法两不

① 《续资治通鉴长编》卷三七一，第15册，第8976—8978页。

相妨。[①]

司马光是元祐初年主持朝政者，他的政治理念能够一定程度得以落实。所以，元祐元年（1086）四月，朝廷颁布诏令：

> 每遇科举诏下，令文官升朝以上、无赃罪及无私罪者，于应进士举人，不拘路分，不系有服亲，各奏举经明行修一名。候将来解发及南省奏名内，每人名下注"经明行修"字，至殿试唱名日，各升一甲姓名。如历官后犯正入己赃及违犯名教，断讫收坐，举主并依举选人转京官减一等。[②]

诏令修正了司马光的建议，只是在"应进士举人"内注明"经明行修"，而不"别作一项"考试，唱名时予以"升一甲"优待。

司马光的"经明行修"建议部分落实为朝廷诏令，就会有许多附庸者跟进，或为政见相同，或为阿谀时相，他们的意见甚至更加极端。曾肇《上哲宗论经明行修科宜罢投牒乞试糊名誊录之制》云：

> 今设经义、诗赋等科，施之一时则可矣。然皆取人以言，而不本其行，方之于古，臣窃以为未也。至于诏内外官举经明行修之士，中第之日，稍优其礼，则不独取之以言，又本其行，其意庶乎近古。然徒使举之，而不由乡里之选，又无考察之实。与斯举者，随众投牒，试于有司，糊名、誊录，校一日之长。则不唯士失自重之谊，且于课试之际，无以别异于众人。则所谓本其行者，亦徒为虚文而已，恐未称所以命官荐举、优其恩典之意也……则经明行修谓宜别立一科，稍仿三代、两汉取士官人之法，因今之宜，斟酌损益，要

---

① 《续资治通鉴长编》卷三七六，第15册，第9117—9118页。

② 《续资治通鉴长编》卷三七六，第15册，第9117页。

之，无失古意而已。至于投牒乞试、糊名誊录之类非古制者，一切罢之。待遇恩数，尽居经义、诗赋等科之上。庶使学者知尊经术，笃行谊，人人勉于自修。自一乡推之，以至一县；一县推之，以至一州；一州推之，以至一路；一路推之，以至天下。则四方之士，莫不知尊经术，笃行谊，以待上之求，应上之用。如是，而人才不盛，风俗不美，未之有也。人才既盛，风俗既美，则所谓经义、诗赋等科，非以行谊进者，人将耻为之，不期于废而自废矣。如此，则经明行修之举，有得士之实，不为虚文而已也。①

既然是重士人品德之乡举里选，当然就没必要糊名誊录，司马光的复古建议还是不彻底，所以，曾肇干脆要求“投牒乞试、糊名誊录之类非古制者，一切罢之。”王安石之三舍法、司马光之经明行修科，都不敢取缔糊名誊录，实际上是意识到“人治”体制下人才选拔过程中这些保密制度的独特效能。泥古不化如曾肇者，才有这样荒唐的建议，其结论云：士人将“耻为”经义、诗赋等进士试，进士考试“不期于废而自废”。换言之，将完全回归到汉代的察举古制，彻底废除科举制度。曾肇之妄想，证之后世史实，完全是痴人说梦。

朝廷中许多行政经验丰富的旧党大臣，深知贯彻乡举里选宗旨之经明行修不可取，又不能直接驳回司马光的主张，便提出修正意见。是年六月，御史中丞刘挚奏疏云：

然使升朝官举之，不若使州郡以上举之便……然则选举之利未见，而奔竞之俗先成，此不可四也……故臣愿每遇科场诏下，委逐州长吏奏举经明行修进士一名。仍以应举实数二百人为率，不满二百人听举一名。每二百人加一名，至三人止。监司转运判官以上于本路，在京台谏以上于开封府、国子监，各许奏举一名。非乡贯及

---

①《宋朝诸臣奏议》卷八一，上册，第878—879页。

不经学校，或无可应诏，并听勿举。自余升等推恩、理举主同罪犯等，并依元降朝旨。①

追溯乡举里选之本意，当然是州郡地方推荐更加合适。刘挚列举升朝官举荐的四大弊病，其中“选举之利未见，而奔竞之俗先成”是要害之所在。在“人治”专制社会，通过“人治”手段选拔人才，肯定无公正可言，必然落入“奔竞贿赂”的陷阱，无论是三舍法还是经明行修科。所以，刘挚补充说“三代乡举之制未易遽复”，②可以看出刘挚事实上是反对乡举里选的，但碍于司马光政坛大佬的脸面，只能提出相对折中的调整方案。

刘挚的建议不久得到落实。元祐二年（1087）正月，朝廷诏令：

及举经明行修，京东西、河北、陕西路各五人，淮南、江南东西、福建、河东、两浙、成都府路各四人，荆湖南路、广南东西、梓州路各二人，荆湖北路、夔州、利州各一人，委知县当职官司同保任申监司，监司再加考察以闻。仍充本州解额，无其人则阙之。③

诏令限定各路举荐经明行修科的确切人数，并说明占原来地方进士发解试名额。因此，设立经明行修科，就不会增加朝廷取士负担，只是从原来进士试中割出极小的份额，分配给经明行修科。作为选拔官员的一种尝试，不影响科举大局，朝廷将经明行修科限制在极小的范围之内。当然，其作用也变得可有可无，经明行修科实际上被消解。

与司马光意见相同者，看出朝廷此举对经明行修科之危害性，提出反对意见。右司谏王觌云：“使经明行修而被举者遂夺其解额，则后进之

① 《续资治通鉴长编》卷三八〇，第15册，第9223—9224页。

② 《续资治通鉴长编》卷三八〇，第15册，第9224页。

③ 《续资治通鉴长编》卷三九四，第16册，第9593页。

士视其乡之经明行修者，其势必有内怀忌嫉，而谤谳诋讦，无不为者矣。如此，则学者之完人益少，而经明行修之举不几于废乎？盖必然之理也。”王觌要求“于本州解额外解发”，[①]为经明行修科另外设立解额，朝廷并没有予以理会。那么，“经明行修之举不几于废”的结局就是必然的。

经明行修科出发点与三舍法相同，重“人治”荐举，一经实施，立见弊端。苏轼元祐三年（1088）权知贡举，省试之后，归纳此年科举制度变革得失，其中一条云：

> 经明行修，尤是弊法。其间权势请托，无所不有，侵夺解额，崇奖虚名，有何功能，复令升甲？……其经明行修一科，亦乞详议，早行废罢。[②]

哲宗即位初，苏轼因司马光荐举入朝。然而，针对司马光的错误意见和改制，苏轼丝毫不留情面，斥其为“弊法”，要求早日废罢。苏轼的耿直敢言，是其仕途屡屡遭受挫折的根本原因。

经明行修确实是“弊法”，元祐四年（1089），朝廷再对经明行修科作出限制，诏令云：“今后并遇降诏方许奏举，所有岁举知州人及每遇科场奏举经明行修指挥，并不施行。”[③]将前几年关于荐举经明行修的诏令，一概废除。但是，元祐八年（1093）二月，监察御史黄庆基又批评当时的经明行修科有“侥幸之徒，因缘请托，不容无滥进者”的弊端，要求“凡荐经明行修之士，必须精加考察，委有术业行谊为乡党所尊、士论所服者，乃许奏荐。”[④]可见，元祐年间经明行修科荐举方式反复有所改变，但该科目考试则一直存在。

---

① 《续资治通鉴长编》卷三九五，第16册，第9630—9631页。
② 《续资治通鉴长编》卷四〇九，第17册，第9960页。
③ 《续资治通鉴长编》卷四二八，第17册，第10337页。
④ 《续资治通鉴长编》卷四八一，第19册，第11450页。

三、余论

神宗朝科举制度变革，大致为四项内容：省试经义取士、殿试对策、三舍法、废除制科。针对后三项内容，哲宗朝同样出现众多讨论或政策反复。

首先，关于殿试策问题。哲宗朝首次贡举，殿试用策不变。元祐三年（1088）二月诏："殿试经义、辞赋举人，并试策一道。"[1]这一年九月贡举结束之后，朝廷才诏令："尚书、侍郎、学士、待制，两省、御史台官，国子监长、贰，详议殿试用三题法。"[2]这一次讨论，朝臣又产生严重分歧。反对殿试用策者言：

> 用策以来，其弊不一。其始用也，骤以政务赐问于廷，即未测知，可使人自献其说。然既著为定例，诸生在外，莫不宿造预作之，文不工者可以假托他人，学不充者可以累集古语，试日就所问目贯穿以成文尔……人主临轩，其所询访，必当时之大务也。如今春殿试，必问去冬寒雪之异及官冗之弊。此类皆举子所知，故宿造预作者可以应对而无疑。考校之官凭此以辨优劣，以第高下，安得实也？惟三题散出诸书，不可前料，诗赋以见其才，论以知其识，且无以伸佞时之说焉。盖对策之流，本缘进取而来，利害交其前，得失撄其心，于是佞辞以取说，妄意以希合者，比比皆是，如昨对策以阴雪为瑞之类者是也……臣请将来殿试，即用祖宗试三题之制，仍预赐指挥，以信学者。[3]

殿试用策，考试的内容是时政，考生可以预测。考生为求取功名，

---

① 《续资治通鉴长编》卷四〇八，第16册，第9938页。

② 《续资治通鉴长编》卷四一四，第17册，第10060页。

③ 《续资治通鉴长编》卷四一五，第17册，第10101—10102页。

自然不敢批评时政，惟有迎合阿谀。反对用策者指出殿试策问两大弊病：“宿造预作”和“佞辞以取说”，切中要害。与用策比较，诗赋论三题相对合理。其一，题目“散出诸书，不可前料”；其二，能够考察士人才与识之多种能力；其三，无法“伸佞时之说”。所以，这些大臣建议恢复三题考试。

坚持试策者则云：

> 诗赋之用，因沿至今，莫之能改。神宗皇帝以为非，天子临轩，所以延见贡士，询求治道之体。熙宁三年始改问策，迄于元丰，五赐策矣。乃者陛下遵先帝之旧，亲策进士，所问灾异、侵伐、官冗、财费之类，皆今日急务，不可以已……议者徒知对策之宿造预作，不知辞律之学亦有记诵类集之患；知进士之备问，不知贤良茂才之备问尤详也。臣等以谓学校教诸生，州郡发解，礼部考贡士，今已悉用诗赋，足以审其辞。所有御前试进士，宜一依先帝故事试策，合于古义，于体为允。其御试对策，虽有文采，而于所问义不相当，若词涉谀媚及文理疏浅者，宜约旧制量定分数，取旨黜落，不得雷同入等。如此则士无滥中，而考官不敢率意升降矣。①

他们竭力反驳关于试策“宿造预作”和“词涉谀媚”的批评意见，认为诗赋同样可以预先记诵准备，且殿试之前已经有诗赋取士的考试，殿试不必重复。同时，原来的“贤良茂才”制科考试内容也是时政，参试者“备问尤详”，所以殿试策“宿造预作”是可以被接受的。因此，他们认为神宗朝变革是正确的，今后殿试都应该“依先帝故事试策”。这里，他们含糊了两个问题：其一，诗赋和用策的预先记诵，性质完全是不一样的。诗赋题目无法预料，所以不可能针对性地记诵；策题大致可以估摸出来，完全可以针对性记诵。其二，制科“备问尤详”，不能说明

① 《续资治通鉴长编》卷四一五，第17册，第10102—10103页。

其合理性，同样是制度弊病，制科考试存在的弊病，殿试用策不应该继续参照。

元祐六年（1091）殿试依然用策，上述讨论没有带来改变。元祐八年（1093）三月，中书执政班子再次要求殿试恢复诗赋论三题，批评殿试对策，诏令同意中书建言。史载：

> 中书省言："进士御试答策，多系在外准备之文，工拙不甚相远，难于考校。祖宗旧制，御试进士赋、诗、论三题，施行已远，前后得人不少。况今朝廷见行文字多系声律对偶，非学问该洽，不能成章。若不复行祖宗三题旧法，则学者未知朝廷所向。检会已降指挥，将来一次科场，如有未习诗赋举人，许依旧法取应，解发合格人不得过解额三分之一，已后并兼试诗赋。取到国子监状，太学见管生员二千一百七十五人，内二千九十三人习诗赋，八十二人经义不兼诗赋，以此可见中外学者习诗赋人数极多。"诏："来年御试，将诗赋举人复试三题，经义举人且令试策，此后全试三题。"①

经元祐年间引导，考生绝大多数选择诗赋科，经义科已经销解殆尽。宣仁太后垂帘末年，最终下决心恢复殿试诗赋论三题，且规定再经过一届销解，此后殿试"全试三题"。宣仁太后元祐八年（1093）九月去世，她主导的朝政还持续了数月，绍圣元年（1094）二月，礼部要求"立《御试三题条》，并约束"，获朝廷同意。②次月，朝廷再次诏令："令次御试举人，依旧试策。"③将之前的决策推翻。即：宣仁太后主政末年规定的殿试改用诗赋论三题，未得一次执行，就被废除了。由此，形成熙宁三年（1070）殿试用策之后一直没有改变的现状。

---

① 《续资治通鉴长编》卷四八二，第19册，第11472—11473页。

② 《宋会要辑稿·选举》八之三七，第5册，第4392页。

③ 《宋会要辑稿·选举》八之三七，第5册，第4392页。

其次，关于三舍法问题。针对熙丰新法，部分旧党的另一批判对象是三舍法。元祐元年（1086）四月，左司谏王岩叟奏：

三舍之法立，虽有高材异能，未见能取而得之，而奔竞之患起。奔竞之患起，而贿赂之私行；贿赂之私行，而狱讼之祸兴；狱讼之祸兴，而防猜之禁繁。博士劳于簿书，诸生困于文法，非复浑然养士之体，而庠序之风或几乎息，此识者之所共叹也。臣窃谓庠序者，所以萃群材而乐育之，以定其志业，养其名誉，优游舒徐，以待科举也。不必以科举之外，别开进取之门，多岐以支离其心而激其争端，使利害得失日交战于胸中，损育德善道之淳意，非所以笃教化、成人材也。臣愚乞鉴已然之弊，罢三舍法，开先生弟子不相见之禁，示学士大夫以不疑。讲解之余，止以公私试第高下如昔时，自足以奖材气而厉风声，使多士欣于从学，则上庠宜复有雍容乐易之美，为四方矜式矣。乞下礼部及司业、博士共议。①

三舍法之种种弊端，在神宗朝已经引起广泛非议。王岩叟这里更是具体罗列了“奔竞”“贿赂”“狱讼”“防猜”等，要求取消三舍法，“不必以科举之外，别开进取之门”。这是对三舍法的彻底否定，所言皆击中肯綮。三舍法元祐以后时兴时废，始终不成气候，就是与奔竞、贿赂等根本性的弊病相关。

元祐初大臣亦有赞同三舍法者。毕仲游《学校议》云：

盖闻熙宁之初，变诗赋为经义以取士，增太学郡国学官，设三舍，改定式令，以布行之。四方之人至京师者几数千，而是非不明，好恶不一，道艺进取未有异也。今复欲变经义为诗赋，退学官，更定式令以从事，则学士大夫之所以自得者果安在耶？试略言之。三

① 《续资治通鉴长编》卷三七四，第15册，第9059页。

代乡举里选之法虽难卒行，宜亦仿其大者，使学士大夫有以自得。而后诏先生博士，卒以君臣之义，父子之亲，长幼之序，与夫是非、好恶、道艺之正。而诗赋、经义则如古以射取士之法，行同能偶，然后序之。别为贡举，以待科举之士，存之而勿论。[①]

毕仲游顺应元祐初政治形势，对神宗朝之三舍法有所批评，但是，相当轻描淡写，只是提到生员的“是非不明，好恶不一”。毕仲游醉心于乡举里选之古法，赞成三舍法的态度比较明显，要求“别为贡举”，进士试和三舍法两存之。御史中丞胡宗愈意见则更为直接，坚持三舍法可行：“先帝聚士以学，教人以经，三舍科条固已精密，宜一切仍旧。”[②]

神宗朝三舍法一直没有形成相应的规模，在科举考试中没有占多大的比例，元祐初对此争论也不多。然而，根据绍圣年间重新掌政的新党要求恢复“上舍推恩”，元祐初肯定废除了三舍法直接取士。不过，元祐年间三舍法作为太学教学的升级方法一直没有被废止，一直是进士试考生的来源之一。元祐七年（1092）六月，礼部讨论太学解额问题，就言及“上舍一百人，内舍三百人，外舍二千人”，[③]这是当时太学三舍保持的规模。

哲宗亲政数月之后，全面恢复熙丰新政。绍圣元年（1094）三月：

监察御史郭知章言：“先皇帝隆尚儒术，增广庠序，设三舍之法，应上舍生上等中选者，有取旨推恩之例。然择之至精，俟之至久，故其得者亦难。自元丰以来，十余年间，上舍生推恩者林自一名而已。诱进激劝之法，莫善于此。元祐新令，推恩之例已罢，士论惜之。宜复元丰上舍推恩之例。”诏：“太学合格上舍生上等推恩，

① 《全宋文》卷二四〇〇，第111册，第71页。

② 《续资治通鉴长编》卷四〇四，第16册，第9831页。

③ 《续资治通鉴长编》卷四七四，第19册，第11305页。

免省试。每次科场不得过二人，仍附春榜人数。余依元丰二年十二月指挥。”[①]

三舍法自此得以完整恢复，通过三舍选拔，可以直接释褐进入官场。最终结果为：上舍“上等命以官，中等免礼部试，下等免解”[②]。

此外，旧党要求恢复制科考试。刘挚云：“臣窃以为国家之道，得士欲广，故取之非一途。谓常选不足以致异人，故设制科，以收超绝之才……臣愚伏乞复置贤良方正及茂材异等科，每遇贡举，诏近臣依旧制举试。所以广言路，求人材，继祖宗之制也。”[③]太常少卿鲜于侁进言云：“制举，诚取士之要，国朝尤为得人。王安石用事，讳人诋訾新政，遂废其科。今方搜罗俊贤，廓通言路，宜复六科之旧。”[④]元祐二年（1087）四月，朝廷即下诏云：“今复置贤良方正能直言极谏科，自今年为始。”[⑤]元祐三年（1088）九月，“试贤良方正能直言极谏谢悰”，[⑥]哲宗朝的首次制科考试就是按照仁宗朝惯例，在贡举年的秋季举行的。

绍圣元年（1094）秋，制举考试结束之后，亲政的哲宗与执政新党大臣议论制举，史载：

上曰：“前日观所试策，亦与进士策何异？先朝尝罢此科，何时复置？”章惇等对曰：“先朝初御试进士策，即罢制科。元祐二年复置，诚无所补。初举得谢悰，次举得王当、司马槱等，闻极疏谬。”上曰：“极不成文理。”李清臣对曰：“在汉亦不设科，遇选获异材，或因材、或因灾异，策问大事，即临时特召。”上曰：“今已复进士

① 《宋会要辑稿·职官》二八之一二，第3册，第2977页。
② 《续资治通鉴长编》卷三〇一，第12册，第7328页。
③ 《续资治通鉴长编》卷三六八，第15册，第8860页。
④ 《宋史》卷三四四《鲜于侁传》，第31册，第10938页。
⑤ 《续资治通鉴长编》卷三九九，第16册，第9730页。
⑥ 《宋会要辑稿·选举》一一之一六，第5册，第4434页。

殿试策，此科既无异进士策，况进士策其文理有过于此者。”郑雍对曰：“顾其人何如尔。然自来多言时政阙失。”上曰：“今进士策亦可言时政阙失。”因诏罢制科。[①]

制举因新党重新执政，再度被废除。

又，录取名额方面，哲宗朝总共录取进士正奏名2763名，[②]以哲宗在位15年计算，平均每一年度约为184名，比神宗朝又有了小幅度的上涨。元祐六年（1091）录取进士正奏名最多，共602名。

就科举制度而言，新旧两党领袖大臣有诸多共同主张，实际上，在科举制度变革方面，没有新旧党争之区别。然而，元祐初旧党当政，全盘否定新法，神宗朝科举制度之举措受池鱼之殃。当时，因为众多旧党领袖人物的主张与熙丰新党一致，元祐年间只是有限度地恢复旧法，具体而言，诗赋与经义取士两存而偏向诗赋取士，殿试用策不变，三舍法并没有完全废除，制科考试恢复。哲宗亲政，全面恢复熙丰新法。曾布论及科举解额时，云：“近岁奸憸之立朝者，多以元丰之法为不可改，一有议论及此，则指以为异意，欲以罗织善类，又或挟此以遂其私意。”[③]新党重新执政后，熙丰新法执行得更加彻底。哲宗朝新旧党争的反复中，科举制度也完成一个又一个轮回。

第二节　徽宗钦宗朝

宋徽宗赵佶于公元1100年2月登基，公元1125年12月退位，在位26年。徽宗朝依然笼罩于新旧党争阴影之中，朝政随之摇摆动荡。徽宗即

① 《宋会要辑稿·选举》一一之二〇，第5册，第4436页。
② 此数据来源为《中国科举制度通史·宋代卷》，第855—858页。
③ 〔宋〕曾布撰，程郁整理：《曾公遗录》卷七，《全宋笔记》第一编第八册，郑州：大象出版社，2003年，第142—143页。

位初，为巩固权位，打出新旧调和的旗帜，建号“建中靖国”，然很快就全面启用新党，且掀起北宋最后一场也是更为酷烈的党争。徽宗最爱“皇帝新装”，自认天智过人，喜欢改作。政局的变幻和徽宗的性格，都给北宋末年的科举制度打下独特的烙印。

钦宗朝极其短暂，但是已经有了一些拨乱反正的追责和思考。

一、三舍法的推广和盛衰

三舍法是神宗科举新政，却一直没有得到很好的贯彻实施。熙丰年间上舍释褐者极少，元祐年间则备受攻击，哲宗亲政后亦无暇顾及，这给徽宗朝喜欢改作的君臣留下相当空间。徽宗即位之后，在科举制度方面之作为，首先是完善、落实、推广三舍法，且欲以其取代三年一届之进士试。

崇宁元年（1102）八月，宰相蔡京奏云：

乞罢开封府解额，除量留五十人充开封府土著人取应外，余并改充天下贡士之数。诸州军额，各取三分之一，添充贡士额。乞天下并置学养士。郡小或应举人少，则令三二州学者聚学于一州置学。州并差教授，先置一员。在学生员及百人已上，申乞添置，不拘资序，并许选差。应元祐以来教授条制，更不施行。本路常平户绝田土物业，契勘养士合用数拨充。如不足，以诸色系官田宅物业补足。请以太学三舍校试法，删立颁降。升补为上舍生者，听每二年贡入太学，随太学上舍试，仍别为号。若试中上等，补充太学上舍中等；试中中等者，补充下等；试中下等者，补内舍。余为外舍生。虽不入等及科举遗逸而学行为乡里所服，委知州、通判、监司依贡士法贡入，委祭酒、司业、博士询考得实，当议量材录用。每路自朝廷选监司二人提举，知、通、令、佐仍每十日一诣学，监司一岁巡遍所部州学。凡贡士，自教授考选，推择申州，知州、通判审察，监司复按，监司、知州、通判连书闻奏，随奏遣赴太学。若所贡非其人，或应举而不贡，一等依律科罪。若贡士到太学试中上等及考选升舍人多，即等第立法推赏。[①]

蔡京奏请完善三舍法的内容非常全面，涉及下列事项：其一，从开封到全国州郡，都划拨相当解额归三舍，三舍成为贡举生员的重要来源之一；其二，各州郡置学，选拔合格教授；其三，补足学校田地宅舍，确保办学经费；其四，制定三舍升补方式，委责于州郡长官和学官，并订立荐举赏罚制度。蔡京的用意非常明确，在贡举过程中，突出三舍之重要性，甚至相当程度地取代现行的进士试制度。其间，侧重“乡举里选”理念的意图也十分明显。

朝廷随即颁布诏令：

学校崇则德义著，德义著则风俗淳。故教养人材，为治世之急务。除京师置外学，待其岁考升之太学，已尝面谕外，余并依所陈。蔡京所请，仍讲议司立法颁付，礼部施行。[②]

蔡京奏请的内容，全部得到贯彻落实。当时，朝廷里的反对声音也不少，但都没有撼动徽宗、蔡京君臣改作的决心。[③]是年十月，蔡京再度奏请：

---

① 《宋会要辑稿·崇儒》二之七、八，第3册，第2190—2191页。

② 《山堂考索·后集》卷二八《士门》，第625—626页。

③ 《高斋漫录》：“崇宁初，蔡京用事，章公惇谓客曰：‘蔡元长必行三舍，奈何？’客曰：‘三舍取士，《周官》宾兴之法，相公何为不取？’章曰：‘正如人家有百金之产，以其半请门客教弟子，非不是美事。但家计当何如？’闻者以为知言。”又，《能改斋漫录》卷一三：“黄冕仲尚书，当徽宗之初，蔡元长议欲推行太学舍法于天下，裳谓：‘宜近不宜远，宜少不宜老，宜富不宜贫。不若遵祖宗旧章，以科举取士。’其后公私繁费，人不以为便，罢之。卒如公言。”参见〔宋〕曾慥撰，俞钢、王燕华整理：《高斋漫录》，《全宋笔记》第四编第五册，郑州：大象出版社，2008年，第106页；〔宋〕吴曾撰：《能改斋漫录》，上海：上海古籍出版社，1979年，下册，第382页。

外学官属：司业一人、丞一人、博士十人、学正五人、学录五人，职事人系学生充。学录五人、学谕十人、直学二人，斋长、斋谕每斋各一人。外舍生三千人，太学上舍一百人，内舍三百人。欲候将来贡试到合格人，即增上舍作二百人，内舍作六百人。处上舍、内舍于太学，处外舍于外学。外学置斋一百，讲堂四，每斋五间，三十人。太学自讼斋合移于外学别置。诸路定到并入外学，候依法考选校试合格，升之太学，为上舍、内舍生。见今太学外舍生，且令依旧在太学，候将来外学成日，别取旨挥。外学并依太学敕令格式施行。[①]

三舍法完善之后，学校规模极度扩充，蔡京要求将学校分为外学和太学，并各立规章制度。朝廷照例同意，颁布执行，“外学寻赐名辟雍”。[②]

与神宗年间不同，徽宗朝充斥着阿谀奉承之徒，当年风骨铮铮与王安石展开政治对话的大臣早已被打压驱除殆尽。只要朝廷出台政策，点赞、叫好声一片。崇宁三年（1104）正月，中书班子奏云：

天下已置学养士。士在学校，月书岁考，行艺纯备，方与入贡，其选颇艰。而科举取一日之长，人乐侥幸，众易以趋。故异意与怠惰之人多惮于入学，甚失朝廷教养之意。[③]

褒三舍法，贬进士试，阿谀奉承，无所顾忌。证之以徽宗朝科举史实，便知上述宰辅班子所言完全是指鹿为马，黑白颠倒。群臣阿谀徽宗、蔡京，意欲用三舍法取代其他科举考试。然而，徽宗朝始终没有取消进

---

① 《宋会要辑稿·职官》二八之一五，第3册，第2979页。
② 《山堂考索·后集》卷二八《士门》，第626页。
③ 《山堂考索·后集》卷二七《士门》，第622页。

士试，反而在宣和年间取消三舍法，史实已经证明了进士试等科举制度的合理性。

徽宗朝初年，三舍法的推进还是按部就班地进行。崇宁三年（1104）十一月四日，徽宗到访太学和辟雍，诏云："学生郑南等十有六人授官，余免省试、免文解，恩赐有差。"[①]这是北宋第一次大规模的上舍释褐，以后上舍释褐大致保持在十几名的规模，个别年份超过二十名。每年十几位上舍释褐之名额，与进士试一届录取数百人比较，当然是较小的规模，三舍法无法取代进士试等科举制度，由此一点也可以得到实证。现将徽宗朝上舍释褐人数列举如表3-1：

表3-1 徽宗朝上舍释褐人数情况

年份	上舍释褐
崇宁三年（1104）	16
崇宁四年（1105）	35
崇宁五年（1106）	不详
大观元年（1107）	26
大观二年（1108）	13
大观三年（1109）	不详
大观四年（1110）	15
政和元年（1111）	不详
政和二年（1112）	不详
政和三年（1113）	19
政和四年（1114）	17
政和五年（1115）	不详
政和六年（1116）	11
政和七年（1117）	13

① 《山堂考索·后集》卷二七《士门》，第619页。

续表

年份	上舍释褐
政和八年（1118）	不详
重和二年（1119）	不详
宣和二年（1120）	21

资料来源：《宋代科举资料长编·北宋卷》，南京：凤凰出版社，2017年，下册，第992—1090页。

注：崇宁五年、大观三年、政和二年、政和五年、政和八年为贡举年，上舍释褐名额混同于进士录取名额，故不详。《宋登科记考》卷八录有大观三年以来历届贡举年可考之上舍释褐名单。参见傅璇琮主编，龚延明、祖慧编撰：《宋登科记考》，江苏教育出版社，2009年。

崇宁三年（1104）启动三舍法录取，崇宁四年上舍释褐名额有相当幅度的跃升，其后立即下降，大观二年以来一直维持在十几名的水准，三舍法苟延残喘，奄奄一息，终被废止。

然而，崇宁三年（1104）十一月徽宗访问两学之后，朝廷是决心推行三舍法的。是年十一月十七日，徽宗再颁诏令：

> 神考尝议以三舍取士，而罢州郡科举之令。其法始于畿甸，而未及行于郡国。肆朕纂图，悉推行之。设辟雍于国郊，以待士升贡者，礼文咸举，制度大备。然今州郡犹以科举取士，而学校之法不得以颛行，故士心所向未一。其诏天下：将来科场如故事外，并严州郡发解及省试法，其取士并由学校升贡。[①]

徽宗欲逐渐缩小发解试和省试的规模，最终由三舍法取而代之。崇宁四年（1105）、崇宁五年（1106）、大观元年（1107）数年之间，朝廷频繁讨论、修缮三舍法细则，并予以颁布，涉及升补名额、免除身役、日常经费、候选教师、升等规则、释褐入仕、有官人三舍优遇等，[②]颇有

① 《宋会要辑稿·选举》四之三、四，第5册，第4292页。

② 详见《宋代科举资料长编·北宋卷》，下册，第993—1010页。

热火朝天之气象。

崇宁五年（1106）为贡举年，朝廷意欲暂时延续一届科举考试，以为过渡。《文献通考》载：

> 诏："将来大比，更参用科举取士一次，辟雍、太学其亟以此意谕达远士，使即闻之。"时州县悉行三舍法，当官者子弟得免试入学，而士之在学者积岁月累试乃得应格。其不能辍身试补者，仅可从狭额应科举，不得如在籍者三舍、解试兼与而两得，其贫且老者尤甚病之。时人议其法曰："利贵不利贱，利少不利老，利富不利贫。"故诏书及此而加以审订，未遽废科举也。[①]

《山堂考索》亦载：

> 崇宁四年，始行三舍之法，建辟雍之学。又虑山林之士不能月书季考，以游庠序，于是科场与学校并行。舍法则岁贡，科场则随大比之岁。[②]

针对崇宁五年（1106）之贡举，朝廷明令："今举取士，科场三分，学校七分，其贡额仍分年。"[③]偏向三舍，消弭进士试，用意显著。

大观元年（1107）二月，徽宗诏旨云：

> 以学校三舍升贡次第著为令，编通用令，删之首。诸士自县学教养，升之州学。州学教养分为三舍，自外舍升为内舍，自内舍升为上舍，自上舍贡之辟雍，自辟雍登太学，俟殿试命以官。[④]

---

① 《文献通考》卷三一《选举考四》，上册，第296页。
② 《山堂考索·后集》卷二六《士门》，第616页。
③ 《皇朝编年纲目备要》卷二七，下册，第689页。
④ 《山堂考索·后集》卷二七《士门》，第620页。

这是一则总结性的诏旨，意味着崇宁初启动的三舍法修改和完善工作大致告一段落，以后的工作就是落实和推广了。

大观二年（1108）正月，徽宗亲笔作《辟雍记》，夸耀这一阶段推进三舍法之功绩，对其过程和目的有清楚的交代。文章云：

> 乡举里选之法扫荡，而士累于科举。学不为己，舍本趋末，道听途说，以应有司之求。侥幸一日，行不考素，贤愚杂揉。俾之从政，不见大全，鲜廉寡耻，无不为己。历岁千百，有为之君，虽绝俗高见，其设施注措，终不能仿佛前古。习尚卑陋，市利之徒，学非先王故也。因误承陋，久莫能革。惟我神考，稽若古昔，训释经义，兴置学校，崇建师儒。天下之士靡然向风，始弃声律雕篆之技，游意于道德性命之理矣。朕奉承先志，追而述之。罢废科举，增教导之官。即国郊之南，度地相方，建立黉舍。因先王礼以制之、乐以和之之意，命之曰辟雍。外圜内方，为屋一千八百七十二楹，以居天下贡士，首善于京。又润色熙丰之成法，月书季考，核其行能，待以岁月。士无苟得苟失之患，推三舍法，施于天下。由外舍升于内舍，内舍升于上舍。由县之上升于州，由州之上升于辟雍，由辟雍以登于太学。司成率其属，稽其籍，考其成，升其尤者，命之以官。三年大比，策以当世之务，别其等差，唱第于廷，释褐而任使之。教养之政，覃及蛮貊；弦歌之声，达于万里。父诏其子，兄告其弟，相率以善。曾不逾岁，咸以行实闻于朝廷，载在仕版，已逾千计。非祖功宗德，休养平治，何以臻此？昔郑人毁乡校，诗人序而刺之，曰："乱世则学校不修。"如今天下被教养之惠，凡一十一万余人；为屋以居之，凡万一千余楹；计其所费钱，二百四十一万余贯，谷五十五万余石。庠序之盛，多士济济，视古无愧矣。①

---

① 《山堂考索·后集》卷二七《士门》，第619—620页。

好大喜功之徽宗，禁不住自我吹嘘，洋洋自得。三舍法本于“乡举里选”之宗旨，徽宗“罢废科举”之最终目的，辟雍之规模和经费，文章皆一一予以交代。至于“曾不逾岁，咸以行实闻于朝廷”，应该是独裁体制下臣僚报喜不报忧、编造谎言哄骗帝王所导致。三舍法是徽宗的一件“皇帝新装”。

朝廷如此努力，以三舍法升补的考生数量急剧增加。大观三年（1109）正月，诏旨云：“今庠序之教兴，科举之制罢，试之贡院，逮七千人。”[①]三舍法贡举者此年已有“七千人”，当然是一个惊人的数字。徽宗又特意提高三舍出身贡士的地位，是年三月殿试录取前，下诏云：“贡士兴于乡，而科举较一日之艺，则贡士当冠科举。比览贡士已试程文，未足以魁多士。可令详定所以贡院所奏中选试卷，与廷试人卷参较，取最优者一名为殿试之首。若所取非贡士，则贡士次之。”[②]这是提前将状元指定给三舍出身者。如果实在难以服众，退而求其次，榜眼必须是三舍出身者。

专制政体下“乡举里选”之呓语，前文论述已多，三舍法宗旨如此，前途可知。“圣裁独断”以后，臣僚无人敢直言其非，于是，便有迂回地提出修补建议者。他们往往先大张旗鼓地肯定徽宗推行三舍法的伟大创举，然后提出一些修补意见，以便朝廷采纳。

大观二年（1108）十一月，前利州州学教授何浩就考生奔走请托之事提出批评：

> 朝廷一新学校，革去科举之弊，而复兴乡举里选之制，法令至具矣。每年一试……徒用一日空言，定为去取。故诸州士人，亦意有出身官必差充考试，而取其空言也，往往编集平昔所集经义、论策之类，猥以投贽文字为名，交相请托于有出身官之门，以侥幸一

① 《宋会要辑稿·选举》四之六，第5册，第4293页。

② 《宋会要辑稿·选举》八之三八，第5册，第4393页。

得……欲乞诸路州县，应有出身之人将来合差充考试官者，不得收接见任或他州县士人投贽所业经义、论、策文字，庶绝前日科举侥幸之风，而上称朝廷所以委任考求行实之意。①

何浩首先大力肯定徽宗推行三舍法之举，然而，后面所说的考生“交相请托”，考官“徒用空言，定为去取”，才是三舍法推行之后的真实现状。因其为来自基层、切中要害的婉转批评，且提出的只是枝节修补意见，立即被朝廷接受。

大观四年（1110）五月，毛注就发解试名额尽归三舍提出批评：

陛下修崇学校，迥绝前古。虑士有三年之淹，而岁为之贡，可谓尽善尽美。士生斯时，实为千载之遇。宜失职非所患者。然学校养士，州有常额，则额外之士无复预教养矣。天下州郡士人之多者，有至三五千人，预教养者惟四之一。岁之入贡多不过三四十人，少止三五人，补阙以备数者，岁惟止此。则自余无可进之地，其失职疑已甚矣。如留贡余三二分，暂存科举，以待学外之士，则士心翕然有归，而终不为弃物。②

毛注同样先肯定徽宗“迥绝前古”之丰功伟绩，然后要求留出少量发解名额，“暂存科举，以待学外之士”。是年八月，朝廷诏令：“多士悉由乡贡，虑有遗逸。自今取贡额三分，于大比前一年解发，不入学及虽入学而见系退黜者，方得取应。”③就是听取了上述意见。同时，朝廷恢复上舍释褐殿试制度：“自今入上等者，与中等并留太学，以俟殿试。”④换言之，三舍法无法取代现行科举考试，徽宗君臣原定“罢废科举”的

① 《宋会要辑稿·选举》四之六，第5册，第4293页。
② 《上徽宗答诏论彗星四事》，《宋朝诸臣奏议》卷四五，上册，第473页。
③ 《山堂考索·后集》卷二八《士门》，第628页。
④ 《宋会要辑稿·选举》八之三八，第5册，第4393页。

计划和措施，被逐步取消。

三舍法还存在教学内容方面的重大缺陷。“崇、观三舍，一用王氏之学。及其弊也，文字语言习尚浮虚，千人一律。”[①]这也是独裁政体党争格局下的必然现象。

三舍法推行过程中，尽管千疮百孔、勉强维持，谀颂之声一直不断。葛胜仲《进养士图籍札子》云：

> 惟皇帝陛下以徇齐渊懿之资，履熙洽隆平之运，圣学高明，道心昭彻……以宾兴考劝之法，革科举循沿之陋。升进之令，类出于亲制；程试之文，每尘于乙览。一岁饩廪，无虑数百万，别为一司，规画均制，不取于县官而坐有余资。且命诸道各设常产，以资永业。行之十有余年，典法大备，彬彬新美之才辈出，而晏晏忠厚之俗已成。虽《诗》歌文、武之盛，无以进焉。[②]

政和二年（1112）五月，朝廷认为过渡期可以结束了，所以正式“罢科举”，[③]全面实施三舍法。“罢科举”政令出台，便有看风使舵跟进者：政和三年（1113）五月，“赐承议郎徐禋同上舍出身。臣寮言：‘舍法革千载科举之弊，进士之科因以罢去。禋之所赐，尚仍旧制，于名实有所未正。’故有是命。”[④]

阿谀奉承之徒依然挖空心思，从各个角度献媚徽宗。政和三年（1113）四月：

---

① 〔宋〕陈善撰，查清华整理：《扪虱新话》卷一一，《全宋笔记》第五编第十册，郑州：大象出版社，2012年，第88页。

② 《全宋文》卷三〇六四，第142册，第222页。

③ 《皇朝编年纲目备要》卷二八，下册，第706页。《宋会要辑稿》《宋史》等史书均未记载此事，大约“罢科举”之举未得真正实施。

④ 《宋会要辑稿·选举》九之一五，第4404页。

宣义郎黄冠言："窃谓成周之时，有所谓选士，有所谓俊士，有所谓造士，先王之命名不同如此。而后世则不论其人之成才与未成才，不辨士之预贡与不预贡，而均谓之秀才，则名之不正可知矣。欲令天下士自乡而升之县学，自县而升之州学，则通谓之选士可也，其称则曰外舍生。及其才向于成而升之内舍，则谓之俊士，其自称则曰内舍生。又其才之已成而贡之辟雍，然后谓之贡士焉，其自称也亦以是而已。若然，愚智处宜，贤不肖袭情，世之商贾、工岐、巫医、卜筮，假进士之名而称秀才者，固不待禁而止矣。"从之。①

三舍法对应选士、俊士、贡士，称谓齐全，门面光鲜。徽宗酷爱这样的表面文章，喜欢花架子，臣僚因此迎合。

政和四年（1114）六月，诏令云："小学仿太学，立三舍法。"②进一步将三舍法推行到低幼年龄教育阶段。史载：

政和四年，小学生近一千人，尚有继至者，分十斋以处之，增教谕俸，不许受束修。自八岁至十二岁，率以诵经书字多少差次补内舍、上舍。若能文，从博士试本经、小经义各一道，稍通补内舍，优补上舍。后曹芬以文优赐同上舍出身。③

政和四年（1114）十一月：

国子博士李迈言："伏睹三舍造士，肇自神考，成于陛下。近者，小学生乐就长育，人材之本实始于此。遂立小学三舍，庶几臣窃谓教化之行，自内及外，则自法不独可施于首善之地，固宜推而

① 《山堂考索·后集》卷二七《士门》，第620页。
② 《续资治通鉴长编拾补》卷三三，第3册，第1081页。
③ 《文献通考》卷三五《选举考八》，上册，第329—330页。

广之。使州郡小学，遵效新令，分为三舍。庶几内外均一。”从之。[①]

三舍法覆盖全国州郡、各级考试、各阶段教育，徽宗君臣之推广极为努力。葛胜仲有《乞以学书上御府并藏辟雍札子》，其中以具体数字说明了推广三舍法的业绩：

以大观三年岁终数编纂，今已成书。总天下二十四路教养大小学生：以人计之，凡一十六万七千六百二十二；学舍以楹计之，凡九万五千二百九十八；学钱以缗计之，岁所入凡三百五万八千八百七十二，所用凡二百六十七万八千七百八十七；学粮以斛计之，岁所入凡六十四万二百九十一，所用凡三十三万七千九百四十四；学田以顷计之，凡一十万五千九百九十；房廊以楹计之，凡一十五万五千四百五十四。既以逐州县离为析数，又以天下合为总数，凡二十有五册，而中都两学之数不与焉。[②]

但这还是不完全统计。朝廷以霹雳手段推广，便有以上业绩。

在选官制度方面，三舍法遵循所谓的“乡举里选”原则，逆历史而作，弊端丛生，勉强支撑，所能看到的大都是表面文章。宣和三年(1121)，朝政糜烂到极点，方腊、宋江等造反已呈失控状态，朝廷不得不废除诸多花架子政绩工程，三舍法即为其一。所谓“宣和三年辛丑，盗起东南，上慨然有一新政事之意。”[③]是年二月：

二十日，诏罢天下三舍。太学以三舍考选，开封府及诸路以科

① 《山堂考索·后集》卷二七《士门》，第623页。
② 《全宋文》卷三〇六四，第142册，第223—224页。
③ 〔宋〕李心传撰，崔文印点校：《旧闻证误》卷三，北京：中华书局，1997年，第44页。

举取士。州县未行三舍以前，应置学官及养士去处，并依元丰旧制。太学生并拨填太学旧额，辟雍旧额入太学者，拨入额外，依旧制遇阙填。国子生及诸内舍上等校定人，愿入太学者，与免补试。辟雍官属并罢。[①]

科举制度恢复到“元丰旧制”，其间对三舍生有一些过渡性的措施，同时相关学官都被废除了。马端临云：“诏罢天下三舍法。开封府及诸路并以科举取士，惟太学仍存三舍，以甄序课试，遇科举仍自发解。”[②]即，太学仍保留部分三舍法。“宣和五年（1123），复罢舍法，而一归于科举”[③]，三舍法寿终正寝。

二、八行荐举

在科举选官方面，新旧两党众多重要人物观点一致，他们泥古不化，醉心于“乡举里选”之说。徽宗朝全面推行三舍法之后，依然觉得在乡举里选方面做得不够彻底，大观元年（1107）推出“八行科”，欲以“孝、悌、睦、姻、任、恤、忠、和”八种道德品行为荐举士人的标准，诏旨云：

朕考成周之隆，教万民而宾兴以六德六行，否则威之以不孝不悌之刑。比已立法，保任孝、悌、姻、睦、任、恤、忠、和之士，去古绵邈，士非里选，习尚科举，不孝不悌，有时而容。故仕官临政，趋利犯义，诋讪贪污，无不为者。此官非其人，士不素养故也。近因余暇，稽《周官》之书，制为法度，颁之学校，明伦善俗，庶几于古。诸士有善父母为孝，善兄弟为悌，善内亲为睦，善外亲为

① 《宋会要辑稿·职官》二八之二二，第3册，第2982页。
② 《文献通考》卷三一《选举考四》，上册，第296页。
③ 《山堂考索·后集》卷二六《士门》，第616页。

姻，信于朋友为任，仁于州里为恤，知君臣之义为忠，达义利之分为和。士有孝、悌、睦、姻、任、恤、忠、和八行，见于事状，著于乡里，耆邻保伍以行实申县，县令、佐审察，延入县学，考验不虚，保明申州。孝、悌、忠、和为上，睦、姻为中，任、恤为下。保明如令，不以时随奏，贡入太学，免试为太学上舍。司成以下引问考验，较定不诬，申尚书省取旨，释褐命官，优加拔用。士有全备上四行，或不全一行而兼中等二行者，为州学上舍上等之选；不全上二行而兼中等一行，或不全上三行而兼中二行者，为上舍中等之选；不全上三行而兼中一行，或兼下一行者，为上舍下等之选；全有中二行，或中等一行而兼下一行者，为内舍之选；余为外舍之选。中三舍之选者，上舍贡入；内舍在州学半年，不犯第二等罚，升为上舍；外舍一年，不犯第三等罚，升内舍。被贡入太学者，上等在学半年，不犯第三等罚，司成以下考验行实闻奏，依太学贡士释褐法，取旨推恩；中等依太学上等法，待殿试推恩；下等依太学中等法。上舍上等，其家依官户法；中下等，免户下支移、折变、借倩、身丁；内舍，免支移、身丁。①

诏旨批评现行科举制度容易让“不孝不悌”者进入仕途，因此特别推出“八行科”，且明确“八行”的具体内容，以此为乡举里选的依据标准。其分等、录用等操作过程，又采用三舍法，即“八行”荐举、三舍取士，两者结合。

同时，诏旨又明确违背了“八行”的反向行为，针对性规定选举方面的惩罚措施：

一，诸谋反、谋叛、谋大逆及大不恭、诋讪宗庙、指斥乘舆，为不忠之刑；恶逆诅骂、告言祖父母父母、别籍异财、供养有阙、

① 《宋会要辑稿·选举》一二之三三、三四，第5册，第4464页。

居丧作乐、自娶、释服匿哀，为不孝之刑；不恭其兄、不友其弟姊妹、叔嫂相犯罪杖，为不悌之刑；杀人、略财、放火、强奸、强盗，若窃盗及不道，为不和之刑；谋杀及略卖缌麻以上亲、殴大功尊小功尊属若内乱，为不睦之刑；诅骂、告言外祖父母与外姻有服亲、同母异父亲若妻之尊属相犯至徒、违律为婚、停妻娶妻，若无罪出妻，为不姻之刑；殴受业师、犯同学友至徒，应相隐而辄告言，为不任之刑；诈欺取财罪杖，告嘱耆邻保伍，有所规求避免，或告事不干已，为不恤之刑。一，诸犯八刑，县令佐、州知通以其事自书于籍，报学。应有入学，按籍检会施行。一，诸士有犯不忠、不孝、不悌、不和，终身不齿，不得入学；不睦十年、不姻八年、不任五年、不恤三年，能改过自新不犯罪而有二行之实，耆邻保伍申县，县令、佐审听入学；在学一年又不犯第三等罚，听齿于诸生之列。[①]

“八行科”截取元祐经明行修科的一半，只要求“行修”，且指明行为品德的八项具体内容和反向行为，又确定了选拔升补和处罚的标准和细节，看起来似乎很有可操作性。但是，在“人治”独裁社会，普遍由长官或上级来确定某人之品德，其结果一定是荒谬绝伦的。后人因此有如下总结：

自元祐仿古，创立经明行修科，主德行而略艺文，间取礼部试黜之士附置恩科，其时御史既已咎其无所甄别矣。及八行科立，专以八行全偏为三舍高下，不间内外，皆不试而补。则往往设为形迹，以求入于八行，固已可厌，至于请托徇私，尤难防禁。大抵两科相望几数十年，乃无一人卓然能自著见，与名格相应者。而八行又有甚弊。士子跅弛，公私交患苦之，不能谁何。乃借八行名称，纳之学校，使其冀望无罚应贡，则稍且自戢。而长史实恐缪举从坐，故

① 《续资治通鉴长编拾补》卷二七，第2册，第912页。

宁使之占额不贡。以是知略实艺而追古制，其难盖如此也。①

八行科与经明行修科的宗旨是一样的，所谓“主德行而略艺文”，八行科更加极端，其结果必然是“请托徇私，尤难防禁”。两科之实践已经证明，八行科与经明行修科相同，一无可取，即所谓“无一人卓然能自著见，与名格相应者”。在“人治”社会推行乡举里选，其前景是可以预见的。

八行科未见绩效，谄媚之徒已经谀颂如潮。大观元年（1107）八月：

资政殿学士、中太一宫使兼侍读郑居中札子奏：“近蒙圣慈，赐臣御笔八行、八刑书。欲望以所赐模写于石，立之学宫，次及太学辟雍、天下郡邑，如石经比。”从之。②

又有要求放宽八行科推荐限制者。大观元年（1107）十二月：

提举福建路学事陈汝锡奏：“乞今后诸路不限在外、在学，惟其人则举之。”上批：“凡八行、八刑之士所在，皆得以名闻，法无在学不在学之限。可令学制局申明行下。”③

又有要求基层推荐“八行”者。大观三年（1109）二月：

提举黔南路学事戴安仁状：“契勘所管，多是新创州郡新民，其间亦有孝、悌、睦、姻、任、恤、忠、和之性，盖为生于僻陋之邦，习俗鄙夷，不知礼仪。方今朝廷广设学校，虽遐方僻邑，皆置师儒

① 《文献通考》卷三一《选举考四》，上册，第296页。

② 《宋会要辑稿·选举》一二之三四、三五，第5册，第4464—4465页。

③ 《宋会要辑稿·选举》一二之三五，第5册，第4465页。

教导，必有其人。今欲晓谕乡村团落，间有孝、悌、睦、姻、忠、和者，次第保举一二人，量与推赏，以激劝风俗。”从之。[1]

凡此种种，皆逢上之好、成君之恶的言行。

亦有保持相对独立政见的大臣，在八行科实施初期，就婉转提出批评。大观四年（1110）正月，御史中丞吴执中言：

切闻迩来诸路以八行贡者，多或违诏旨，失法意，而有司不以为非，臣恐由此浸以成弊。今略取其一二事状著明者论之。如亲病割股，或对佛燃顶，或刺臂出血写青词以祷，或不茹荤，常诵佛书，以此谓之孝；或尝救其兄之溺，或与其弟同居十余年，以此谓之悌；其女适人，贫不能自给，取而养之于家，为善内亲；又以婿穷窭，收而教之，为善外亲。此则人之常情，仍以一事分为睦、姻二行。尝一遇歉岁，率豪民以粥食饥者，而谓之恤。夫粥食饥者，乃豪民共为之而已，独谓之恤可乎？又有尝收养一遗弃小儿者，尝救一跛者之溺，皆以为恤。如此之类，不可遽陈。今所保任，多不言学术，意皆其乡曲寻常之人，非所谓士者。愿下之太学，俾长贰、博士考以道义，别白是非，澄去冒滥，勿使妄进，务在不失法意而已。[2]

以亲病而割股，闾里小民时有能者，官有给赐，悯恤其愚有爱亲之心。而至于毁伤支体，用是以恤之。士而为此，是不知孝之道矣。然顶刺血，非圣人之教；常诵佛书，岂儒者之事哉！救其兄之溺，恤其女之贫，皆不足以为异。[3]

为求八行荐举，或弄虚作假，或故为怪诞，弊病丛生，乱象已萌。

---

① 《宋会要辑稿·选举》一二之三五，第5册，第4465页。

② 《宋会要辑稿·选举》一二之三五、三六，第5册，第4465页。据《宋史全文》卷一四，此奏疏为御史中丞吴执中所为。参见《宋史全文》，上册，第799页。

③ 《宋史全文》卷一四，上册，第799—800页。

八行科初期所得，“多不言学术”“皆乡曲寻常之人”。汉末“举秀才，不知书；察孝廉，父别居”之情景，更换方式重现。吴执中虽然不敢直接否定八行科，但其所揭示的种种乱象，已经让人看清八行科闹剧的真面目。

徽宗朝“八行”之士，极少见诸记载，应当都是轰轰烈烈的表面文章，或者多弄虚作假之徒。翻检《宋史》，得以下三条：

> （阳孝本）崇宁中，举八行，解褐为国子录，再转博士。[①]

> （刘一止）七岁能属文，试太学，有司欲举八行，一止曰：“行者士之常。”不就。[②]

> （徐中行）崇宁中，郡守李谔又以八行荐。时章、蔡窃国柄，窜逐善类且尽，中行每一闻命辄泪下。一日，去之黄岩，会亲友，尽毁其所为文，幅巾藜杖，往来委羽山中。客有诘以避举要名者，中行曰：“人而无行，与禽兽等。使吾得以八行应科目，则彼之不被举者非人类与？吾正欲避此名，非要名也。”[③]

第一则是唯一见诸《宋史》的“八行”荐举入仕者，后二则都是对八行科嗤之以鼻者。

八行科虽然不见业绩，吹捧者依然络绎不绝。政和三年（1113）七月：

> 新提举永兴军路学事施垧言：“陛下制为八行法，行之累年，士

---

① 《宋史》卷四五八《阳孝本传》，第38册，第13448页。
② 《宋史》卷三七八《刘一止传》，第33册，第11672页。
③ 《宋史》卷四五九《徐中行传》，第38册，第13458页。

以行实闻于朝廷，载在仕版，已足以劝矣。尚取行实之尤异者，旌其门闾，使乡里至愚者皆知迁善远罪。”从之。[①]

政和四年（1114）九月：

臣寮上言：“陛下制为八行之法，待豪杰异能之士。自崇、观迄今，海内蒙化。比虽民庶田野之间，有节义显白，如《诗》《书》之所称者。朝廷旌赏，四方万里之民有不获知，宜令有司裒聚，颁降中外。”从之。[②]

政和六年（1116）二月：

权发遣陕州吴羽奏：”乞今后每岁终，令有司类聚八行已推恩人，各着事实雕印，颁之郡县。庶薄海内外，咸知陛下德意之美。”从之。[③]

臣僚进行种种粉饰溢美，并继续提出逢迎君王的建议，徽宗都欣然接受。依据上述建议，八行科应该是每年都有被荐举者，故要求“每岁终”予以“类聚”。

八行科不知何时废止，政和末年依然见诸记载。政和八年（1118）八月，徽宗仍然要求“依八行法以礼延入学，并以名闻。”[④]政和以后，再没有八行科的记载，大约是无疾而终、不了了之。

总之，八行科是徽宗的另一件“皇帝新装”。

---

① 《续资治通鉴长编拾补》卷三二，第3册，第1058页。

② 《宋会要辑稿·选举》一二之三六、三七，第5册，第4465—4466页。

③ 《宋会要辑稿·选举》一二之三七，第5册，第4466页。

④ 《续资治通鉴长编拾补》卷三七，第3册，第1187页。

三、余论

徽宗朝科举制度方面，还有几件值得讨论的事情。

第一，党争全面介入科举考试。

徽宗朝之前，党争对科举考试有重大影响，主要表现在考场考题和考生答卷都跟随政治风向标转动，最后录取也会因此受到影响。如，熙宁三年（1070），“上御集英殿，赐进士第。叶祖洽言：‘祖宗多因循苟且，陛下革而新之。’置第一。轼奏欲别定等第，上不许。”[①]但是，父辈新党或旧党的身份与政治立场，并不影响子弟科场录取。如，元祐三年（1088），苏轼权知贡举，“致平为举子。初，致平之文法荆公，既见先生知举，为文皆法坡，遂为第一。逮揭榜，方知子厚子。”[②]章惇，字子厚，时为新党领袖，贬谪在外。

徽宗朝党争变本加厉，有“元祐党人”之说，且直接影响党人子弟科场录取。崇宁二年（1103）：

> 亲试举人。赐霍端友以下五百余人及第有差。时李阶为礼部进士第一，深之子，而陈瓘之甥也。特奏名安忱对策云：“使党人之子阶魁南宫多士，无以示天下。”遂夺阶出身，而赐忱第。忱，惇兄也。又黄定等十八人，皆上书入邪等，上临轩召谓之曰：“卿等攻朕短可也，神宗、哲宗何负于卿等？”亦并黜之。后因大观四年赦，并与改官。[③]

有受父辈政治身份影响的，有因先前上书被黜落的，党争立场成为科场录取的关键因素之一。

---

① 《续资治通鉴长编拾补》卷七，第1册，第342页。

② 〔宋〕赵彦卫撰，傅根清点校：《云麓漫钞》卷九，北京：中华书局，1998年，第155页。

③ 《皇朝编年纲目备要》卷二六，下册，第669—670页。

第二，改宏词科为词学兼茂科。

徽宗即位初，标榜调和新旧党争，曾有臣僚建议恢复诗赋取士。建中靖国元年（1101）二月：

> 都水监丞李夷行乞："复诗赋科，与经义并行。"彭汝霖劾夷行非所宜言，且云："若不惩戒，则议欲坏神宗法度者接踵而起。"左仆射韩忠彦收其章不行。汝霖又言："陛下方以继志述事为治，专用经术取士，而夷行狂瞽妄说，傥不明降指挥，则天下不知禁。"夷行遂罚金。[①]

徽宗朝一直没有恢复"诗赋取士"，宏词科的补充也就是必须的。大观四年（1110）五月：

> 诏："绍圣之初，尝患士之学者不复留意文词，故设宏词科，岁一试之。然立格法未至详尽，不足以致实学有文之士，可改立词学兼茂科。每岁附贡士院引试，听有出身人，不以京朝官、选人，经礼部投状就试。岁中所取不得过三人，如无合格则阙之。仍于旧试格内除去檄书，增入制诏，临时取四题，分作两场。内二篇以历代史故事借拟为题，余以本朝故事或时事。其合格人分两等考定，申三省看详。上等循两资，中等循一资。京朝官比类推恩，仍并随资任。内外差遣已系堂除人，优与升擢。内文理超异者，取旨除馆职。所有试格，令礼部比拟立定，申尚书者，取旨颁降。仍自大观五年春试为首，宰臣、执政官亲属不许与试。"拟立到程试考校格式，如绍圣二年正月宏词之制。[②]

① 《太平治迹统类》卷二八，第49页。

② 《宋会要辑稿·选举》一二之六、七，第5册，第4450—4451页。

科目名称改变，考试内容略有变化，其余一切“如绍圣二年正月宏词之制”，换汤不换药。专制君主总是通过各种机会，表达自己“圣裁独断”的欲望，以彰显英明。徽宗特别喜欢这套把戏，此次改名就是这类行为。

考生们并不看重此科考试。宣和五年（1123）七月：

> 守尚书职方员外郎陈磷奏：“绍圣初，哲宗皇帝尝患学者专经，不复留意文词，故设宏词科，来天下异能之士。大观中，以其所立格法未至详尽，改为词学兼茂科。然设科既久，来者浸少，岁一试之，有司取必以备数，则不无幸中，而朝廷所以待遇亦轻矣。今来既罢每岁春试上舍，欲乞应词学兼茂科，许于省试院附试。”从之。[①]

词学兼茂科考试，大致处于勉强维持的状态。

第三，禁止诗赋、史学之闹剧。

废除“诗赋取士”，徽宗朝臣僚还不满足，他们将平日的诗赋学习和创作都归入元祐学术。政和元年（1111）十一月：

> 臣僚言：“伏睹神宗皇帝，以声律偶对之文，雕虫篆刻，不足以发挥圣人之余蕴，遂罢诗赋，崇经术。元祐中，曲学陋儒自售其私，请以诗赋取士，仍争为篇章，更相酬唱，欲鼓天下之众而从之。哲宗皇帝深悯其弊，俄即废革，尽复熙、丰科举之法。陛下兴学养士，增光前烈，亲洒宸翰，训迪多方。元祐学术政事，悉禁毋习。然缙绅之徒，庠序之间，尚以诗赋私相传习，或辄投进，仰渎圣听。盖义理之学，高明而难通；声偶之文，美丽而易入。喜易而恶难者，世俗之常情也。傥非重行禁约，为之矫拂，恐复流而为元祐之学

① 《宋会要辑稿·选举》一二之一〇，第5册，第4452页。

矣。”诏：“榜朝堂，委御史台弹劾。”[1]

在有深厚诗赋传统的国度禁绝诗赋，荒诞不经，所以，“缙绅之徒，庠序之间，尚以诗赋私相传习”。阿谀之徒企图将禁诗赋扩展到科场以外，居然也获得朝廷同意，且“委御史台弹劾”。政和二年（1112）科举结束之后，上演如下闹剧：

罢赐诗，改赐箴云。初，御史李章言作诗害经术，自陶潜至李、杜皆遭讥诋。诏送敕局立法，宰臣何执中遂请禁人习诗赋。至是，故赐箴。未几，知枢密院吴居厚侍御筵，进诗改为口号。后圣作屡出，士大夫亦不复守禁矣。[2]

《诗经》为五经之首，儒家倡导“诗言志”，诗歌在儒家学说体系中有崇高的地位。政和初年，日常诗歌创作都归入禁止行列，是中国科举史乃至文明史上的一出荒诞剧。徽宗有很高的文化艺术修养，平日喜欢创作，所以首先不能遵守禁令，所谓“圣作屡出”，禁令成为废纸。“或问何（执中）立法之意，何无以对，乃曰：‘非为今诗，乃旧科场诗耳。’”[3]

与禁止诗赋创作类似，政和初又有禁止史学之举。司马光有《资治通鉴》，擅长史学，史学因此归诸元祐学术。徽宗朝曾一度“妄传”禁绝史学，政和二年（1112）三月：

翰林学士蔡薿等言：“比岁学者妄相传播，谓学校以史书为禁，士子程文至于历代世次先后、古人名氏显著者，亦或差舛。乞今后

① 《宋会要辑稿·选举》四之七，第5册，第4294页。
② 《皇朝编年纲目备要》卷二八，下册，第705页。
③ 《石林燕语》卷九，第141页。

时务策，并随事参以汉、唐历代故实为问。”从之。[1]

然而，所谓“妄传”确实是当时执政者的意图。蔡薿奏章获得徽宗同意之后，立即招致朝臣攻击，徽宗又随之改变主意，颁布“禁史学”令。政和二年（1112）四月：

禁史学。从监察御史李彦章之请也。诏：“士毋得兼习史学。”初，翰林学士蔡薿等请令：“今后试时务策，并随事参以汉、唐历代为问。”至是，令寝前诏勿行。[2]

朝令夕改，徽宗的政治智商令人咋舌。科举史上种种荒诞不经，都出现在这个荒谬的时期。宋人对此事始末，有较完整记载：

先是，崇宁以来，专意王氏之学，士非《三经》《字说》不用。至政和之初，公议不以为是。蔡嶷为翰林学士，慕容彦逢为吏部侍郎，宇文粹中为给事中，张琮为起居舍人，列奏：“欲望今后时务策，并随事参以汉唐历代事实为问。”奉御笔：“经以载道，史以纪事，本末该贯，乃称通儒。可依所奏。今后时务策问，并参以历代事实。庶得博习之士，不负宾兴之选。”未几，监察御史兼权殿中侍御史李彦章言：“夫《诗》《书》《周礼》，三代之故；而史载秦、汉、隋、唐之事。学乎《诗》《书》《礼》者，先王之学也；习秦、汉、隋、唐之史者，流俗之学也。今近臣进思之论，不陈尧舜之道，而建汉唐之陋；不使士专经，而使习流俗之学，可乎？伏望罢前日之诏，使士一意于先王之学，而不流于世俗之习，天下幸甚！”奉御笔：“经以载道，史以纪事，本末该贯，乃为通儒。今再思之：纪事

① 《宋会要辑稿·选举》四之八，第5册，第4294页。
② 《皇朝编年纲目备要》卷二八，下册，第706页。

之史，士所当学，非上之所以教也。况诗赋之家，皆在乎史。今罢黜诗赋而使士兼习，则士不得专心先王之学，流于俗好，恐非先帝以经术造士之意。可依前奏。前降指挥，更不施行。”[①]

居然将史学斥为“流俗之学”，并且将其剔除出教育和科举的行列，这又是徽宗朝的一大奇观。

后人评述徽宗朝禁诗赋和史学云：

尊经书，抑史学，废诗赋，此崇、观以后立科造士之大指，其论似正矣。然经之所以获尊者，以有荆舒之三经也；史与诗之所以遭斥者，以有涑水之《通鉴》、苏黄之酬唱也。群憸借正论以成其奸，其意岂真以为六籍优于迁、固、李、杜也哉！[②]

宋代科举史上之荒谬绝伦事件，在徽宗朝频频上演。徽宗政治上之昏庸，也被演绎到极致。

第四，置道学。

历代帝王尊奉道教，以宋徽宗最为痴迷。李唐一朝，称老子李耳为祖先，推尊道教。赵宋一朝效仿此举，自称是玉皇赵玄朗的后裔，因此也给道教以崇高的地位。此皆历代帝王制造“君权神授”的举措，明智的君主将此控制在一定范围。宋徽宗极想大有作为、留名青史，然而，他在治理国家方面则昏庸无能，故只得经常装神弄鬼，自神其说。政和年间，徽宗称老君托梦，嘱托云：“汝以宿命，当兴吾教。”[③]由此，“诏天下访求道教仙经”“置道阶，凡二十六等”“讽道录院上章，册己为教

① 《能改斋漫录》卷一二，下册，第371—372页。
② 《文献通考》卷三一《选举考四》，上册，第296页。
③ 〔清〕徐乾学撰：《资治通鉴后编》卷九八，《景印文渊阁四库全书》第343册，台北：台湾商务印书馆，第797页。

主道君皇帝”“诏班御注《道德经》”。[①]道教之盛，空前绝后。朝廷仿照科举制度，选拔道士。政和六年（1116）闰正月诏令“置道学”。[②]时人载：

> 政和六年，以通真善演、修文辅教、说经谈论、书符咒水、修真养命、诗书琴乐、煅炼金石七科铨择道士。许直以所学自陈道录院，考试一科合格，即保明解礼部审试，得实给牒，补充本科出身，以备差遣。其按仪斋醮、法事声赞两科，不在置科铨择之限。[③]

重和元年（1118）八月，徽宗再颁诏旨：

> 道无乎不在。在儒以治国，在士以修身，未始有异，殊途同归，前圣后圣，若合符节。由汉以来，析而异之，黄、老之学，遂与尧、舜、周、孔之道不同。故世流于末俗，不见大全，道由是以隐，千有余岁矣！朕作新之，究其本始，使黄帝、老子、尧、舜、周、孔之教偕行于今日。可令天下学校诸生，于下项经添大、小一经，各随所愿分治。大经，《黄帝内经》《道德经》；小经，《庄子》《列子》。自今学道之士，应入学，并令州县勘会保明，不经刑责、不犯十恶、奸盗及违八行之人，许入州县教养。并依见行学法，所习经以《黄帝内经》《道德经》为大经，《庄子》《列子》为小经外，兼通儒书，俾合为一道，大经《周易》、小经《孟子》。其在学中选人，增置士名，分入官品。元士、高士、大夫、上士、良士、居士、逸士、隐士、志士，每岁试经拔放。及有度牒合披戴者并依旧外，唯须在学一年，方许披戴。州县学道之士，初入学为道徒，试中升贡，同称

① 均见《宋史》卷二一《徽宗纪三》，第2册，第392—400页。

② 《宋史》卷二一《徽宗纪三》，第2册，第395页。

③ 《云麓漫钞》卷一四，第253页。

贡士。升贡到京，入辟雍，试中上舍，并依贡士法。三岁大比，许襕鞹就殿试，当别降策问，庶得有道之士，以称招延。元士以下资任、请给各随品，依品官法，唯人从不差兵士役人，止于宫观人内量差，其叙位在本品之下。应天下神霄玉清万寿宫、天庆观知及副知将来有阙，并以学校登科人充，其余宫观亦依此。志士以上，令礼部置名籍差注，并如吏部法。自兴道教，异人间至，深虑山林高蹈之士尚多有之。可令监司访之县，县下耆、保，各具所管地方有无高上之士，依八行法以礼延入学，并以名闻。或不愿入学，监司、郡守亲劝驾，给券马人船，差官伴送赴阙。又不愿，即具奏听旨，当赐玺书招聘。高上之士多隐于卒伍、工隶、仆厕之类，或身自犯刑责，以逃世离俗，令延纳招聘，一无所问，仰并以名闻。[①]

诏旨仿照三舍法和科举制度，全方位完善道学设置。徽宗首先是抬高道学地位，将其与儒学并提，甚至隐隐然有超越之态势。以下则确定道学之学习经典、入学与升等、殿试内容、称谓与官品等。以科举方式选拔各级道士，再造一项今古奇观。

重和元年（1118）闰九月，尚书省就根据徽宗旨意出台政策：

尚书省言："已降御笔，处分道徒升贡，三岁大比，许襕鞹就殿试。欲令礼部依文士给号，祗候唱名，初入仕并补志士道职已上取旨，并赐褐服。高者，依文士。"从之。[②]

上之所好，下必随之，投机士人，趁时改道。重和元年（1118）十月：

---

① 《续资治通鉴长编拾补》卷三七，第3册，第1185—1187页。

② 《续资治通鉴长编拾补》卷三八，第3册，第1194页。

资政殿学士、知陈州陈洵仁奏："本州学系籍学生止有九十一人，而一两月间，士之劝诱入道学及内外舍生愿换道徒者，将与儒士等，委是本州学教授当职官推行有方，提举学事置司在本州遵承诏旨，同共叶力奉行。州学内舍生宋瑀愿换道学内舍生，本人系故翰林学士宋祁之孙，已两预贡举，行艺清修，自来留心道学。旧有撰到《道论》十篇，乃近撰《神霄玉清万寿宫雅》一篇，谨具缴奏呈。"御笔："宋瑀特与志士，仍许赴将来殿试。"[①]

这就是所谓的"弯道超车"，走捷径以成就功名。名门之后宋瑀尚且如此，其他追随"最高指示"改换身份者，应当不是少数。

此种今古奇观，过于惊世骇俗，徽宗不知如何自己也明白过来了，宣和二年（1120）正月，"罢道学"。[②]诏旨云："儒道合而为一，其道学自合废。"[③]根据这道诏令逻辑，道学就不该设立，独裁者常常如此自相矛盾，自我打脸。

第五，进士录取人数。

徽宗朝总共录取进士正奏名6685名，[④]另外加上非科举年上舍释褐186名，[⑤]共计6871名。以徽宗在位26年计算，平均每一年度约为264名，比哲宗朝有了大幅度的上涨。宣和六年（1124），"得沈晦已下八百五人"，[⑥]是北宋录取进士人数最多的一年。徽宗之好大喜功，从进士录取人数方面亦可见一斑。

徽宗朝科举制度之种种折腾，几乎没有什么新意，大都拾人牙慧，重新包装，隆重推出，又自行取消，荒诞闹剧接连不断。独裁者自以为

① 《续资治通鉴长编拾补》卷三八，第3册，第1198页。
② 《宋史》卷二二《徽宗纪四》，第2册，第405页。
③ 《续资治通鉴长编拾补》卷四一，第3册，第1267页。
④ 《中国科举制度通史·宋代卷》，第858—862页。
⑤ 此数据来源为《宋代科举资料长编·北宋卷》，下册，第990—1090页。
⑥ 《宋会要辑稿·选举》七之三七，第5册，第4374页。

聪明过人，信心满满地不断推出新举措，且一意孤行，阿谀之徒趋之若鹜，这是专制体制下民众和家国的最大灾难之一。

四、钦宗朝

宋钦宗赵桓于公元1125年12月登基，公元1126年11月被俘，在位仅1年，在科举制度方面未来得及有所作为，故简述于此。

钦宗朝科举方面有所议论和举措，可以归结为四个字：拨乱反正。虽然时间过短，没有真正付诸实践，但是，拨乱反正的方向是很明确的。钦宗仓促登基，面对一团乱局，朝野都会追究导致祸乱的责任者，徽宗朝的种种举措，自然成了批评的靶子，包括科举制度方面的作为。

徽宗朝宦官势力膨胀，甚至插手科举。靖康元年（1126）正月，太学生陈东上书乞诛“六贼”，其中云：

> 国家取士至公之选无如科举……（梁）师成乃荐其门吏、使臣储宏，两次特赴廷试，赐第唱名……宣和六年春，上皇亲策进士八百余人，闻其中百余人皆以献颂上书为名，特赴廷试。卒多师成之力，尽是富商豪子……国家选举之法，为师成坏乱，几至扫地。①

同年四月：

> 臣僚上言：“窃以国家治乱在用人，用人在责实。熙宁间，王安石执政，改更祖宗之法，附会经典，号为新政。以爵禄招诱轻进冒利之人，使为奥援，挟持新政，期于必行，自比商鞅，天下始被其害矣。以至为士者，非性命之说不谈，非《庄》《老》之书不读，上慕轩、黄，下比尧、舜、三代，以汉、唐为不足法，流弊至今，为

---

① 〔宋〕徐梦莘撰：《三朝北盟会编》卷三二，《景印文渊阁四库全书》第350册，台北：台湾商务印书馆，1986年，第247—248页。

> 害日久。晋以王衍溺为《庄》《老》，遂至南渡。今天下之士，操笔弄墨，朝诲夕谕，升孔子之堂，宗虚无之教，而欲风教不坏，朝廷乂安，其可得乎！朝廷以科举取卓伟之才，以诗赋待才能之士，以策论试操守之节，或质之以吏学，或要时政。今之策士，尽成虚无不根之言，欲士详于古今治乱，不可得矣。国家以诗赋为名臣者，不可胜纪。变更旧章之后，至今五纪，特立不群为大臣，几何人哉！国富民康，果及祖宗之时乎？不待辨说可知矣。今国威不彰，由用人不责其实，救之之术，莫若遵祖宗成宪。王安石《解经》，有不负圣人之旨，亦许收用。至于《老》《庄》《字说》，并行禁止。"奉圣旨，送礼部详议。[①]

朝廷随即明令："复以诗赋取士，禁用《庄》《老》及王安石《字说》。"[②]

同年五月，左谏议大夫冯澥批评太学风气云："国家自崇、观以来，行贡试之法，而乡举里选，徒蹈虚文。自是士失所守，而太学教养之法，一切不振。士不自重，务为轻浮。博士先生狃于党与，各自为说，无复至当，煽以成风。"[③]同时，又有臣僚言："科举取士，要当质以史学，询以时政。今之策问，虚无不根，古今治乱，悉所不晓。"[④]

上述种种，批判矛头指向明确，皆为钦宗朝大臣之反思。"会国事危，而贡举不及行矣"[⑤]，然而，钦宗朝之追责和反思，已开高宗朝拨乱反正之先路。

---

① 佚名撰：《靖康要录》卷四，《景印文渊阁四库全书》第329册，台北：台湾商务印书馆，1986年，第491—492页。

② 《宋史》卷二三《钦宗纪》，第2册，第427页。

③ 《靖康要录》卷五，第510页。

④ 《宋史》卷一五七《选举志三》，第11册，第3669页。

⑤ 《宋史》卷一五七《选举志三》，第11册，第3669页。

第四章

更化与稳定期

金人入侵，北宋覆亡，极大地改变了宋代的政治走向。南宋初期君臣，深入思考北宋灭亡的原因，对徽宗朝的作为做比较彻底的政治清算。哲宗亲政后，一直占据朝政主流地位的新党政治路线大致被抛弃，以元祐大臣为代表的旧党重新获得崇高地位。高宗明言："朕最爱元祐"。[①]科举制度方面，同样发生相关联的系列变化。经过这段时期的拨乱反正，宋代科举制度再度趋于稳定。

① 《建炎以来系年要录》卷七九，第4册，第1323页。

第一节 高宗朝

宋高宗赵构于公元1127年3月登基，公元1162年7月退位，在位36年。高宗在南宋被称为“中兴之主”，对其作为，历史评价不一。他重整宋朝半壁江山，反思北宋覆亡的原因，针对性地有所作为，确实开创了南宋较新的政治局面。南宋朝廷制度方面之更化和稳定工作，都是在这个时期完成的，包括科举制度。

一、反思徽宗朝及其举措

短命的钦宗朝曾经对徽宗朝作为有所反思，真正反思徽宗朝之拨乱反正工作，则是在高宗朝展开并完成的，所谓“力救前日之弊”，[1]科举制度方面的作为同样引人注目。

靖康国变，高宗君臣在流亡逃难途中，就开始认真思考北宋灭亡的深层原因，批判徽宗朝种种荒唐举措。科举制度方面，主要反思徽宗朝的两种作为：三舍法，取消诗赋取士。

其一，三舍法的废除与复用。

三舍法的弊端，徽宗朝已经清楚彰显，已有“罢三舍法”之举。高宗即位初，在战乱动荡的岁月里，朝野不断反思徽宗朝的重大失误，科举制度方面的三舍法首当其冲。建炎元年（1127）九月，东京留守宗泽上表列举徽宗朝弊政，其一云：

伏睹国家，当变更三舍之法以取士。意谓皋、夔、稷、卨皆自此途出，卒之迫于月试，剽窃时文，罔有稽古者。是三舍果不足以

① 《建炎以来系年要录》卷六，第1册，第175页。

取士也。[①]

三舍法在徽宗朝已经废罢，其恶果此时仍然被针对性批判，南宋初年继续落实废罢三舍法的举措，然而，徽宗朝累积的三舍考生也必须予以考虑。绍兴元年（1131）诏云：

太学上舍已该再免省试、合赴绍兴元年殿试人，特免赴殿试，并与赐同进士出身。下等上舍免解、合赴省试一次、至绍兴四年再免、方合赴殿试人，特令赴今次殿试。内舍优等、平等校定人，依昨降指挥，各有免解次数，并与递减省试一次。[②]

针对上舍和内舍的生员，予以不同的科举待遇。第一类上舍生“并与赐同进士出身”，等同“三舍释褐”。可见高宗朝拨乱反正之举措，大体上是有序而递进的。

而后十余年间不再见到与三舍相关的诏令，三舍取士应该完全停止了。宋金局势稳定之后，南宋“中兴”建设全面铺开。绍兴十三年（1143）新建太学，学校教育作为朝政重要的一个方面，逐步恢复，且走向兴盛。“学而优则仕”，学员最终必须通过选拔进入仕途。所以，学校教育如何对应现行科举制度，高宗朝中期再度成为一个被讨论的问题，三舍法也再度被提及。绍兴十四年（1144）十月：

（左奉议郎罗）长源又言：“朝廷通好息民，兴崇学校，多士潜心经史，而终岁未有升进之望。乞以诸州进士解额留七分以备科举，余三分归于学校。稍取大观三舍之法，参酌而增损之，务从简便。”

---

① 《建炎以来系年要录》卷九，第1册，第226页。

② 《宋会要辑稿·选举》四之二三，第5册，第4302页。

事下礼部。[1]

“终岁未有升进之望”是罢三舍法的结果，罗长源又有“稍取大观三舍之法”之建议，这是学校教育兴盛之后的必然需求，朝廷对此没有断然拒绝，而是“事下礼部”商议，表明了松动接受的态度。

绍兴十五年（1145）二月，京都学校教育再度扩展：

上谓大臣曰：“朕观史册，见古之养士有至二三千人，亦朝廷一盛事。”于是，增国学弟子员百人，通旧以七百人为额。寻命置上舍三十人，内舍百人，用监丞文浩请也。[2]

显然，在太学教育体制方面，朝廷正在逐步恢复三舍法建制。然此际三舍教育所得生员，必须通过科举考试选拔，方可进入仕途，与徽宗朝直接“三舍释褐”有很大的不同。绍兴十八年（1148）六月，高宗对宰辅说：“近有布衣上书，请行三舍法，恐未暇及此。”[3]高宗的回复说明两点：其一，三舍法一直没有恢复；其二，高宗只是说“未暇”，同样没有断然拒绝或严厉批评，一定程度上表示出对三舍法的认可态度。所以，绍兴二十七年（1157）状元王十朋在太学时，“学益邃，论议益纯，而文日益奇，月校岁考，屡先多士。绍兴十九年秋，遂试上舍为第一，诸儒厌服，无异辞。”[4]但仍然与科名无关，不能上舍释褐。

绍兴二十六年（1156），此事改变角度被重新提出：

左迪功郎、充皇后宅教授林同言：“太学养士千余人，而月试人数或不及五之一，良由知以科举为优，不知以舍选为重。如此，则

① 《建炎以来系年要录》卷一五二，第6册，第2599页。
② 《建炎以来系年要录》卷一五三，第6册，第2611页。
③ 《建炎以来系年要录》卷一五七，第6册，第2711页。
④ 〔宋〕王之望：《故万氏夫人墓志铭》，《全宋文》卷四三七一，第198册，第11页。

与方州取士何异？恐非国家立学校之本意也。今科举密迩，欲望特降指挥，诸州教官惟许上舍登科人注拟。庶几士子有所歆慕，以舍选为荣，则将重去学校，而人材成就。”诏吏部看详申省。[①]

时人“不知以舍选为重”，原因是舍选名额少；且通过者“与方州取士”无异，仅仅是获解而已。林同要求“诸州教官惟许上舍登科人注拟”，并未提出更多的要求，只是想逐步培养起时人“以舍选为荣”的观念，有利于学校教育。上次交给礼部商议，显然是讨论三舍法考试、选拔等方面问题；这次交由吏部商议，已经进入舍选除授层面商讨，朝廷倾向恢复三舍法，然并未落实。绍兴三十一年（1161），有人建议“诸州养士……岁贡两三人入太学”，国子监回复言：“自罢舍法，复以科举取士，奉行日久，难议施行。”[②]朝廷立即搁置这项讨论。

总而言之，高宗朝关于三舍法，有过种种批评和讨论，却一直没有恢复。[③]

其二，诗赋、经义取士两存。

钦宗短暂执政期间，已经恢复诗赋取士制度，高宗朝予以落实。建炎二年（1128）五月：

中书省言：“已诏后举科场讲元祐诗赋、经术兼收之制。今参酌拟定：《元祐法》：‘习诗赋兼试经义。’今欲习诗赋人止试诗赋，不兼经。第一场诗、赋各一首，第二场论一首，第三场策三道。《元祐法》：‘不习诗赋人令治两经。’今欲习经义人，依见行，止习一经。

① 《建炎以来系年要录》卷一七三，第7册，第3021页。

② 《建炎以来系年要录》卷一八九，第8册，第3378页。

③ 《宋登科记考》卷九于绍兴年间录入两名上舍释褐者。其一，绍兴二十七年，吴异，文献出处乃明代何乔远《闽书》；其二，绍兴三十年，葛与国，文献出处乃《嘉靖江阴县志》《乾隆江南通志》，皆出自明清文献，不可据。参见傅璇琮主编，龚延明、祖慧编撰：《宋登科记考》，江苏教育出版社，2009年，上册，第862页；第885页。

第一场本经义三道，《论语》《孟子》义各一道，第二场论一首，第三场策三道。……”从之。[1]

诗赋取士或经义取士，新旧两党领袖人物意见大致趋同，元祐年间最后采取两者并存。此度恢复诗赋取士，与元祐年间相比，更加侧重诗赋，废除了“兼经”的附加要求，苏轼等元祐大臣更重视诗赋取士的意见得以贯彻。“自绍圣后，举人不习诗赋，至是始复。遂除《政和令》命官私相传习诗赋之禁。”[2]

高宗“最爱元祐”，尤其喜欢苏轼，[3]科举制度方面也受苏轼影响。南渡初年，高宗对经义科很有看法。建炎四年（1130）：

（高宗）谓大臣曰：“今士大夫知史学者几人？此皆王安石以经义设科之弊。”范宗尹曰：“安石学术本不至是，由蔡京兄弟以绍述之说敷衍被蔓，浸失其意。然自非卓然特立之士，鲜不为误。”上深以为然。[4]

高宗直接归咎王安石，范宗尹认为是蔡京等“绍述”“浸失其意”，总之，是“经义设科之弊”。同时，北宋以来多数大臣支持经义取士，高宗因此不免犹豫。绍兴元年（1131）十二月：

宰执进呈侍御史曾统论进士设科，乞止用词赋，未须依元祐兼经。上曰：“经术、词赋取士各有说。神宗皇帝尊崇经术，方时承平，王安石之说得行。盖以经明道，谓非尧舜之道不敢陈于王前。朕观古今治乱，多在史书，以经义登科者类不通史。”吕颐浩曰：

---

① 《宋会要辑稿·选举》四之二一，第5册，第4301页。

② 《宋史》卷一五六《选举志二》，第11册，第3625页。

③ 参见沈松勤：《宋代政治与文学研究》，北京：商务印书馆，2010年，第309—312页。

④ 《建炎以来系年要录》卷三四，第2册，第691页。

“经术、词赋，均以言取人。今若且用词赋，亦得顾所得人材如何耳。”①

曾统欲更进一步，恢复神宗朝之前制度，只用诗赋取士，高宗没有予以直接肯定，依然强调“经义登科者类不通史”。换言之，高宗并没有取消经义取士，只是对经义取士之弊有所质疑，故高宗朝一开始就采取两者并存的政策。

不过，高宗偏颇向诗赋取士的立场也比较明显。绍兴二年（1132）十二月：

上谓大臣曰：“……元祐人才，皆自仁宗朝涵养，燕及子孙。自行经义取士，往往登科后再须修学，所以人才大坏，不适时用。”②

南宋初年大臣，亦有极端轻视经义者。签书枢密院事徐俯乃黄庭坚外甥，是当时著名的诗人。绍兴初，每除一登第者，徐俯则不屑云：“又一经义之士。”③高宗及其大臣的倾向性，当然导致更多的士人逐渐转向而选择诗赋科。绍兴五年（1135），“礼部侍郎唐辉入见，奏举人已至行在，习诗赋者一千五百余人，经义者一千余人。”高宗说：“他时习诗赋者当益多。”④此年殿试录取，“时新复诗赋，上欲重其选，策试日，谓大臣曰：‘诗赋取士，累年未闻有卓然可称者。俟唱名日，可将省试诗赋高等人特与升甲，以劝多士。’遂诏省试魁赋郑厚循二资，与升擢差遣。”⑤

君王的态度，直接影响考官的评判。绍兴七年（1137），权礼部侍郎吴表臣云：“比年科举，或诗赋稍优，不复计策论之精粗。”高宗于是强

---

① 《宋会要辑稿·选举》四之二四，第5册，第4302页。
② 《建炎以来系年要录》卷六一，第3册，第1080页。
③ 《建炎以来系年要录》卷七五，第3册，第1275页。
④ 《建炎以来系年要录》卷九〇，第4册，第1555页。
⑤ 《建炎以来系年要录》卷九三，第4册，第1591—1592页。

调：“文学、政事，自是两科。诗赋止是文词，策论则须通知古今，所贵于学者修身齐家治国以治天下。专取文词，亦复何用？”[①]这里强调的是策论，与经义无关。

“绍兴和议”签订、南北进入和平发展阶段之后，高宗在诗赋和经义问题上态度略有变化。绍兴十三年（1143）二月：

> 国子司业高闶……又奏：“有一事最先，经术是也。”上曰：“经不易通，士习诗赋已久，遽能使之通经乎？”闶曰：“先王设太学之意，惟讲经术而已。”上曰：“近侍读官程瑀亦论经术。”闶曰：“国初犹循唐制，用诗赋。神宗始以经术造士，遂罢诗赋。又虑不足以尽人材，乃设词学一科，试以杂文。”上曰：“诗赋亦杂文也。”闶曰：“取士以经义为主，不过三场。后加诗赋，为四场，不能无碍。今欲经义第一，诗赋第二，论策各一第三。”上可之。[②]

“时国学新成，补试生员四方来者甚众，几六千人。”[③]这段对话在此背景下发生，透露以下信息：其一，“士习诗赋已久”，应该指多数考生选择了诗赋科；其二，“诗赋亦杂文也”，诗赋取士已经相当程度地取代了词科的作用；其三，太学教学依然坚持诗赋、经义两存之，经义地位有所提高，并得到高宗的认可。

高宗朝中期，重新强调经学，与考生多数选择诗赋科的现实有关。绍兴十六年（1146）十一月：

> 庚午，言者奏：“近来诗赋、经术，各以旧试人数分取，其间不无轻重。大抵习诗赋者多，故取人常广；治经术者鲜，故取人常少。

① 《建炎以来系年要录》卷一一三，第5册，第1896页。
② 《建炎以来系年要录》卷一四八，第6册，第2514页。
③ 《山堂考索·后集》卷二七《士门》，第621页。

> 今若专以就试之人，立定所取分数，则诗赋人常占十之七八，而治经者止得十之一二，但恐浸废经术之学矣。欲望命有司再加讨论。如通经之人有余，听参以策论，圆融通取，明立分数，庶几主司各有遵守。”上曰：“当日行诗赋，为士人不读史。今若专用诗赋，士人不读经。大抵读书当以经义为先，所论宜令礼部看详以闻。”①

高宗“他时习诗赋者当益多”的预测，此时成为现实。“诗赋人常占十之七八”，考生完全偏向诗赋，则背离了“两存”之初衷。高宗依然认为经义考生“不读史”，这里又提出诗赋考生“不读经”，同样值得警惕，故要求礼部在考试取士方面定出规则，调整偏颇，即要求礼部确定诗赋取士和经义取士的比例，避免诗赋侵占经义名额。这一时期，高宗对经义科的看法明显好转，其后，高宗还一再提及士人偏向诗赋的倾向并予以纠正。绍兴二十六年（1156），高宗云：“举人多习诗赋，习经义者绝少。更数年之后，恐经学遂废。当议处此。”②绍兴二十七年（1157），臣僚要求“稍损诗赋而优经义”，高宗即下诏云：“诗赋不得侵取经义。若经义文理优长，合格人有余，许将诗赋人材不足之数，听通融优取。”③

省试诗赋、经义分两科取士，具体操作可以绍兴十八年（1148）为例：

> 二月十八日、十九日、二十日，引试诗赋、论、策三场。二月二十二日、二十三日、二十四日，引试经义、论、策三场。④

两科分日考试，先试诗赋科，再试经义科，各三天时间。南宋省试

---

① 《建炎以来系年要录》卷一五五，第6册，第2667页。
② 《宋会要辑稿·选举》四之三一，第5册，第4306页。
③ 《宋会要辑稿·选举》四之三一、三二，第5册，第4306页。
④ 《绍兴十八年同年小录》，《景印文渊阁四库全书》第448册，台北：台湾商务印书馆，1986年，第347页。

常规过程如此。

诗赋与经义讨论争执过多，朝廷一度将二者合并。绍兴二十七年（1157）二月，诏书云："今后国子、太学公私试及将来科举取士，并令兼习经义、诗赋。内第一场大、小经义各与减一道，余依绍兴十三年二月二十二日指挥施行，永为定制。"①依照这次诏书指示，绍兴三十年（1160）之贡举，诗赋与经义不再分科。

这一次合并考试后，弊病立即得以彰显，臣僚也马上提出意见。绍兴三十一年（1161）正月：

> 右谏议大夫何溥上疏，论经义、词赋合为一科之弊。以为："两场俱优者，百无一二。而韦布之士，皓首穷经，扼于声病之文，卒无以自见于世。望将经义得免解举人，及应举进士年五十以上，许兼一大经，于诗赋场引试；其不愿兼经者，亦听。庶几宿学有以自展。"议者多以为经义、词赋不能并精，又减策二道而并于论，故策问太寡，无以尽人。且一论一策，穷日之力不足以致其精，虽有实学，无以自见。愿复经义、诗赋分科之旧。诏："礼部、国子监、太学官看详，经久可行，申尚书省。"②

各个相关部门讨论的结果，形成次月下达的诏书："经义、诗赋依旧分为两科以取士。"③此后，诗赋与经义分科取士，再无变化。

此外，诗赋科得朝廷重视，士人亦逐渐恢复诗赋行卷之风气。绍兴二十二年（1152），高宗对大臣说："近有士人投献诗赋之类，其间文理可采者，可取旨与免文解。"④明显采取鼓励支持的态度。

高宗朝在科举制度方面的拨乱反正工作，还表现在方方面面，以下

---

① 《宋会要辑稿·选举》四之三二，第5册，第4306页。
② 《建炎以来系年要录》卷一八八，第8册，第3368页。
③ 《建炎以来系年要录》卷一八八，第8册，第3368页。
④ 《建炎以来系年要录》卷一六三，第7册，第2811页。

择要介绍。

首先，徽宗朝的科场策论之内容和文风，也是高宗朝君臣议论批评的话题。绍兴二年（1132）是高宗即位后的第二个贡举年，高宗特地批示殿试官："考校试卷，当以忠正直言、利害切当、文辞富赡为上等，阿附谄谀、文辞芜累为下等。"①高宗又对宰辅说："廷试举人，以鲠直者为上，谀佞者降之。朕此举将以作成人材，为异时之用。……崇宁已来，宰相恶人敢言，当时士气不作，流弊至今，不可不革也。"②这是从廷试策内容上予以拨乱反正。这一年的状元张九成为高宗钦点，高宗说："九成对策虽不甚工，然上自朕躬，下逮百执事之人，无所回避。擢置首选，谁谓不然？"③南渡初年的廷试策出现了一些非常大胆批评朝政的好文章，与高宗的提倡和包容有关。如绍兴五年（1135）状元汪应辰《廷试策》以"陛下果能反求诸己而力行之"④立论，抨击高宗政局诸多之失措，与张九成殿试策之耿直大胆类似。

绍兴五年（1135）再度省试之前，臣僚依旧在清算徽宗朝所为：

> 御史台主簿闾邱昕言："崇、观、宣、政以来，士不以心明经，而以经明经，发为文辞，类皆骫骳。今四方多士群试于大宗伯，讵可复取无用空言？伏望训饬有司，商榷去取，毋以摛绘章句为工，而以渊源学问为尚。或事关教化，有益治体者，不以切直为嫌；或言无根柢，肆为蔓衍者，不在采录之数。庶几网罗得人，可备他时器使。"诏令礼部行下贡院照会，仍出榜晓谕。⑤

批评徽宗朝文风"骫骳""摛绘"，所言当然没错。但是，廷试策内

① 〔宋〕廖刚：《御书三十二字跋尾》，《全宋文》卷二九九七，第139册，第118页。
② 《宋会要辑稿·选举》八之四一，第5册，第4394页。
③ 《建炎以来系年要录》卷五二，第3册，第952页。
④ 《全宋文》卷四七七九，第215册，第216—224页。
⑤ 《宋会要辑稿·选举》四之二五，第5册，第4303页。

容之“阿附谄谀”和文风之“骫骳摛绘”，非徽宗一朝之弊端，是独裁体制的产物，伴随着廷试策的出现而出现，[1]由于北宋的灭亡，这一问题在南宋初年格外得到重视。但随着高宗权位的稳固，独裁者又很快陷入只是喜欢阿谀颂扬、厌恶批评意见的旧泥坑。秦桧专权后，科场又完全充斥谀颂奉承之声，秦桧去世，高宗御笔宣示殿试官曰：“对策中有指陈时事、鲠亮切直者，并置上列。无失忠谠，无尚谄谀，用称朕取士之意。”[2]统治者之诏令和独裁者之需求是相互矛盾的，注定了科场“阿附谄谀”之风气最终也不能有所转变。

其次，高宗政治态度完全偏向旧党，在科举制度方面时时有所表现。其时，有欲为新党申诉者。绍兴十二年（1142）六月：

> 有举子上书，乞用王安石《三经新义》，为言者所论。上曰：“六经所以经世务者，以其言皆天下之公也。若以私意妄说，岂能经世乎？王安石学虽博，而多穿凿以私意，不可用。”[3]

高宗态度异常明确，对徽宗朝覆亡的反思，奠定了高宗厌恶新党的立场。

再次，恢复徽宗朝一直废除的贤良方正直言极谏制科考试，同样是拨乱反正工作之一。绍兴元年（1131）正月，诏书云：

> 祖宗设贤良方正能直言极谏科，不惟朝廷阙失得以上闻，盖亦养成士气。近屡诏内外士庶等直言朝政阙失，虽有不当，并不加罪。尚虑所闻未广，仰有司讲求贤良方正直言极谏科旧制，条具取旨。[4]

---

① 参见《宋代科举制度与文学演变》，第156—165页；第179—186页。
② 《宋会要辑稿·选举》八之四三，第5册，第4395页。
③ 《建炎以来系年要录》卷一四五，第6册，第2464页。
④ 《宋会要辑稿·选举》一一之二〇、二一，第5册，第4436页。

礼部因此依据旧制，再度详细制定制科考试制度。“自绍圣废制科，至是，始因德音下礼官，讲求故事。然未有应者。”①这应该由三个方面原因造成：其一，制科废除已久，官员和士人对此普遍陌生，官员不知该推荐何人应试，考生不知如何应对考试。其二，朝廷对制科的重视程度远逊北宋时期，制科对士人没有那么强的吸引力。其三，战争带来的诸多秩序混乱，使一切制度都难以很快步入正轨。一直到绍兴十年（1140），诏书仍云：“十年于兹，未有称荐以名来上者，岂访求之道有未至邪？何为久之而未有闻也？”②

二、类省试和其他调整

高宗朝面对的国家环境和外部局势迥然不同于以往，相当一段时间内处于宋金交战状态之中，即使“绍兴和议”签订之后，局部战争还是不断地爆发，各地道路交通因战争或某些地区沦陷而变得异常艰难。

高宗在逃亡途中登基，努力重新建立中央政府，恢复各项朝廷制度，其中一项重大制度就是科举制度。建炎元年（1127）本来应该是三年一届的贡举年，然此年北宋覆亡、政权交替，高宗流亡政府尚在建立过程中，自然无暇顾及科举考试。按照常规，靖康元年（1126）冬，已经有大量考生启程奔赴汴京，准备下一年度的省试。许景衡《乞展省试札子》云：“臣窃见去冬赴省试举人来自远方，值京城围，滞留道途，不敢前进，久旅狼狈，实可怜悯。”③开科取士是亟需恢复的工作。如何有序地举行省试和殿试，是高宗流亡政府面临的一个重大问题。尤其是省试，考生人数众多，其中大部分人都不能被录取，战火连天的岁月里，让所有考生经历生死险阻、路途奔波，既不可能也没必要，类省试制度应运而生。

---

① 《建炎以来系年要录》卷四一，第2册，第774页。

② 《宋会要辑稿·选举》一一之二四，第5册，第4438页。

③ 《全宋文》卷三〇八九，第143册，第306页。

所谓类省试，就是将省试权力下放给地方政府，各地自行开展省试工作。因为这些省试并非中央政府主持，故称“类省试”。[①]省试录取的士人，数量相当少，且殿试不再刷落，因此可以让这少量士人赴行在殿试。高宗在扬州建立流亡朝廷伊始，就着手开展这项工作。建炎元年（1127）十二月，朝廷颁布“类省试”诏令，云：

> 诸道进士赴京省试，今春兵革，已展一年。国家急于取士，已降指挥，来年正月锁院。缘巡幸非久居，盗贼未息灭，道路梗阻，士人赴试非便，可将省试合取分数下诸路，令提刑司差官于转运司所在州类试。三省措置省试合放人额，纽计正解、免解。转运司正解并裒同，合以一十四人取一名，余分不及一十四人亦取一名，不终场者不计。内河东路合赴试人，令附京西路转运司所在试；国子监、开封府合就试人于开封府，诸路合就试人于转运司置司州军类试。内国子监合赴试人，如在外路州军，愿就本路试者，听。其国子监、开封府人令留守司、诸路令提刑司，依贡举法选差试官六员，两路者各差三员。内开封府令留守司差御史台官一员，诸路令提刑司临时实封移牒转运使副或判官一员监试，不得干预考校。如有合避亲之人，专委官依公考校，所避之官不得干预。合避非本路提刑者，依本路监司法，前期牒邻路。合避试官者，封弥官暗记，送别位。应逐场试卷，不得止送一位考校。仍令监试官专切觉察。[②]

诏令指定次年类省试只是一次临时变通举措，原因是“巡幸非久居，盗贼未息灭，道路梗阻，士人赴试非便”。诏书明确指定类省试的主持者、主办地、考官人数、录取名额等事项，并补充了无法举办类省试地

---

① 关于类省试，还可以参见《宋代科举与文学考论》，第64—83页；《中国科举制度通史·宋代卷》，第239—259页。

② 《宋会要辑稿·选举》四之一七、一八，第5册，第4299页。

区的便宜处理方式，“省试之有类，盖自此始。”[1]

建炎二年（1128），“以军兴道梗，权宜诸路类试。”[2]即依照上述诏书举行了宋代首次类省试。当时高宗驻跸扬州，某些地区通过类省试的士人，仍然无法抵达行在。“川陕、河北、京东正奏名进士一百四人，以道梗不能赴，皆即家赐第。”[3]或有终于抵达行在而已过考期者，是年十一月诏书：

> 诸路省试到并合格特奏名试人，以道路艰阻，既到行在，已过试期，不愿赴将来殿试人，亲身经礼部陈状，勘验诣实，召京朝官二员，结除名罪委保，申尚书省。正奏名赐同进士出身，特奏名与州助教，仍依下州文学恩例。[4]

这些都是对类省试临时制度的数项变通补充措施。

建炎二年（1128）仓促在各地举行的类省试，当然会有许多漏洞，与以往相对严格的礼部省试制度无法比拟。所以，建炎三年（1129）朝廷即决定停止类省试。史书载：

> 左司谏唐辉言：“旧制，省试用六曹尚书、翰林学士知贡举，侍郎、给事中同知贡举，卿监、郎官参详，馆职、学官点检，御史监视，故能至公厌人心。今诸道类试，颛委宪臣，奸弊滋生，才否贸乱，士论嚣然，甚不称更制设科之意，请并还礼部。”遂罢诸道类试。[5]

---

① 《建炎以来系年要录》卷一一，第1册，第255页。
② 《宋会要辑稿选举》一之一五，第5册，第4238页。
③ 《建炎以来系年要录》卷一七，第1册，第363页。
④ 《宋会要辑稿·选举》四之二二，第5册，第4301页。
⑤ 《宋史》卷一五六《选举志二》，第11册，第3626页。

然而，南渡初年，兵连祸结，将省试权收归中央政府的决定并不现实，朝廷只得再度延续临时措施类省试。绍兴元年（1131）二月诏书云："可将省额合取分数，下诸路提刑司，差官于转运司所在州类试。就今年八月上旬内择日引试，于来年三月上旬择日殿试。"[①]同时，朝廷尽量出台一些弥补措施。是年六月：

臣僚言："窃见近诏诸路进士，令提刑司差官于转运司所在州类试。然改科之初，考试官未必尽晓词赋。去秋榜出，远方之士诉有司者已多。今若止令提刑司差官，不惟预有干请，亦恐未必皆系通习声律之人，则所差可知矣。乞诏执政大臣，于诸路漕宪或帅守中择词学之臣总其事，使于所部精选考试官，务令公审，庶几上副设科更制之意。"从之。除分镇路分令提举茶盐事司依诸路转运司类试条例外，诏："两浙路差提刑施坰，福建路差帅臣程迈，江南东路差帅臣吕颐浩，江南西路差帅臣朱胜非，荆湖东西路差转运判官孙绶，广南东路差帅臣赵存诚，广南西路差转运判官王次翁，其川陕路并令张浚于逐路帅臣、转运、提刑内选差有出身之人。"[②]

这是通过"精选考试官"，来维持科举制度的相对公正。

绍兴二年（1132），第二次"以军兴道梗，权宜诸路类试。"[③]是年殿试之后，"川陕类省试合格进士杨希仲等一百二十人，皆即家赐第。"[④]是年闰四月，再诏云："诸路类试进士赴殿试不及人，正奏名与进士同出身，特奏名与诸州助教，调官如文学例。"[⑤]可见"即家赐第"不限于川陕地区。此外，这一年陕西地区科考拖延得更晚，直到年终才完成"即家赐

① 《宋会要辑稿·选举》四之二三，第5册，第4302页。
② 《宋会要辑稿·选举》四之二三、二四，第5册，第4302页。
③ 《宋会要辑稿·选举》一之一五，第5册，第4238页。
④ 《建炎以来系年要录》卷五二，第3册，第952页。
⑤ 《建炎以来系年要录》卷五三，第3册，第968页。

第”工作。“宣抚处置使张浚即成州置院类试陕西发解进士，得周汉等十三人。浚承制，赐汉进士出身，余同出身。（十二月）癸卯以闻，诏令尚书省给黄牒。”[①]在所有地区中，道路交通以川陕最为艰难，故朝廷最初就允许当地考生不必赴殿试，与其他地区临时“道梗”赴试不及者不同。

这一年贡举结束之后，类省试再度成为臣僚批评的目标。绍兴三年（1133）十月：

> 臣僚言：“科举之设，实用人材之根本。而省试最为重事，必于六曹尚书、翰林学士中择知贡举，诸行侍郎、给事中择同知贡举，卿、监、郎官为参详官，馆职、学官为点检官。又以御史监察其中，故能至公至当，厌服士心。间因军兴，遂以此权付之诸路漕司，所差试官不过数人。其选皆出于漕臣，奸弊百端。乞今后省试，并就行在遴选近臣，付以兹事。”诏：“检坐累降指挥施行。”[②]

> 自诸路置类省试，行之才二举，议者以为奸弊百端。且言：“……今盗贼屏息，道路已通。若以此试复还礼部，不过括诸路漕司所费，输之行在，则必裕然有余矣。”诏：“检坐累降指挥，申严行下。”[③]

临时举措乃不得已而行之，必定是漏洞百出。臣僚要求取消的理由有三点：奸弊百端，道路已通，节省费用。朝廷没有明令停止类省试，只是说：“检坐累降指挥，申严行下。”其实是考虑到川陕地区的特殊性，不能做一刀切的决策。

“道路已通”只是南宋大部分地区的基本情况，川陕依然例外。举一

① 《建炎以来系年要录》卷六一，第3册，第1079页。
② 《宋会要辑稿·选举》二〇之三，第5册，第4576页。
③ 《建炎以来系年要录》卷六九，第3册，第1207页。

与科举相关的事例，以见当时川陕地区道路阻隔之严重。绍兴四年（1134）四月：

> 诏：陕西路科举手诏，令川陕宣抚司给付。初，吏部遣使臣，持诏往陕西路。而所遣者惮行，乃付大理狱，更遣它使，其母讼于御史台。言者以为："陕西隔绝，不通士人，逃生不暇，岂复更有士子应举？"乃命传送焉。[①]

"陕西隔绝""逃生不暇"，以至朝廷差官都抗命拒行。因此，要考生赴行在省试，完全没有可行性。

绍兴四年（1134）六月，诏书云：

> 川陕合赴省试人，令宣抚司于置司州军置试院，选差有出身、清强、见任转运使副或提点刑狱官充监试，于逐路见任京朝官内，选差有出身、曾任馆职学官或有文学官充考试官。务依公精加考校，杜绝请托不公之弊。[②]

朝廷单独诏令川陕地区继续实行类省试制度即采纳臣僚意见，罢诸路类省试，唯独保留川陕地区，"先是，诏省试并就行在。至是，礼部侍郎兼侍讲陈与义奏川陕道远，恐举人不能如期，故复令类试焉。"[③]

因此从绍兴二年（1132）开始，类省试在川陕地区演变为常规制度。"川陕宣抚处置使张浚，始以便宜合川、陕举人，即置司类省试。自是，行之至今。"[④]绍兴五年（1135）十月，朝廷诏令："川陕类省试合格第一

---

① 《建炎以来系年要录》卷七五，第3册，第1272页。
② 《宋会要辑稿·选举》四之二四、二五，第5册，第4302—4303页。
③ 《建炎以来系年要录》卷七七，第3册，第1296页。
④ 《建炎以来系年要录》卷四二，第2册，第795页。

名，依殿试第三名例推恩；余并赐同进士出身。”[①]但朝廷仍然希望川陕考生能够参加殿试，所以，绍兴六年（1136）十二月诏云：“川陕进士合预殿试人，发赴行在，仍破五人衙官驿券。经由州县，依条施行。”[②]此时道路交通有所恢复，故有此要求。

有了“即家赐第”推恩旧例之后，川陕考生大都不愿再赴殿试。绍兴十八年（1148）八月：

> 权礼部侍郎沈该乞：“四川类省试合格、不赴殿试人，第一等并赐进士出身，余人同出身。”从之。自行在吴中，蜀士不就廷试，榜首率依第三人推恩。讲和后，稍稍来奉大对。是举，类试策问：“古今蜀人材盛衰之故”。而德阳何耕对策……有司定为榜首。秦桧见其州里，大恶之，曰：“是敢与张德远为地耶？”会耕以后至，乞推恩，桧批送礼部措置。该喻其意，即言：“今举有试中高等之人，为见先有已降等第推恩名色。及虑御试却中底甲，往往在路迁延日月，才候试毕，便自陈为病，趁赴不及，显属太优。”桧入熟状，画可。自是遂为故事。[③]

这次针对川陕类省试之推恩不依旧例，有所降低，调动了川陕士人赴殿试的热情。大致情况如下：

> 四川类省试第一，恩数视殿试第三人。……何道夫耕以《对蜀人才策》为丞相所怒，乃令礼部奏云：“类试高第人多在道迁延，不肯即赴御试。望自今第一等人，并赐进士出身。”奏可。自是，无有不赴御试者。惟上不亲策，则类试第一人恩数如旧，第二、第三人

① 《建炎以来系年要录》卷九四，第4册，第1608页。

② 《宋会要辑稿·选举》八之四二，第5册，第4395页。

③ 《建炎以来系年要录》卷一五八，第6册，第2716页。

皆附第一甲，九名以上附第二甲云。[①]

绍兴三年（1133）六月，朝廷特别为此下诏："四川得解进士，有愿赴行在省试之人，给与进义副尉驿券，津遣前来。"[②]鼓励蜀士赴南省者。

川、陕比较，陕西地区更多战乱。绍兴九年（1139）：

户部侍郎周聿言："陕西士人学术久荒，拙于为文。若与四川类试，必不能中程。乞别立字号。"上曰："陕西久陷伪境，朕欲加惠远方，可令礼部措置。"川、陕分类试额自此始。[③]

绍兴十二年（1142）贡举，时南北和议已成，宋金之间进入相对和平的阶段。然川陕依然交通不便，是年九月诏云："川陕类试正奏名，来行在趁赴殿试不及，赐同进士出身人，与免铨试。"[④]绍兴二十七年（1157），高宗又特别嘱咐："蜀中举人，前此有赴殿试不及者，皆赐同进士出身。恐其间有俊秀能取高第之人，例皆置之下列，甚可惜也。今次若来者尚少，宜相度展日少待。"[⑤]

此时因南北久无战事，又有倡议取消类省试者。绍兴二十七年（1157）五月：

初，朝廷以蜀道远，命举人即宣抚制置司类省试。行之既久，议者或以为不能无弊，欲罢之，悉令赴南省。事下国子监，权尚书兵部侍郎兼祭酒杨椿曰："蜀士多贫，而使之经三峡，冒重湖，狼狈

---

① 〔宋〕李心传撰，徐规点校：《建炎以来朝野杂记·甲集》卷一三《取士》，北京：中华书局，2000年，第274页。

② 《宋会要辑稿·选举》四之二四，第5册，第4302页。

③ 《建炎以来系年要录》卷一三三，第5册，第2229页。

④ 《宋会要辑稿·选举》二之一八，第5册，第4254页。

⑤ 《宋会要辑稿·选举》八之四三，第5册，第4395页。

万里，可乎？欲去此弊，一监试得人足矣！”遂请选差清强有才行郎曹以上一人，往莅其事。仍令监司、守倅宾客子弟，力可行者赴省，余不在遣中。是日，宰执进呈，诏付礼部。其后，本部乞：“士人愿赴南省者，给驿券。”选官不行，余从之。[1]

朝廷经过商议，依旧维持类省试，诏书云：“四川依旧类试。如愿赴行在省试人，并沿路给券。”[2]陆游记载：“自建炎军兴，蜀士以险远，许就制置司类试，与省试同。间有愿赴行在省试者，亦听之。蜀士因谓之赴南省，以大驾在东南也。”[3]即指上述诏书之规定。然因道路阻隔，多数蜀地考生还是参加类省试。

绍兴二十九年（1159），朝廷强化对类省试之监管，主要是确定考试时间和监试、考试官员的选拔。是年三月：

诏：“今后四川类省试，用九月十五日锁院。朝廷于帅臣、监司内，选差监试、考试官各一员，于锁院二十日前，用金字牌遣降。在院官吏如有挟私违戾，令监试官径行劾奏。余官，制置司精加选差。”以吏部侍郎周绾言：四川类试之弊，乞选差行在清望官充监试，以路远不可差，故有是诏。[4]

而后，朝廷于是月再出考试时间规定：

四川安抚制置使司言：“准诏：四川类省试用九月十五日锁院。缘去行在地理遥远，若以九月十五日锁院，依条限考校，至十一月

① 《建炎以来系年要录》卷一七七，第7册，第3096页。
② 《宋会要辑稿·选举》一六之一〇，第5册，第4516页。
③ 《老学庵笔记》卷六，第81页。
④ 《宋会要辑稿·选举》二〇之一三，第5册，第4581页。

放榜，窃恐举人趁赴御试不前。欲望于八月内锁院。”从之。[①]

类省试时间提前，考生可以有更加从容的安排，便于朝廷殿试的如期举行。

在“人治”社会，哪一年监试、考试官选用得当，这一年的考试就比较清明公正。是年七月，王之望有《论监类省试朝札》，云：

四川贡士类试于蜀，盖三十年矣，积弊不可胜言。其尤甚者，往往冒入解名而就试，倩人入试而过省。代笔之价至万余引，轻薄子多以致富，风俗大坏。考试之官争出题目，阴抛记号，各有所主，常至纷纷。习俗见闻，恬不为怪。今次主司，自朝廷差委，事体增重。某与阖院同事更相戒饬，务尽公严，上下一心，毋敢挟私横议。五旬讫事，略无异同。规画之未当者，悉厘正之，向来弊端，一扫而尽。前期约束，杜绝奸萌，作过士人望风引却者凡数百辈。合格人数减于前榜十有八名，老成淹滞多获预选。一方取士之路，自此遂清。[②]

王之望所言当属实，朝廷选派监试、考试官后的效果非常明显。

省试之外，发解试也需要调整和补充。南渡初年，许多地区陷于战火，朝廷制度完全被打乱。虽然高宗即位后前两次科考都延后一年举行，但是仍然有诸多未尽事宜，需要朝廷调度和补充。针对发解试，建炎四年（1130）频频出台整补措施：

诏：“淮南西路残破州军建置科场未得者，令转运司分就别州附试。”

---

① 《宋会要辑稿·选举》四之三三，第5册，第4307页。

② 《全宋文》卷四三五八，第197册，第221页。

礼部言："诸路解额，除不经残破去处，乞依靖康元年额发解外，内经残破州军，就试人数稀少，乞以终场人数，权取前举例分数解发，有零分者听更解一名。"从之。

诏："京畿、京东、京西、河北、陕西、淮南路士人，许于流寓所在州军，各召本贯或本路及邻路文官两员，结除名罪保识。每员所保不得过二人。仍批书印纸，听附本州军进士试。别为号，以终场二十人解一名，余分或不及二十人处亦解一名。不及五人，附邻州试。"从都官员外郎侯延庆请也。

祠部员外郎章杰言："诸路举人贡籍，兵火烧毁不存。乞下诸路转运司取索，诸州军令举人各召保官二员，结除名罪，委保元符二年以后节次得解、升贡等因依，及户贯三代治经状，作册。"从之。①

第一条针对经历战乱地区考场被毁坏者，第二条调节经历战乱地区的解额，第三条解决逃难"流寓"士人考籍问题，第四条是"贡籍"烧毁的弥补措施，对发解试的基本环节都有所调整和补充。

此后，仍有类似诏书颁布。如，绍兴元年（1131）诏令"免解举人昨因兵火毁失公据"者，可以"召京朝官二员，各结除名罪委保"。②绍兴四年（1134）诏："应流寓举人，应合召保官，不拘本贯及本路、邻路官，并许充保。"③绍兴五年诏："惠、贺州、南安军合驳放举人，内已到行在人，悯其远来，特许收试。"④战乱带来种种制度漏洞，朝廷就需要频频出台临时补救措施，这成为高宗朝科举制度的一种特有现象。

---

① 以上四则材料均见《宋会要辑稿·选举》一六之二，第5册，第4512页。
② 《宋会要辑稿·选举》一六之三，第5册，第4513页。
③ 《宋会要辑稿·选举》一六之四，第5册，第4513页。
④ 《宋会要辑稿·选举》一六之四、五，第5册，第4513—4514页。

当然也会有趁此战乱科举档案散失之际，浑水摸鱼、中饱私囊者。宋人记载：

> 靖康之乱，省部文字散失不存。南渡之后，有礼部老吏刘士祥者，大为奸利。士子之桀黠者，相与表里，云“某岁曾经省试下合该年免”，既下部，则士祥但云“省记到”，因而侥幸，遂获推恩者，不知其数。①

临时举措是为了弥补现有漏洞，却带来新的可乘之机，此类作弊是南北宋之交科举特有现象。

此外，战乱和逃难也打乱了原来三年一科考的常规安排，绍兴十年（1140）主动调整，至绍兴十二年（1142）才恢复常态。史载：

> 三岁取士，祖宗旧制也。建炎元年，当省试，以围城故，展用二年。绍兴元年，当殿试，以行明堂礼，亦展用二年。十年，当秋试，廖中丞刚建言：“自治平以来，三岁举士，率用大礼。科场省、殿试为三年，故任子与登第人注阙无妨，而漕司经费亦给。自军兴再展，今秋试与大礼相妨，请展一年，以应古制。”上纳其言，乃诏诸州以十一年发解，而十二年省殿试焉。自后科场以十二年为准。②

三度延迟，正好减少一届科举考试。

三、余论

高宗年间，还有一些关于科举制度方面的举措或动向，介绍如下。

---

① 〔宋〕王明清撰，田松清校点：《挥麈录·挥麈后录余话》卷二，上海：上海古籍出版社，2012年，第212页。

② 《建炎以来朝野杂记·甲集》卷一三《取士》，上册，第260—261页。

其一，博学宏词科。

绍兴三年（1133）七月：

都司言："工部侍郎李擢奏：乞取绍圣宏词与大观词学兼茂两科别立一科等事。看详：绍圣法以宏词为名，大观后以词学兼茂为名，今欲以博学宏词科为名，以制、诰、诏书、表、露布、檄、箴、铭、记、赞、颂、序一十二件为题。……以三等取人：试入上等，有出身人转一官，选人与改京官，无出身人赐进士及第，并免召试除馆职；中等，有出身人减三年磨勘，与堂除差遣，无出身人赐进士出身，择其尤，召试馆职；下等，有出身人减二年磨勘，与堂除差遣一次，无出身人赐同进士出身，遇馆职有阙，亦许审察召试。"从之。[①]

博学宏词科承继宏词科和词学兼茂科而来，承担相同的选拔人才职责，科目名南宋一直沿用，惟取者寥寥，影响不大。史载："博学宏词科，绍兴三年七月始置。……绍兴后，所取未尝过三人。淳熙八年以后，又止取一人。庆元五年，应宏词者三十有一人，无合格者也。"[②]究其原因，大约有两点：首先，科考恢复诗赋取士，朝廷所需文学人才有了稳定的来源，博学宏词科因此不太被重视。词科考杂文，高宗云："诗赋亦杂文也"[③]；其次，与进士试比较，博学宏词考试难度更大，声誉却远不及进士科，其对仕途升迁作用也不大，因此对士人失去了吸引力。宋人载：

杨诚斋初欲习宏词科，南轩曰："此何足习，盍相与趋圣门德行

① 《宋会要辑稿·选举》一二之一一，第5册，第4453页。
② 《建炎以来朝野杂记·甲集》卷一三《取士》，上册，第259—260页。
③ 《建炎以来系年要录》卷一四八，第6册，第2514页。

> 科乎?”诚斋大悟，不复习，作《千虑策》，论词科可罢曰：“孟献子有友五人，孟子已忘其三；周室去班爵之籍，孟子已不能道其详。孟子亦安能中今之词科哉!”[①]

杨万里的领悟和认识，在南宋具有一定的普遍性。

其二，党争。

围绕“绍兴和议”，朝臣意见尖锐对立，形成新的党争。高宗主和，得秦桧等贯彻落实，主和派全面主持朝政。秦桧等便将旧相赵鼎和程颐理学门人打成一派，予以彻底打击，[②]波及科举领域。绍兴十四年（1144）十月：

> 右正言何若言：“自赵鼎唱为伊川之学，高闶之徒从而和之，乃有《横渠正蒙书》《圣传十论》。大率务为好奇立异，而流入于乖僻之域。顷缘闶为国子司业，学者争投所好，于是曲学遂行。虽然，凡试于有司者，未有不志于得也。伏望申戒内外师儒之官，有为乖僻之论者，悉显黜之。如此。则专门曲学不攻自破矣。”辅臣进呈，上曰：“若所论甚当。程颐当哲庙之初，在经筵，奏曰：‘陛下记得臣说否？如记得，明日可对臣说过。’是时，宣仁圣烈皇后闻之，大怒，曰：‘皇帝虽年少，然宫中不自废学。措大家不识事体如此！’”[③]

将赵鼎与程颐联系，称其为“曲学”，其追随者科场文章亦被称为“乖僻之论”，此即南宋禁“道学”之始。高宗朝中期以后，程颐理学及其门人在科举中受到排斥压制，绍兴二十年（1150）：

---

① 〔宋〕罗大经撰，王瑞来点校：《鹤林玉露·甲编》卷三，北京：中华书局，1997年，第47—48页。

② 参见沈松勤：《南宋文人与党争》，人民出版社，2005年，第47—67页。

③ 《建炎以来系年要录》卷一五二，第6册，第2598页。

> 侍御史曹筠言："近年考试，多以私意取专门之学。至有一州而取数十人，士子忿怨，不无遗才之叹。欲望戒饬试院，其有不公，令监察御史出院日弹劾。"从之。[1]

曹筠所言之"专门之学"，就是指程颐之学。《宋史》对此有一段说明：

> 自神宗朝程颢、程颐以道学倡于洛，四方师之，中兴盛于东南，科举之文稍用颐说。谏官陈公辅上疏诋颐学，乞加禁绝。秦桧入相，甚至指颐为"专门"。侍御史汪勃请戒饬攸司，凡专门曲说，必加黜落。中丞曹筠亦请选汰用程说者。并从之。[2]

投机钻营、阿谀权相者，每每以党派说事，邀功请赏。绍兴二十三年（1153），右正言郑仲熊言：

> 工部员外郎杨迥、监察御史胡襄，心向胡寅之门，有识之士为之切齿。……襄比当秋闱监试，题目众已议定，襄乃中夜自易之意，私其党。初，赵鼎立专门之后，有司附会，专务徇私，不论才与不才。有是说，必置之高等。士子扼腕二十年于兹。今襄又为之倡，欲使人人尽归于赵鼎、胡寅之门而后已。[3]

绍兴二十五年（1155）十月：

---

① 《宋会要辑稿·选举》四之二九，第5册，第4305页。
② 《宋史》卷一五六《选举志二》，第11册，第3629页。
③ 《建炎以来系年要录》卷一六五，第7册，第2861页。

> 秘书省正字张震面对，言：“……臣愿申敕天下学校，禁专门之学，使科举取士，专以经术渊源之文。其涉虚无异端者，皆勿取。庶几士风近古。”从之。①

秦桧去世之后，朝廷更化，清算秦桧专制罪责。绍兴二十六年（1156）六月：

> 秘书省正字叶谦亨言：“向者朝论，专尚程颐之学。士有立说稍异者，皆不在选。前日大臣则阴祐王安石，稍涉程学者，至一切摈弃。程、王之学，时有所长，皆有所短。取其合于孔孟者，去其不合于孔孟者，皆可以为学矣。又何拘乎？愿诏有司，精择而博取，不拘以一家之说，而求至当之论。”上宣谕曰：“赵鼎主程颐，秦桧尚王安石，诚为偏曲。卿所言极是。”于是，可其奏。②

此时去北宋末年党争已远，王安石也得到相对公允的评价，秦桧的去世缓和了主战与主和两派。所以，科举所取，努力调和中允，不限党派。

其三，舞弊。

科举舞弊是永远无法根除的顽疾，其随制度而来，科举中第带来的巨大利益总是引诱不同的士人为之冒险，不惜身败名裂。北宋前期弥封、编排、誊录、锁院等制度改革，都是针对科举舞弊采取的有效措施。由于制度的相对完善，北宋有效地控制了科举舞弊现象。高宗朝自“绍兴和议”签署之后，秦桧专权，结党营私，触角延伸到科举领域，科举舞弊之猖獗，达到空前的地步。

把持朝政者往往利用科举制度培植自己的政治势力，熙宁新党就是

---

① 《建炎以来系年要录》卷一六九，第7册，第2928—2929页。

② 《宋会要辑稿·选举》四之三〇，第5册，第4305页。

如此操作的。然而，如新党之类，则根据殿试对策内容，确定科举等第，并不依靠舞弊达成目的。秦桧及其同党，则是公然舞弊，所作所为肆无忌惮。绍兴十二年（1142），秦桧之子秦熺参加进士试，殿试录取时：

> 有司定熺第一，诚之次之，邦弼又次之。桧引故事辞，乃降为第二人，特遣左朝奉郎、通判临安府，赐五品服。[①]

宋代“锁厅例不作廷魁”，[②]秦桧只得依例办理，秦熺所得，等同状元。据说“秦桧子及第，当时暗号有‘赋无天地、诗有龙蛇’。”[③]陆游也曾记此事：“秦熺作状元时，蔡京亲吏高拣犹在，谓人曰：‘看他秦太师，吾主人乃天下至缪汉也。’”[④]蔡京的专权妄为，与秦桧相比，小巫见大巫。

绍兴二十四年（1154），秦桧之孙秦埙贡举，舞弊现象更为严重。是年廷试：

> 先是，秦桧奏以御史中丞魏师逊、权礼部侍郎兼直学士院汤思退、右正言郑仲熊同知贡举，吏部郎中权太常少卿沈虚中、监察御史董德元、张士襄等为参详官。师逊等议以敷文阁待制秦埙为榜首，德元从誊录所取号而得之，喜曰：“吾曹可以富贵矣。”遂定为第一。榜未揭，虚中遣吏逾墙而白秦熺。及廷试，桧奏以士襄为初考官，仲熊复考，思退编排，而师逊详定。虚中又密奏：乞许有官人为第一。……于是，师逊等定埙为首，孝祥次之，冠又次之。上读埙策，觉其所用皆桧、熺语，遂进孝祥为第一，而埙为第三。赐孝祥以下

---

① 《建炎以来系年要录》卷一四五，第6册，第2451页。

② 《萍洲可谈》卷一，第112页。

③ 〔宋〕谢采伯撰：《密斋笔记》卷三，《景印文渊阁四库全书》第864册，台北：台湾商务印书馆，1986年，第668页。

④ 《老学庵笔记》卷八，第107页。

三百五十六人及第至同出身。时桧之亲党周夤唱名第四，仲熊兄子右迪功郎时中第五，秦棣子右承务郎焞、杨存中子右承事郎倓并在甲乙科。而仲熊之兄孙缜、赵密之子成忠郎雍、秦梓之子右承事郎焴、德元之子克正、曹泳之兄子纬、桧之姻党登仕郎沈兴杰皆中第，天下为之切齿。[①]

朝廷高层大规模卷入科举舞弊活动，科考官员以科举等第为献媚手段，在宋代还是第一次出现。

绍兴二十五年（1155）十月，秦桧去世，朝政更化，科举舞弊成为臣僚攻击的目标之一。绍兴二十六年（1156）正月：

殿中侍御史汤鹏举言："今科举之法，名存实亡。或先期以出题目，或临时以取封号，或假名以入试场，或多金以结代笔。故孤寒远方士子不得遇高甲，而富贵之家子弟常窃巍科。又况时相预差试官，以通私计。前榜省闱殿试，秦桧门客、孙儿、亲旧得占甲科，而知举考试官皆登贵显，天下士子归怨国家。伏乞申严有司，革去近弊。如知举、参详、考试官，乞临期御笔点差，以复祖宗科举之法。"从之。[②]

这是对秦桧专权带来的科场不良风气的更正。是年四月，高宗特别强调说：

今次科举，措置详密。如挟书、代笔及冒牒试之类，悉已革去，庶得实有才学之人。寻常之见，往往以此为末事，不复留意。朕以此

---

① 《建炎以来系年要录》卷一六六，第7册，第2870—2871页。

② 《建炎以来系年要录》卷一七一，第7册，第2968页。

最为大事，人才所自出，士风之所系，皆本于此，岂可不留意耶？[1]

是年八月，朝廷对以往科举录取予以更正：

诏："敷文阁直学士秦埙，左承事郎郑时中、秦焴，左承务郎秦焞，左迪功郎沈兴杰，所带阶官并易'右'字；左宣义郎曹冠、左从事郎周寅、左迪功郎郑缜并驳放。"先是，左承议郎、提举淮南东路常平茶盐公事朱冠卿应诏上书，论："故相当权，不遵祖宗故事，科举虽存，公道废绝，施于子孙，皆置优异之选。又私于族裔亲戚，又私于门下憸人秽夫。前举一榜，如曹冠、秦埙、周寅、郑时中、秦焞、郑缜、沈兴杰、秦焴，凡有八人，其间乳臭小儿，至于素不知书，全未识字者，滥窃儒科，复占省额。欲乞于曹冠等阶官以'右'易'左'，俾正流品。却将向来侵取人数，复还今举省额。"诏："侍从、台谏同共看详，申省取旨。"于是，户部尚书韩仲通等言："冠卿所奏，物议甚当，委可施行。"右正言凌哲言："稽之师言，诚为允当。"御史中丞汤鹏举言："冠卿所请，于祖宗条制别无更改，委得允当。但以有官人赴试者，合带'右'字；如无官人赴试者，合行驳放。然后以前榜侵取之数，于后榜收使，庶协公论。"故有是旨。[2]

朝廷采取更正措施，且三令五申之后，是年发解试便有了很大的变化。"二十六年，岁在丙子。高宗更化之初，公道大开，申挟书之禁，防闲甚密，秋赋多趑趄其行。"[3]舞弊者自然退避三舍，科场风气有所净化。

其四，进士录取人数。

---

① 《宋会要辑稿·选举》一六之一〇，第5册，第4516页。

② 《建炎以来系年要录》卷一七四，第7册，第3038页。

③ 《黄仲友墓志铭》，〔宋〕楼钥撰，顾大朋点校：《楼钥集》卷一一一，杭州：浙江古籍出版社，2010年，第6册，第1917—1918页。

高宗朝总共录取进士正奏名4537名，[①]以高宗在位36年计算，平均每一年度约为126名，比徽宗朝减少一半多。半壁江山沦陷，战争连绵不断，进士录取总数同样急剧下降。以进士正奏名历届录取数量言之：建炎二年（1128）科举在扬州举行，仍有大量北方考生参加考试，录取554名，是高宗朝录取人数最多的一届；而后每届录取人数不到400名，有相当的下降幅度，这种情况一直持续到绍兴十八年（1148）；绍兴二十一年（1151）之后，录取人数皆在400名以上，此后南宋科举录取人数大致维持在这个水平。换言之，高宗朝后期科举录取人数，成为南宋各朝的标杆。

为坐稳半壁江山，收取士心、笼络人才是要务之一。高宗在战乱流离之际不忘科举，且随时予以变革、调整和补充，卓有成效。高宗朝状元如张九成、张孝祥、王十朋等，皆为一时名宦。高宗朝科举作为，对南宋各朝影响深远，如诗赋与经义两存、类省试等重大举措，贯穿南宋始终，在科举史上独标一帜。绍兴二十六年（1156）十二月，“尚书右仆射万俟卨上重修《贡举敕令格式》五十卷。”[②]标志着高宗朝科举制度的更化和稳定工作告一段落。

第二节　孝宗光宗朝

宋孝宗赵昚于公元1162年7月登基，公元1189年2月退位，在位27年。孝宗即位初年，有北伐之举动，随着符离溃败和隆兴和议签署，宋金进入相对较长的休战和平期。然而，孝宗的诸多关注点还是在北伐或和议，朝廷制度建设方面大致维持高宗朝现状，科举制度亦如此。

宋光宗在位4年，虽然举行两次科考，但是在科举制度方面大致无

① 此数据来源为《中国科举制度通史·宋代卷》，第877—882页。
② 《建炎以来系年要录》卷一七五，第7册，第3073页。

所作为。

一、注重真才实学

孝宗即位，有励志图新之初衷，故有北伐等举动。即位次年改元，同时也是科举年，孝宗便意图通过科举考试选拔有真才实学之士人，协助其更新朝政。隆兴元年（1163）二月，特颁诏旨云："今省试诸科进士，务取学术深淳，文词剀切，策画优长。其阿媚阘茸者，可行黜落。"[①]历次科举年，帝王都要发布类似诏旨，然大多流于应景，孝宗登基初年诏旨，却非泛泛空言，确实包含着孝宗初期的政治追求。

北宋建国至孝宗朝，已有二百余年历史，诸多制度暮气沉沉，包括科举制度。再加上秦桧当政时之肆意践踏，科举考试弊病丛生。孝宗诏旨对此而发，且在当年科考录取过程中真实发挥了作用。举二则文献：

> 翰林学士承旨、知制诰、知贡举洪遵等言："考校'麤'字号试卷，学问渊源，论议切直，为前后场之冠，已考入魁选。偶策卷误犯哲宗旧讳。"诏："楼钥特降末等头名。"[②]

> 士风颓靡，文气骫骳，千人一律。懋吉因考礼部试，不专用有司尺度。或守朴学、不事空言、不徇时好以揆人耳目，皆被收采。于是，老于文学、屡试不售者皆在选中，时称得人。[③]

楼钥犯讳而被录取，后来成为宋代科举佳话流传，楼钥也确为才学之士。惠迪字懋吉，为当年省试点检试卷官之一，判卷标准即遵诏旨。"士风颓靡，文气骫骳，千人一律"，就是科场沉沉暮气表现之一，隆兴

① 《宋会要辑稿·选举》四之三六，第5册，第4308页。
② 《宋会要辑稿·选举》四之三六，第5册，第4308页。
③ 〔宋〕孙觌：《惠公墓表》，《全宋文》卷三四九四，第161册，第110页。

元年科场“时称得人”，与孝宗的特别关注叮嘱密切相关。

上述诏旨并非推出科举新举措，只是对原有制度的规范实施，有针对高宗朝以来弊病之目的。周必大此年“复试权要亲族过省者”，记载曰：

> 初，秦氏子侄窃高科，而诸将亦行赂效之。桧死，议者请按乾德、咸平故事，凡两省台谏侍从以上谓之权要，其有服亲登第，皆令复试，虽有旨依而未尝举行。今岁赵密之子右承事郎赓过省，众疑其假手也，欲验之，而赓果托疾不来。①

可见，严格落实制度，重申真宗朝以来科场公平公正原则，就能让科场舞弊者望而却步，最大程度地保障优秀人才之真实选拔。

士人早年为应举之读书和写作，必然影响其思想观念的形成和将来的行为，宋代君臣向来都是将士人学习、学校教育、科场文风与真才实学之培养联系在一起。孝宗因此对科场文章写作提出要求，倡导实学，反对夸夸其谈。乾道四年（1168），在与礼部员外郎李焘讨论科举等事项时，孝宗说：“科举之文，不可用《老》《庄》及佛语。若自修于山林，何害？傥入科场，必坏政事。”②佛老倡导避世无为，与仕途作为当然格格不入，孝宗着眼于此点，担心无真才实学者进入官场，形成虚诞浮夸之风气。孝宗欲从教育和科举等环节即予以纠正，颇有正本清源之意图。次年正月：

> 臣僚言：“比年科场所取试文，遽不及前，论卑而气弱，浮虚稍稍复出。甚者，强掇禅语，充入经义。又非止脱形器之累，极渊妙之际，如晋人之谈《老》《庄》也。相习相同，泛滥莫之所届。此岂为士人罪哉？荐绅先生则使然。伏愿深诏辅弼，明敕有司，自今试

---

①〔宋〕周必大：《龙飞录》，《全宋文》卷五一五四，第231册，第312页。

②《宋史全文》卷二五上，下册，第1705页。

士，必取实学切于世用者。苟涉浮虚，及妄作禅语，虽甚华靡，并行黜落。庶几学者洗涤其心，尽力斯文，以称陛下总核之政。”从之。[①]

臣僚所言，显然是跟进孝宗意见，予以阐述发挥。晋人奢谈老庄，虽有“渊妙”之语，然官场风气败坏，终至清谈误国，是后代统治者必须引以为鉴的。为纠正科场卑弱浮虚之文风，培养具有真才实学之后备官员，孝宗君臣将摒除佛老作为努力的方向之一。

太学风气，仍然在士人中发挥主导作用。乾道七年（1171）三月：

试起居郎兼权中书舍人留正言：“切惟太学时文，四方视以为法。而士风厚薄，人材盛衰，皆可盖见于此。国家取士，三场各有体制，故中选者谓之合格。数年以来，有司去取以意，士人志于得而已，程文多不中度。故议论肤浅，而以怪语相高；对策全无记问，而以浮辞求胜。大抵策尤卑弱，不足以传示四方。今次太学见引公试，伏望明诏主司，精加考校。诗赋取合律，经义求得体，论策以记问该博、议论渊源者置之上游。庶几传布四方，士子知所适从，于时政亦有所补。”从之。[②]

留正将造成科场不良风气之因追溯到太学教育和考试，要求尽早改正科场“议论肤浅”“怪语相高”“浮辞求胜”之风气，以使真才实学者脱颖而出，将来当然“于时政亦有所补”。

孝宗在位期间，科举过程中一直强调真才实学的原则。淳熙二年（1175），榜眼罗点仅二十六岁，“孝宗皇帝以俗儒少实，颇有厌薄。公（罗点）对策曰：‘……惟真贤是用，而毋以腐儒参之，则治具毕张矣。’

---

① 《宋会要辑稿·选举》四之三九，第5册，第4310页。

② 《宋会要辑稿·选举》四之四〇、四一，第5册，第4310—4311页。

其大指如此，天子览而嘉之，擢为第二。”[①]淳熙五年（1178），礼部侍郎郑丙言：“恭惟陛下恢崇儒术，深烛文弊，延策多士，率取直言，置之前列。今岁秋举，窃虑远方之士未悉圣意，尚循旧习，或事谀佞。望申敕中外，场屋取士，务求实学纯正之文，无取迎合谀佞之说。”[②]孝宗即从之。

通过科举选拔人才，即所谓“以文取士”，考察应试者是否具有真才实学，最初也只能从科场时文之内容、风格等方面去判断。故上述言论或作为，都是针对考生考场文章的。淳熙十年（1183）十二月：

> 著作郎兼权中书舍人李巘言：“国家设科举之制，以文取士，而人才之进，多由其中。然场屋之文，为经义者，或取其穿说之支离；为辞赋者，或贵其下语之轻靡；为论为策者，或尚其浮辞之胜，而实学有所不问。故浑厚典雅之文为难得，而记问该博之士为难致。此科举之大弊也。望诏有司，将来取士之际，先采其体制浑厚、辞章典雅、答问详尽之人。浮靡轻弱、空疏浮滥者，置而勿取。”从之。

> 监察御史谢谔言：“近来诸州举场所取，浸多浮冗。义与论策，易成泛滥。小经义一篇，或多于论。有司所出策题，如策之长，殊非体要。今来省试，合行戒饬。俾待取者科节浮冗，而考校者以体要为先。”从之。[③]

臣僚之议论，都是围绕着孝宗“务取学术深淳，文词剀切，策画优长”的诏旨而发。孝宗朝对科举文风的不断强调，有一定效果，“上天姿英明，大廷策士，多自升黜，不尽由有司。是举，王容盖自第三亲擢为榜首。时儒生迭兴，辞章雅正，号‘乾淳体’。”[④]此为淳熙十四年

---

① 〔宋〕袁燮：《罗公行状》，《全宋文》卷六三七九，第281册，第276—277页。

② 《宋会要辑稿·选举》五之五，第5册，第4315页。

③ 均见《宋会要辑稿·选举》五之六，第5册，第4315页。

④ 《文献通考》卷三二《选举考五》，上册，第301页。

（1187）事。宋代科举文风获好评，且以帝王年号称之，唯此一次。

但是，科场文风不可能彻底被扭转。曾丰为淳熙十年（1183）丰城秋试考官，云："士试讫，余阅数百卷，其为文不诡谲则腐，不旷荡则拘，不峭崛则弛。求其纯与律合，蔑如也。"[①]洪迈淳熙十四年（1187）知贡举，云："近年举子程文，流弊日甚……或失之支离，或堕于怪僻……寸晷之下，唯务贪多，累牍连篇，无由精好。"[②]发解试、省试、殿试三级考试皆如此，科场浮虚险怪之风，是伴随应试教育而产生的，源远流长，绵延不绝。[③]南宋臣僚云："以文求士，失实已多。苟无其文，又将奚取？"[④]可见科场文风问题是科举制度实施过程中一直困扰宋代君臣的一个重大问题。

二、抑制官冗恩滥

南宋疆域相对狭小，冗官之弊更加凸显。绍兴年间，殿中侍御史谢祖信极言科举之滥，云："今日之患，官冗最为大弊。……元祐之初，苏轼知贡举日，极论其害。今官冗之弊，视元祐为百倍；而版图陷没，视元祐才十之四。州郡困匮，黎元凋瘵，视元祐无十之一。"[⑤]因此，孝宗朝试图通过改革科举，一定程度去除冗官之弊。

首先，裁减特奏名额。

特奏名制度始于太祖朝，而后由于历届落第士人不断积累，特奏名录取人数也日益膨胀，至神宗朝已然超过正奏名录取名额。[⑥]苏轼元祐三年（1088）权知贡举，曾与同知贡举者上疏讨论科举制度，议及特奏名，云：

---

① 〔宋〕曾丰：《答任子厚秀才序》，《全宋文》卷六二八一，第277册，第297页。

② 《宋会要辑稿·选举》五之一〇，第5册，第4317页。

③ 参见《宋代科举制度与文学演变》，第186—199页。

④ 《宋会要辑稿·选举》五之一〇，第5册，第4317页。

⑤ 《建炎以来系年要录》卷九一，第4册，第1567页。

⑥ 举熙宁二榜为例：熙宁六年（1073），正奏名"余中已下三百四十八人"，特奏名"李仲熊已下四百七十五人。"熙宁九年（1076），正奏名"徐铎已下四百二十六人"，特奏名"杨烨已下四百四十七人"。见《宋会要辑稿·选举》七之二一、二二，第5册，第4366页。

近准圣旨，依逐举体例，下第举人各以举数特奏名，已约计四百五十人。今日又准尚书省札子，取前来圣旨，特奏名外各递减一举人数。若依此数，则又添数百人。虽未知朝廷作何行遣，不当先事建言，但恐朝命已行，即论奏不及。臣等伏见恩榜得官之人，布在州县，例皆垂老。别无进望，惟务黩货，以为归计，贪冒不职，十人而九。朝廷所放恩榜几千人矣，何曾见一人能自奋励，有闻于时？而残民败官者，不可胜数。[1]

苏轼认为特奏名登第者，绝大部分都是“垂老”“贪冒不职”“残民败官”者。高宗朝特奏名录取人数依然庞大，以绍兴三十年（1160）为例，“得正奏名梁克家以下四百一十二人……特奏名黄鹏举以下五百一十三人”。[2]这是孝宗即位前的最后一榜。

新皇帝登基，都想有所作为。“孝宗初受禅，以官冗恩滥，思有以革之。……罢特奏名。”[3]孝宗意欲解决“官冗恩滥”问题，其中一刀砍向特奏名制度。孝宗特将此项旨意交由台谏讨论，左谏议大夫王之望云：“特奏名之人，举数有多少，年齿有老壮，若并权住罢，则举多者受屈，而年老者无聊矣。”[4]臣僚们大都反对废除特奏名制度，赞成一定程度予以限制。措施之一是严格执行特奏名“文据”管理。隆兴元年（1163）九月：

守右正言龚茂良言：“特奏名进士自得解、免解以至该恩赴殿试，大约皆尝五试于礼部，每次必有缴到本贯公据，与夫家保状可照也。今有初未尝预荐到省，止凭保官状，作开封府及西北隔绝州军得解人，直乞赴特奏名试，及乞用覃恩，径行补授。无片纸可以

---

① 《续资治通鉴长编》卷四〇八，第16册，第9941—9942页。
② 《宋会要辑稿·选举》八之一〇，第5册，第4379页。
③ 《建炎以来朝野杂记·乙集》卷一五《取士》，下册，第777页。
④ 〔宋〕王之望：《论恩榜任子革弊奏议》，《全宋文》卷四三五六，第197册，第196页。

考验，一切用贿得之，此不可以不痛革者也。欲望明诏有司，立赏许告，重赏之法。仍乞先立宽限，听其首原。应今后特奏名人，本部若无元得解及逐次到省可照文据，并不得召保放行。”从之。[①]

执行这条措施，能够一定程度抑制特奏名人数的过度膨胀。此后，朝廷一再强调特奏名举数、年限等资格问题。乾道二年（1166）十二月，礼部言：“自得解到省试下实及三十年，并许赴特奏名殿试。”[②]三年一科考，礼部以“十举”为特奏名资格，孝宗朝大致一直如此执行。

淳熙六年（1179），朝廷就裁减与限制特奏名作出最新规定：

臣僚言：“乞将特奏名人，每三名取一名，置在第四等以前，第五等人止许纳敕再试一次。特奏名系潜藩州军进士及五路人，久在学校，曾充职事人，并与正奏名恩例，止与升名。”从之。[③]

《建炎以来朝野杂记》有“特奏名冗滥”一条，详细记载此事：

特奏名进士，旧二人而取一。淳熙初，议者以为冗滥，尤甚请裁节之。诏：“吏部同给舍详议。”于是，尚书程泰之、给事中王仲行、舍人陈叔晋等，奏乞三人取一人。其不入四等人，旧许纳敕再试，今止许一试。旧免解人有故不入试者，理为一举，今不理。旧潜藩五路举人及久在学校充职事人，并升甲，今止升名。奏可。六年三月也。其后，朝廷每有庆霈，则前后不中选者，尽取而官之。往往千数百人，充塞仕路，遂成熟例，不可复减矣。[④]

---

① 《宋会要辑稿·选举》一三之四，第5册，第4469页。

② 《宋会要辑稿·选举》一三之五，第5册，第4470页。

③ 《宋会要辑稿·选举》二之二三，第5册，第4256页。

④ 《建炎以来朝野杂记·乙集》卷一五《取士》，下册，第777—778页。

孝宗朝君臣在特奏名问题上，虽然有诸多讨论，意欲裁减，最终还是没有成绩。所谓“遂成熟例，不可复减”。“官冗恩滥”是专制体制的绝症之一，统治者以此收揽士心，以求其对中央政权的忠诚度。

其次，规范牒试制度。

牒试专为京内外各级官员子弟、亲戚、门客而设立，既可以回避亲嫌、防止作弊，又可以给予官员子弟等一定的优待照顾。牒试制度创立于仁宗朝，景祐四年（1037）二月：

> 详定科场条贯所言：“直集贤院贾昌朝奏：‘诸州举人亲戚守任在本贯、远地官僚子孙在任处、发解官亲戚三等举人，乞今后并申转运司类聚，别差官考试，每十人解三人。见守任处去本贯二千里内者，并归本贯取应。’看详：牒送举人，须是五服内的亲，自余不在移送之限。违者，科违制之罪。今来二千里内举人各勒归本贯，深虑奔赴后期。及令贡院于三月一日起请，转运司差官试到举人，与限十一月二十五日到省。余依昌朝所奏施行。”从之。①

地方发解试，“有十人解一名处，有二十人及三十人以上解一名处”②，牒试则“每十人解三人”，优渥异常。因此，士人趋之若鹜，冒名牒试者比比皆是。高宗朝，四川制置大使席益曾言：“科举冒滥之弊，无甚于牒试。”③至孝宗朝，牒试已成科举考试之重灾区。王之望隆兴二年（1164）奉诏讨论“官冗恩滥”问题时，专门论述牒试云：

> 方今科举之弊，莫甚于转运司之牒试，祖宗时无若是之滥也。有避一人亲而牒三四十人者，而所谓亲未必亲也，所谓门客而未必

---

① 《宋会要辑稿·选举》一五之九、一〇，第5册，第4500页。

② 〔宋〕金君卿：《仁宗朝言贡举便宜事奏状》，《全宋文》卷一八二四，第84册，第61页。

③ 《宋会要辑稿·选举》一六之五，第5册，第4514页。

门客也。每三岁诏下，士人奔走，竞求牒试。富者行贿赂，巧者干请托，改换乡井，诡冒宗支，败坏礼俗，莫此为甚。[①]

大量参加牒试者身份是假冒的，他们通过贿赂请托，改变乡籍和宗姓，求得牒试资格，所谓“亲未必亲”“门客而未必门客”。最过分的居然有“避一人亲而牒三四十人者”。众多士人通过牒试获解，成为科举泛滥的重要原因之一。

乾道元年（1165）六月，朝廷因大臣一再论及牒试之弊，颁旨约束：

臣寮言：“科举之制，州郡解额狭而举子多，漕司所解，其数颇宽。士取应者，往往舍乡贯而图漕牒，至于冒亲戚、诈户籍而不之恤。且牒试之法，川、广之士用此可也，而福建则密迩王都，亦复牒试；见任官用此可也，而待阙得替官一年内亦许牒试；本宗有服亲用此可也，而中表缌麻之亲，亦许牒试。或宛转请求，或通同托嘱，至有待阙得替官一人而牒十余名者。倘不稍加禁约，窃恐冒滥太甚。欲乞明颁睿旨，申严诈冒之禁于见行条法后。今举既毕，付之有司，重详损益，立为中制。”从之。[②]

臣僚要求对牒试做严格的控制，从与京师相隔距离、官员是否在任、获牒者亲属关系三个角度予以矫正，立即获得朝廷同意。

乾道四年（1168）正月，朝廷综合大臣讨论意见，最终修改、删定牒试制度：

诏臣寮集议牒试冒滥等事，将旧法删修，立为成法：“应本贯川、广而任别路差遣，或本贯别路而任川、广差遣者，随行本宗及

① 〔宋〕王之望：《论恩榜任子革弊奏议》，《全宋文》卷四三五六，第197册，第196—197页。
② 《宋会要辑稿·选举》一六之一三，第5册，第4518页。

异姓缌麻以上亲愿应举，而无户籍，二千里外，许所在州投状勘实，申送转运司试。其武臣大小使臣以上，本贯川、广任别路，及或别路任川、广仿此外，止许牒亲子孙。知州、通判亲戚，本贯在所试州，即牒本路。若经略官、安抚、总管、钤辖、监司或发运、提举主管茶事买马、提点坑冶铸钱、制置解盐、提举市舶官亲戚，有本贯在所辖路应避者，即牒邻路。请解者每四十人解一人外，有零数或请解不及四十人者，亦解一人。在京职事官，文臣监察御史以上，武臣任在京职事而职事杂压在监察御史以上者，各牒门客一人，并须锁院前在逐门下及半年者，听牒本路运司试。在京职事官监察御史以上，及武臣任职事官班序在监察御史以上者，并召京朝官二员委保。大功以上亲，牒待补国子解。"[①]

这次立法最大的改变是降低牒试录取率。高宗朝"牒赴转运司别试，七人而解试一人"[②]，此次改为"每四十人解一人"。"四十"当为"十四"之误，[③]即便如此，牒试录取难度也已经翻倍。此外，就是对具备牒试资格的士人作了比较严格的限定。

缺乏有效的权力监督，在官本位的独裁政体中，对官员的约束管理最难落实。具体而言，乾道四年以后之牒试依然弊端丛生，臣僚仍然议论纷纷。淳熙七年（1180）五月：

臣寮言："川、广、福建牒试冒滥，止缘所牒缌麻姑姨之子等皆异姓，可以为欺。乞将旧法命官本贯川、广、福建而任别路差遣，

---

① 《宋会要辑稿·选举》一六之一四、一五，第5册，第4518—4519页。

② 《建炎以来系年要录》卷一〇二，第4册，第1732页。

③ 绍兴五年（1135），"成都路漕司就试者三千余人，解四百四十人；潼川路漕司就试者二千余人，解三百人。"符合"牒赴转运司别试，七人而解试一人"之规定。绍兴六年又规定："自今诸州流寓举人，每十五人解一名。"牒试录取率在发解试中应该是最优的。见《建炎以来系年要录》卷一〇二，第4册，第1732页。

或本贯别路而川、广、福建者，'随行缌麻以上亲'改为'随行本宗缌麻以上亲'。仍令召保官二员，结罪保明批书。如有委保不实，从贡举申明，保官先降一官，然后勘罪。"上曰："若改作本宗亲方许牒试，则冒滥自革矣。"①

去除"姑姨之子等"异姓亲属，只许牒"本宗亲"，从理论上说，可以很大程度地减少牒试参加者，故孝宗有"冒滥自革"的评语。但孝宗所言，完全是一厢情愿，权贵或富贵者，依然可以改宗舞弊，所谓"士人诈冒户贯，妄引宗枝，以规图就试者"。②是年七月，朝廷重申牒试法：

臣僚言："命官牒试，贡举条法亦既详备。循习旧弊，尚或结托改移乡贯以就远，或迁服属以为近，宛转干求。至预作保官文书，交通书铺，公立价出卖族坟姓名，冒滥百出，欲乞严行禁止。"诏："礼部行下诸路转运司检坐见条，严行核实。如或违戾，告者赏钱五百千，取受者以赃论。仍并依《贡举条制》，书铺知情受赂，重加配流施行。"③

这次重申，明确规定了冒名牒试之赏罚制度，便于相关部门落实执行。

然而，即使"本宗牒试"之变革也难以推行。淳熙七年（1180）"本宗亲方许牒试"变革约束措施出台之后，仅仅在淳熙八年（1181）这一届科考时被落实，次年便被废除。淳熙九年（1182）十二月：

右谏议大夫黄洽言："诸命官本贯川、广、福建而任别路差遣，

---

① 《宋会要辑稿·选举》一六之二二、二三，第5册，第4522—4523页。
② 《宋会要辑稿·选举》一六之二四，第5册，第4523页。
③ 《宋会要辑稿·选举》一六之一七，第5册，第4520页。

或本贯别路而任川、广、福建者，随行缌麻以上亲愿应举而无户籍，或去户籍二千里外，许于所在州投状，申送转运司。此见于祖宗旧制，然也。但以官司奉行不谨，故勘会止于文具。兼不取应牒官及保官印纸批书，是以伪冒生焉。夫有服亲牒试而至于伪冒，固在所禁，议者因而改缌麻亲应牒之法，无乃非祖宗立法本意乎？其有服亲牒试，乞只依祖宗旧制，唯严批书之法。”从之。[①]

黄洽认为牒试应该依照“祖宗旧制”，抑制冒滥则只需要落实“严批书之法”，即严格执行已有制度。朝廷认为黄洽所言极是，况且，“本宗亲方许牒试”制裁面过大，于是迅速恢复旧法。但是，“严批书之法”在专制体制中恰恰是不可能执行落实的，牒试弊端因此不可扼制。孝宗朝以后还屡有诏旨制裁牒试，但几乎没有效果。

再来统计孝宗朝正奏名之录取人数，共3868人，[②]以孝宗在位27年计算，平均每一年度约为143名，比高宗朝平均值126名略有增长。考虑到孝宗朝版图相对扩大、内外较少战事等情况，其录取数大体与高宗朝持平。孝宗登基初为收取士心，诏礼部贡院：“以前举取过人数，共添取一百人。”[③]隆兴元年（1163）殿试，录取“正奏名木待问以下五百三十七人”[④]，这个录取数字与北宋后期承平年代大致相当。从录取数字的角度考察，孝宗朝欲从科举录取角度抑制“官冗恩滥”，但诸多措施都没有效果，故取士数没有相应减少。

三、贡院等科举建筑设施

宋代有大量与科举相关的建筑设施，如贡院、题名碑等。这些建筑设施虽不属于科举制度的建设或变更成果，却是科举制度贯彻实施带来

① 《宋会要辑稿·选举》一六之二三、二四，第5册，第4523页。
② 此数据来源为《中国科举制度通史·宋代卷》，第882—886页。
③ 《宋会要辑稿·选举》四之三五，第5册，第4308页。
④ 《宋会要辑稿·选举》八之一〇，第5册，第4379页。

的附属品。在社会相对稳定、财富一定积累、考生大量增加的背景下，各地才会兴工动土，兴建或完善与科举相关的诸多建筑设施。孝宗朝就是这样一个时段。

孝宗在位期间，社会大致处于和平稳定发展期，史论称孝宗朝“天厌南北之兵，欲休民生”。[①]其直接成果之一就是经济的恢复和繁荣。“渡江之初，东南岁入不满千万；逮淳熙末，遂增六千五百三十余万焉。”[②]与科举相关的，就是各地考生大量增加。举二例以见一斑：

> 礼部、国子监言：“简州元应举七百九十八人……乾道六年，缘本州贯贵平镇改县，拨隶隆州……淳熙四年，简州解发就试终场一千二百二人。”[③]

> 照对本州今次科场所纳家保状，计一万六千余人……然罢舍法之初，当时就试人数大率不过三四千人。今六十年间，累举增加人数已逾五倍。[④]

第一则资料所言“简州”属四川，礼部等言“元应举”数量是乾道六年（1170）之前的，将贵平镇划拨隆州之后，淳熙四年（1177）应举者仍然有“一千二百二”人，不到十年，应举人数将近翻倍。第二则资料是赵汝愚在淳熙十一年（1184）帅福建期间所奏，所言“六十年间”应举“人数已逾五倍”，正是高宗、孝宗二朝之事。考生大量增加，地方读书、应举蔚然成风，就需要建造新的贡院，以容纳更多的考生。“取士一途，而贡院实为进士取士之始。则其容略乎？”[⑤]各地又有财力负担建

① 《宋史》卷三五《孝宗纪三》，第3册，第692页。

② 《建炎以来朝野杂记·甲集》卷一四《财赋一》，上册，第289页。

③ 《宋会要辑稿·选举》一六之二二，第5册，第4522页。

④ 〔宋〕赵汝愚：《论福建科场事疏》，《全宋文》卷六一八八，第274册，第10页。

⑤ 〔宋〕关耆孙：《大贡院记》，《全宋文》卷四四二九，第200册，第332页。

设开支，于是纷纷建造贡院，孝宗朝形成“争立贡院”[①]之盛况。

贡院是科举考试的专门场所，唐宋时期亦以其指称当年负责科举考试的临时行政机构和班子。唐代科举考试规模有限，乡贡一级考试人数更少，故全国各地无须单独建造贡院。见于现存唐代文献者，唯京师有贡院。北宋时期沿袭唐朝，汴京建造贡院，以备省试之用。全国各地之发解试，大都临时借用寺庙、学舍、驿站、官府举行。随着考生数量之增长，各地有了单独建造贡院的需求，北宋末年，朝廷明令各地建造贡院。北宋贡院建造之文献记载极少，偶尔见于地方志，说明此时地方贡院建筑并不多见。南宋孝宗朝开始，各地贡院的文献记载骤然增多。

贡院建造完毕，主持者往往自撰或请人撰写贡院记，这是保存最为完整的宋代贡院建造文献。宋人所作贡院记还有31篇存今，全部是南宋作品。[②]最早的是李处权作于宋高宗绍兴十七年（1147）的《衢州新建贡院记》，这也是孝宗朝之前唯一留存的贡院记。孝宗朝留存的则有八篇：赵公硕《新建试院记》、陈天麟《重修建康贡院记》、关耆孙《大贡院记》、鲍同《贡院记》、陆游《彭州贡院记》、韩元吉《婺州贡院记》、陈公亮《重建贡院记》、李焘《贡院记》。仅凭贡院记数量陡增这一点来看，也能窥见孝宗朝各地“争立贡院”之盛况。

贡院记从两个方面反映了宋代科举发展之历史和现状。

其一，各地科举发展迅速，迫切需要建造贡院。举三篇文献为例：

---

① 〔宋〕李焘：《贡院记》，《全宋文》卷四六六七，第210册，第269页。又，北宋末年朝廷指令建造贡院，也见于此文记载：“政和二年，又从董正封建请，令诸州遍立贡院。”

② 31篇分别为：李处权《衢州新建贡院记》，赵公硕《新建试院记》，陈天麟《重修建康贡院记》，关耆孙《大贡院记》，鲍同《贡院记》，陆游《彭州贡院记》，韩元吉《婺州贡院记》，陈公亮《重建贡院记》，李焘《贡院记》，杨万里《建康府新建贡院记》，周必大《吉州新贡院记》，钱文子《袁州贡院记》，周必大《梅州贡院记》，魏了翁《眉州创贡院记》，楼钥《黄州贡院记》，魏了翁《资州新创贡院记》，魏了翁《长宁军贡院记》，李道传《江东转运司初建贡院记》，真德秀《潮州贡院记》，楼观《台州增造贡院记》，魏了翁《普州贡院记》，程珌《徽州贡院记》，陈垓《登科姓名记》，曾次元《南雄州修贡院记》，冯梦得《重建建康府贡院记》，冯梦得《建康府重建贡院记》，王应凤《通州贡院记》，陈造《高邮军建贡院记》，陈造《维扬贡院寿祠记》，周南《平江重修贡院记》，李英《荆门军贡院记》。

> 临川为郡，甲于江右。自宋朝以来，敦崇学校，教育人才，士风之盛，为一时最。其间躐巍科，登显仕，前后相望，不可胜数。独试院一事，尚为阙典。每科诏下，例以寺之宝应为郡试之所。士子云集，不下数千辈，隘迫不能容，悉以为苦。试罢，狼籍污触，荡然一空。所谓寺僧者，弊于岁久，亦不复加缮葺，遂使殿宇廊庑，日就颓毁。非唯怠于香火之供，而檀那因此皆为之解体。沿袭至今，不知其几年矣。①

> 建业多士，异材辈出，曩有魁群儒、首异科而为名公卿者，项背相望也。故其后子弟益自勉，应三岁之诏者常数千百人。兵兴，百事卤莽，有司不暇治屋庐以待进士，始夺浮图黄冠之居而寓焉。郡凡几守，率置不问。②

> 夔一路十五郡，而合六都进士试于夔。初无贡院，以破寺寓之。寺破尚可也，而夔一城惟一寺，一岁而天申、会庆两节，郡臣子舍是可无以东向而祝尧也。岂可又以之为贡院，而三年一残破之乎？夔则寓贡院于此，历几岁乎而不问也。③

三则资料分别叙说了江南西路之临川郡、江南东路之建康府，以及夔州路三地旧日发解试之窘迫境况，三地旧均借当地佛寺替代贡院。不仅残破，且无法容纳日益增长的“不下数千辈”“常数千百人”之考生。鲍同概述当时各地贡院现状云：“尔若贡闱，则藐不省，十有八九废且亡之矣。近科诏下，乃卒然治故驿，辟僧院，因陋就寡，取具一时。而类

① 〔宋〕赵公硕：《新建试院记》，《全宋文》卷四七六〇，第214册，第270页。

② 〔宋〕陈天麟：《重修建康贡院记》，中华书局编辑部编：《景定建康志》卷三二，《宋元方志丛刊》第2册，北京：中华书局，1990年，第1874页。

③ 〔宋〕关耆孙：《大贡院记》，《全宋文》卷四四二九，第200册，第332页。

皆湫隘颓阙，支撑补葺，不免草创疏略。既非所以待士，而奸弊复不禁，坏乱法制，熟视莫救。”[①]指出地方贡院建造，迫在眉睫。

其二，当地贡院建造者、建造过程、规模。亦举上述三则文献：

> 郡侯陈君以名德之重镇此邦……卜基于城之西北隅，面山川之秀，得天地中和，唯此地为胜。于是，储粮鸠工，涓日之吉，取材于邻郡，借力于游手，初无毫发扰于民，又无片瓦尺椽资于县。不动声气，谈笑而办。曾未两时，轮奂一新，朱碧照耀，逾二百间，雄伟壮丽，几为诸路冠。[②]

> 史侯自天官贰卿出镇之明年，诸生以是为请，而其故基为闾阎营舍者四十年矣。侯慨然念之，指地而易其居，捐金而偿其迁筑之费，取羡余之木，为屋百有十楹。适它郡潦伤，民流移江上，侯因募之，使食其力，不足则助以厢卒。经始于季夏，中休，竟事于中元。是岁，乾道四年也。面秦淮，接青溪，挹方山，气象雄秀。[③]

> 岁庚寅，前侍御史王君伯庠来镇夔……下令创新之……公私之须皆一归于节，专力治之，凡五阅月而成，为屋一百一十间，一毫不取于民。[④]

“郡国贡闱之兴废，可以观政之善否……邦之大政，莫先于取士。”[⑤]所以，贡院建造一定要标举建造者姓名，是为其政绩之重头戏。宋人“其为太守，为监司，必须建立书院，立诸贤之祠，或刊注《四书》，衍

① 〔宋〕鲍同：《贡院记》，《全宋文》卷四四三三，第201册，第3页。

② 〔宋〕赵公硕：《新建试院记》，《全宋文》卷四七六〇，第214册，第270—271页。

③ 〔宋〕陈天麟：《重修建康贡院记》，《景定建康志》卷三二，第1874页。

④ 〔宋〕关耆孙：《大贡院记》，《全宋文》卷四四二九，第200册，第332页。

⑤ 〔宋〕鲍同：《贡院记》，《全宋文》卷四四三三，第201册，第2页。

辑语录，然后号为贤者。则可以钓名声，致朊仕。”[①]贡院建造作为与地方教育、科举相关的事业，十分重要。夔州甚至因贡院建成而为王伯庠建生祠。陆游被邀为生祠作记，云：“知夔州济南王公新作贡院成……六郡之士……乃相与筑祠于院之东堂，画像惟肖。”[②]

贡院建筑规模则可以反映孝宗朝当地科举事业之规模。鲍同详细地记载贡院各厅室的职能，除了考场之外，“考官则为之厅，为之堂，而又寝息有室，庖湢有处，靡不至当。至于诸司职守官吏，若帘之内，帘之外，次舍咸备，各有其序。”[③]成都为类省试场所，“每三岁取士诏下，合成都九邑士来应有司之试者，数逾五千，日增而未止。”故其贡院建筑是孝宗年间现存记载中最为宏观者：“凡为屋三百七十二楹。”[④]

孝宗朝各地建造的贡院，规模宏大，功能齐全，昭示了当时蓬勃发展的科举事业。

各地与科举相关的建筑设施还有“进士题名碑”，立碑之后往往请人作记。孝宗朝留存的题名记共5篇：赵善珏《南雄州进士题名记》、叶秀实《仙居县登科题名记》、楼钥《温州进士题名序》、谢谔《临江军进士题名记》、袁说友《绍兴府进士题名记》。此类题名记一般会回顾或鸟瞰当地的科举史，弥足珍贵。列举如下：

> 南雄素号东广佳郡，初实离曲江为之。在唐有张文献公，国朝复有余襄公，文化薰染，寖久益盛。闻自天圣迄绍兴初，保昌、始兴登进士第者凡三十人，浸阶通显亦不下十数人。偶罹兵焚，余三十年寥寥罕继焉者。[⑤]

---

① 〔宋〕周密撰，吴企明点校：《癸辛杂识·续集下》，北京：中华书局，1997年，第169页。

② 《王侍御生祠记》，〔宋〕陆游撰：《陆游集·渭南文集》卷一七，北京：中华书局，1976年，第5册，第2133页。

③ 〔宋〕鲍同：《贡院记》，《全宋文》卷四四三三，第201册，第3页。

④ 〔宋〕李焘：《贡院记》《全宋文》卷四六六七，第210册，第268—269页。

⑤ 《南雄路志》，刘纬毅等辑：《宋辽金元方志辑佚》，上海：上海古籍出版社，2011年，第804页。

仙居地隘民朴，其初学而仕者盖少。皇祐中，陈襄密学宰是邑，兴学尚士，人始知勉。由贤书登名者比相望，其小试州县者率皆有声，而得志以显者又以材业刚正名于时。里人矜耀之，家激以劝，每三岁大比之士，甲于丹丘属邑。①

永嘉自晋为名郡，宋兴六十余年，人物未有显者。至天圣初，朱君士廉第进士，邦人荣之，以名其闾。自天圣至今历一百四十有八年，举其上第者凡三百三十有七人。夷考乡荐之额，初止二人，中十有三，今益以五。他由大学、外台以进。一举所第，率过乡荐书之数，而魁南宫者四，冠大廷者再。②

国朝崇儒右文，视古为重，而东南儒风宏楙盛美，会稽为最焉。杜祁公以道德文章、功业行实，克相昭陵，德在生民，勋在史册，足以仪万世而垂后学。如李公光入参大政，孙公沔晋贰枢管，顾公临典制北门，陈公扬庭执法中司，傅公墨卿正位常伯，陆公佃、石公景略皆以文学冠春官，夏公噩、齐公唐皆以贤良应大科，傅公崧卿以艺魁舍选，儒学之秀，颉颃上下。此非骞翔奋厉之所蕴，而雄深秀丽之所钟耶！建炎初，六飞渡江，尝驻跸于越，而越今为陪都，盖古三辅也。山川之所形见，风化之所渐被，其儒风士业，流闻彰布，益以昌大，要非余郡可比。王公佐、詹公骙相望二十余年之间，皆以大策冠多士；王公俊、石公廷庆、莫公叔光皆以进士中宏博，石公公辙以奏恩擢魁名。而三岁大比，赐第于太常者率十余人，其连取世科、伯仲联第者又间见层出。人物之茂实，为衣冠盛事，其

① 〔宋〕叶秀实：《仙居县登科题名记》，《全宋文》卷五四二三，第242册，第361页。

② 《温州进士题名序》，《楼钥集》卷一一，第3册，第942页。按：原文“四十有八年”，前当脱落“一百”。

亦有以权舆于此哉！[①]

宋代广南东路是非常偏远落后的地区，故追述南雄地方科举史，只能举出唐代的张九龄、北宋的余靖等寥寥数位。仁宗朝至高宗朝居然有三十人登进士第，确实值得树题名碑以记之。仙居（今属浙江）地处丘陵山区，所谓“地隘民朴”者，然同样是仁宗朝以来，科举“登名者比相望”“里人矜耀之”，为之立题名碑。永嘉（今浙江温州）虽为历史名郡，但地处东南一隅，文化教育远远落后于中原地区，“宋兴六十余年，人物未有显者”。宋室南渡，高宗曾逃难至此，带来当地文化之勃兴。从仁宗朝开始统计，居然“举其上第者凡三百三十有七人”。会稽（今浙江绍兴）为历史文化名郡，北宋以来，科举名流辈出，如杜衍、李光、孙沔、顾临等，《绍兴府进士题名记》可以大量列举。南渡后，绍兴为“陪都”，科举昌盛，更“非余郡可比”。上述四篇题记，大致追述当地科举发展史。

贡院记重当时科举建设，题名记重地方科举史，将贡院记与题名记对照阅读，能够简单勾勒出一地科举发展史，由此亦可窥见宋代科举制度变革之实效。

四、余论

孝宗朝在科举制度方面还有一些其他举措，评介如下。

其一，新科进士引试射艺。

射艺本来是武举进士的必考科目。南宋外患深重，至孝宗朝，宋金战争依然连绵不断，孝宗又一直有北伐的愿望。所以，淳熙初，特别增加新科进士引试射艺一项活动。史载：

帝欲令文士能射御，武臣知诗书，命讨论殿最之法。淳熙二年御试，唱第后二日，御其殿，引按文士詹骙以下一百三十九人射艺。

① 《嘉泰会稽志》卷三，《宋元方志丛刊》第7册，第6771页。

> 翌日，引文士第五甲及特奏名一百五十二人。其日，进士具襕笏入殿起居，易戎服，各给箭六，弓不限斗力，射者莫不振厉自献，多命中焉。天子甚悦。凡三箭中帖为上等，正奏第一人转一官，与通判，余循一资；二箭中为中等，减二年磨勘；一箭中帖及一箭上垛为下等，一任回不依次注官；上四甲能全中者取旨；第五甲射入上等注黄甲，余升名次而已。特奏名五等人射艺合格与文学，不中者亦赐帛。[①]

显然，淳熙二年（1175）省试之前，孝宗即让相关部门“讨论殿最之法”，确定文士试射的新规。这一年“赐礼部进士詹骙以下四百二十有六人及第、出身。”[②]另有数量更多的特奏名。而参加试射的正奏名加上特奏名也仅仅只有291人，应该采取的是自愿参加原则，故只有小部分新科进士参与。孝宗予以特别奖励，各转官循资有差，“不中者亦赐帛”。

淳熙五年（1178）、淳熙八年（1181）皆未见试射艺相关记载，大约是没有形成制度。淳熙十一年（1184）唱名后，“进呈进士射射日分。上曰：‘进士射射甚好。’王淮等奏：‘孔子射于矍相之圃，观者如堵墙。古人以射为重，后世乃废而不讲。’上曰：‘古者有文事，必有武备。后世不知此意，所以朕举行之。’”[③]孝宗依然在坚持这项举措。淳熙十四年（1187）唱名后：

> 宰执进呈特奏名进士习射射仪，王淮等奏：“人数比之前举颇多。”上曰：“若人数增多，甚好。前此初行进士射射，人亦云云，以为儿戏。今却人皆相尚，亦可喜。”淮等奏：“射者古人常事，后世乃废而不讲。今射者增多，亦激劝所致。”[④]

① 《宋史》卷一五六《选举志二》，第11册，第3632页。
② 《宋史》卷三四《孝宗纪二》，第3册，第659页。
③ 《宋史全文》卷二七上，下册，第1890页。
④ 《宋会要辑稿·选举》二之二七，第5册，第4258页。

可见孝宗推行此项新措，并不是一帆风顺或一呼百应，最初“人以为儿戏”。经过一段时间的坚持，在朝廷“激劝”之下，“人皆相尚”，参加人数明显增多。

直到宋宁宗庆元五年（1199）科考，文士试射艺才成为常规制度。是年四月，“二十六日，上御幄殿，引呈文士正奏名射射。二十七日，上御幄殿，引呈文士特奏名射射。”[①]以后凡有殿试，皇帝都分两日引试正奏名和特奏名射艺，成为惯例。此项尚武举措之效果，未见记载，然类似当代高考之体育考试，对增强士人体质，当有所裨益。

其二，持续打击科举作弊行为。

科举作弊乃科场毒瘤，是对科举制度的破坏或解构，永难根除。然而，要相对公正地选拔人才，又必须持续打击科举作弊行为。前文讨论孝宗朝科举诸多举措时，都涉及对作弊行为的抑制，孝宗对这一方面也是特别关注。乾道元年（1165）：

> 中书门下省言：“勘会近年，士人公然受赂，冒名入试，致叨取解名，亦有登科者。今省试在近，理宜禁戢。”诏：“应令人代名及为人冒名赴省试者，各计所受财，依条坐罪外，并真决编配千里外州军，同保、知情人永不得应举。如士人告获，与免一次文解，诸色人赏钱三百千。仍令尚书省榜谕。”[②]

孝宗将冒名考试之赏罚举措制度化，且加大对冒名双方的惩罚力度。为打击科举作弊行为，孝宗朝屡有措施出台。列举三条，以见一斑：

> 诸路解试官，故事，皆自转运司选差，率以本州通判监试，本路

① 《宋会要辑稿·选举》八之一八，第5册，第4383页。
② 《宋会要辑稿·选举》四之三八，第5册，第4309页。

见任或待阙官充考试官。乾道六年四月丙午，始命诸州试官皆隔一郡差，以绝请托之弊。时刘通靖章为礼部侍郎，用其请也。[1]

（淳熙五年，1178）知贡举范成大等言："比年试院多有计嘱拆换卷子之弊。谓如甲知乙之程文优长，即拆离乙文，换缀甲家状之后。其卷首虽有礼部压缝墨印，缘其印狭长，往往可以裁去重粘。臣等今措置，于卷首背缝添造长条朱印，以'淳熙五年省试卷头背缝印'为文，仍斜印之，使其印角横亘家状、程文两纸，易于觉察。乞自后应于试院，依此施行。"从之。[2]

（淳熙十年，1183）秘书省著作佐郎兼权礼部郎官范仲艺言："近日科举之弊，如假借户贯，迁就服纪，增减年甲，诡冒姓名，怀挟文书，计嘱题目，喧竞场屋，诋诃主司，拆换家状，改易试卷，如此等弊，不可胜数。而代笔一事，其弊尤甚。间有败露，而官司不复穷治。此奉行法令者之不力也。望申敕有司，自今有戾于《贡举条制》者，并置于法，务在必行。庶几取士可得实才。"从之。[3]

从发解试到省试，针对种种常见作弊行径，朝廷或考官都提出对应解决措施，同时要求严格执行《贡举条制》。周必大又有《论科举代笔札子》《论发解考校之弊札子》等奏疏，[4]孝宗朝大臣对科举作弊问题非常重视。总体而言，南宋孝宗年间科举作弊是得到一定抑制的。

其三，恢复上舍释褐。

自徽宗宣和三年（1121）罢三舍法，历届科考再无上舍释褐者。高宗朝一直拒绝恢复三舍法，后期三舍教育虽有相当程度的恢复和发展，

---

① 《建炎以来朝野杂记·甲集》卷一三《取士》，上册，第263—264页。
② 《宋会要辑稿·选举》五之四、五，第5册，第4314—4315页。
③ 《宋会要辑稿·选举》五之五，第5册，第4315页。
④ 《全宋文》卷五〇五九，第228册，第10页；第15页。

三舍生却仍须参加科举考试，方可入仕。绍兴三十二年（1162）孝宗登基，即以“登极恩”上舍释褐多名士人，《宋登科记考》载录六人，其中四人出于宋元方志，[①]有相当的可信度。如《淳熙三山志》明确载“登极恩上舍释褐”二人：陈义，陈简。[②]其后，南宋种种文献屡有孝宗朝上舍释褐记载，如“近乙未岁（淳熙二年，1175）……刘尧夫释褐冠上舍”[③]“林至……淳熙四年（1177）上舍释褐出身”[④]“易祓……淳熙十一年（1184）上舍释褐出身”。[⑤]可见孝宗朝已经全面恢复三舍法。但南北宋三舍法“名同实异”，孝宗朝恢复的三舍法已经不同于北宋。[⑥]

孝宗朝对三舍法还有一些补充发展。淳熙六年（1179）诏云：“太学两优释褐之人，与依状元体例，先与外任一次，然后授以职事官。”数日后又改为：“自今上舍试中两优之人，与依殿试第二名恩例。”[⑦]此后两优释褐者依殿试第二名体例，成为常规。“元丰旧制，内舍生校定，分优、平二等。优等再赴舍试，又入优，则谓之两优释褐，中选者即命以京秩，除学官。”[⑧]这是神宗朝出台三舍法时的旧规。孝宗朝臣僚认为两优释褐者即为学官，没有地方行政管理经验，“不数年，便可为监司、郡守。狱讼财赋，非所素习，岂能保其不谬？”[⑨]故改为“先与外任一次”，便于两优释褐者仕途发展。

孝宗在朝政方面努力有所作为，故试图通过科举考试选拔有真才实学的士人，成就一番事业。同时，抑制科场恩滥，尽量减少平庸者通过科举选拔。此长彼消，孝宗意图由此带来科举选拔人才之改变。然而，

---

① 《宋登科记考》卷九，上册，第887—888页。

② 《淳熙三山志》卷二九，《宋元方志丛刊》第8册，第8048页。按：陈义，《宋登科记考》失载。

③ 〔宋〕周必大：《抚州登科题名记序》，《全宋文》卷五一二〇，第230册，第173页。

④ 〔宋〕陈骙等撰，张富祥点校：《南宋馆阁录·续录》卷八，北京：中华书局，1998年，第296页。

⑤ 《南宋馆阁录·续录》卷八，第281页。

⑥ 参见林岩：《南宋的太学舍选和两优状元》，《中华文史论丛》2014年第2期。

⑦ 以上两诏均见《宋会要辑稿·崇儒》一之四三，第3册，第2184页。

⑧ 《宋史》卷一五七《选举志三》，第11册，第3670页。

⑨ 《宋会要辑稿·崇儒》一之四三，第3册，第2184页。

孝宗治国能力欠缺，多独断专行，科举诸多举措缺乏落实，或者雷声大雨点小，最终流于空泛。所以，与高宗朝比较，孝宗朝维持多于改作。惟孝宗朝相对稳定，较少战乱侵扰，科举制度附属品之“硬件”建设颇多成绩，值得特别肯定。

五、光宗朝

宋光宗赵惇于公元1189年2月登基，公元1194年7月退位，在位4年。光宗多病多疑，性格懦弱，惧内而无主见。绍熙二年（1191）末，即因皇后杀贵妃“震惧感疾”，“自是不视朝”。[①]在位期间，平庸无为，科举制度方面也是如此。

光宗朝有两度科举：绍熙元年（1190），“赐余复以下五百五十八人及第、出身”；[②]绍熙四年（1193），“赐礼部进士陈亮以下三百九十有六人及第、出身”。[③]后一次科举以陈亮为状元，有轰动效应。陈亮在孝宗朝以布衣身份三度上书朝廷，要求北伐，彼时已成为朝野知名人物。史载：

> 光宗策进士，问以礼乐、刑政之要，（陈）亮以君道、师道对，且曰：“臣窃叹陛下之于寿皇莅政二十有八年之间，宁有一政一事之不在圣怀？而问安视寝之余，所以察辞而观色，因此而得彼者，其端甚众，亦既得其机要而见诸施行矣。岂徒一月四朝而以为京邑之美观也哉！”时光宗不朝重华宫，群臣更进迭谏，皆不听，得亮策乃大喜，以为善处父子之间。奏名第三，御笔擢第一。既知为亮，则大喜曰：“朕擢果不谬。”孝宗在南内，宁宗在东宫，闻知皆喜。[④]

光宗对于退位的父亲孝宗，猜忌重重，时常拒不朝见，非常可笑地

---

① 《宋史》卷三六《光宗纪》，第3册，第701页。

② 《宋史全文》卷二八，下册，第1954页。

③ 《宋史》卷三六《光宗纪》，第3册，第705页。

④ 《宋史》卷四三六《陈亮传》，第37册，第12943页。

酿成当时最大的政治危机事件。陈亮策论迎合上意，得以状元及第。此事再度证明，科举策论能够赢得“龙颜大悦”最为重要，是否有独立政见无关轻重。

绍熙四年（1193）科举，以宗室吏部尚书兼侍读赵汝愚知贡举，突破祖宗规定，略有新意。“自熙、丰以来，宗室不差充考试官。淳熙六年，吏部尚书周必大始请宗室充学官并考试；八年正月，遂命汝愚为省试别院考试官。至是，有知举之命。”[①]两宋以宗室知贡举，仅此一例。

光宗朝寥寥几则科举方面的诏令，毫无新意。引绍熙三年（1192）两则为例。其一，“令诸路转运司遍牒诸州，如委保亲戚，则牒官及保官照牒实批印纸。如有伪冒，亦合照条科罪。”[②]只是重申规范牒试而已。其二，“诸路转运司考试官，并须依公选差，毋得听受请托，容其有所避就。”[③]重申“依公选差”考官。

光宗朝“政治日昏，孝养日怠”，[④]科举制度方面，亦乏善可陈。

---

① 《宋史全文》卷二八，下册，第1967—1968页。

② 《宋会要辑稿·选举》一六之二六，第5册，第4524页。

③ 《宋会要辑稿·选举》二二之一〇，第5册，第4600页。

④ 《宋史》卷三六《光宗纪》，第3册，第710页。

第五章

衰变与没落期

辛弃疾《摸鱼儿》云："斜阳正在，烟柳断肠处。"这是南宋后期国势形象而确切的描述。实际上，南宋自高宗、孝宗二帝之后，颓势无可挽回。以朝政角度而论，太祖以来建立的帝王之下集体领导制和台谏监督制被破坏无遗，皇帝昏庸，权奸当道，贿赂公行。大权独揽的相臣，又以党争的借口排斥和打击政治异己，从而对当时的文化和教育事业产生巨大的破坏性影响，科举制度当然要遭受池鱼之殃。以外事战争角度而论，宋人与金人战火再燃，南宋损兵折将，元人兴起后，大兵压境，疆土日蹙，直至亡国，宋代科举制度也随之终结。

第一节　宁宗朝

宋宁宗赵扩于公元1194年7月登基，公元1224年闰8月去世，在位30年。宁宗朝权臣当政，结党营私，前有韩侂胄，后有史弥远。史论云：“侂胄用事，内蓄群奸，至指正人为邪，正学为伪，外挑强邻，流毒淮甸。……既而弥远擅权，幸帝耄荒，窃弄威福。”[①]朝政糜烂，制度窳败，科举制度方面当然不能幸免。

一、禁绝道学

南宋后期科举制度之衰败，与卷入党争关系重大。科举考试不再相对公正公平地为朝廷选拔人才，而成为排斥异己、打击政敌最为重要的手段之一。

禁绝道学，不始于宁宗朝，却以宁宗朝最为酷烈。

北宋程颐等倡导的理学，传播渐广，门徒众多，至南宋已成风气，时或称“道学”。科场时文立论，或尊奉王安石之说，或推崇程颐之说，渐成纷争之态势。高宗摇摆其间，没有定见。高宗前期“最爱元祐”，当然倾向程颐学说。高宗朝宰相赵鼎“深喜程颐之学，朝士翕然向之。”[②]又，“赵鼎作相，殿试策不问程文善否，但用程颐书多者为上科。”[③]程颐之说，一时成为科场风向标。

赵鼎罢相，左司谏陈公辅即上疏云：

朝廷之臣……辄以私意取程颐之说，谓之伊川学，相率而从之。

---

① 《宋史》卷四〇《宁宗纪四》，第3册，第781页。

② 《建炎以来系年要录》卷八四引熊克《中兴小历》，第4册，第1418页。

③ 《建炎以来系年要录》卷九三引朱胜非《闲居录》，第4册，第1591页。

是以趋时竞进，饰诈沽名之徒，翕然胥效，倡为大言。谓尧舜文武之道传之仲尼，仲尼传之孟轲，轲传颐，颐死无传焉。狂言怪语，淫说鄙喻，曰此伊川之文也；幅巾大袖，高视阔步，曰此伊川之行也。[①]

高宗此时已经走出“最爱元祐”阶段，欲调和朝廷政策，所以一度同意陈公辅的主张。高宗特别强调：“王安石、程颐之学，各有所长。”[②]而后，高宗态度逐步转向。右正言何若上疏云：“自赵鼎唱为伊川之学，高闶之徒从而和之……伏望申戒内外师儒之官，有为乖僻之论者，悉显黜之。如此，则专门曲学不攻自破矣。”[③]高宗表示完全赞同。及至秦桧当政时期，无情打击政敌赵鼎等，程颐学说受池鱼之殃。秦桧去世，高宗再度回到调和的立场。绍兴二十六年（1156），高宗言：“赵鼎主程颐，秦桧尚王安石，诚为偏曲。”[④]

孝宗朝，有意弥合党争。孝宗曾“泛论用人不可分别党与，须当尽公。又曰：‘朝廷所用，止论其人贤否如何，不可有党’。”[⑤]然而，朝廷党争难以彻底消弭，科场王、程纷争依然。淳熙五年（1178）：

侍御史谢廓然言：“近来掌文衡者主王氏之说，则专尚穿凿；主程氏之说，则务为虚诞。夫虚诞之说行，则日入于险怪；穿凿之说兴，则日趋于破碎。今省闱引试，乞诏有司，公心考校。毋得狥私，专尚程、王之末习。”从之。[⑥]

---

① 《建炎以来系年要录》卷一〇七，第5册，第1807页。
② 《建炎以来系年要录》卷一五一，第6册，第2575页。
③ 《建炎以来系年要录》卷一五二，第6册，第2598页。
④ 《宋会要辑稿·选举》四之三〇，第5册，第4305页。
⑤ 《宋史全文》卷二六上，下册，第1783页。
⑥ 《宋史全文》卷二六下，下册，第1822页。

谢廓然所言，可以见出朝廷党争的现实情况。不同党派人士主持科场，直接影响科场文风，甚至有走极端的“穿凿”“虚诞”等表现。但谢廓然建言的目的是纠偏，而非禁绝，依然能够体现出孝宗弥合党争的宗旨。

孝宗朝后期，朱熹等道学之士反对孝宗近幸弄权，卷入种种朝政内讧，道学再度成为被攻击对象，[①]“监察御史陈贾请禁道学……由是道学之名，贻祸于世。”[②]

综上所述，高宗、孝宗两朝虽有禁道学之说，但是或持续不久，或波及不广，尚未酿成党争大祸，对科场的影响或对科举制度的破坏也有限。

宁宗朝成为朝廷党争的分水岭。韩侂胄当政，大力排斥、打击道学之士，酷烈程度超过以往，对科场影响十分重大。

宁宗即位，赵汝愚和韩侂胄皆有定策大功。赵汝愚信奉理学，向宁宗推荐朱熹，宁宗即召朱熹为焕章阁待制兼侍讲，时朝廷臣僚多理学之士。韩侂胄旋即掌握朝政，“言路遂皆侂胄之人，一时善类排斥无余，党祸自此起矣。”[③]朱熹亦被逐出朝廷，“在朝甫四十有六日”。[④]庆元元年（1195）二月，赵汝愚罢相，在韩侂胄主持下，全面禁绝理学之党争拉开大幕，“或又为言：‘名道学则何罪？当名曰伪学。’……学禁之祸自此始矣。”[⑤]庆元二年（1196）正月，“刘德秀劾留正四大罪，首论其招伪学以危社稷。伪学之称自此始。”[⑥]

道学被定性为伪学，“党祸”演进为“学禁之祸”，直接祸及学校教育和科场考试。庆元二年（1196）是宁宗即位后的首次科举考试，“以吏

① 参见《南宋文人与党争》，第85—98页。

② 〔明〕陈邦瞻编：《宋史纪事本末》卷八〇《道学崇黜》，北京：中华书局，1977年，第3册，第869页。按：道学党争，另参见《南宋文人与党争》，第98—120页。

③ 《宋史全文》卷二八，下册，第1982页。

④ 《宋史全文》卷二八，下册，第1991页。

⑤ 《宋史全文》卷二九上，下册，第2004页。

⑥ 《宋史全文》卷二九上，下册，第2008页。

部尚书叶翥知贡举，吏部侍郎倪思、右谏议大夫刘德秀同知贡举”。[①]三人秉承韩侂胄旨意，通过科场考试肃清道学影响。列举三则资料：

省闱知举叶翥、倪思、刘德秀奏论文弊，上言：“伪学之魁，以匹夫窃人主之柄，鼓动天下，故文风未能丕变。乞将语录之类并行除毁。”是科取士，稍涉义理，即见黜落。六经、《语》《孟》《中庸》《大学》之书，为世大禁。[②]

吏部尚书叶翥等言：“二十年来，士子狃于伪学，汩丧良心。以六经、子史为不足观，以刑名、度数为不足考，专习语录诡诞之说，以盖其空疏不学之陋，杂以禅语，遂可欺人。三岁大比，上庠校定，为其徒者专用怪语暗号，私相识认，辄置前列。遂使真才实能，反摈不取。臣等孰识其弊，比知贡举，试取经史之疑以质之，多不能对。观其文理，亦有可采，而怪诞尤甚，深可怜悯。盖由溺习之久，不自知其为非。欲望因今之弊，特诏有司，风谕士子，专以孔孟为师，以六经、子史为习，毋得复传语录，以滋其盗名欺世之伪。更乞内自太学，外自州军学，各以月试取到前三名程文，申御史台考察。太学以月，诸路以季。太学则学官径申，诸路则提学司类申。如仍前不改，则坐学官、提学司之罪。如此，何忧文风之不变，士习之不革哉?”从之。[③]

宁宗庆元二年，韩侂胄袭秦桧余论，指道学为伪学，台臣附和之，上章论列。刘德秀在省闱，奏请毁除语录。既而，知贡举吏部尚书叶翥上言：“士狃于伪学，专习语录诡诞之说，《中庸》《大学》

① 《宋会要辑稿·选举》一之二五，第5册，第4242页。
② 《宋史全文》卷二九上，下册，第2008—2009页。
③ 《宋会要辑稿·选举》五之一七、一八，第5册，第4321页。

> 之书，以文其非。有叶适《进卷》、陈传良《待遇集》，士人传诵其文，每用辄效。请令太学及州军学，各以月试合格前三名程文，上御史台考察。太学以月，诸路以季。其有旧习不改，则坐学官、提学司之罪。”是举，语涉道学者，皆不预选。[①]

天下熙熙皆为利，“稍涉义理，即见黜落”，作用迅速，影响广泛。叶翥等甚至论及太学和州学的教育与考试。除了个别特立独行之士以外，多数考生根据朝廷的风向标调整自己的学习内容和科场论文写作。“当时场屋媚时好者，至攻排程氏，斥其名于策云。”[②]细品叶翥等对道学的抨击，如读书破碎、语言诡诞、学问空疏、禅语欺人等，虽然也能道中追捧理学之士读书与写作的某些弊病，然而其根本目的是党同伐异，是为了打击政敌，而不是为了端正学校和科场风气。这次科考之后，后来参加科举的士人，“前期取家状，必欲书‘委不是伪学’五字于后。”[③]对道学的无情排斥，不留余地，对科举影响之直接及巨大，超过以往任何一次党争。

庆元党争，不仅是当下科场录取以“稍涉义理”为黜落红线，而且，还追究以往科考录取者。庆元三年（1197），言者论：“三十年来，伪学显行，场屋之权，尽归其党。所谓状元、省元与两优释褐，若非其私徒，即是其亲故。望诏大臣，审察其所学，而后除授。”[④]即，针对以往高第者，以“伪学”为标准予以甄别，除授官职、差遣时，直接受到影响。

此外，他们要求严格遴选考官，剔除“伪学”之士。庆元四年（1198）三月：

---

① 《宋史》卷一五六《选举志二》，第11册，第3635页。

② 〔宋〕叶绍翁撰，沈锡麟、冯惠民点校：《四朝闻见录·丁集·科举为党议发策》，北京：中华书局，1997年，第160页。

③ 《宋史全文》卷二九上，下册，第2017页。

④ 《宋史全文》卷二九上，下册，第2016页。

臣僚言："比年以来，伪学相师，败乱风俗，所赖圣明力挽狂澜，一归于正。……科场主文之官，实司进退予夺之柄。倘或不知所择，使伪学之徒复得肆其险诐之说，则利禄所在，人谁不从？必至疑误学者。乞颁诏旨，将来科场，诸路运司须管精择议论正平、委非伪学之人，充诸州军考试官。仍开名衔，照应举格式，如涉伪学，甘置典宪，申尚书省、御史台照会。此去科场不远，乞下诸路漕臣，预先体访所属合差试官之人，究见是与不是伪学的实，庶几临期差拨，不至抵牾。"从之。[①]

此年各地发解试，臣僚上述奏疏为此而发。禁绝道学，从省试推进到发解试，从考生录取推进到考官遴选，法网越织越密。

"利禄所在，人谁不从？"利用科举排斥道学，在"官本位"体制中效果非常明显。"依阿巽懦者更名他师，过门不入。甚至变易衣冠，狎游市肆，以自别其非党。"[②]众多学子纷纷与程颐、朱熹之学划清界线。

不过，"稍涉义理，即见黜落"大概仅仅是庆元二年（1196）科考之作为，或有所夸张，庆元五年（1199）科考中即有所松动。此年魏了翁第三名及第，"时方讳言道学，了翁策及之。"[③]韩侂胄等打击的重点是朝廷官员中道学之士，或者说是赵汝愚一党，科场禁令虽严，仍有漏网者。魏了翁对此有记载：

庆元五年，上始御集英殿，亲策进士。某与韩甲圣可、乐新子仁同舟而下，相与谋曰："今事势已极，惟有忠正广大以作人才，安静和平以植基本。若相激不已，则天彝汩乱，人心愤郁，国亦随之。此而不言，是为有负。"或疑触忌干祸，而三人自矢靡他。奏入，有

① 《宋会要辑稿·选举》二二之一四，第5册，第4602页。
② 《宋史全文》卷二九下，下册，第2034页。
③ 〔宋〕《魏了翁传》，《宋史》卷四三七，第37册，第12965页。

司第某为第一，寻置之第三，恩数仍视首选。甲、新皆乙科，授从事郎。[①]

“相激不已”“天彝泯乱”，道出党禁给科举制度带来的破坏性作用，魏了翁等因此有所坚持。魏了翁虽然不得状元及第，仍然是第三名高第。韩甲和乐新同时中第，此榜“稍涉义理”者并未一概黜落。

嘉泰年间，韩侂胄权位已经稳固，无需再利用“伪学”做文章，党禁有所松弛，“侂胄亦厌前事，欲稍示更改，以消释中外意。时亦有劝其开党禁以杜他日报复之祸者，侂胄以为然。”[②]嘉泰二年（1202）“二月，弛学禁。”[③]此后，韩侂胄掌政期间之科考，就再也没有特别针对道学的言论或措施。开禧三年（1207）十一月，韩侂胄被诛杀，史官罗列其罪状，其一就是“以正学为伪学”，[④]为道学平反正名。随即，“雪赵汝愚之冤……一时伪学党人朱熹、彭龟年、杨万里、吕祖俭虽已殁，或褒赠易名，或录用其后。”[⑤]宁宗朝围绕道学之诸多举措，至此大致告一段落。

然而，据臣僚奏疏，禁绝道学的举措，仍对宁宗朝的科场文风造成深远影响。嘉定十三年（1220）已接近宁宗朝末，殿中侍御史胡卫尚言：“权奸不学，疾视善类，明立标榜，痛禁绝之。以务学为迂，以谈道为讳，纰略短浅，未之能革。……乞明诏四方，一新文体。”[⑥]政治恶斗波及科场和学术，流毒非浅。

最后，以《宋史全文》所引《讲义》作结：

我朝自王安石以《新经》破旧说，凡学校、科举之间，皆以王

① 〔宋〕魏了翁：《韩甲墓志铭》，《全宋文》卷七一一四，第311册，第128页。
② 《宋史全文》卷二九下，下册，第2036页。
③ 《宋史全文》卷二九下，下册，第2039页。
④ 《宋史全文》卷二九下，下册，第2065页。
⑤ 《史弥远传》，《宋史》卷四一四，第35册，第12417页。
⑥ 《宋会要辑稿·选举》六之四一，第5册，第4350页。

氏之经从事。士用新进，国尊新法，而天下自是多事矣。孝宗皇帝崇尚伊洛之学，一时明师大儒相继而起。张栻在湖，朱熹在闽，吕祖谦在浙，皆推明是学，以续孔、孟正脉之传。天下学者翕然从之，得其说者互以传授。凡岩谷草野之间，皆出一辙。学校科举取人，士大夫立身事君，无不源流于是学之中，涵养陶成，士习醇美。自小人用事，摧靡道学，而名之以伪。海内之士，澜倒风从，不惟礼义廉耻有所不顾，而学士大夫之衣冠亦更变以趋时。[①]

这一段史实梳理，完全站在道学立场，观点不免偏颇，然道学及党争线索的大致脉络是清晰的。

二、盛行作弊

南宋后期科举制度之衰败，尤其表现在所有的阶段和环节都盛行作弊。所谓“据权势者以请嘱而必得，拥高赀者以贿赂而经营，实学寒士，每怀愤郁。”[②]南宋后期科举制度，在花样翻新、层出不穷的作弊手段冲击下，显得千疮百孔。

宋代科举考试，成为士人进入仕途的唯一正途，宋人甚至夸张地说：“不中进士举，无由得朝廷之官。”[③]万众一心，挤向科举考试之“独木桥”，才力智商不及者、富贵多金者、有权有势之子弟，以及其他形形色色的人群，总是期望通过一定的作弊手段，让自己更早、更顺利地通过科举考试。只要有考试，总存在着作弊行为或作弊企图，宋代历朝科举考试都存在作弊现象，如上文曾讨论过的高宗和孝宗朝科举舞弊现象。

然而，只有到了宁宗朝，科举考试作弊才达到盛行的程度，成为朝臣讨论科举制度时唯一的持续的重复的重大话题。这是宁宗朝之前从未

---

① 《宋史全文》卷二九上，下册，第2005页。

② 《宋会要辑稿·选举》六之一，第5册，第4330页。

③ 〔宋〕吴潜：《奏乞分路取士以收淮襄之人物守淮襄之土地》，《全宋文》卷七七六八，第337册，第140页。

发生过的事情。宁宗朝臣僚奏疏云："科举之弊，无甚于今日。"[①]这是如实的叙述。根据现存的宋人科举文献资料，选取仁宗、徽宗、高宗、孝宗、宁宗五朝，对有记载的科举作弊事件和讨论的次数作一个统计，先简单用数字来说明宁宗朝作弊之盛行。之所以选取这五个时段，是因为这些帝王在位时间较长，具有一定的可比性。其间，徽宗、高宗、孝宗、宁宗四朝大致相连，可以看出宋代科举作弊之走势。具体统计如下：仁宗在位41年，有关记载共7则；徽宗在位26年，有关记载共6则；高宗在位36年，有关记载共15则；孝宗在位27年，有关记载共15则；宁宗在位30年，有关记载共53则。[②]根据上述统计得知，南宋以来科举作弊现象在日趋严重，到宁宗朝终于集中爆发。宁宗朝臣僚奏疏讨论科举作弊，往往是长篇大论，这也是以往所未见的。

宋朝科举作弊最为常见的手段有三种：冒籍，挟书，代笔。宁宗朝科举作弊盛行，也主要是这三种手段。

首先是冒籍，主要是牒试冒籍。牒试解额较多，优待官员子弟之意非常明确。"官本位"体制下最大的作弊群体就是官员，宋代官员首先可以利用且风险最小的科举作弊手段就是牒试冒籍。牒试问题在孝宗朝就引起较多关注，但是，打击效果不明显，至宁宗朝愈演愈烈。宁宗即位初，庆元元年（1195）八月：

> 臣寮言："两浙州郡知、通避亲牒试，绍熙三年诸州所牒止五十人，今岁乃三百三十七人。夫以亲戚多寡宁不同，至于遽增六倍，则事理可见。乞付三省，令都司取两浙转运司两举人数，公共比照

① 《宋会要辑稿·选举》五之一六，第5册，第4320页。

② 统计数据来源：《宋代科举资料长编·北宋卷》，上册，第257—595页；《宋代科举资料长编·北宋卷》，下册，第966—1137页；《宋代科举资料长编·南宋卷》，上册，第1—307页；《宋代科举资料长编·南宋卷》，上册，第311—615页；《宋代科举资料长编·南宋卷》，下册，第671—911页。按：帝王在位年数依然采用四舍五入统计法，与上文保持一致。又，数则资料记载同一事件，合计为一次。

多寡，以今次所牒最多三数人职位、姓名将上取旨，或与罢黜，或与降官，或展磨勘，等第行遣。庶几稍肃官箴，稍严士则。”从之。①

仅以两浙路为例，相隔三年，牒试人数增加六倍有余，其间之冒滥，不言而喻。朝廷将其中“所牒最多三数人”予以处理，以求杀一儆百之效果，但这本来就是放过多数作弊者的和稀泥作为，当然作用不大。次届科考，牒试冒籍依然是重大问题。庆元五年（1199）七月：

知兴化军叶端衡言：“今日贡举之制，最为严密。独于漕司牒试，未免有启伪之端。夫守倅有门客，有本治所异姓亲之牒试；一命而上，去乡二千里，有随侍同宗亲之牒试，二弊不可概举。以守倅牒一门客，人情法意，无可言者。至于异姓亲，如所谓女夫、儿妇之兄弟，姊妹之亲家，强连牵合，皆平生素昧之人。苟有亲党多处，于注拟之际，自当回避。今以举人家状与其父祖告命观之，乡贯异同，又有亲兄弟各自异其乡贯者。玩侮朝廷，一至于是！去乡二千里，有随侍牒试者，本为子孙设，况皆监当兵将之类，职卑而俸薄，决无随侍之多。使果有族类，濒期涉远，犹之可也。今皆以同姓冒牒，不过应亲要嘱托，甚则货赂请求而已。乞除守倅合牒门客一人外，其异姓避亲牒试，乞行罢免。如有异姓服属亲，为倅者则不许监试，合差以次官。其随侍之人，照指挥许牒子孙弟侄，仍召升朝保官二员，并牒官重甘罪罚，批书印纸。苟有败露，必置宪典。”从之。②

牒试冒籍，大致是两种情形：“亲要嘱托”和“货赂请求”，泛滥可笑程度以致“亲兄弟各自异其乡贯”。叶端衡要求“罢免异姓避亲牒试”，孝宗朝也曾尝试过“本宗牒试”，旋即废除。这是治标不治本之无奈手

① 《宋会要辑稿·选举》一六之二九、三〇，第5册，第4526页。
② 《宋会要辑稿·选举》五之二二、二三，第5册，第4323—4324页。

段，有权势者改换考生姓氏不是难事。朝廷同意叶端衡奏言，意欲对牒试冒籍多少有所限制，也是下下策。至于针对作弊官员“苟有败露，必置宪典”“重甘罪罚”，历次都是雷声大雨点小，终归无效。如此次立法之后，次届科考之前，嘉泰元年（1201）四月：

> 臣僚言：“近来朝廷，惩科举牒试冒滥之弊，因臣僚有请，立为限节，增损旧法，稍加详密。使士子各安分谊，而当官者遵守法禁，不为欺罔，非不尽善。但试期渐逼，却有委实随侍在远，未知新制，当有后时之叹。乞且循前举体例放行一次，姑俟后举，遵用前来指挥。”从之。[①]

即上述叶端衡要求严格牒试的些许变革，未得到一次真正落实，就被临时叫停了。理由是“试期渐逼，却有委实随侍在远，未知新制”者。广大官员的利益受损，自然会寻找理由加以抵制。是年秋，牒试冒滥依旧，朝廷只得杀一儆百，以示效尤。嘉泰二年（1202）三月：

> 御史台言：“庆元四年十月指挥，今后诸路运司牒试数多之人，令觉察闻奏。本台今据两浙运司开具今举诸州府知、通申到避亲赴试人数，比照数内牒试最多人，朝请郎、通判婺州汪德范牒一十四人，朝奉大夫、通判台州林谦牒一十三人。今照指挥，合行举觉。”诏：“汪德范、林谦各特降一官。”[②]

朝廷已经一再禁止，官员作弊仍然肆无忌惮，只能说明朝令不能得到很好的落实，由此带来官员的贪图侥幸心理。

终宁宗朝，牒试冒滥一直是臣僚们反复讨论的问题，列举嘉泰二年

① 《宋会要辑稿·选举》五之二三、二四，第5册，第4324页。
② 《宋会要辑稿·选举》五之二五、二六，第5册，第4325页。

（1202）之后数则：

（嘉泰四年，1204）右正言林行可言："胄子之试，取人稍宽，岂非念其父兄莅官中都而优之欤？比年严期功之令，应牒颇艰，明注于榜帖之下，防闲亦密矣。既而复宽，厘务官所牒之员，待之甚厚。乃或非其本宗，矫揉冒滥，无复顾忌。果何取于胄子之名哉？……漕试之仍旧，正欲以优远方随侍子弟。今西北流寓，冒贯福建，类皆军中将校。书铺立价，仅出数千，便得一试，岂牒试之本意乎？"①

（开禧元年，1205）臣僚言："国家开设学校，胄子之试尤优，搢绅之士固宜自知爱重，讵容窜名易贯，伪冒服属，以坏良法。属者尝有泛及缌麻，滥至同姓，求试者既不安于命义，而牒试者又不知有法禁，靡然趋之，浸失本意。乞令礼部申严牒试之法，如敢冒滥，并将保官照条重赐责罚。"从之。②

（嘉定元年，1208）今之牒试，凡曰避亲，曰随侍，曰门客，鲜非伪冒者，而贩鬻者居其半。③

（嘉定十五年，1222）臣僚言："闽、浙数郡，每一大比，终场之数加多于前，而元立解额甚少。士病进身之艰，故冒贯以求漕牒，伪亲以规胄试，买帖以赴监补。"④

牒试成为官员贪赃敛财的途径之一，"书铺立价，仅出数千""贩鬻者居其半"，这就能够解释为何一位官员牒十几位考生。专制体制下官场

① 《宋会要辑稿·选举》五之二八、二九，第5册，第4326—4327页。
② 《宋会要辑稿·选举》五之三二，第5册，第4328页。
③ 〔宋〕刘宰：《上钱丞相论罢漕试太学补试札子》，《全宋文》卷六八二一，第299册，第172页。
④ 《宋会要辑稿·选举》六之四七，第5册，第4353页。

之腐败，在科举牒试制度一端，就有非常充分的表现。

其次是挟书，又称“怀挟”。就是偷偷携带各种文字入考场，以便考试时抄袭。这是最古老、最普遍的考试作弊方式。宋代科举制度规定：“凡就试，唯词赋者许持《切韵》《玉篇》，其挟书为奸，及口相受授者，发觉即黜之。”[①]除上述韵书和字书外，不可以挟带其他文字入考场。然而，挟书作弊禁而不绝，尤以宁宗朝以来为甚。摘取四则嘉定年间臣僚相关奏疏：

> （嘉定元年，1208）比年省闱取士，弊幸百端。最是挟书、代笔，尤为场屋之患。盖曩由宰相门客，怀挟败获，反将逻者施行。自后习以成风，绝无忌惮。又缘巡案例差局务小官，其曾应场屋者皆充对读，选择之余，方及巡案。势力既微，待遇又薄，全不加意。所差内侍，亦多官微位下，不能谁何。八厢目击其弊，类皆容隐。[②]

> （嘉定三年，1210）自侂胄窃权，内畏人言，纵弛试禁，邀誉士子。蝇头册子，山积案上，往来交加，无异阛阓。[③]

> （嘉定九年，1216）夫挟书有禁，旧制也。今郡至棘闱，日未及中，残编散帙，盈于阶戺。甚者，以经史纂辑成类，或赋、论全篇刊为小本，以便场屋。巧于传录者既以幸得，而真有问学者未免见遗。[④]

> （嘉定十二年，1219）照得贡举制，举人怀挟殿四举，有官人冲替。注“令人、为人同”，非不至严。士子类多挟书，堆积盈满，条制荡然。今秋宗子解试，有怀文入场，所出之题，一人有十二篇，

---

① 《宋史》卷一五五《选举志一》，第11册，第3605页。
② 《宋会要辑稿·选举》六之三，第5册，第4331页。
③ 《宋会要辑稿·选举》六之九，第5册，第4334页。
④ 《宋会要辑稿·选举》六之二七，第5册，第4343页。

己用其一，余以惠人，悉皆预榜。真才黜落，莫不惋愤。[①]

挟书作弊之严重，以至“习以成风，绝无忌惮”。考场所遗留的挟书，“蝇头册子，山积案上”“残编散帙，盈于阶戺”“堆积盈满”，确实到了“条制荡然”的地步。这里提到的“蝇头册子”，是当时书商专门为科举考试作弊定制的小巧书册，以便挟书之用。北宋时类似定制，仅仅是个人手抄，“皆是小纸细书，抄节甚备。每写一本，笔工获钱三二十千”[②]，规模有限。南宋则转为批量生产，规模惊人。南宋人云：“自国家取士场屋，世以决科之学为先。故凡编类条目、撮载纲要之书，稍可以便检阅者，今充栋汗牛矣。建阳书肆，方日辑月刊，时异而岁不同，以冀速售。而四方转致传习，率携以入棘闱，务以眩有司，谓之‘怀挟’，视为故常。”[③]嘉定十六年（1223），国子博士杨璘亦言：“今书坊自经子史集事类，州县所试程文，专刊小板，名曰夹袋册，士子高价竞售，专为怀挟之具。”[④]宋代福建路建宁府，是当时图书刊印销售的一大中心，时称“书籍行四方”，且注云：“麻沙、崇宁两坊产书，号为图书之府。”[⑤]此地集中制作怀挟书籍，也是为适应作弊盛行的市场需求。

再次是代笔，就是由他人替代答卷。其作弊方式大约有三种。

其一，考生与枪手同时入场，答卷完毕，互换试卷。即宋人所言的“拆换家状，改易试卷”。[⑥]嘉定六年（1213），殿中侍御史石宗万言科场弊案：“封弥不谨，则有拆换家状之弊。”[⑦]嘉定十年（1217），臣僚奏疏

① 《宋会要辑稿·选举》六之三五，第5册，第4347页。

② 《条约举人怀挟文字札子》，《欧阳修全集》卷一一一，第4册，第1677页。

③ 〔宋〕岳珂撰：《愧郯录》卷九，《景印文渊阁四库全书》第865册，台北：台湾商务印书馆，1986年，第156页。

④ 《宋会要辑稿·选举》六之四九、五〇，第5册，第4354页。

⑤ 〔宋〕祝穆编、祝洙补订：《宋本方舆胜览》卷一一，上海：上海古籍出版社，1991年，第127页。

⑥ 《宋会要辑稿·选举》五之五，第5册，第4315页。

⑦ 《宋会要辑稿·选举》六之一三，第5册，第4336页。

言及此类弊案，更为详尽，并提出对策：

> 日来多有冒名入场之人，颇骇人听。如甲系正名赴省，乙乃冒名入场。方州士子，纷揉错杂，书铺莫辨，安然入试，略无顾忌。十年之前，安得此弊？预榜之后，独有参验字踪真伪，非不严也。曾不知奸弊之生，出人意外。场屋制备卷，以防正卷之阙失。今乃预买备卷，冒名出试，则以场中之文，令正身誊上。及至中榜，计赂吏胥，抽换场中之卷，虽一二千缗，亦不惮费。吏辈为地，何计不遂！则比字踪之设，不足恃矣。备卷条印，通印卷首，以防折换。此曹多是买下，或于帘前妄请，潜地袖与正身誊写。帘前纷陈之备卷，何所稽考？此弊之尤者，非怀挟、传义之比。乞下礼部，自今省试，只许监中印士人正卷。所有备卷，只许白卷纳入省场，令监试专差官监印，计数封起。引试之日，有请备卷，必逐名监给，抄上姓名、乡贯，以为后日稽考。私买、滥请之弊，仍令巡按等人巡缉。有正卷又请备卷，冒名入场人，必罚无恕，庶几伪冒可革。[①]

此种代笔作弊，有“冒名入场”“预买备卷”“帘前妄请”等花样繁多的手段，到了“略无顾忌”的地步。朝廷同意奏疏所提供的对策，只是一种被动应对的措施，即使贯彻实施，也只是预防“备卷”一项而已，无法根绝冒名代笔。嘉定元年（1208），大理少卿费培言及考生与考场小吏趁“纳卷”之际串通作弊，云：“吏辈肆奸，了无顾忌。欲拆换卷头，以甲为乙；誊写程文，以伪为真；受他人之嘱，毁坏有名试卷，亦可也。”[②]可见单一审核“备卷”不能根绝此类作弊行为。

其二，雇枪手冒名顶替，全程替考，所谓“全身代名”者。[③]这应该

---

① 《宋会要辑稿·选举》六之二九，第5册，第4344页。
② 《宋会要辑稿·选举》六之五，第5册，第4332页。
③ 《宋会要辑稿·选举》六之四八，第5册，第4353页。

是更加有势有钱者所为，省却了在场屋之内更换试卷等风险。嘉定元年（1208），太常博士张声道较为详尽地揭示此种作弊手段，云：

> 豪民上户，不务实学，专以抄写套类为业。广立名字，多纳试卷，将带笔吏，假儒衣冠，分俵书写，侥幸万一。至揭榜，或数卷两得，全中待补，则父子兄弟分认名目。及赴省试，则以多赀换易试卷，或全身充代，窃取科第。①

“全身充代”，作弊者轻松中第。嘉定十二年（1219），臣僚奏疏云：“场屋弊极”，弊端之一就是“身不入场，榜出高中”，②指的就是这种代名考试。

其三，将考试题目外传，再将代答程文传入。方式大致也有两种。一种是通过考官锁院期间家书往来，挟带答案。嘉定六年（1213）正月：

> 臣僚言：“试院有平安历，不过以报平安。今则不然，其出也，所书项目，监门莫得而见；其入也，所传件数，监门莫得而稽。囊复封识，不知所藏何物。名为药裹，安知无简札往来？号为家书，安知无消耗漏泄？其弊有未易言者。嘉泰间，议臣亦尝推究关防矣，未闻许其发视而后通传。乞下所属，自今平安历早暮出入，监门官逐一点检，不许帕复缠裹，私自封缄。虽药贴家书，亦先开拆，方得收传。监试复视，则考试者无得容其私，就试者无以售其私。”从之。③

另一种是借助考场建筑空隙，传递答案。嘉定六年（1213）五月：

---

① 《宋会要辑稿·选举》六之三，第5册，第4331页。

② 《宋会要辑稿·选举》六之三四，第5册，第4346页。

③ 《宋会要辑稿·选举》六之一一，第5册，第4335页。

臣僚言："贡院墙壁，本自低矮，年来颓圮。如西边一带，抵靠别试所晨华馆，而断垣及肩，践踏成路。传泄之弊，多由此出。最后正通大理寺前，居民搭盖浮屋于墙上，亦作弊处，莫可堤防。东畔墙虽稍高，却与封弥、誊录所相邻，而缝穴最多，关防须密。乞将贡院周围内外墙，并就旧基增筑高阔；里边掘成沟池，阔五六尺许，深浚亦如之。不惟得土筑墙，可省般运，而四傍潴水，亦可泄贡院卑湿。墙里加以池，则人不得而逾矣。仍约束居民，不得因墙起造浮屋，庶革传泄之弊。"①

代笔猖獗，其为害之烈，远超冒名和怀挟。冒名者，最终需要自己参加考试，只是钻牒试录取率更高的空子；怀挟者，还需自己有一定功底，只是以抄袭补不足。代笔则可以让完全不读书的纨绔子弟高中科名。开禧元年（1205），臣僚云："代笔之弊，最其甚者。显行贿赂，略无忌惮，或替名入试，或就院假手。故有身躐儒科，而不能动笔，污辱搢绅。"②又，嘉定十二年（1219），右谏议大夫李楠言："厥今之弊，曰传义，曰挟书，曰见烛，未若代笔，最失本意。盖科举以其业儒能文，而后设棘闱之防、门关之禁，监试有官，巡逻有人，堤防伺察，虑其有弊。今赂贿公行，代笔中选，十常二三。"③他们都一致认为科举作弊以代笔危害最甚。然而，"代笔中选"者高达"十常二三"，还是相当骇人听闻的，可见宁宗朝科举糜烂之程度。

宁宗朝科举作弊手段多种多样，嘉定六年（1213），臣僚奏疏叙说种种作弊手段：

乡贡土著，令甲非不严也。游手之士，奔走远郡，或买同姓为

① 《宋会要辑稿·选举》六之一三，第5册，第4336页。
② 《宋会要辑稿·选举》五之三〇，第5册，第4327页。
③ 《宋会要辑稿·选举》六之三三，第5册，第4346页。

宗族，或指丘垄为坟墓，百计营求，以觊一试，于是妄冒诞谩之风成矣。假手传义，罪名非轻也。饥贫之士，贪于近利，竭其素蕴，芸人之田。有一人代二三名者，有二三人共为一名者，亿则屡中，竟遂其私，于是铜臭假儒之志得矣。差官考试，逐州对号，此漕司之措置也。好贿之吏，不念灯窗之旧，作廋辞密授亲仆，所至求售，满意而归，于是富室子弟相仿行赇矣。通判之牒馆客，盖避监试之嫌也。而别厅亦复援例，士幸速化，不远千里，假作土著，以希漕举，于是始进欺君之恶，不暇顾矣。封弥、誊录，就差本州县吏，此定例也。俗士通同，密取同经卷子，增减字画，妄谓杂犯，暗行黜落，或拆换卷首，于是实学之士无所赴愬矣。校艺既定，编排申号，此有司之事也。而长官入院，妄作聪明，舍合格之人，取备卷之缪，或私旧识，或示己恩，于是漕司所差之官不得行其志矣。[①]

嘉定十六年（1223）臣僚奏疏还将其中最盛行的大致归纳为12种，云：

摭取其尤凡十二事陈之：曰门关，曰纳卷，曰内外通传，曰全身代名，曰换卷首纳白卷，曰吊卷，曰吏人陪《韵略》钱，曰帘内胥吏乞觅帘外胥吏，曰试宏博人怀挟、传义，曰诸色人之弊，曰帘外诸司官避亲，曰印卷子，谨条于后。[②]

此外，庆元四年（1198）臣僚言有“暗记牢笼之弊”；[③]开禧元年（1205）臣僚言“或先与试题，或私为暗号”；[④]嘉定元年（1208）臣僚

---

① 《宋会要辑稿·选举》六之一一、一二，第5册，第4335页。

② 《宋会要辑稿·选举》六之四八，第5册，第4353页。

③ 《宋会要辑稿·选举》五之二〇，第5册，第4322页。

④ 《宋会要辑稿·选举》二二之一九，第5册，第4605页。

言，有“移坐”“贿赂计嘱排坐”者；[①]嘉定三年（1210）侍御史刘榘言：“上则私记，下则假手，相与表里而得之。”[②]嘉定八年（1215）殿中侍御史黄序言四川类省试云：“世变愈下，奸弊愈滋，四蜀为甚。”[③]总而言之，宁宗朝科举弊案举不胜举，科举制度大面积糜烂。

三、余论

南宋后期科举制度之衰败，还表现在其他诸多方面，此处予以大概阐述。

其一，考官选差不当。考场的公平公正，既要依靠制度来规范，又要依赖考官来落实制度。宁宗朝臣僚对于考官的选差，曾发表过诸多言论。庆元元年（1195）：

> 臣僚言：“国家三岁大比，经义、诗赋分为两科，使各占其艺，以便多士，德之至渥也。惟差试官，有失立法之意。或全差治经而不差习诗赋者，或全差习诗赋而不差治经者，是以考校去取，间有枉被黜落，或滥中科名。今试期已迫，乞下礼部符诸路漕司，凡差试官，必经义、诗赋相半。虽远方小郡解额少处，亦不可使偏于一。收拾千人一律之腐语，识认同门共习之故文，怙势凭愚，故黜正论，连交合党，共取凶徒。甚者，秋闱敢举浮诞之说，发为策问，诳诱后学，遂使真贤实能见弃有司者太半。乞宣谕大臣，今后试官，须精加选择，委有文行，该通博洽可以服众，方严公正可以厉俗，始许以名闻。否则，科目前列，不在兹选。庶几学校科举自此少变，而朝廷收得人之实效矣。”从之。[④]

---

① 《宋会要辑稿·选举》六之二，第5册，第4330页。
② 《宋会要辑稿·选举》六之六，第5册，第4332页。
③ 《宋会要辑稿·选举》六之二四，第5册，第4341页。
④ 《宋会要辑稿·选举》五之一三、一四，第5册，第4319页。

这则奏疏言考官选差之弊，涉及三个方面：考官或单治经或单习诗赋，不能公平公正录取考生；考官“识认同门”“连交合党，共取凶徒”；考官命题“举浮诞之说，发为策问”。第一点指出考官能力有所偏颇，造成录取不公；后两点则指出考官故意徇私，有违原则。其时禁绝道学，后两点显然针对道学之士而发。

考官任用不当，造成考场严重不公，一直是宁宗朝无法解决的科场弊端之一。再引三则文献以证之：

> （嘉泰元年，1201）知滁州许巽言：“三岁科举，至重事也。乃者，诸路所差考官，或非其人，命题乖张，考文纰缪。或章句之不相属，或援引之非所宜，经义至失本旨，诗赋至失音韵。”①

> （嘉定三年，1210）漕司所差考试，多是寄居、待阙官。而见任有出身人，或无势援，返处以帘外职事。以至寄居、待阙被差者，本贯相去不远，率多私嘱之弊。每一揭榜，不能免人之议。②

> （嘉定六年，1213）辅郡试官有昏耄不能视阅卷子，至令书吏读而卧听。③

此外，考官选差不当、各种作弊盛行、制度松弛败坏，还导致考官对待寻常试卷漫不经心。开禧元年（1205），臣僚言：“比年以来，名为三场通考，往往考校之时，或倦披览之难遍，或局好恶之不同，经义、诗赋独取于一破题，舍是弗考。”④考官如此敷衍了事，考场不公便是常见现象。

考官以外，考场其他官吏选差，也有诸多弊病。如，对读官“虽昏

---

① 《宋会要辑稿·选举》二二之一六，第5册，第4603页。
② 《宋会要辑稿·选举》二二之二三，第5册，第4607页。
③ 《宋会要辑稿·选举》二二之二四，第5册，第4607页。
④ 《宋会要辑稿·选举》五之三〇，第5册，第4327页。

耄衰病，亦使备数”；誊录人“虽疾病癃老，不惯书写，俱不暇问”[①]。甚至有“誊录者毁弃试卷”。[②]考场其他官吏，更有利用手中权力，参与作弊。开禧三年（1207），臣僚奏云：“监门官……率小官下吏，寡少廉耻，将所给字号，为高赀者得之，前途伺候，以行私嘱。”[③]这些官吏，或昏聩，或以权牟利，他们共同敲响宋代科举制度的丧钟。

其二，经义合题荒唐。宋代试场各种考题和模范时文，以传抄、印刷等多种手段流行，考生反复记诵，应对考试。考官为了防止考生依赖记诵范文而中第，力求出题花样翻新。诗赋考题相对难以重复，而经义可供出题者终究有限，遂有“合题”一说。庆元四年（1198）：

> 臣僚言：“近者臣僚有请，自今试场出六经合题，深中场屋之弊。但本意正恐题目有限，士子得以准拟，返使实学不能见一日之长。臣谓若出合题，则合题亦自有限，士子仍旧准拟。乞下礼部，令遍牒诸路，自今出题，或尽出全题，或三篇中欲合一题，听从有司。庶几不致拘泥，不为举人所测。”从之。先是，礼部侍郎胡纮言：“国家三岁大比，以经义、诗赋笼天下之士，群试于有司者，必精通所习之业，可以中选。今之诗赋，虽未近古，然亦贯穿六艺，驰聘百家，有骈四俪六之巧。惟经义一科，全用套类，积日穷年，搜括殆尽，溢箧盈箱，无非本领。主司题目，鲜有出其揣拟之外。欲令有司，今岁秋试所出六经，各于本经内摘出两段文意相类、不致牵强者，合为一题，庶使举子有实学者得尽已见，足以收一日之长。而挟策雠伪者，或可退听矣。”从之。至是臣僚复有请焉。[④]

经义考试命题的窘境乃是“积日穷年，搜括殆尽，溢箧盈箱，无非

① 《宋会要辑稿·选举》六之一、二，第5册，第4330页。
② 《宋会要辑稿·选举》六之一〇，第5册，第4334页。
③ 《宋会要辑稿·选举》五之三二，第5册，第4328页。
④ 《宋会要辑稿·选举》五之二〇，第5册，第4322页。

本领”“题目有限，士子得以准拟”。为了做到“不为举人所测”，于是从不同经书中摘取两段文字，凑拼到一起，成为新的考题，此即为“合题”。合题的要求虽然是“两段文意相类、不致牵强者”，实际操作中往往走样，合题演变为断章或牵强关题。嘉泰元年（1201）臣僚奏云：

> 命题之际，或于上下礫裂，号为断章；他处牵合，号为关题。断章固无意义，而关题之显然浑成者，多已经用，往往搜索新奇，或意不相属，文不相类，渐成乖僻。士子虽欲据经为文，势有不可，是有司驱之穿凿。①

嘉定四年（1211），国子祭酒兼权刑部侍郎刘爚奏云：“近年经学不明，命题断章，学者以巧于迁就为工，不以推本经意为正。……今后命题，不许断章，长短不拘。”②经礼部审核，颁为诏旨。然科场合题断章，已成为许多考官的偏好。嘉定十五年（1222），秘书郎何淡奏：“为主司者，但见循习之文多，可命之题少，于是强裂句读，出其所不拟，专务断章，试其所难通。”国子博士钟震等聚议时亦云：“场屋命题，多是牵合字面求对，更不考究经旨。”③可见合题断章之弊，至宁宗朝末依然盛行。

其三，童子科冒滥。宋代科举设有童子科，专门考试、选拔聪颖早慧、天资过人的儿童。“神童：十岁以下能背诵，挑试一经或两小经，则可以应补州县小学生。若能通五经以上，则可以州官荐入于朝廷，而必送中书省复试，中则可免解。”④一时父母，趋之若骛。宁宗朝童子科之冒滥，屡见于臣僚奏疏。嘉定五年（1212），臣僚奏云：

---

① 《宋会要辑稿·选举》五之二五，第5册，第4325页。
② 《宋会要辑稿·选举》六之一〇，第5册，第4334页。
③ 以上两则材料均见《宋会要辑稿·选举》六之四二，第5册，第4350页。
④ 〔宋〕赵升撰，王瑞来点校：《朝野类要》卷二，北京：中华书局，2010年，第54页。

> 童子一科，近年应举者源源不绝，此皆明作人“小子有造”之效，然有恩数太滥之弊。照得童子能背念九经者免一解，兼讲说书免两解。今之所讲说者，不过父兄以讲义与之诵念，实未尝通晓义理。以背念九经方免一解，背念一经讲义亦免一解，是以讲说免者不其太侥幸乎！[1]

嘉定十四年（1221），臣僚再奏云：

> 迩来应是科者，或年至十二三，甚而十四五，俱冒称十岁以下。方居髫龀，而已示之以诳，异时见诸事业，欲其著诚去伪亦难矣。矧自己卯讫辛巳，仅逾二载，而取中者已四十有六。冒滥若此，顾足以为贵乎？[2]

朝廷因这道奏疏，诏云：“自今后童子举，每岁以三人为额。”[3]这项诏令，未见执行推行之文献记载。反而，宋末因礼部侍郎李伯玉言：“人材贵乎善养，不贵速成，请罢童子科，息奔竞，以保幼稚良心。”[4]咸淳三年（1267）遂罢童子科试，此时，离南宋灭亡仅剩十年。

宁宗朝科举制度之糜烂，渗透到所有环节，弊案不胜枚举。再举两个特殊案例以见之。

宋代科举殿试及唱名通常都在三月或其前后，偶因特殊原因改期，如南渡前期有因为战争及朝廷流亡而延后考试者。宁宗朝后期殿试唱名却经常性延后。嘉泰二年（1202）始，多数廷对唱名都延至五月，嘉定十三年（1220）再延至六月。究其原因，非常简单，类省试考生没有如期来到临安，为等待这些考生，廷对唱名只得延期。再追究这些考生迟

---

① 《宋会要辑稿·选举》一二之三八，第5册，第4466页。
② 《宋会要辑稿·选举》一二之三九，第5册，第4467页。
③ 《宋会要辑稿·选举》一二之三九，第5册，第4467页。
④ 《宋史》卷四六《度宗纪》，第3册，第896页。

到的原因，就更令人啼笑皆非了。嘉定十五年（1222），臣僚奏云：

> 臣采之舆论，以蜀士迟迟而来，盖自有说。在法，凡赴廷对，许量带税物随行，以助旅费。向也一舟五六人共之，行计易办。后来人各一舟，货物未足，卒难起离，遂成濡滞。夫不汲汲于功名，而孳孳于财利，则是未入仕已丧所守矣。①

为了解决部分家境窘迫的类省试考生赴京考试的费用问题，朝廷允许考生携带免税货物，以长途贩运获取利润。宁宗朝后期，这项政策在实施中变味，相当多的考生追求利益最大化，尽量更多地携带货物，赴考兼贩运，未入仕途，先求财利。由此，大量考生迟到，朝廷只得一再延期廷对唱名。

同年，臣僚奏疏又云：

> 向者，士子必四五人共为一舟，舟楫易办。数举以来，或一二人为一舟，舟人浸成稽缓。水陆万里，风波险阻，涉历州县，关津滞留，势必至夏，始达行都。数蒙睿旨，展期以俟其集。盛夏炎赫，皇上临轩，汗透御服，臣子殊不遑安。嘉定七年、十三年，臣僚屡次申明，而玩弛既久，终未能革。②

据此奏疏，这个问题早就已经引起关注，却“玩弛既久，终未能革”，一直拖延到宁宗朝末年。

考官和考生，在考试过程中，皆“孳孳于财利”，对制度有极强的破坏性作用。

另一特殊案例是开禧元年（1205）殿试，毛自知状元及第，嘉定元

---

① 《宋会要辑稿·选举》八之二八，第5册，第4388页。

② 《宋会要辑稿·选举》八之二七，第5册，第4387页。

年（1208）降至五甲末：

> 诏："毛宪落职放罢，毛自知降第五甲，追还第一名恩例。"既而，以臣僚言："……往岁陛下亲策多士，毛自知唱名第一。公论籍籍，皆谓自知本名自得，冒其弟之解，叨预奏名。其父宪时为都司，与苏师旦素厚，经营传出策题。前期策成全篇，宪之笔居多。差为编排，文字可认，优批分数，遂膺首选。自知无以报师旦私己之恩，亲造其门，拜而谢之。都人至为歌词讥诮，喧传众口。师旦复与为地，除宪察官，而怀不平者始不敢言矣。方乙丑之春，边陲清晏，两淮、荆襄、全蜀之民熙熙如也。自知献策，以为：'天亡此胡，决在此一二年。今不乘其机以定中原，窃恐必有豪杰之士仗大义，据关中，以令天下者。'又虑议不坚决，复于终篇言庙堂之势未尊，台谏之权未重，意欲钳天下之口而决用兵之策。不知自知何所见而然耶？自知趋媚时好，以取世资，谋身则善矣，如社稷生灵何！"[①]

这一弊案涉及冒籍、泄题、代笔、暗记、迎合权臣等关节，成为宋代科举史上的荒唐笑柄。高宗朝亦有秦桧孙秦埙等科举不公，事后被处理的事件，然状元被处置，两宋唯此一例。

科举制度之衰败，使得朝廷后继乏人，南宋政权的日趋衰落，不言而喻。换言之，科举制度之衰败是南宋政权衰落的重要一环。

最后再对宁宗朝正奏名录取人数做一统计。宁宗朝共录取4740名，[②]以宁宗在位30年计算，平均每一年度约录取158名，比孝宗朝平均值143名再度略有增长。考虑到总体和平，教育和读书风气更为普及，所谓"承平日久，士子日盛"，[③]进士正奏名录取数的略微增加，属于常

---

① 《宋会要辑稿·选举》八之二〇、二一，第5册，第4384页。

② 此数据来源为《中国科举制度通史·宋代卷》，第887—891页。

③ 〔宋〕曹彦约：《论牒试札子》，《全宋文》卷六六五七，第292册，第351页。

态化的增长。

第二节　理宗度宗朝

宋理宗赵昀于公元1224年9月登基，公元1264年闰11月去世，在位40年。在位之久，仅次于宋仁宗。理宗朝依然持续南宋后期权臣掌控朝政态势，“史弥远、丁大全、贾似道窃弄威福，与相始终”[①]，朝廷混乱，太阿倒持，贿赂公行，诸多制度形同虚设，南宋小朝廷日薄西山。连蒙灭金、端平入洛等举措加速了南宋灭亡的步伐，有识之士已经清醒认识到这一切。理宗末年，“建宁府教授谢枋得校文宣城及建康漕闱，发策十余问，言权奸误国，赵氏必亡。”[②]科举考试居然直接关注到国之将亡的现实。当然，相对而言，科举制度仍比其他制度更为公正，理宗朝科举种种建设和应举人数也在源源不断地增加。

南宋灭亡后，理宗朝的史料没有得到很好的整理和保存，大量遗失，如《宋会要辑稿》就止于嘉定十七年（1224），理宗朝无文献留存。这使得理宗朝诸多制度实施或演变之面貌模糊，只有蛛丝马迹可以辨认。对理宗朝科举制度之演变，同样只能做出粗略勾勒。度宗朝比较短暂，其政局大致与理宗朝末年相似，附论于此。

一、弊端丛生，积重难返

宁宗朝科举作弊盛行，臣僚对此异常关注，朝廷也在采取种种措施予以抑制，然而毫无效果。至理宗朝，科举制度败坏已经到了积重难返的地步。《宋史》概括说：

---

① 《宋史》卷四五《理宗纪五》，第3册，第888页。

② 《宋史》卷四五《理宗纪五》，第3册，第888页。

至理宗朝，奸弊愈滋。有司命题苟简，或执偏见臆说，互相皆驰；或发策用事讹舛。故士子眩惑，莫知适从，才者或反见遗。所取之士既不精，数年之后，复俾之主文，是非颠倒逾甚，时谓之“缪种流传”。复容情任意，不学之流，往往中第。而举人之弊凡五：曰传义，曰换卷，曰易号，曰卷子出外，曰誊录灭裂。①

史官所言种种科举弊端，皆不出宁宗朝臣僚讨论之范围。朝廷为此也曾多次出台对应政策，或规定严厉的惩罚措施，显然没有任何作用，甚至恶化到“缪种流传”的地步。弊端丛生的根源在于“人治”制度，况且，到了理宗朝，朝廷所依赖的自上而下的监管和约束制度基本失效，“人治”之恶充分泛滥，科举制度同样深受其害。

除了上述《宋史》所列五种常见作弊手段之外，引起臣僚特别关注的依然是牒试。理宗登基后首届科举考试是宝庆二年（1226），次年曹彦约即上《论牒试札子》：

某窃见科举之弊，莫甚于牒试；而牒试之弊，莫甚于作伪。……朝廷以承平日久，士子日盛，设为牒试之法，宽其进取之门，末节细故，未暇深察。于是，改乡里以就他人之贯，改三族以认他人之亲，甚者改其父祖，改其姓氏。若得若失，尚未可知，而欺君之迹已昭昭不可掩矣。……惟是漕试之弊，积习既久，士大夫互相欺诈，恬不为怪。败坏士子心术，莫甚于此。②

曹彦约以下又提出比较啰唆的应对之策，大约不出“户贯之必欲土著”“严其保任而许其牒试”等数种，皆为老生常谈。宋代科举考试中这些老大难问题，频频被提及，次次提出应对举措，却毫无起色，仍然是

① 《宋史》卷一五六《选举志二》，第11册，第3636页。
② 《全宋文》卷六六五七，第292册，第351页。

“积习既久”“恬不为怪”。

《宋史》对理宗朝绍定年间科举弊端，年年都有记载：①

（绍定元年，1228）有言举人程文雷同，或一字不差。其弊有二：一则考官受赂，或授暗记，或与全篇，一家分传誊写；一则老儒卖文场屋，一人传十，十人传百，考官不暇参稽。于是，命礼部戒饬。前申号三日，监试会聚考官，将合取卷参验互考。稍涉雷同，即与黜落。或仍前弊，以致觉察，则考官、监试一例黜退。

（绍定二年，1229）臣僚言考官之弊：词赋命题不明，致士子上请烦乱；经义不分房别考，至士子多悖经旨。遂饬考官，明示词赋题意，各房分经考校。凡廷试，唯蜀士到杭最迟，每展日以待。会有言：“蜀士嗜利，多引商货押船，致留滞关津。”自是，定以四月上旬廷试，更不移展。

（绍定三年，1230）臣僚请：“学校、场屋，并禁断章截句，破坏义理，及《春秋经》越年牵合。其程文，本古注、用先儒说者取之，穿凿撰说者黜落。”

（绍定四年，1231）臣僚甚言科场之弊，乞戒饬漕臣，严选考官。

《宋史》又概括理宗朝绍定年间弊端云：

时场屋士子日盛，卷轴如山，有司不能遍睹。迫于日限，去取不能皆当。盖士人既以本名纳卷，或别为名，或易以字，一人而纳二三卷。不禁挟书，又许见烛，闽浙诸郡又间日引试，中有一日之

① 以下四则材料均见《宋史》卷一五六《选举志二》，第11册，第3637—3638页。

> 暇，甚至次日午方出。于是，经义可作二三道，诗赋可成五六篇。举人文章不精，考官困于披阅。幸皆中选，乃以兄弟承之，或转售同族，奸诈百端，真伪莫辨。[①]

依旧有挟书、冒名、断章、继烛、嗜利留滞等老问题，又增加了“一人而纳二三卷”等新的作弊手段，“奸诈百端，真伪莫辨”，防不胜防。

绍定之后，理宗朝科举弊端仍然时时见诸记载。端平二年（1235）贡举之前，诏书云：“比年场屋，循习宽纵，易卷、假手、传义之弊，色色有之。深恐真才实能，无以自见。”[②]是年真德秀权知贡举，对理宗说：“科举之弊极矣。如传义、挟书，不可不革。”[③]嘉熙二年（1238），臣僚再言牒试：“国子牒试之弊，冒滥滋甚。在朝之士，有强认疏远之亲为近属者，有各私亲故换易而互牒者，有为权势所轧、人情所牵应命而泛及者，有自揆子弟非才、牒同姓之隽茂利其假手者，有文艺素乏、执格法以求牒转售同姓以谋利者。”[④]淳祐三年（1243），俞忱一“次札言科举三事：一曰考校拘执之弊，二曰誊录卤莽之弊，三曰弥封易换之弊。”[⑤]淳祐七年（1247）四月，“广西漕臣劾贵州守臣陈鉴：‘迫胁考试官，私取士人，坏《科举法》’。”[⑥]同年五月，“以遂宁府观察支使赵希湄监试鬻举，诏削一资。”[⑦]淳祐九年（1249），臣僚言：“士子又有免解伪冒入试者，或父兄没而窃代其名，或同族物故而填其籍。”[⑧]宝祐元年（1253），

---

① 《宋史》卷一五六《选举志二》，第11册，第3638页。
② 《宋史全文》卷三二，下册，第2202页。
③ 《真文忠公行状》，《后村先生大全集》卷一六八，第7册，第4291页。
④ 《宋史》卷一五六《选举志二》，第11册，第3641—3642页。
⑤ 〔宋〕方逢辰：《俞公行状》，《全宋文》卷八一七五，第353册，第273页。
⑥ 《宋史全文》卷三四，下册，第2276页。
⑦ 《宋史全文》卷三四，下册，第2277页。
⑧ 《宋史》卷一五六《选举志二》，第11册，第3643页。

再“申严廷试挟书之禁”[①]。

理宗朝科举文献留存甚少，关于科举作弊或弊端的记载却史不绝书，成为这一阶段留存最多的科举史料。所谓积重难返，末世乱象，于此可见。由此，臣僚提出的应对举措，越来越细致，越来越繁琐。举其三则：

宝庆二年，左谏议大夫朱端常奏防戢之策，谓：“试院监大门、中门官，乃一院襟喉切要，乞差有风力者。入试日，一切不许传递。门禁既严，则数弊自清。士人暮夜纳卷，易于散失。宜令封弥官躬亲封镝卷匮，士人亲书幕历投匮中。俟举人尽出院，然后启封，分类抄上，即付誊录所。明旦，申逐场名数于御史台检核。其撰号法，上一字许同，下二字各异，以杜讹易之弊。誊录人选择书手充，不许代名，具姓名字样，申院复写检实。传义置窠之人，委临安府严捕。其考官容情任意者，许台谏风闻弹奏，重置典宪。及出官钱，立赏格，许告捉怀挟、传题、传稿、全身代名入试之人。”帝悉从之，且命精择考官，毋仍旧习。[②]

（宝祐二年，1254）监察御史陈大方言：“士风日薄，文场多弊。乞将发解士人初请举者，从所司给帖赴省，别给一历。如命官印纸之法，批书发解之年及本名年贯、保官姓名，执赴礼部，又批赴省之年，长贰印署。赴监试者同。如将来免解、免省，到殿批书亦如之。如无历则不收试。候出官日赴吏部缴纳，换给印纸。应合免解、免省人，亦从先发解处照此给历。如省、殿中选，将元历发下御史台考察，以凭注阙给告。士子得历，可为据证；有司因历，可加稽验。日前伪冒之人，可不却而自遁。”遂自明年始行之。[③]

---

① 《宋史全文》卷三四，下册，第2307页。

② 《宋史》卷一五六《选举志二》，第11册，第3636—3637页。

③ 《宋史》卷一五六《选举志二》，第11册，第3643页。

> （宝祐四年，1256）命在朝之臣，除宰执、侍从、台谏外，自卿监、郎官以下至厘务官，各具三代宗支图三本，结立罪状，申尚书省、御史台及礼部，所属各置簿籍，存留照应。遇属子孙登科、发解、入学、奏补事故，并具申入凿。后由外任登朝，亦于供职日后，具图籍记如上法。遇胄试之年，照朝廷限员，于内牒能应举人就试，以革胄牒冒滥之弊。①

拾遗补阙，都是为了堵塞制度败坏之后的千疮百孔。然而，种种举措饾饤琐碎，或选差“有风力者”监试院门，或封弥官“亲锁卷匮”，或认真选择誊录“书手”，或考前给贴对验，或官员申报“三代宗支”以便牒试查对。朝廷以往推出的重大举措或严厉措施，都没能阻止科举作弊之蔓延，理宗朝种种细琐的作为，当然更加没有效果了。

二、科举配套建设

科举制度在北宋得以改革和完善，贯彻实施数百年，至南宋已经形成系列的科举配套建设，如前文提及的孝宗朝贡院、进士题名碑等。南宋后期，科举制度尽管弊病丛生，却依然是专制社会里相对公正的制度，广大士人只有依赖科举制度才可能改变身份和阶层。理宗朝臣僚云：“近世公道大废，粗于科举稍公，孤寒之士尚可以进身。自科举之外，公道尽泯。”②此外，再加上南宋社会教育和文化事业的发展与普及，各地参加科举考试的人数越来越多，对与科举相关的配套建设有越来越多的需求，相关记载也频频见诸文献。

首先需要特别介绍的是贡庄及与其类似的慈善组织的建设。贡庄是宋人为资助科举考生赴试而设立的庄园。见于文献资料的贡庄都建于南宋，这与南北宋各地赴试的考生人数相关。各地赴考人数越多，资助费

---

① 《宋史》卷一五六《选举志二》，第11册，第3644页。

② 〔宋〕幸元龙：《论取士法疏》，《全宋文》卷六九三一，第303册，第390—391页。

用越大，官府有限的资助和民间小规模的募捐不足以支撑这项费用，就需要出现贡庄之类可以循环产出的专门资助固定资产或组织。贡庄之建立，对当地教育和科举事业有极大的推动作用。“去畿愈远者，聚粮愈艰。货田庐，贷子钱，不足则失口失色于人，自以求济其欲。又不足，则画而不前，往而遄反。……今未能以有行而使降志辱身若是，是将谁咎与?”①贡庄可以帮助考生一定程度上摆脱这类经济困境。

现存最早的贡庄记是何澹作于宋宁宗嘉定十二年（1219）的《贡士庄记》，此时距理宗朝仅5年时间。现存南宋贡庄记共20篇，包括2篇“规约记”和2篇义约序，其中3篇作年不能确定，能确定作年之17篇，理宗朝有12篇，占多数。②

理宗朝最早的贡庄记是熊良冶作于宝庆二年（1226）的《新昌贡士庄记》，全文如下：

汉制，计偕之士，县次续食。今置庄以待贡士，厥意惟同。江西十一郡，有此庄者不多见。县计尤非郡比，凡有司簿书所不责者，皆谓之不急。新昌有贡士庄田，新昌有赵令君也。新昌距行都千五百里而遥，往复必裹三月粮。三岁大比，士幸得与荐者，辄有居者、行者之虑。故事，相与裒金定约，待同盟之与荐者而赆之行。今宝庆元年，诏郡国贡士共寻旧约，君慨然曰：“士以气为主，而俾困心衡虑于裹粮之窘，可乎?”捐俸助银，激以序引，士气跃然。明年，郡贡士试春官，凡占籍新昌者，咸与奏名。君不徒喜，为怀永图，乃捐镪六十万，得腴田若干，属职稽其岁收而谨储之，待邑士有贤能献者而分馈焉。度三岁之积，剂量其丰杀之宜，若新荐，若旧举，若对策大廷之士，赆之有差，为规制约条甚详允。君之惠于邑士，可谓远也已矣。而今而后，问津皇路者益得以涵养其气而淬励其术

① 〔宋〕魏了翁：《靖州兴贤庄记》，《全宋文》卷七一〇六，第310册，第455页。

② 《宋代科举资料长编》之“南宋编”“综合编”有此18篇的全部记载。

业，发策决科，踵随袂属，斯无负于赵令君之美意乎！乃相与请于君，愿识其事。君曰："未遂也。由今规模而增广之，吾方有望于来者。"是不可以无述，于是乎书。[①]

新昌，今隶属江西宜丰县。当时江西境内"有此庄者不多见"，可见理宗朝各地才开始兴建贡士庄，后逐渐遍布全国。如度宗朝就有5篇江西贡庄记，分别为：欧阳守道《登云庄记》、欧阳守道《吉州吉水县贡士庄记》、欧阳守道《庐陵贡士庄记》、文天祥《吉州州学贡士庄记》、文天祥《建昌军青云庄记》。"新昌距行都千五百里而遥，往复必裹三月粮"，对多数通过发解试的士子来说，上京赶考是一笔巨大的经济负担，所谓"有居者、行者之虑"。仅仅依赖旧日"相与裒金定约，待同盟之与荐者而赆之行"的做法已经不够，所以，"新昌赵令君"于宝庆二年（1226）"捐镪六十万，得腴田若干"，建立贡士庄。凡与贡举者"赆之有差"，而且"为规制约条甚详允"。有此贡庄解决考生后顾之忧，当地科举事业当然能够更加兴旺发达。

而后，各地纷纷建立贡士庄，举数地为例。其一，绍定元年（1228），"玉山刘公来守"融州（今广西融水），"捐金"新创贡士库，"月收其息而积之，岁终则会而稽之，大比则通三岁所入之息差等而给之。"曹掾唐麟因此撰《融州新创贡士库记》。[②]其二，魏了翁守靖州（今属湖南怀化），"积行粮之余，市近郊田，积三岁所入，以给三邑之新旧进士。为之规约，识于碑阴，州府与校官掌其贰。"绍定四年（1231），自作《靖州兴贤庄记》。[③]其三，淳祐五年（1245），李昴英作《增城新创贡士库记》，称增城（今属广州）"去行都里以千计者四，负笈一诣，费比中州数倍"，"明府何君"为之创贡士库，"区条画目，纤悉曲尽"，考

---

① 《全宋文》卷八一二三，第351册，第256页。
② 《全宋文》卷七四二三，第323册，第217—218页。
③ 《全宋文》卷七一〇六，第310册，第455—456页。

生“自此西笑，惟一意温故知新，无复向来皇皇焉办装之窘。”[①]其四，淳祐六年（1246），刘克庄《鄂州贡士田记》，称“天台贾公为铸钱使者，斥羡币十万缗市田，为番贡士庄，余以赡番学。去而董饷鄂渚，时阃帅创南阳书院，公给以官田百三十亩，复斥币如番之数，以惠鄂士。”[②]鄂州，今属湖北，贾似道能在军情紧急、兵荒马乱之际，筹措建立两处贡士庄，其政绩值得“书其事于石”。事实上，贾似道不能被简单评价为亡国之罪臣，其前期还是乱世治国之能臣，宋人文献多有记载，当下史学界也已有讨论，刘克庄的记载从一个角度为后人提供了认识贾似道的新材料。

上文四地，分属今之广西、湖南、广东、湖北。此外，刘克庄《邵武军军学贡士庄》作于淳祐十年（1250），所记邵武今属福建；[③]程森《贡士庄记》作于开庆元年（1259），所记抚州今属江西。[④]其他文献中，也有贡庄或贡库建设的资料留存。如，虞云翼《宾州学进士题名碑》作于宝祐元年（1253），云：“淳祐庚戌，三山王侯节被临轩之命来宾。……侯且创置进士库，以为远试南宫者行囊之助。”[⑤]从现存的文献来看，理宗朝各地有一个建设贡士庄的小高潮。

另有“贡士规约记”，其写作模式与贡庄记完全一样，只是文章之后附有贡庄收益分配规约。如李峻《贡士规约记》作于淳祐十二年（1252），[⑥]先写寿昌（今属浙江）“距京，航浮陆走，千七百里而远”之距离；次写当地“为士者退怵于啼饥号寒，进窘于爨桂炊玉”之困窘；再次写贡庄之建立与资金来源，并阐述贡庄建立的意义。文章最后列明规约，分收入与支出两部分。以收入而言，“贡士库本钱十七界官会二万五千贯，月息二分，每年合解息钱六千贯。合三年所收，共一万八千贯。”“贡士庄

① 《全宋文》卷七九四三，第344册，第94页。
② 《后村先生大全集》卷八九，第5册，第2305页。
③ 《后村先生大全集》卷九〇，第5册，第2336页。
④ 《全宋文》卷八一五三，第352册，第316页。
⑤ 《全宋文》卷八一二三，第351册，第248—249页。
⑥ 《寿昌乘》，《宋元方志丛刊》第8册，第8396—8397页。

田种五十一硕六斗，课谷三年总计可收三百六十六硕九斗”。以支出而言，收入以十分计，“乡举发解人三分，太学、国子漕试士人发解人一分，乡举免解人一分，赴太学补试人三分，新请举人赴补不预。过省人一分半，上舍赴殿者同。参学人半分。”此外，升补内舍与上舍也略有馈赠。

其他“贡士规约记”如吴葴作于嘉熙元年（1237）的《建康府贡院赆送规约记》、姚勉作于宝祐四年（1256）的《邹氏同宗义约序》、王义山作于景定四年（1263）的《衡州安仁兴德乡义约序》，[①]一记贡院出资，一记宗族出资，一记地方出资，同样是资助考生的规约或序记，内容近似贡庄记，皆理宗朝作品。

此外，理宗朝还有15篇题名记和2篇贡院记留存下来，共同保存了理宗朝各地科举建设与考试之面貌。如程珌《徽州贡院记》作于宝庆三年（1227），称当地贡院始建于“乾道戊子（四年，1168）”，“今六十年，士五倍，门迸入，蹦践屡惊”。“丁亥（宝庆三年）之夏”扩建贡院，“新者以间计一百二十有七，旧者百楹亦再缮之。潭潭沉沉，林郁云屯，五门洞开，东西径可入，中坐万士裕如也。”[②]陈垓守泰州，绍定元年（1228）作《登科姓名记》，云：“贡院创于庆元三年（1197），才六十二间，地势下，市声近，位置窘狭，面城之阴，刹搀而塔左之，阴阳家之说弗合。”新建后，“前奏阛层，右耸文笔，旁翼之以御书阁，后坐之以玉清殿。伉都门二十尺，誊录所垣屋十九，弥封其右，屋十。重门巍然于中，联东西两挟四廊，凡六十六楹。厅之楹六，崇深皆二十四尺，长七十尺，贯以屋三而堂，堂如厅之数。轩其后为阁道。监试所须，凡揭什物皆具。”[③]这些文章皆通过贡院兴废，勾勒当地科举发展史。

程珌《休宁先达续题名记》同样作于宝庆三年（1227），称“邑之进

---

① 其一，《景定建康志》卷三二《儒学志五·贡院》，第1877—1878页。其二，《全宋文》卷八一三五，第352册，第7页。其三，《全元文》卷八一，第3册，第116页。

② 《全宋文》卷六七九一，第298册，第85页。

③ 《全宋文》卷六九三六，第304册，第9页。

士题名植石校宫，今五十年，字溢矣，将伐石嗣之。”[①]方逢辰《癸丑严陵乡会题名记》记宝祐元年（1253）殿试，“发严陵进士洪承祖暨方哲凡一十人，续郑璹又以今科中。严之杰士，山涌泉出。”[②]随着时间的推移，地方科举文献的积累和科举事业的发展是必然的。

三、余论

理宗朝多次发生战争，宋人前有联蒙灭金，后则长期抵御蒙古入侵。战争带来国家版图不断改变，直接影响到各地的科举考试，科举政策随时也有了某些调整。

端平元年（1234）联蒙灭金，南宋收复一些失地，此年正值发解试年度，朝廷立即对这些收复地区考生进行安排。“初，唐、邓二州尝陷于金，金灭，复得其地。命仍旧类试于襄阳，但别号考校，以优新附士子。”[③]同年六月，“诏出师收复三京……朝臣多以为未可。”[④]朝廷固执己见，从此与蒙古兵连祸结。初，“三京告捷，公（丁柏桂）方监太学解试。考官欲以‘长安复见官军’命题，公曰：‘吾方累疏谏止，君等乃以一题从臾乎！’”[⑤]战局的动荡变化，在当年的发解试命题中就得以体现。

在此后与蒙古的连年战争中，南宋接连失地，版图不断收缩，新沦陷区考生流离失所。嘉熙元年（1237）发解试时，“已失京西诸州军，士多徙寓江陵、鄂州，命京湖制置司于江陵别立贡院，取德安府、荆门军、归、峡、复三州，及随、郢、均、房等京西七郡士人，别差官混试，用十二郡元额混取以优之。”[⑥]朝廷试图以相对优惠的录取政策稳定和换取

① 《全宋文》卷六七九一，第298册，第89页。

② 《全宋文》卷八一七五，第353册，第265页。

③ 《宋史》卷一五六《选举志二》，第11册，第3639页。

④ 《宋史纪事本末》卷九二《三京之复》，第3册，第1037页。

⑤ 《丁给事神道碑》，《后村先生大全集》卷一四一，第7册，第3650—3651页。

⑥ 《宋史》卷一五六《选举志二》，第11册，第3641页。

这部分流离失所的考生对朝廷的忠诚度，也就是，尽量吸引各沦陷区士人紧紧依归于南宋小朝廷。

同时，因各地战守之需要，臣僚对科举考试有所建言，或考试政策略有调整。

嘉熙元年（1237），吴潜上《奏乞分路取士以收淮襄之人物守淮襄之土地》。[①]战事频发地区，士人无充分时间谙习诗赋、经义和时文，无游学京师的机会。“国家用人之法，非进士及第者不得美官，非善为经义、诗赋者不得及第，非游学京师者不善为经义、诗赋。”所以，“所谓用淮襄之人物守淮襄之土地者，其说终不可行矣。”吴潜因此建议：“分路取士……自嘉熙三年省试为始，将京西、湖北、淮东、淮西举人，分路考校，并以十七人取一名，零分更与放一名。庶几得淮襄之人物以守淮襄之土地，一利也；因士以收其土豪，因土豪以收其丁壮，二利也；稍抑时文之弊，以致有用之才，三利也。”现存文献中，未见吴潜奏疏得以落实的资料，大约兵荒马乱之际无暇顾及科举考试。唯见嘉熙四年（1240）诏书：“两淮经寇州郡已举未该免人，与比京、襄例，令赴来年省试一次。”[②]此后，淳祐三年（1243），“时淮南诸州郡岁有兵祸，士子不得以时赴乡试，且漕司分差试官，路梗不可径达。三年，命淮东州郡附镇江府秋试，淮西州郡附建康试，蕲、黄、光三州、安庆府附江州试。三试所各增差试官二员，别项考校，照各州元额取放。”[③]这些举措都是针对当时的战争动荡，对战乱地区科举考试政策有所调整，对这些地区考生有所照顾。

科考题目或多或少都会与政局时局发生关联，类似当代政论文。然而，朝廷考试之策论题目，命意大都是阿谀时世或权臣。南宋即将灭亡，耿直士大夫愤慨难以抑制，有直接将此愤怒出为考题者。景定五年（1264），“建宁府教授谢枋得校文宣城及建康漕闱，发策十余问，言：

---

① 《全宋文》卷七七六八，第337册，第140—143页。

② 《宋史全文》卷三三，下册，第2236页。

③ 《宋史》卷一五六《选举志二》，第11册，第3642页。

‘权奸误国，赵氏必亡。’左司谏舒有开劾其‘怨望腾谤，大不敬。’窜兴国军。”[①]考场盛行阿谀之风，谢枋得反其道而行之，值得大书特书。《隐居通议》云：“叠山先生谢公枋得为考试官，发策以中原为问。问目笔力甚伟，当时远近传诵，今将五十年矣。故书中得旧本，恐失之，谩录于此。”[②]这确实是一篇感情充沛、文采焕然，充满忧愤焦虑的极其优秀的问目，在两宋科场所有问目中当推第一。《隐居通议》所录如下：

问：事有利害不切身而伤怀，人有古今不同时而合志，吾亦不知其何心也。登冶城，访新亭，欲问神州在何处？自南渡百四十年，惟见青山一发，眇眇愁予。耆老不足证矣，安得不梦寐东晋诸贤乎？衰草寒烟，犹带齐梁光景，徒以重人黯然耳。不知秦淮旧月，曾见千载英雄肝胆乎！惜其远而不可诘也。北来诸君，忠义之泽在心。慨叹黍苗，悲歌蒲柳，岂能忘情故都哉！本朝道德仁义之教，三代而后未有也。士大夫苟且偷惰，无能远犹，晋宋人物所不为也。自隆兴至端平三大败，缙绅不敢问中原矣。兵端不可妄开，国事不可再误，思目前之危急，舍分外之经营。兹犹可借口柏城涧水，草木自春，不知谁家坟墓乎？每岁寒食夏畦，马医之子，无不以麦饭洒其松楸者，长陵抔土，讵容置而不问哉！刘裕入长安，道洛谒五陵，时晋寄江左百十有三年矣。五胡云扰，岂暇念晋陵庙？舜野禹穴，谁敢以疑心视之？此臣子不忍言之至痛也。由端平至今，又三十年，八陵不复动凄怆。秦始皇、陈隐王之冢，犹有人守之三岁；禋沛义夫节妇坟墓，亦禁樵采。况祖宗神灵所眷乎！士大夫沉于湖山歌舞之娱，何知有天下大义！诸君北风素心，岂随末俗间断哉！公卿谈学问，自许孔孟；谈功业，自许伊周。若限田，若乡饮，若论秀，若举逸，皆欲

① 《宋史》卷四五《理宗纪五》，第3册，第888页。

② 〔元〕刘埙：《隐居通议》卷二〇《江东运司策问》，《景印文渊阁四库全书》第866册，台北：台湾商务印书馆，第172—173页。

彷佛三代。此一事，乃堪在晋人下哉？或谓本朝取中原者，其失有四：不保全名将，不信任豪杰，不招纳降附，不先据中原。不知诸君所闻何如也？后来童稺，班荆辍音，固晋人所深恨。西北流寓，抱孙长息于东南，同父已知中原决不可复矣。一旦闻有北方豪俊，试于漕闱，有司安得不惊喜也！犹记乾道壬辰，辛幼安告君：'相仇虏，六十年必亡，虏亡而中国之忧方大。'绍定验矣。惜乎斯人之不用斯世也。诸君亦有义气如幼安者，百尺楼上，岂可不分半席乎？

这篇策题痛心于南宋国境日蹙，朝政愈益败坏，抚古思今，深深担忧国家前途，强烈的家国情怀充溢其间。其“兵端不可妄开，国事不可再误”的总结和警示，发人深省。且文采斐然，如云“青山一发，眇眇愁予”“衰草寒烟，犹带齐梁光景”“秦淮旧月，曾见千载英雄肝胆”等，与宋代其他策题的枯燥乏味大相径庭。这是南宋灭亡之际科场考试的一抹光亮，值得全文载录。这种尖锐犀利的策题，只能偶尔出现在地方秋试中，朝廷省试和殿试尽在权臣掌控之中，完全不可能有如此策题出现。

最后统计一下理宗朝进士录取数字。理宗朝13次开科取士，共录取进士正奏名6793人。[①]以理宗在位40年计算，平均每一年度约为170名，比宁宗朝平均值158名再度有所增长。尤其是理宗登基后宝庆二年（1226）第一次科考，录取进士正奏名989人，超越了徽宗朝宣和六年（1124）之805人，是两宋录取人数最多的一届。越是临近朝代末年，统治者越需要以科举粉饰太平、收取士心，徽宗朝、理宗朝皆如此。

四、度宗朝

宋度宗赵禥于公元1264年11月登基，公元1274年闰8月去世，在位10年。度宗去世后，南宋旋即灭亡，幼儿宋恭帝在位仅2年。度宗年间，

① 《中国科举制度史·宋代卷》，第891—895页。

权臣贾似道愈益跋扈，权倾朝野，蒙古大军步步紧逼，南宋小朝廷风雨飘摇。史称度宗“拱手权奸，衰敝浸甚。……历数有归，宋祚寻讫。”[①]

度宗年间一共有4次科考。其中殿试3次，咸淳元年（1265）谅阴无殿试，共录取进士正奏名2307人，[②]每届录取人数与理宗朝大致持平。可见，南宋末年时局之震荡，并没有太多影响到开科取士。

度宗朝科举之局面，完全延续理宗朝倾向，持续颓败衰落。

首先是作弊盛行。“度宗初，以雷同假手之弊，多由于州郡试院继烛达旦，或至次日辰、巳犹未出院。”[③]咸淳六年（1270），黄震《又晓谕假手代笔榜》云：“近来风俗不美，富室间不安分，更欲挥金捐财，假手代笔，攘窃士人科第，盗取朝廷官爵，败乱官箴，赚误百姓。”[④]咸淳七年（1271），朝廷“初置士籍”，[⑤]用以抑制科举作弊现象。史云：

> 冯梦得中书舍人请置士籍。时贾相患举人猥众，御史陈伯大请置士籍。开具乡贯、姓名、年甲、三代、所习经赋、娶妻姓氏，令士人书之，乡邻著押保结，于科举条制并无违碍，方许纳卷。议者谓：“士而有籍，与禁何异？”[⑥]

朝纲已经紊乱，朝廷政令不得实施，新举措出台只能起到扰乱士人的作用，而无实际矫正效用。朝野议论纷纷：

> 御史陈伯大奏行士籍。先是，朝廷患科场弊幸百出，有收解过省而笔迹不同者，有冒已死人解帖免举者，多方措置。乃议：今后

---

① 《宋史》卷四六《度宗纪》，第3册，第918—919页。
② 《中国科举制度史·宋代卷》，第895—896页。
③ 《宋史》卷一五六《选举志二》，第11册，第3644页。
④ 《全宋文》卷八〇三八，第348册，第42页。
⑤ 《宋史》卷四六《度宗纪》，第3册，第908页。
⑥ 〔元〕佚名撰，王瑞来笺证：《宋季三朝政要笺证》卷四，北京：中华书局，2010年，第342页。

凡应举及免举人，各于所属州县给历一道，亲书历首，将来赴举过省，参对笔迹异同，以防伪滥。时人谓之“系籍秀才”。咸淳庚午科已行之矣。时人有诗曰：“戎马掀天动地来，襄阳城下哭声哀。平章束手全无策，却把科场恼秀才。”太学生萧某有词云：“士籍令行，伯仲分明，逐一排连。问子孙何习？父兄何业？明经词赋，右具如前。最是中间，娶妻某氏，试问于妻何与焉？乡保举，那当著押，开口论钱。　　祖宗立法于先，又何必更张万万千！算行关改会，限田放籴，生民凋瘵，膏血俱朘。只有士心，仅存一脉，今又艰难最可怜！谁作俑？陈坚伯大，附势专权。”[①]

陈伯大抑制“科场弊幸”的初心应该值得肯定，却招致朝野舆论的一致攻击。面对蒙古入侵，“平章束手全无策，却把科场恼秀才”，科举制度事实上变得无足轻重。朝廷濒临崩溃，虽欲抑制科举舞弊，却有心无力，只能任之泛滥。

国势危如累卵，权臣更加忌惮直言，科场策论愈益远离现实政治，空疏肤浅。如，时人评论咸淳七年（1271）殿试策题云：“气卑文弱，黯无晶光，甚非王言之体也。当是时，襄围正急，事所宜问，孰大于此？恬不之及。乃枚举六七事之泛常者，谬矣！”[②]考生也往往以泛泛之论应对，以免触及当政者忌讳。史载咸淳十年（1274）殿试，“策问求贤。时似道方恶言者，吉州人胡幼黄以含和吐气为说，而榜第三，士论耻之。”[③]然地方策问仍有愤慨时局而锋芒毕露者，如咸淳六年（1270），“盱学王教授寅，引放堂试，亦以此意发问。而其辞意慷慨深沉，读者不觉，诚奇笔也。”节选问目一段如下：

---

① 〔元〕刘一清：《钱塘遗事》卷六，上海：上海古籍出版社，1985年，第131—132页。

② 《隐居通议》卷三一《前朝科诏》，《景印文渊阁四库全书》第866册，第274页。

③ 《宋季三朝政要笺证》卷四，第360页。

> 使青州饥民尚数十万，耆英会上，忍家食以嬉乎？使西师怙虐，毡胆未寒，昼锦堂中，忍委身以归乎？二龙闲卧，洛水无波，清则清矣！青苗手实，满秤俱败，忍不为斯民借一箸乎！晨窗林景，云谷自春，高则高矣！潜邸旧人，出幽入明，忍不为国家伸一喙乎！借曰：太平无事，我可去伊川之壤；都督有人，我可织东湖之屦。然名教一家，中原万里，彼能忘之乎？四道狼烟，万宇俱尽，戎马迹独不到西山南浦间乎？倚梧而瞑，隐几而笑，当为是深长思，而奚以静为高？①

忧虑愤激之情，溢于言表。

度宗朝各地仍在兴建贡院、贡庄，或设立进士题名碑，相关文章留存至今的有12篇。只要当地还未被战火延及，科考便依然常态化举办，甚至有所发展。冯梦得就写了两篇《重建建康府贡院记》，云："建康府贡院在清溪之南，创于绍兴初年，修于嘉定癸未。自后率三岁一葺，因陋就简，牵补目前。……咸淳丁卯岁诏，大使亲即其所，爰究爰度，悉命撤而新之。鸠工聚材，筑基崇址，宏壮爽垲，视昔径庭。"又云："宋德当天，奎聚五纬，文明景运，实此乎开。"② 欧阳守道有两篇贡庄记，称："此为贡士设，则其存其否，上关于吾国之贡举焉。"③文天祥《吉州州学贡士庄记》则云："庐陵士甲江右，一科数路，资送四五百人。……予尝谓今世惟科举一事，为有天道行焉。"④未受战争影响地区，学子仍醉心于科举考试，地方科举建设仍然继续进行。

度宗去世，宋恭帝以四岁幼龄登基，在位不到两年，南宋即告覆亡。其间，蒙古大军兵临城下，南宋各地陆续崩溃，朝廷无暇顾及科举。恭

---

① 《隐居通议》卷二〇《盱学篑问》，《景印文渊阁四库全书》第866册，第175页。
② 《景定建康志》卷三二《儒学志五・贡院》，《宋元方志丛刊》第2册，第1879—1880页。
③ 《吉州吉水县贡士庄记》，《全宋文》卷八〇一五，第347册，第78页。
④ 〔宋〕文天祥著：《文天祥全集》卷九，北京：中国书店，1985年，第209页。

帝年间，与科举相关的记载只有一则："赐太学生张景忠等并出身"[①]。德祐二年（1276）正月，临安被围，"三学生誓死不去，特与放释褐出身。"[②]次年才是科举年，然宋廷已经灭亡，故恭帝时在科举方面来不及有所作为。宋代科举就这样在凄风苦雨中孤寂落幕。

---

① 《宋季三朝政要笺证》卷五，第420页。

② 《宋史》卷四七《瀛国公纪》，第3册，第937页。

结束语

宋代向“近世”转型，一直是史学界讨论的重大问题。这种历史转型巨变过程中，科举制度成为关键性因素。在独裁“人治”社会，人才之选拔决定着“家天下”的兴盛衰亡。能够通过制度源源不断地选拔出具有相当智力和能力，又有一定道德标准而相对自律的官员，成为历代君主最为迫切的需求，求治心切的帝王，更是将“求贤”作为朝政第一要务。从两汉察举制、魏晋六朝九品中正制，一直到唐宋科举制，统治者终于摸索出一套在独裁体制下相对合理的人才选拔制度，明清两代得以延续。宋与明清，大量个人品德和行政能力出众的官员，都得力于科举制度的选拔。科举制度之无可替代的历史重要地位，史有定评。

评判独裁体制下官员选拔制度是否合理，有两项关键性的标准：才能的测试和界定，是否相对公正公平。后者是前者的保障，只有做到相对的公平公正，方可以让更多的真才实学者脱颖而出。以这两项标准衡量，科举制的优越性非常显著。古代文人入仕，大致有考试、恩荫、募捐三种途径，就此三者而言，考试入仕最能落实选材目的。“世胄蹑高位，英俊沉下僚”是察举制、九品中正制以来官场的普遍现象，科举制最大程度地改变了这种现象，努力促成了各阶层的流动变迁，形成了相对合理的人才竞争机制。

正如书中所言，科举考试过程中相对公平公正的一系列制度是北宋前期建立起来的，所以，科举制度优越性得到最大程度的发挥，也是从宋代开始。宋代科举制度除了对公平公正原则之贯彻实施外，还一直企图在某种程度上汲取察举制的一些作为，即所谓的“乡举里选”，通过人为的选择对入仕者的道德水准提出更高的要求，哲宗朝的“经明行修科”、神宗朝的“三舍法”、徽宗朝的“八行科”皆有此种目的。在“人治”社会，对“人治”手段抱有相当程度的迷信，是可以理解的，也是后人一再强调的历史局限性。宋代科举制度的实践证明，以“人治”手段为原则的“乡举里选”在独裁体制下不可能取得成绩，制度的修补调整最终回归到努力剔除人为因素的公平公正之选拔。宋代科举制度之盛衰，正是围绕着公平公正原则的落实或破坏而展开。此外，诗赋、经义、策论之孰优孰劣、孰先孰后等争论和变革，大致不离“学而优则仕”的范围，不会对人才选拔产生决定性的影响。

宋代科举制度中系列保密举措，后代一直承继，直到今天的高考制度。因此，宋代科举制度为后人提供了巨大的可资借鉴的文明遗产。

附　录

朱熹科举观平议

朱熹于绍兴十八年（1148）中进士第，年仅19岁，是宋代科举制度的受益者。朱熹一生对科举制度发表过大量言论，有批评意见，有变革主张，引起学界讨论。然而，朱熹所言，是独到之见还是当时社会的共识，其批评和建议是否合理或可以操作，都值得深入讨论。观察朱熹关于科举制度之思考，可以观察宋人科举观之方方面面。

一、宋人关于科举制的批评、建议、举措

对朱熹科举观之定位，必须回顾在朱熹之前后，宋人曾经说了和做了一些什么。

北宋是科举制度的成熟期。宋人承袭唐代科举选官制度，但在考试形式上做了大幅度的改变。具体而言，就是取消“公荐”制，实行弥封、编排、誊录、锁院等制度，将唐代考官直接面对考生的状态改变为匿名操作，其考试形式类似今天的高考制度。这一系列的作为在真宗朝大致完成。宋人关于科举制度的种种批评、建言、变革举措，是在这样的背景下展开的，从大的方面梳理，主要有以下两点。

第一，最为极端的意见是否定科举选官制度，要求恢复隋唐之前的推荐选官制度，即所谓的“乡举里选”。这一类观点的逻辑如下：选官制度最应该重视官员德行，匿名考试制度完全无法了解被考核者的德行，应予以废止；推荐制的首要标准是德行，应予以恢复。

宋代臣僚比较两种制度优劣的言论比比皆是，南北宋各举两条。

蔡襄《论改科场条制疏》云：

> 臣伏见隋唐以来，以进士、明经二科取士，迄今以为永制。进士虽通试诗赋、策论，其实去留专在诗赋。糊名誊纸，以示至公。

点抹细碎，条约纤悉，所司奉之，便于考校。明经逐场对义，钞节注疏，计诵字数。至有一字旁写声形类者三两字，如有一中，亦是通义。字犹不识，经旨何从而知？取士之方，一至于此！臣闻有国家者，取天下之士，将以治民而经国耳。故敦其行，欲以表风俗；试其才，欲以济成务。今进士之诗赋、明经之帖义，于治民经国之术了不关及。其间或有长才异节之士，幸而有之，或官而后习，非因设科而得也。……三代之道，乡举里选，专取德业。汉察孝廉，加之策问，取士有经术。隋唐以来，尽失之矣。行之既久，难于卒更。①

元祐三年（1088）十一月，中书舍人彭汝砺奏云：

臣伏念自井田之法坏，学校之教废弛，乡举里选之法不行，朝廷取士非古，其陋至于用诗赋，极矣。……诗赋不经，可以无辨，是犹滑稽俳优之戏，门巷讴唱之辞而已。而议者欲以此教人，欲以此取士，臣考于心，验于古，参于今，反复曲折，终未见其可。天之生斯人也，其聪明知虑皆有可为也，惟上之所以养之而已。昔者以诗赋取人，故人亦巧于对偶；以经术取人，故人亦巧于议论；使取之以德行，亦将为德行矣。②

王柏《题吕申公试卷》云：

自科举之法立，而乡举里选之制坏，此无足怪。盖取士之法坏于淫乱之妇人，历数百年，圣贤之君不能复，此为可恨。然犹有可诿，曰：国朝兼采时望也。至糊名之请行，而士之进退，一决于三

① 《全宋文》卷一〇〇四，第46册，第393页。
② 《续资治通鉴长编》卷四一七，第17册，第10123页。

日之虚文。虽纲常沦坏之人，贩缯屠狗之辈，不必择也。既登高科，则清官要职，执卷取偿。朝廷虽欲不与，不可得也。取士之法，至是不复可言。然名公巨卿，未有不出此途者。盖同行而异情耳，非法之果善也，乃法之大幸也。以一二人才之偶得，遂谓千万人之皆然，不亦太疏乎！凡诬经诡圣，希求苟合，莫不中选；而抱道守义，拙于华藻者，莫不屏黜。是岂法之果幸哉？乃士之大不幸也。呜呼！①

洪咨夔《进熙宁策士故事》云：

自乡举里选之法坏，而取士惟虚文是尚。汉策贤良，虽未免以利禄入其心，科别或有未竟，犹不失言扬之意。唐进士得人为盛，特绨章绘句之习工，如日五色，何益世用？②

与之相关的，就是废除科举的言论。庆历四年（1044）二月，崇政殿说书赵师民上疏云：

今欲先策论以近古，后诗赋以救弊，而华伪滋久，淆滥者众，文或代作，言或预储。不若还乡举里选，复庠序升黜，以教育而察纠之也。③

直到大观二年（1108）正月，徽宗《辟雍记》仍装模作样云：

乡举里选之法扫荡，而士累于科举。学不为己，舍本趋末，道

① 《全宋文》卷七七九七，第338册，第194—195页。
② 《全宋文》卷七〇〇七，第307册，第154页。
③ 《续资治通鉴长编》卷一四六，第6册，第3548页。

听途说，以应有司之求。侥幸一日，行不考素，贤愚杂揉。俾之从政，不见大全，鲜廉寡耻，无不为己。……朕奉承先志，追而述之。罢废科举，增教导之官。即国郊之南度地，相方建立黉舍。①

更多的官员认识到废除科举制度、恢复“乡举里选”是不可行的，于是，便试图将两者结合，各取其长。范仲淹、富弼等于庆历三年（1043）九月应仁宗要求而上变革规划书，就有非常具体的操作措施：

国家专以词赋取进士，以墨义取诸科，士皆舍大方而趋小道，虽济济盈庭，求有才有识者十无一二。……外郡解发进士、诸科人，本乡举里选之式，必先考其履行，然后取以艺业。今乃不求履行，惟以词藻、墨义取之，加用弥封，不见姓字，实非乡里举选之本意也。……臣请重定外郡发解条约，须是履行无恶、艺业及等者，方得解荐，更不弥封试卷。其南省考试之人，已经本乡询考履行，却须弥封试卷，精考艺业。定夺等第讫，进入御前，选官复考，重定等第讫，然后开看。②

范仲淹等的构思非常清晰，将乡举里选之关卡设置在发解试阶段，礼部省试时实行当时已经常规化之考试制度。

治平四年（1067）四月，礼部贡院奏云：“欲举人尽归土著取应，则官司可以询察履行，稍近乡举里选之法。”③则是要求士人归本籍参加考试，便于地方考察其道德品行，其用意与范仲淹等相同。

苏颂于熙宁二年（1069）上《议贡举法》，提出与范仲淹等一致的主张：

---

① 《山堂考索·后集》卷二七《士门》，第619页。

② 《续资治通鉴长编》卷一四三，第6册，第3435—3437页。

③ 《宋会要辑稿·选举》一五之一八，第5册，第4504页。

国家取士，行实为先。今既弥封、誊录，考官但校文词，何由知其行实？故虽有环异之士，所试小戾程式，或致退落；平时尝负玷累，苟一日之长可取，便预收采。士之贤否，而进退之间，系乎幸与不幸，往往是矣。是岂朝廷之本意耶？……为今之便，则莫若去弥封、誊录之法，使有司得专参详考察。一则主司知朝廷委任不疑，益务尽心；二则负实学者得以自明，程文小疵，不虞见弃；三则浅陋之人，固无侥幸之望。至公之道，无大于此议者。……臣以谓此法宜先施之州郡，亦庶几存乡举里选之遗范也。……比至南省，则是已经乡里察访，设令依旧弥封、誊录，只考文艺，亦不容无状之人得预奏名也。①

元祐元年（1086），毕仲游上《学校议》，云："三代乡举里选之法虽难卒行，宜亦仿其大者，使学士大夫有以自得。……别为贡举，以待科举之士，存之而勿论。"②则是要求推荐制和科举制并存，各得其所。此处言及科举制度弊病的补救措施，就是学校选拔。因为学生在校日久，师长对其德行会有比较全面或深入的了解，其选拔方式接近"乡举里选"。神宗朝以来的"三舍法"，就是秉承了这样的选拔宗旨。上引《辟雍记》，徽宗所要表达的意图，与此相同。

第二，要求变革科举考试内容，主要是改诗赋为策论、为经义。既然科举制度不可废除，选用官员的首要标准又是德行，那么，就要使两者结合起来。这是宋人尝试的另一种意图两全其美的科举改革方式。科举考试科目中，诗赋表现考生的艺术才华，策论表达考生的政治见解，经义彰显考生的经学功底，相比较之下，策论和经义当然比诗赋重要。

所以，宋人首先要求变诗赋为策论，或者将策论在录取考生过程中

---

① 《苏魏公文集》卷一五，上册，第213—215页。
② 《全宋文》卷二四〇〇，第111册，第71页。

之重要性，置于诗赋之上。孙何言："策论高者，稍近于仁义；诗赋精者，未离于雕篆。今朝廷取士之制虽古，用道较艺之术，犹专守唐代。"[①]即表达对朝廷沿袭唐代科举以诗赋取士做法的不满。真宗咸平五年（1002），张知白上疏，提出：进士考试"先策论，后诗赋，责治道之大体，舍声病之小疵。"[②]由此，朝廷上下逐渐达成共识，进士考试中策论地位日益重要。进士考试录取标准的逐步改变，在宋仁宗年间有了明显的表现。"天圣二年，刘筠知贡举，得公（叶清臣）所对策，奇之，擢为第二。国朝以来，以策擢高第，自清臣始。"[③]天圣五年（1027），朝廷下诏："贡院将来考试进士，不得只于诗赋进退等第，今后参考策论以定优劣。"[④]从太宗到仁宗，进士考试中慢慢形成了诗赋与策论并重的局面。

既然诗赋与官员的道德品质、行政能力无关，策论一步步获得朝廷重视之后，要求独重策论的讨论也就出现了。庆历初，富弼《上仁宗乞革科举之法令牧守监司举士》言："欲今后科场考试，以策论为先。"[⑤]范仲淹庆历年间变革朝政，持有同样的变革观点。这种观点，得到多数大臣的赞同，赵师民、宋祁、欧阳修都给朝廷上疏，表达同样的看法。

神宗熙宁变法，科举改革乃其重点之一。熙宁二年（1069），朝廷下诏，要求大臣讨论"贡举法"之变革。韩维认为，科举考试"诱之以华靡无用之文，程之以诵记不讲之言"，因此要求"罢诗赋"。[⑥]王安石认为："宜先除去声病对偶之文，使学者得以专意经义。"[⑦]司马光建议："进士试经义策三道，子史策三道，时务策三道，更不试赋、诗及论。"[⑧]吕公著亦云："取人以言，固未足见其实；至于诗赋，又不足以观言。是

① 〔宋〕孙何：《送朱严应进士举序》，《全宋文》卷一八五，第9册，第199页。
② 《续资治通鉴长编》卷五三，第2册，第1169页。
③ 《中吴纪闻》卷三，《宋元笔记小说大观》第3册，第2857页。
④ 《宋会要辑稿·选举》三之一五，第5册，第4269页。
⑤ 《宋朝诸臣奏议》卷八〇，上册，第865页。
⑥ 〔宋〕韩维：《议贡举状》，《全宋文》卷一〇六四，第49册，第154页。
⑦ 〔宋〕王安石：《乞改科条制札子》，《全宋文》卷一三八三，第64册，第20页。
⑧ 《议学校贡举状》，《司马光集》卷三九，第2册，第891页。

以昔人以鸿都篇赋比之尚方技巧之作，此有识者皆知其无用于世也。臣以谓自后次科场，进士可罢诗赋，而代以经。先试本经大义十道，然后试以论策。”[①]诸人所议，大致相同，皆以为科举应该罢试华靡不实之诗赋，而以经义、策论取士。司马光更为激进，甚至要求废除诗、赋、论，独存策问。

熙宁三年（1070）进士正奏名和特奏名殿试，首次采用制策问答的方式考试，其做法与以往的制举试相同，“旧制：殿试进士以诗、赋、论，特奏名进士一论。至是，进士就席，有司又犹给《礼部韵》。及试题出，乃策问也。上顾执政曰：‘对策亦何足以实尽人材？然愈于以诗赋取人尔。’”[②]熙宁三年（1070）殿试用策，在当时产生了深刻而广泛的影响。此后，或诗赋取士，或经义取士，省试内容时有变化，而殿试以策取士，大致沿袭不变。

诗赋与经义之争及其嬗变过程，祝尚书先生已有详细考辨和论述，读者可以参阅，本文从略。兹录其言总结变化过程如下：“熙宁时改为经义而罢诗赋。历元祐诗赋、经义兼收之制，再到绍圣罢诗赋而用经义的反复，于南宋初才敲定为诗赋、经义两科分立，得到近乎‘双赢’的结果。”[③]

宋人关于科举之批评、建言、举措，纷纭多端，概言大要，不出上述两个方面。

二、朱熹对科举制的批评和建言

大致梳理清楚宋人的相关言论和作为，可以进一步讨论朱熹对科举制的批评意见。

宋代理学家最为关注的是文人士大夫道德品质的自我修养和完善，

---

① 〔宋〕吕公著：《上神宗答诏论学校贡举之法》，《宋朝诸臣奏议》卷七八，上册，第853页。

② 《宋会要辑稿·选举》七之一九，第5册，第4365页。

③ 《宋代科举与文学考论》，第190页。

朱熹首先是从这个角度出发批评科举制度的。其《补试榜谕》云：

> 盖闻君子之学以诚其身，非直为观听之美而已。古之君子以是行之其身，而推之以教其子弟，莫不由此。此其风俗所以淳厚而德业所以崇高也。近世之俗不然，自父兄所以教其子弟，固已使之假手程文以欺罔有司矣。新学小生自为儿童时，习见其父兄之诲如此，因恬不以为愧，而安受其空虚无实之名。内以傲其父兄，外以骄其闾里。终身不知自力，以至卒就小人之归者，未必不由此也。[①]

朱熹所批评的“近世之俗”，正是由科举制度造成，所谓“假手程文以欺罔有司”，反过来说也正是“有司”以此标准选拔录用士人所致，因此，大量的理学家口中的“小人”源源不绝产生，用当代语言描述，就是“精致的利己主义者”。

其《建昌军进士题名记》进而揭示试场“程文”之实质乃“无用之空言”，云：

> 夫古之人教民以德行道艺，而兴其贤者能者，其法备而意深矣。今之为法不然，其教之之详，取之之审，反复澄汰，至于再三，而其具不越乎无用之空言而已。深求其意，虽或亦将有赖于其用，然彼知但为无用之空言而便足以要吾之爵禄，则又何暇复思吾之所以取彼者其意为如何哉？[②]

朱熹是在这样的教育环境中成长的，深知其弊病所在。他曾经非常细致地描述这类程文炮制的过程：“近日真个读书人少，也缘科举时文之弊也。才把书来读，便先立个意思，要讨新奇，都不理会他本意着实。

---

① 《全宋文》卷五六四八，第251册，第377页。
② 《全宋文》卷五六五九，第252册，第140页。

才讨得新奇，便准拟作时文使，下梢弄得熟，只是这个将来使。虽是朝廷甚么大典礼，也胡乱信手捻合出来使，不知一撞百碎。”[①]“时文”即指程文，为科场考试文章。科场文章弊病是刻意求新、胡乱拼凑、内容空洞，与今日高考作文同病。经义考试，同样如此。朱熹批评说：

> 今人作经义，正是醉人说话。只是许多说话改头换面，说了又说，不成文字！
>
> 今人为经义者，全不顾经文，务自立说，心粗胆大，敢为新奇诡异之论。方试官命此题，已欲其立奇说矣。又，出题目定不肯依经文成片段，都是断章牵合，是甚么义理！三十年前人犹不敢如此，只因一番省试出“上天之载，无声无臭，仪刑文王”三句，后遂成例。当时人甚骇之，今遂以为常矣。遂使后生辈违背经旨，争为新奇，迎合主司之意，长浮竞薄，终将若何，可虑！可虑！王介甫《三经义》固非圣人意，然犹使学者知所统一。不过专念本经，及看注解，而以其本注之说为文辞，主司考其工拙，而定去留耳。岂若今之违经背义，恣为奇说，而无所底止哉！当时神宗令介甫造《三经义》，意思本好。只是介甫之学不正，不足以发明圣意为可惜耳。今为经义者，又不若为词赋。词赋不过工于对偶，不敢如治经者之乱说也。闻虏中科举罢，即晓示云，后举于某经某史命题，仰士子各习此业。使人心有所定止，专心看一经一史，不过数举，则经史皆通。此法甚好。今为主司者，务出隐僻题目，以乘人之所不知，使人弊精神于检阅，茫然无所向方，是果何法也！[②]

“断章牵合”是南宋经义考试的一种出题方式。“命题之际，或于上下礴裂，号为断章；他处牵合，号为关题。断章固无意义，而关题之显

---

① 〔宋〕黎靖德编，王星贤点校：《朱子语类》卷一〇，北京：中华书局，1999年，第1册，第175页。
② 《朱子语类》卷一〇九，第7册，第2693—2694页。

然浑成者，多已经用，往往搜索新奇，或意不相属，文不相类，渐成乖僻。”[①]经义考题有限，考官为了避免考题重复、加大考试难度，常常采用“断章牵合”之命题方式。科举制将士人导向歪门邪道，朱熹对此非常痛恨：“今人却务出暗僻难晓底题目，以乘人之所不知，却如何教他不杜撰，不胡说得！”“而今却都是杜撰胡说，破坏后生心术，这个乖。”[②]朱熹之后，南宋人士对此也有很多批评，嘉定十五年（1222）二月，秘书郎何淡奏疏云：

> 世之所谓时文者，亦非不知注疏之当考，义理之当精。然束于命题之短长，沮于立说之关键，穿凿为奇，牵合为工。反以经旨为难拘，先儒为难从。为主司者，但见循习之文多，可命之题少，于是强裂句读，出其所不拟，专务断章，试其所难通。在我已先离绝旨意，破碎经文，何以责其尽合于大义？无怪乎举所得类多新进，坐失老成之才也。[③]

绍定三年（1230），臣僚依旧请求：“学校、场屋，并禁断章截句，破坏义理，及《春秋经》越年牵合。其程文，本古注、用先儒说者取之，穿凿撰说者黜落。”[④]

从这样的角度出发，朱熹认为读书与科举是两件对立的事情。“士人先要分别科举与读书两件，孰轻孰重。若读书上有七分志，科举上有三分，犹自可；若科举七分，读书三分，将来必被他胜却，况此志全是科举！所以到老全使不著，盖不关为己也。”[⑤]科举甚至导致无需读书，只需读时文选便可。朱熹于是说：“公且道不去读书，专去读些时文，下梢

---

① 《宋会要辑稿·选举》五之二五，第5册，第4325页。

② 《朱子语类》卷一〇九，第7册，第2694页。

③ 《宋会要辑稿·选举》六之四一、四二，第5册，第4350页。

④ 《宋史》卷一五六，第11册，第3638页。

⑤ 《朱子语类》卷一三，第1册，第243页。

是要做甚么人？赴试屡试不得，到老只恁地衰飒了，沉浮乡曲间。若因时文做得一个官，只是恁地卤莽，都不说著要为国为民兴利除害，尽心奉职。心心念念，只要做得向上去，便逐人背后钻刺，求举觅荐，无所不至！”[①]

科举不重德行，只重时文，必然导致学习过程中不读书只读时文选的倾向。宋人对此有过许多批评或自我反省。政和四年（1114），黄潜善奏云：“比年以来，于时文中采摭陈言，区别事类，编次成集，便于剽窃，谓之《决科机要》。偷惰之士，往往记诵，以欺有司。读之则似是，究之则不根于经术本源之学，为害不细。”[②]淳熙十四年（1187），洪迈等亦奏言：“窃见近年举子程文，流弊日甚，固尝深轸宸虑。……举子左掠右取，不过采诸传记杂说，以为场屋之备。牵强引用，类多讹舛，不择重轻。……寸晷之下，唯务贪多，累牍连篇，无由精好。”[③]周行己自言：“行己七岁就傅，授句读，诵五经书。十五岁学属文，十七岁补太学诸生。是时，一心学科举文，编缀事类，剽窃语言。”[④]科举的唯一目的就是功名利禄、飞黄腾达，完全没有“为国为民兴利除害，尽心奉职”之心，这是朱熹最为痛心且一再批评的。士风的败坏，官场的黑墨，学术的堕落，都由此发生。为此，朱熹谆谆教导云：“看今人心下自成两样。如何却专向功名利禄底心去，却全背了这个心，不向道理边来？公今赴科举是几年？公文字想不为不精。以公之专一理会做时文，宜若一举便中高科，登显仕都了。到今又却不得，亦可自见得失不可必如此。”[⑤]又云：“如今时文，取者不问其能，应者亦不必其能，只是盈纸便可得。……学官只是备员考试而已，初不是有德行道艺可为表率，仁义礼

① 《朱子语类》卷一三，第1册，第245页。
② 《愧郯录》卷九，第156页。
③ 《宋会要辑稿·选举》五之一〇，第5册，第4317页。
④ 〔宋〕周行己：《上祭酒书》，《全宋文》卷二九五一，第137册，第91页。
⑤ 《朱子语类》卷一三，第1册，第244页。

智，从头不识到尾！国家元初取人如此，为之奈何！”[①]

要之，朱熹认为科举制对士人最大的毒害是“夺志”，夺其道德修养完善之志，夺其为国为民之志，使其沦为“空虚无实”之徒，沦为功名利禄之辈。所谓“科举累人不浅，人多为此所夺。但有父母在，仰事俯育，不得不资于此，故不可不勉尔。其实甚夺人志。”“不恐妨功，惟恐夺志。……若被他移了志，则更无医处矣。”“以科举为为亲，而不为为己之学，只是无志。”[②]因此，朱熹对科举制有极为激烈的批评意见，甚至同意他人如此观点：“朝廷若要恢复中原，须要罢三十年科举始得！”[③]

朱熹本人是科举的最大受益者之一，19岁中第，使得他有资本这么说话：“某是时已自断定，若那番不过省，定不复应举矣。”[④]事后表达，不足为凭。然而，朱熹从谋生的角度又肯定了参加科举一定的合理性。即：“有父母在，仰事俯育，不得不资于此。”他同时告诫学生：“父母责望，不可不应举。”[⑤]科举制弊病丛生，甚至夺人之志，毁人品德，又不可不应举，如此矛盾，该怎样面对呢？朱熹在这个方面也是没有一定之见，时时自我矛盾。但是，朱熹在努力寻找解决的方法，大致有以下三种调整方法。

其一，从科举与读书相对立的角度出发，要求士人花费少量时间应付科举，而将主要精力投入到学习和自我完善方面。上文曾引用朱熹话语，认为读书七分、科举三分的时间分配大致合理。所以，朱熹说：“或谓科举害人。曰：此特一事耳。若自家工夫到后，那边自轻。”[⑥]所谓“自家工夫”，就是指提高和完善自我的学习读书。换言之，士人通过学习努力提升完善自我，一旦有了良好或优异的德行品质，用当代语言表

---

① 《朱子语类》卷一〇九，第7册，第2693页。
② 《朱子语类》卷一三，第1册，第246页。
③ 《朱子语类》卷一一八，第7册，第2859页。
④ 《朱子语类》卷一〇七，第7册，第2672页。
⑤ 《朱子语类》卷一三，第1册，第247页。
⑥ 《朱子语类》卷一三，第1册，第245页。

述就是“形成了正确的三观”，科举就不足为害，自可以将其作为谋生手段。故曰：

> 举业亦不害为学。前辈何尝不应举？只缘今人把心不定，所以有害。才以得失为心，理会文字，意思都别了。
>
> 尝论科举云：“非是科举累人，自是人累科举。若高见远识之士，读圣贤之书，据吾所见而为文以应之，得失利害置之度外，虽日日应举，亦不累也。居今之世，使孔子复生，也不免应举，然岂能累孔子邪！自有天资不累于物，不须多用力以治之者。某于科举，自小便见得轻，初亦非有所见而轻之也。正如人天资有不好啖酒者，见酒自恶，非知酒之为害如何也。又人有天资不好色者，亦非是有见如何，自是他天资上看见那物事无紧要。若此者，省得工夫去治此一项。今或未能如此，须用力胜治方可。”[①]

“孔子复生，也不免应举”，成为一时名言。朱熹是一位面对现实的理学家，事实上他已经承认了科举制存在的合理性。他这里开出的药方是：把定自心，得失利害置之度外。

其二，从科举与读书可以融合的角度出发，要求士人在参与科举过程中，保持独立思考能力，表达自我观点，让科举为自己所用。将科举与读书完全对立起来，朱熹自己也时时感觉行不通，变通之道就是融合两者。故又云：“如遇试则入去，据己见写了出来。”“做举业不妨，只是把他格式，檃括自家道理，都无那追逐时好、回避、忌讳底意思，便好。”“略用体式，而檃括以至理。”[②]此所谓“说起来简单，做起来困难”者，科举是为了中第，根本无法将利害置之度外。为了科举功名，考生时文大都奉上所好，阿谀时政，歌功颂德。考生为了进入仕途，必须揣

---

① 均见《朱子语类》卷一三，第1册，第246—247页。

② 均见《朱子语类》卷一三，第1册，第247页。

摩帝王或当政者之想法，以此作为时文的主要论点，贯穿全文。想要保持自己独立思考的位置并予以表达，在科举过程中基本不可能。这才有了朱熹时时将科举与读书对立的观点，甚至有了“夺志”的批评，朱熹的自我矛盾也因此产生。

其三，改革现行科举制度，使读书、修身与科举真正能够得以相互结合。这一方面，留待下一部分重点讨论。

三、朱熹的《学校贡举私议》

朱熹平日关于科举制的言论是大量的，除此之外，他还有一篇5000余字的《学校贡举私议》[①]，长篇大论，比较完整地表达了对科举制的观点。

在朱熹看来，科举制存在着大量的缺点，甚至是致命性的缺陷，但又不能废除，那么，仅仅依靠个体参与过程中的自我矫正就远远不够，必须做一定的制度上的变革，拾遗补阙，方能彰显出朝廷选拔贤能的良好意图。《学校贡举私议》就是在批评的基础上，提出应变对策和改革措施。

朱熹最终的批评角度依然是“乡举里选”，其批评方式则是古今对比，贬斥当下：

> 古者学校选举之法，始于乡党而达于国都，教之以德行道艺而兴其贤者能者。盖其所以居之者无异处，所以官之者无异术，所以取之者无异路。是以士有定志而无外慕，蚤夜孜孜，惟惧德业之不修，而不忧爵禄之未至。夫子所谓“言寡尤，行寡悔，禄在其中”，孟子所谓“修其天爵而人爵从之”，盖谓此也。若夫三代之教，艺为最下，然皆犹有实用而不可阙。其为法制之密，又足以为治心养气之助而进于道德之归。此古之为法所以能成人材而厚风俗，济世务而兴太平也。今之为法不然，虽有乡举，而其取人之额不均。又设

① 《全宋文》卷五六四二，第251册，第270—278页。

太学利诱之一途，监试、漕试、附试诈冒之捷径，以启其奔趋流浪之意。其所以教者，既不本于德行之实，而所谓艺者又皆无用之空言。至于甚弊，则其所谓空言者，又皆怪妄无稽而适足以败坏学者之心志。是以人材日衰，风俗日薄。

这一大段言论读者应该非常熟悉，就是宋人拿“乡举里选”之推荐制来批评科举制的老调子，前文已经有过许多介绍，但没有对其作出评判。首先，所谓三代的“乡举里选制而得人材”这样一个前设命题是完全虚构的，博古通今的学者如朱熹等对此心知肚明，厚古薄今的社会里，学者喜欢虚设极其优良的古代制度以鞭挞当代，朱熹也不出这种套路。其次，在“人治”社会采用推荐制，必然导致“举秀才，不知书；察孝廉，父别居”的严重后果，汉代的察举制演变为魏晋的九品中正制，造就官场的黑暗、腐败、无能，是众所周知的史实，如此才有隋唐的科举制起而代之。种种史实，博学的朱熹等学者当然清楚，却要采用罔顾事实的方式来批评当代，这种批评即使有一定的合理性，其方式也是不可取的。

司马光熙宁二年（1069）有《议学校贡举状》，针对“乡举里选”，有大段反驳。云：

议者或曰：“古人乡举里选。今欲知士之德行，宜委知州、知县者，采察其实，保而荐之。”臣独以为不然。古者分地建国，自卿大夫士，皆以其国人为之，犹患处士之德行不可得而详也。故又择其乡之贤者，使为闾胥、比长，自幼及长，朝夕察其所为，然后士之德行美恶，莫得而隐也。今夫知州、知县，杂四海九州之人，远者三岁而更，近者数月而更，或初到官即遇科场，遽责之知所部士人之德行，诚亦难矣。又应开封府举者，常不减数千人，而开封府狱讼之繁，知府者自旦至暮，耳不暇听，目不暇视，又有余裕可使之察数千人之德行乎？议者又曰：“宜去封弥、誊录，委有司考其文

> 辞，参以行实而取之。”臣独以为不然。夫士之德行，知州县者尚不能知，而有司居京师，一旦集天下之士，独以何术知之？其术不过以众人之毁誉决之。孔子曰：“众好之，必察焉；众恶之，必察焉。”夫众之毁誉，庸讵足以尽其实乎？必如是行之，臣见其爱憎互起，毁誉交作，请托公行，贿赂上流，谤讟并兴，狱讼不息，将纷然淆乱。朝廷必厌苦之，而复用封弥、誊录矣。夫封弥、誊录，固为此数者而设之也。[1]

司马光依然采用虚构美化古代的方式立论，但是，对“乡举里选”之推荐制的批评是非常到位的。“乡举里选”就是一句空头口号，如果真正贯彻落实，在“人治”社会里，一定是任人唯亲、任人唯钱的毒瘤。

即使“人治”社会之学校，师长与学生有较长时间的接触和了解，推荐制依然会导致严重的腐败现象。靖康元年（1126），左谏议大夫冯澥奏疏云：

> 国家自崇、观以来，行贡试之法，而乡举里选，徒蹈虚文。自是士失所守，而太学教养之法，一切不振。士不自重，务为轻浮。博士先生狃于党与，各自为说，无复至当，煽以成风。附王氏之学，则丑诋元祐之文；附元祐之学，则讥诮王氏之说，流风至此，颓敝莫回，兹今日之大患也。[2]

熙宁以后之“三舍法”，意图就是向“乡举里选”靠拢，欲取推荐制和科举制的各自优长，其结果如上所言。除任人唯亲、唯钱之外，还会有拉帮结派、看风使舵、阿谀奉承等等恶劣作为。如果今日取消高考，改由地方政府或学校推荐上大学，其利弊还需要讨论吗？由此可以发现

---

① 《司马光集》卷三九，第2册，第888—889页。

② 《靖康要录》卷五，第510页。

宋人包括朱熹的昏聩之处，这就是历史的局限性。

朱熹由此得出结论："盖尝思之，必欲乘时改制，以渐复先王之旧而善今日之俗，则必如明道先生熙宁之议，然后可以大正其本而尽革其末流之弊。"程颢在熙宁元年（1068）有《请修学校尊师儒取士札子》，主张"朝廷崇尚教育之，则不日而复。"[①]朱熹在这篇文章中对太学利诱、混补益弊等学校教育的弊端已经有了很多的批评，并且对北宋的"三舍法"批评说："则士之求入乎州学者必众。而今州郡之学钱粮有限，将广其额则食不足，将仍其旧，则其势之偏、选之艰而途之狭又将有甚于前日之解额少而无所容也。正使有以处之，然使游其间者校计得失于旦暮锱铢之间，不得宁息，是又不惟无益，而损莫大焉。亦非计之得也。"这又是朱熹自己在否定程颢之议，自相矛盾，莫此之甚。

退而求其次，朱熹要求对科举制做部分的变革，以实现选拔有德行人才之目的。具体操作法有三点："均诸州之解额，以定其志；立德行之科，以厚其本；罢去词赋，而分诸经、子、史、时务之年，以齐其业。"以下逐项予以讨论。

均解额。解额是宋人一直关心的问题。苏颂《议贡举法》云：

> 所谓诈冒户贯请应者，今外郡举人赴开封府取应是也。天下州郡举子，既以本处人多解额少，往往竞赴京师，旋求户贯。乡举之弊，无甚于此。虽朝廷加以峻文而终不能禁止者，盖以开封府举人不多，解额动以数百人，适所以招徕之而使其冒法。[②]

朱熹批评的是同样的问题，并提出具体解决方法：

> 今之士子不安于乡举而争趋太学试者，以其本州解额窄而试者

① 《二程集·河南程氏文集》卷一，上册，第448页。
② 《苏魏公文集》卷一五，上册，第215页。

多，太学则解额阔而试者少。本州只有解试一路，太学则兼有舍选之捷径，又可以智巧而经营也。……莫若先令礼部取见逐州三举终场人数，通比旧额都数，定以若干分为率而取其若干，以为新额。又损太学解额、舍选取人分数，使与诸州不至大段殊绝，则士安其土而无奔趋流浪之意矣。

均解额与科举考试不重德行似乎无关，但是，朱熹认为如此可以抑制奔竞之风，应该是对士风的一种引导矫正。从现实角度考虑，各州和太学每年参加科举的人数不同，从发解试到省试大约只有短短的半年时间，礼部每次都要重新制定各处“新额”，完全不可操作。太学是素质较高或考试经验比较丰富之考生的聚集处所，减少太学解额，会造成新的不公平。宋代还存在各州之间解额不均的问题，也一再被人诟病，朱熹此处没有涉及。当代高考也存在各地高校录取人数不均的问题，因而各省录取分数线不一致。这问题今天都没法做到绝对公平，宋代更加没法解决。况且，说到底，“争趋太学”以求录取与士人德行无关，朱熹的第一个药方，既不对症，也无法操作。

立“德行科”。这同样是宋人的老生常谈。举司马光《论举选状》为例：

取士之道，当以德行为先，其次经术，其次政事，其次艺能。……臣欲乞应天下知州府军监任内，听举孝廉一人；大藩听举二人；转运使、提点刑狱任内，听举三人。并须到任及一年以上，方得奏举。……仍于进士奏名额内减三十人，候到阙日，或陛下临轩亲试，或委中书门下试经义策一道、时务策一道。但以义理优长为上，不取文辞华美。若所对经义乖戾圣意，及时务全不通晓，方行黜落。[1]

① 《司马光集》卷一九，第2册，第549—551页。

即：从进士科拿出部分录取名额，用于“德行科”。该科考生，先通过“乡举里选”，然后直接进入专门殿试，不重文辞，放宽考试要求。

再看朱熹的建言：

> 莫若且以逐州新定解额之半而又折其半，以为德行之科。明立所举德行之目，专委逐县令佐从实搜访，于省试后保明，津遣赴州。守倅审实，保明申部。于当年六月以前，以礼津遣，限本年内到部。拨入太学，于近上斋舍安排，而优其廪给，仍免课试。长贰以时延请询考，至次年终，以次差充大小职事；又次年终，择其尤异者特荐补官。余令特赴明年省试，比之余人，倍其取人分数。殿试各升一甲。其不中人且令住学，以俟后举。

截取科考名额，应“德行科”试者先通过“乡举里选”，这两项措施都与司马光同。而后操作略有不同。朱熹要求将这部分被推荐者置于太学，优异者直接进入仕途，其余参加省试，殿试各升一甲。“乡举里选”违逆历史潮流，前文已有讨论，不再赘言。朱熹的第二个药方看似对症，实则完全不具备可操作性。

罢诗赋，考经义。这是王安石熙宁科举变革内容之一，事实证明是失败的，朱熹他处言论对此也有批评。朱熹在此认为：“熙宁罢之，而议者不以为是者，非罢诗赋之不善，乃专主王氏经义之不善也。”他要求考生广取诸家所长，“通贯经文，条陈众说而断以己意”。此文的重点即落在这一项上，以2000多文字讨论之。然而，通经义者必有德行否？答案是否定的。经义考试之弊端，众贤言之凿凿。刘挚所言，切中要害：

> 罢诗赋，试以经义……至于蹈袭他人，剽窃旧作，主司猝然亦莫可辨。盖其无所统纪，无所檃括，非若诗、赋之有声律、法度，其是非工拙，一披卷而尽得知也。诗、赋命题，杂出于六经、诸子、

历代史记，故重复者寡。经义之题，出于所治一经。一经之中可为题者，举子皆能类聚，裒括其数，豫为义说，左右逢之。才十余年，数榜之间，所在义题，往往相犯。然则文章之体，贡举之法，于此其弊极矣。诗赋之与经义，要之，其实皆曰取人以言而已。贤之与不肖，正之与邪，终不在诗赋、经义之异。取于诗赋，不害其为贤；取于经义，不害其为邪。自唐以来，至于今日，名臣巨人致君安民、功业轩天地者，磊落相望，不可一二数，而皆出于诗赋，则诗赋亦何负于天下哉！①

诗赋、经义，都是“取人以言”，终究与士人德行无关。朱熹的第三个药方，再度无的放矢。

朱熹还有以下对科举制其他弊病的批评和建言。如，对考场策问“有司发策问必先称颂时政，对者因大为谀词以应之”，要求“今亦宜为之禁”。在专制社会，这样的建言亦如痴人说梦。②又如，对“所谓太学者，但为声利之场”，要求“择士之有道德、可为人师者，以为学官而久其任”。在科举社会里，企图以某些教师的个人力量对抗整个制度，又是不切实际的想法。对一些专门考试，朱熹也提出批评：“制举名为贤良方正，而其实但得记诵文词之士。”“词科则又习于谄谀夸大之词，而竞于骈俪刻雕之巧。”“至于武举，则其弊又不异于儒学之陋也。”其对策也都是泛泛而论。

综上所论，朱熹对科举制所发表的大量批评，乃是宋人之共识；所提供的变革措施，既无新意也不可操作。当代某些研究者，面对古代名人，喜欢做无比较辨析的过度赞美和拔高，其研究方式不可取。生活在“人治”社会，朱熹热衷于“人治”，对科举制的建言也从“人治”的角度出发。如，他人言：“科举法，虽不可以得人，然尚公。”朱熹答曰：

---

① 《续资治通鉴长编》卷三六八，第15册，第8858—8859页。

② 参见诸葛忆兵：《宋代应策时文概论》，《复旦学报（社会科学版）》2016年第4期。

“法至于尽公，不在人，便不是好法。要可私而公，方始好。”[1]又云：“科举是法弊。大抵立法，只是立个得人之法。若有奉行非其人，却不干法事，若只得人便可。”[2]“人治”社会产生的弊病，企图以“人治”的手段予以补救，这就是时代的局限性。

---

① 《朱子语类》卷一〇八，第7册，第2688页。
② 《朱子语类》卷一〇九，第7册，第2700页。

李昴英中第家书释论

宋代举子进士中第后，留在京师有系列活动，如期集、庆贺、互访、拜谒、觐见等，其间需要大量的钱财花销。他们在这一特殊人生阶段的生活情态如何，是一个饶有趣味的话题，可借此观察宋人科举社会众生相。李昴英中第后的五封家书，对此种情景略略有所揭示。李昴英（1201—1257），字俊明，号文溪，谥忠简，广州番禺人。官至龙图阁待制、吏部侍郎，有《文溪集》二十卷传世。李昴英于宋理宗宝庆二年（1226）登第，高中第三名。从三月初公布省试录取名单之后，李昴英一直留在京师，等待放榜和任命，五封家书写于这段时间，都是写给父亲李天棐和亚妈潘氏的。

一、第一封家书

第一封家书，作于省试名单公布当天夜里，其第三封家书提及“某自得捷，当夜即发家书与捷子”。此信云：

> 某顿首百拜上复大人朝议、亚妈孺人：某兹者荷先祖余庆、大人阴骘，省试叨冒第三名。自顾识浅才疏，何足当此？今因捷走报，谨写数字，以实其信。然乡间前此无报三名前之例，必有无厌之求，亦宜权其轻重，多不过为政首可也。恐州县有礼议，大人可谋之亲知谙识者，随时区处，即此报知。他冀精卫寝食，以迓鸿祉。某此来合受推官文林郎出身，乃庙堂送阙，亦候在外。待榜者毕至，方始唱名、赐袍笏，圣上御便殿以颁之。仍旧例入局，待注受毕日，七月初必有归期。谨此拜复，伏乞尊览。某百拜上复。某烦一哥复

知大人，门径只宜依旧，不必加粉饰，遇某旧亦烦一哥呼名致谢。[①]

李昴英父李天棐，时官朝议大夫，生母黎氏已经去世，故信寄父亲与亚妈潘氏。

宋理宗于嘉定十七年（1224）闰九月登基，宝庆二年（1226）乃其即位后的首次科举考试，依照惯例，此年谅阴，免殿试，省试赐知贡举御札云："朕属在哀疚，未遑亲策，爰咨近列，往司衡鉴。"[②]省试录取名单与名次，即为最后录取名单与名次。故李昴英"省试叨冒第三名"，即为最后录取名次。据黄佐《宋吏部右侍郎李忠简公昴英》载：

（李昴英）试春官，知贡举邹应龙欲置第一，时方谅阴，或曰："上始即位，宜崇帝王之学。"遂擢王公龙《书》义第一，昴英第三。[③]

上述记载，略备一说。宝庆二年（1226）正月庚辰（二十四日），朝廷"以礼部尚书程珌知贡举，刑部尚书邹应龙、右谏议大夫朱端常、中书舍人陈贵谊同知"[④]，邹应龙此年为同知贡举，故录取名次当由知贡举程珌最后确定。

这封信匆匆写就，作者称："因捷走报，谨写数字，以实其信。"朝廷公布录取名单与名次之后，有捷报快速传达新科进士家乡，此信即由报捷人附带至家中，以安父母之心。原信之前有附言云："三月十八日捷子到广州，二十日到石滩"，应当是事后补填，以记其事。石滩，今属广州增城，李昴英父母当时居住于此。

这封书信最令人钦佩的是作者所表现出来的那份淡然和从容的心态。

---

① 《全宋文》卷七九四〇，第344册，第47页。
② 《咸淳临安志》卷一二，《宋元方志丛刊》第4册，第3472页。
③ 〔宋〕李昴英撰，杨芷华点校：《文溪存稿》，广州：暨南大学出版社，1994年，第237页。
④ 《宋史全文》卷三一，下册，第2143页。

高中第三名，李昴英才26岁，信中没有高高中第后的极度喜悦，更没有年轻人的张扬轻狂。报捷也仅仅是为了“以实其信”，让父母吃一颗定心丸，没有丝毫的骄纵和夸耀，像是报告一件极其普通之事。紧接着就为父母筹划操心：“乡间前此无报三名前之例，必有无厌之求，亦宜权其轻重，多不过为政首可也。”报捷赏钱，当有定例，然当地没有出过进士科前三名，赏钱自然无例可援。李昴英担心父母把握不好赏钱的尺度，既成为家庭的过度负累，也可能成为他人笑柄，故叮嘱“宜权其轻重”。李昴英高中第三名，是当地的大喜事，官府应该有所庆祝或祝贺活动。所以，“州县礼议”，亦叮嘱父母“随时区处”。信的结尾甚至细致交代到“门径只宜依旧，不必加粉饰，遇某旧亦烦一哥呼名致谢。”一切都出之寻常，礼貌待人。不仅自己没有骄盈之色，而且反复嘱咐家人，不要给乡邻留下大喜过狂之类的坏印象。事前谋划，思虑周详，稳重淡定，已经彰显其胸襟气度不同寻常。信中还预测在京城应该有的种种事情或活动：当授推官文林郎出身，并有唱名、赐袍笏、入局等，凡此种种，后面信件将一一涉及。

苏轼《定风波》云：“回首向来萧瑟处，归去，也无风雨也无晴。”以此概括自己对待仕途荣辱得失之态度，令人景仰。其实，这里也展现出宋代文人士大夫一种较新的精神风貌，他们“进退皆忧”“先忧后乐”，以天下为己任。[①]有了如此开阔的胸襟，对待进士及第的态度也迥异于唐人。北宋吴处厚云：

> 孟郊下第诗曰：“弃置复弃置，情如刀剑伤。”又再下第诗曰：“两度长安陌，空将泪见花。”其后及第诗曰：“昔日龌龊不足嗟，今朝旷荡思无涯。青春得意马蹄疾，一日看尽长安花。”大凡进取得失，盖亦常事，而郊器宇不宏，偶一下第，则其情陨获，如伤刀剑，以至下泪。既后登科，则其中充溢，若无所容，一日之间，花即看

① 详见诸葛忆兵：《宋代文史考论》，北京：中华书局，2002年，第255—272页。

尽，何其速也？后郊授溧阳尉，竟死焉。[①]

南宋葛立方亦云：

> 孟郊《落第诗》曰："弃置复弃置，情如刀刃伤。"《再下第诗》曰："一夕九起嗟，梦短不到家。"《下第东南行》曰："江蓠伴我泣，海月投人惊。"愁有余矣。《下第留别长安知己》云："岂知鶗鴂鸣，瑶草不得春。"《失意投刘侍御》云："离娄岂不明，子野岂不聪？至宝非眼别，至音非耳通。"《叹命》云："题诗怨还怨，问《易》蒙复蒙。本望文字达，今因文字穷。"怨有余矣。至登科后诗，则云："昔日龌龊不足夸，今朝放荡思无涯。春风得意马蹄疾，一日看尽长安花。"议者以此诗验郊非远器。余谓郊偶不遂志，至于屡泣，非能委顺者；年五十始得一第，而放荡无涯，哦诗夸咏，非能自持者。其不至远大，宜哉！[②]

宋人对待科举得失态度，确实不同于唐人，于李昴英家信中亦可见一斑。咸平五年（1002）状元王曾"登科报其父书曰：'曾今日殿前唱名，遂忝第一，皆先世积德、大人教训所致。然此亦是世间有底事，大人不须过喜。'"[③]景祐元年（1034）状元张唐卿"素以文行为东州士人所称，又乡举与礼部试俱在高等，及春榜下，众论翕然，以为得人。君时集同榜诸进士于相国佛舍处，凡动作无一不如宜者。"[④]宋人风度，由来已久。

李昴英估计"七月初必有归期"，届时才能确定归期，可见宋代新科进士在京城的活动，至少有五六个月之久。

---

① 《青箱杂记》卷七，第73页。
② 《韵语阳秋》卷一八，〔清〕何文焕辑：《历代诗话》，北京：中华书局，1981年，下册，第633页。
③ 《家世旧闻》卷下，第202页。
④ 〔宋〕韩琦：《张君墓志铭》，《全宋文》卷八五七，第40册，第96页。

二、第二封家书

第二封家书言“即辰季春”，即作于三月下旬，云：

某顿首百拜上复大人朝议、妈妈恭人：即辰季春，恭惟尊候动止万福。某兹者叨冒正奏第三，无非大人平日积德之验。但开榜之后，百费丛集，租一屋在学前，庶得王魁、张魁亦在左侧。某所赁之屋，一月二十券，捷人与诸人来贺亦五十券。受札之始，凡百物件，皆是新置。如买轿皂衫袍、带幞头、朝靴、一身衣服。轿番四名，每月二十余千；书司厅子二名，每月亦十五千。已至借仆一日十余人。况某不谙此间新第事体，只得挈张上舍德明，事与之商榷，庶得适宜。日间供膳，皆是己出，出二元信费二十千，未用一百余券。自惟窘乏不能措，只得转假之乡人，候回日偿之。有便可报陈宅，必有钱助费，但非亲实人，不容付之来也。书铺来呈丙辰科事例，到五月中方唱名入局，以至受阙，并其它礼仪亦七月初方毕，到冬方有拜侍之期。所喜二状元相处甚得，有事必日来相报，出入皆同行。大魁台州人，三十四岁；榜眼亦台州人，六十余矣。凡见主司及朝士，皆与之同。及见邹尚书，彼再三丁宁，未要相见诸朝士，某自此不出。诸同年及乡曲相识官员，日间相见常一二十人，只得奔走报谒，不容已也。某兹者本经出王太傅定房，参详丁郎中黼，知举邹尚书应龙；论在林太博良显，策未知在谁房。三场未经改削，未敢附去，恐有人问，但以试官所批示之。某此回例受推官，已令人寻访江西、广西诸处。自揣疏于吏事，亦须一年以上可也，亦但言其概。已至两处店主人书铺，亦须百以上千；请两人作四六，亦须百千。事体大概始末，非千券不可。乡间风俗薄恶，多言某受人系着不可信。某新得一第，尚要前程久远。[1]

---

① 《全宋文》卷七九四〇，第344册，第47—48页。

第一封信关心家中诸种举措，这封信则叙述自身情况。录取名单公布已经近一个月，作为新科进士第三名，在京城必须有一定的排场和应酬，所谓“开榜之后，百费丛集”。李昴英详细列出花销项目：一是在太学前租房，“一月二十券”。此地便于新科进士的一切应酬活动，故状元王会龙、榜眼张某皆在其左侧租屋居住。二是答谢报捷、祝贺者，五十券。三是“凡百物件，皆是新置”。四是雇佣仆役，“轿番四名，每月二十余千；书司厅子二名，每月亦十五千”仍不够应酬，甚至需要“借仆一日十余人”。五是日常膳食，“日间供膳，皆是己出，出二元信费二十千”。合计“未用一百余券”。新登第者又没有经济收入，最大的困境是囊中羞涩。只能向“乡人”借贷，同时嘱咐家中“有便可报陈宅，必有钱助费。”李昴英妻陈氏，其家境当远比李家殷实，故有此推测。“进士登第赴燕琼林，结婚之家为办支费，谓之铺地钱。”[1]这是宋代风俗，李昴英已经将这笔钱做进自己的预算。此外，预计的花费还有“已至两处店主人书铺，亦须百以上千；请两人作四六，亦须百千”。最终，“非千券不可”。

宋人登科，需要写作大量的答谢应酬四六文。如李昴英称自己的试卷“本经出王太傅定房，参详丁郎中黼，知举邹尚书应龙；论在林太博良显”，加上知贡举程珌，必须一一有四六文答谢。此外，曾经提携自己的官场前辈、乡贤亦须答谢，宋人文集中留下此类四六文可称汗牛充栋。如南宋名相史浩通过发解试后所写的答谢四六文，保留至今的还有6篇：《得解谢主文启》《得解谢钱通判启》《得解谢贾签判启》《得解谢刘教授启》《得解谢王参政启》《得解谢晏尚书启》，中第后所写的感谢信保留至今则有2篇：《及第谢秦太师启》《及第谢秦内翰启》。[2]这类四六文，多用典故，古雅典重，费心费力。新科进士应酬繁多，根本没时间构思创

---

① 〔宋〕庄绰撰，萧鲁阳点校：《鸡肋编》卷中，北京：中华书局，1997年，第71页。

② 《全宋文》卷四四一一，第199册，第365—370页。

作，只能雇佣专门写手。

新科进士最重要的团体活动之一是“入局”。《钱塘遗事》载：

> 置状元局。状元一出，都人争看如麻。第二、第三名，亦呼状元。是日迎出，便入局。局以别试所为之，谓之三状元，局中谓之期集所。大魁入局，便差局中职事，一一由状元点差。牒请、纠弹、笺表、小录、掌仪客、司计、掌器、掌酒果、监门，多者至五六十员，少者亦不下四十员。视事官送牒例皆二十。初第人多喜入局，得陪侍三状元，与诸同年款密，他日仕途相遇，便为倾盖。常例：五日一会食，否则日中有酒杯，点心、果子二色。局中职事官虽多入局，而食者常半之。食罢，出入无妨。三状元常宿于局中，不可出宿于外。月余而罢局。凡预局中执职事官员，纳小录、题名钱；非职事官须纳钱五千，而后得小录、题名一本。状元入局之初，依全赐钱一千七百贯；及诸公纳到助小录钱，亦一千三百贯有奇。三状元入局五日，职事官入局，局中以职事官名申台部，十日后正谢。①

“入局”即新科进士在期集所的一切活动，主要职事都由新科状元与二三名派定，既是新科进士最大的荣耀时刻，更是同年结交、以求仕途照应的大好时机，所谓“他日仕途相遇，便为倾盖”。唯今年至“五月中方唱名入局”，时间拖沓，当与“谅阴”有关。所以，“其它礼仪亦七月初方毕，到冬方有拜侍之期。”

新科前三名，休戚与共，相互照应。李昴英云：“所喜二状元相处甚得，有事必日来相报，出入皆同行。大魁台州人，三十四岁；榜眼亦台州人，六十余矣。凡见主司及朝士，皆与之同。”当年状元王会龙，字君遇，台州临海人；榜眼张某，名字失传，亦台州人。或以为即《乾隆浙

---

① 《钱塘遗事》卷一〇，第232—233页。

江通志》所载之张桂，聊备一说。[①]这种日常应酬极其频繁，“诸同年及乡曲相识官员，日间相见常一二十人。”

对于踏入仕途之起点，李昴英云：“此回例受推官，已令人寻访江西、广西诸处。”此间透露一则讯息，新科进士实授差遣，可以事先疏通运作，选择自己相对较为喜欢的地域从政。这也是有政策依据的。宋太宗雍熙二年（985）六月，“命右谏议大夫刘保勋、兵部郎中杨徽之、屯田郎中孔承恭与判吏部流内铨王祐同就尚书省，以新及第进士、诸科名次先后，乡里远近之便注拟。自是为定例。”[②]在此基础上，新科进士就可以有一定的运作空间。

信末再度表明极其谨慎的处事态度：“某新得一第，尚要前程久远。”既是告知父母，也是提醒自己，不能有丝毫的骄纵之色。关于这两点，其师岭南名宦崔与之四月回复李昴英信函中有嘱咐：“盛名之下，谦以将之……初筮不必择官择地。”[③]李昴英显然根据现实情况，选择性地听从老师的教诲。崔与之，登绍熙四年（1193）进士第，广州增城人，官至右丞相，晚年退隐家乡，李昴英曾从其学。李昴英写给崔与之的信函已经失传，只有崔与之的复函留存。

三、第三封家书

此家书写于“春律向盈，韶光未减”之际，当紧接上封家书，仍作于三月下旬。云：

某伏以春律向盈，韶光未减，恭惟大人朝奉、亚妈孺人尊候动止万福。某自得捷，当夜即发家书与捷子，又附一运司走文字人，

① 顾宏义：《南宋后期及第进士在京活动及其费用——以李昴英〈文溪集〉所载五通家书为中心》，朱泽君主编：《崔与之与岭南文化研究》，北京：人民出版社，2010年，第347页。又，李昴英信中叙说银两“小铤”及钱币单位之间的兑换，此文已有考释，可参见。

② 《续资治通鉴长编》卷二六，第2册，第596页。

③ 《文溪存稿》，第222页。

想皆到矣。然潮州陈子谅必争先，但以家书为实。犒捷之资，必候潮、广两处人俱齐，方始酌其轻重，不可作两项支与。某尝会张魁，渠云：乡曲捷人必待八九月自归，方始结付，乃其乡例也。恐未有钱，推以待某归尤佳。小人无厌，骤多与之，彼必求索无已，更在斟酌轻重，合数报人，共二百上下可也。某自归榜后，终日奔走，及归安下处，则诸公来访，及同年诸友相见，求入局者甚众，应酬无暇。来见邹先生，丁宁勿出，某恪守此戒。然程中书、陈中书皆遣人来请见，不容不往，以至某文字出渠房者皆往一见之。然诸公以某远方人，忽在前列，皆有愿见之意。凡所造见，甚荷温接。相见必问堂上，及闻某具庆，则歆羡不已。又问大人之年，某乙未对，尤加羡焉。其问娶否，则以已缀亲对。书铺呈甲辰例，唱名在五月十二，缘其年混补，别来试所未闲。今岁既无混补，必须待出局及注差了毕，必七月终方有归期。前日局中合干人来参，书吏、厅子、虞候、上名事官，每位三四十，某不敢留，使且待入局。京城桂玉之地，日费不赀。王魁缀其同舍宁国府杜丈之女，岳翁为之支遣；张魁乃宰执侍从，撰述文字人，故诸公送馈良厚。惟某乏素，其接待礼数、出入仪从，只得勉强随之。乡间义约钱一百券，带来四小铤，梁干又借去一笏。虽鬻之笏，犹有窘乏之忧，不免就施丈假借。渠又要归还七百足，更与渠商榷如何，势亦只得就渠借也。家亦不必附钱与之。但龙涎香可买数两，素馨汤、茶饼之类可买二三十瓶，作人事。戚家苏合香丸、感应丸亦买数两来，更白拂手数条云云。[1]

这封信先提“潮州陈子谅必争先”，其妻陈氏当为潮州人，陈子谅应该是其妻舅。如果是岳父，不应如此直呼其名。陈家殷实，在赏钱上“必争先”，李昴英叮嘱“犒捷之资”“酌其轻重”，潮州和广州，“不可作两项支与”。言下之意，陈家如给付赏钱，自家可以节省。且转告家人榜

① 《全宋文》卷七九四〇，第344册，第48—49页。

眼张某叙说台州“乡例”：“乡曲捷人必待八九月自归，方始结付。”家中如果必须给赏钱，“推以待某归尤佳”。赏钱具体数额为：“合数报人，共二百上下可也。”这个数额，应该是李昴英多方打听的一个结论。宋代一人进士中第，短时间内给家庭带来巨大的经济压力，一般人家疲于应付，才有李昴英数封书信的一再关心叮嘱，家境相对贫寒者更知钱财应酬之艰难。

家书再度叙说在京的频繁应酬交往，其中之一是“同年诸友相见，求入局者甚众，应酬无暇。”这又是宋代科举社会众生态的一个侧面。期集，最初是新科进士自发组织的联谊活动，“期集：应举士人欲共陈其利便，则指定一所在，会集诸人，定议以申明之。”[①]具体活动内容如下：“缀行期集，列叙名氏、乡贯、三代之类书之，谓之《小录》。醵钱为游宴之资，谓之酺，皆团司主之。”[②]北宋前期，中第者少，新科进士皆能参与，大部分费用由参与者摊派。仁宗朝以来，诸科不计，录取的新科进士人数大致在四百人以上，期集费用日益增加。宋神宗熙宁六年（1073），“赐新及第进士钱三千缗，诸科七百缗，为期集费。进士、诸科，旧以甲次高下率钱期集，贫者或称贷于人。至是，始赐之。”[③]而后，逐渐演变为新科进士多数不能入局，只有具体有职事者方可入期集所。局中职事由前三名分派，同年为了混个脸熟，日后官场有个彼此照应，便纷纷拜托前三名，提携自己入局。一时奔走请托，亦为士风败坏之一端。嘉定七年（1214）五月，监察御史黄序言：

> 进士唱名之三日，期集于别试所，有旨赐之餐钱。进士前三人，得自择同升之彦而分职。由纠弹、牒表而下数，在绍兴才四十人，淳熙至八十人，绍熙乃过百人，开禧逾二百人。前岁虽少损，犹百

① 《朝野类要》卷五，第106页。

② 《宋史》卷一五五，第11册，第3608页。

③ 《续资治通鉴长编》卷二四三，第10册，第5921页。

八十九人。夫进士通榜，不过四五百人，职其间者几半。期集所非有大利，而头钻竞趋，何哉？意为异日请托之地，下省小录口腹之须。比年胪唱甫彻，请嘱交驰，于是略其当差，滥其不当差者。今廷对有日，乞下此章于进士期集所。合差职事，当先甲科省试上十名、太学上舍生、诸州路类试首选，及名望之士，酌绍兴、淳熙之数而取衷焉。亦涵养士风之一端也。①

将李昴英家书与当时臣僚奏章对照阅读，能够更加具体了解当时科举社会风貌。这一科，“赐进士王会龙以下九百八十九人及第、出身有差”②，是宋代进士录取最多的一科。近千人争夺不到二百名的“入局”职事，自然叫李昴英“应酬无暇”。

信中言及“唱名在五月十二”，宋代唱名与入局往往在同一天或相隔一天，故此类请托活动集中在此前。信中又言“前日局中合干人来参”，即，至三月末，期集所职事当大致都已确定。“待出局及注差了毕，必七月终方有归期”，原先估计的回乡日期被推迟了。

日常应酬另外一项重要活动是拜见应届知贡举者与“文字出渠房者”。李昴英出自刑部尚书邹应龙一房，用后人的称呼，邹即为李之“座师”，故邹对其格外关照，前两封家书中都提及其“再三丁宁”。知贡举礼部尚书程珌、同知贡举中书舍人陈贵谊“皆遣人来请见，不容不往”，这是只有前三名才能享用的荣耀。其交谈内容，都是人际交往之泛泛应对：“必问堂上”“又问大人之年”“其问娶否”。宋代的“榜下择婿”言行，即产生于这种日常寒暄问答之际。

这封家书最后以三分之一篇幅再度叙说“京城桂玉之地，日费不赀”之事。状元王会龙和榜眼张某皆有资助者，唯李昴英最为困窘，“其接待礼数、出入仪从，只得勉强随之。”随身携带之钱财，信中提及“乡间义

---

① 《宋会要辑稿·选举》六之二三，第5册，第4341页。

② 《宋史》卷四一，第3册，第788页。

约钱一百券”，由地方贡庄资助，是南宋考生与新科进士的重要经济来源。[1]李昴英只能多途借贷，弥补不足。宋代贫寒中第士人，录取后在京城应酬期间，往往借高利贷应付场面，到任后再予以偿还。许多官员到任后便多方筹措金钱，贪污腐败在所难免。朝廷曾经关注这个问题，宋真宗大中祥符元年（1008）五月，诏令：“新及第授官人无得以富家权钱，倍出息利，至任所偿还。所在察举之。”[2]显然，一纸诏令解决不了问题，李昴英依然需要借贷应酬。同时，李昴英却又非常体谅地交代“家亦不必附钱与之”。唯独应酬送礼需要有一点家乡特色，故要求家人“龙涎香可买数两，素馨汤、茶饼之类可买二三十瓶，作人事。戚家苏合香丸、感应丸亦买数两来，更白拂手数条。”

一位26岁的年轻人，处处为家人考虑，周详细腻，再度令人诧异。

四、第四封家书

这封信写于四月份，云：

> 某百拜上复。即辰清和在候，恭惟大人朝奉、亚妈宜人尊候起居万福。某伏自尘忝之后，三附问安之书，想已俱到。后遇乡间补试诸丈，询及家间动静，三月廿八日某人抵京，复接家书，深用慰浣。某自箭桥移居学前，非报谒官员不敢轻出，凡事不敢轻举。张德明以私试回斋，适惠州朱新恩篆至，某遂校之同楼。复留一房以待伦耀卿，而四月初彼犹未至也。日来诸厅贺吏已拨剔稍定，惟是同年之求入局者，多挟朝贵，或托相知，颇为所挠，只得随轻重区处。至于潮、惠、南雄诸同年，既是一路，不容不存之也。唱名亦未有日子，想只在五月初间矣。所费浩繁，已就施丈借五百券，家间亦不必寄钱来用。若有所争不多，不必与较；若大段相远，某做

① 详见《宋代科举制度与文学演变》，第222—236页。

② 《续资治通鉴长编》卷六九，第3册，第1544页。

> 一道理，此不足虑。某前者已修札达之陈宅，不知彼曾来相贺否？朱新恩篆文雅且贤，与之相处甚得。彼遂有续弦之意，大人便问发与令往说之。朱丈乙巳生，可与为亲。邱丈亦知其五行，若消耗之，便中垂示。有一札达之广平公，少叙谢意。人旋甚亟，漕台仓舶书未发，尚需别进。未由省侍，伏乞倍加调护，以介鼎来之祉。某下情祈祝之至。某百拜上复大人朝奉、亚妈宜人、六叔朝奉。①

李昴英一直对家人如何处理自己高中探花一事非常关切，故询问新到京师参加太学“补试”的同乡，三月二十八日又接到家中回复信函，了解家中大致情况，甚感安慰。这封家书所叙述内容，与前几封家书大致相同。其一，报告自己的日常交往，强调自己举止极度谨慎，“非报谒官员不敢轻出，凡事不敢轻举”。其二，再提同年求入局之事，“多挟朝贵，或托相知，颇为所挠”，轻易不好拒绝，然局中职事人数有定，况且还有状元与榜眼，此事给李昴英带来很多的骚扰。其三，与同为广南东路之潮州、惠州、南雄州同年相互联络，所谓“既是一路，不容不存”。周必大曾记载说：“由广而东，去国滋远，厥初合一路才贡一士。”②这是北宋之情形，南宋广东路登第者虽然有所增加，一届登第者仍然寥寥无几，故一路同年，当然趁这段时间及时结交，以求将来彼此照应。其四，京城“所费浩繁”，已借钱“五百券”，同时依然嘱咐“家间亦不必寄钱来用”。信中特意提及：“某前者已修札达之陈宅，不知彼曾来相贺否？”真正关心的是：陈氏是否有送钱过来资助。其五，为同乡同年朱篆牵线保媒。朱篆，惠州归善人，是年中第。③又，前封家书言唱名在“五月十二日”，现在又变得“未有日子”，日期再次不确定。

这封家书提供了新的两项资讯：同年中之同乡的相互联络结交，“榜

---

① 《全宋文》卷七九四〇，第344册，第50页。

② 《全宋文》卷五一四九，第231册，第243页。

③ 《宋登科记考》卷一三，下册，第1417页。

下择婿”。

《朝野类要》载：“进士及第，各集乡人于佛寺，作题名乡会。”[①]又载：“同年乡会：诸处士大夫同乡曲并同路者，共在朝及在三学，相聚作会，曰乡会。”[②]《景定严州续志》亦载：“乡会，所以笃枌榆之谊。惟唱第毕，乡之位于朝与仕于京者，张宴湖山，为新贵者庆，最为盛集。”[③]乡会往往由京城官场前辈同乡出面组织。可见，新科进士同乡聚集的活动，频繁而多样。

宋代名门贵族选择女婿，不以门第为重，只重视科第，争先恐后地选取科举中第的贫寒士人为婿，蔚然成风，时称“榜下择婿”。《墨客挥犀》载：

> 今人于榜下择婿，号“脔婿”。其语盖本诸袁山松，尤无义理。其间或有意不愿而为贵势豪族拥逼不得辞者。有一新先辈，少年有风姿，为贵族之有势力者所慕，命十数仆拥致其第。少年欣然而行，略不辞逊。既至，观者如堵。须臾，有衣金紫者出，曰：“某惟一女，亦不至丑陋，愿配君子，可乎？”少年鞠躬，谢曰：“寒微得托迹高门，固幸！待归家试与妻子商量，看如何？”众皆大笑而散。[④]

北宋仁宗朝，“冯京举进士，自乡选至廷对俱策名第一。张尧佐倚外戚，欲妻以女，使拥入其家。顷之，中人以酒殽至，且示以奁具甚厚，京不肯就，力辞之。”[⑤]《武林旧事》亦载南宋风气：“唱名……自东华门至期集所，豪家贵邸，竞列彩幕纵观。其有少年未有室家者，亦往往于

---

① 《朝野类要》卷一，第36页。

② 《朝野类要》卷五，第107页。

③ 《景定严州续志》卷三，《宋元方志丛刊》第5册，第4375页。

④ 〔宋〕彭□辑撰，孔凡礼点校：《墨客挥犀》卷一，北京：中华书局，2002年，第284页。

⑤ 《古今事文类聚·前集》卷二六，《景印文渊阁四库全书》第925册，台北：台湾商务印书馆，1986年，第415页。

此择婿焉。”[①]风气之盛，一至于此。李昴英当为自己姐妹“择婿”。朱篆此时搬来“同楼”居住，李昴英评其“文雅且贤”，两人相处甚欢。朱篆“有续弦之意”，获父亲同意，李昴英便居中促成。朱篆“乙巳生”，即生于淳熙十二年（1185），长李昴英16岁，中第时已42岁。宋人择婿只问科第，不问年龄，不在意再婚，是一种普遍现象。这件事前几封信中都没有提及，此处则云：“大人便问发与令往说之。”可见李昴英与家中互通讯息，不限于这几封家书。

五、第五封家书

这封家书作于六月下旬，其时“炎伏在候，暑气方殷”，云：

> 某顿首百拜上复。即辰炎伏在候，暑气方殷，恭惟大人朝请、亚妈安人尊候起居万福。某偕璧英在此如常，毋在留意。念六月初二日陈全付至家书与陈宅书信皆到，官券五百贯已如数得讫。十三日上御文德殿，移御榻，临轩引见前三甲人三名。前作一班，相去才咫尺，日表龙姿，俨然在前。余四甲、五甲人只在殿门之外，不及见也。礼毕，三名前就幕次，各赐食七品，罗满几案，精美可挹，累科所无也。中贵、快行、卫士来索谢恩诗，即时就换袍笏，是时驾已入内，但抱敕黄拜殿门而已。三名先谢而出，即重戴乘马，所喝迎导如每科仪。但未过太庙，不审其仪也。[②]

心心念念之陈家的书信和资助终于到了，“官券五百贯”，已经能够大致解决其经济上困窘之状态。前几封信大谈特谈的经济窘状，此信便可一笔带过了。

这封信的核心内容是报告升殿唱名之情景，“唱名：谓之胪传。圣上

---

① 〔宋〕周密辑：《武林旧事》卷二，西湖书社，1981年，第28页。

② 《全宋文》卷七九四〇，第344册，第51页。

御殿宣唱，第一人、第二人、第三人为一班，其余逐甲各为一班。”[①]当年唱名一直拖延到六月十三日，比原定日期又晚了一个月，其原因最大的可能是等待四川等地类省试中第者来京。宋代规定：“凡赴廷对，许量带税物随行，以助旅费。向也一舟五六人共之，行计易办。后来人各一舟，货物未足，卒难起离，遂成濡滞。”[②]国家推出这项措施，考生当然追求利益最大化，即尽量更多地携带货物，由此造成廷试和唱名的一再延期。廷试和唱名原来都是在三月，嘉定十年（1217）却延至五月，嘉定十三年（1220）再延至六月。大臣奏章云：“向者，士子必四五人共为一舟，舟楫易办。数举以来，或一二人为一舟，舟人浸成稽缓。水陆万里，风波险阻，涉历州县，关津滞留，势必至夏，始达行都。数蒙睿旨，展期以俟其集。盛夏炎赫，皇上临轩，汗透御服，臣子殊不遑安。嘉定七年、十三年，臣僚屡次申明，而玩弛既久，终未能革。”[③]当年谅阴无廷试，唱名依然拖延，原因大约与前几年相同。

廷见皇帝，相隔咫尺，“日表龙姿，俨然在前”，这仅仅是新科前三名的光荣，当然要专门写信报告一番。李昴英细致报告当日的整个过程：廷见之后，“赐食七品，罗满几案，精美可挹”，又有“中贵、快行、卫士来索谢恩诗”，诗歌应当是事前准备好的。李昴英谢恩诗失传，举魏了翁《己未唱第后谢恩诗》为例：“圣皇学问富春秋，当宁宵衣濒壮猷。鹄立银袍天北阙，龙飞金榜殿西头。彤池缪对三千字，黄甲俄输一二筹。初学粗知存大体，纷更要洗洛阳羞。”[④]魏了翁是庆元五年（1199）曾从龙榜第三名，谢恩诗应酬的内容是确定的，所以可以事先预备。而后，“就换袍、笏”，即“释褐”之原意，“太平兴国二年正月十二日，赐新及第进士诸科吕蒙正以下绿袍、靴、笏，非常例也。御前释褐盖自是

① 《朝野类要》卷三，第57页。
② 《宋会要辑稿·选举》八之二八，第5册，第4388页。
③ 《宋会要辑稿·选举》八之二七，第5册，第4387页。
④ 《全宋诗》卷二九三〇，第56册，第34930页。

始。”[①]一切结束之后，“三名先谢而出，即重戴乘马，所喝迎导如每科仪。”大中祥符八年（1015），蔡齐状元及第，“特诏金吾给七驺，出两节传呼，因以为例。”[②]此乃宋代朝廷安排状元游街之始，而后前三名皆享有此荣誉。

李昂英五封家书丰富细腻地展现了新科探花中第后在京城的生活情态和心态，宋人记载的科举社会场景和制度因此变得鲜活生动。这里的情态和心态，当然与家境、性格、个人遭遇相关，同时也具有时代的普遍性和典型性。李昂英这段时间所写的信函是大量的，如其信中提及给妻子娘家陈氏的信函，又如写给老师崔与之的信函等，皆失传，无法对照阅读，只能留下遗憾。

---

① 《事物纪原》卷三，第171页。

② 《续资治通鉴长编》卷八四，第4册，第1920页。

宋代童子试

望子成龙，是古今中外父母的共同心愿。隋唐科举取士制度逐渐成熟，由此，唐代就出现了专门针对少年儿童设置的童子科考试。童子科乃“岁举之常选”，“凡童子科，十岁以下能通一经及《孝经》《论语》。卷诵文十，通者予官；通七，予出身。”[①]宋代承此制度，《宋史》载：“宋之科目……常选之外，又有制科，有童子举。”[②]民间又称“神童举”，专门考试、选拔聪颖早慧、天资过人的儿童。其具体规定云：“凡童子十五岁以下，能通经作诗赋，州升诸朝，而天子亲试之。其命官、免举无常格。”[③]《朝野类要》则云：“神童：十岁以下能背诵，挑试一经或两小经，则可以应补州县小学生。若能通五经以上，则可以州官荐入于朝廷，而必送中书省复试，中则可免解。”[④]一时父母，趋之若鹜。

与唐代相比，宋代童子试有了很大的变化。

首先，宋代童子试非“常选”，各地有聪慧的神童，即时向朝廷推荐，朝廷委托相关部门考试。宋代殿试已成常设制度，因此，童子试最后往往也有皇帝亲试一项，除了面见神童之外，更重要的目的是鼓励士人向学之风。各地向朝廷推荐神童的数量和频率，实际上视在位皇帝的兴趣而定。皇帝或以神童试标举当代儒学成风、天下大治，或以此引导当代政治和文化建设，各地推荐神童的数量就明显增多，频率明显增加。据《宋会要辑稿·选举九·童子出身》统计，北宋年间童子举概况如下：太宗朝2次，真宗朝12次，仁宗朝12次，神宗朝4次，哲宗朝3次，徽宗朝8次。宋真宗在位26年，宋仁宗在位42年，可见，北宋年间童子试

---

① 《新唐书》卷四四《选举志上》，第4册，第1162页。

② 《宋史》卷一五五《选举志一》，第11册，第3604页。

③ 《宋史》卷一五六《选举志二》，第11册，第3653页。

④ 《朝野类要》卷二，第54页。

以真宗在位时最为频繁。宋真宗年间，皇帝为了自神其迹、自我吹嘘、粉饰太平，自编自导，上演了一出天书降、祥瑞现之轰轰烈烈的闹剧。神童试数量增多、频率加快，与天书、祥瑞事件的宗旨是一致的。仁宗以后，童子试明显减少，“自仁宗即位，至大观末，（童子）赐出身者仅二十人。”①

南宋高宗、孝宗两朝，童子试突然大量增加。据《宋会要辑稿·选举九·童子出身》统计，宋高宗朝童子试一共有26次，数量居两宋之冠。高宗南渡之后拨乱反正的政治和文化建设，有意识地“从娃娃抓起”，频频亲试童子，倡导风气。尔后，宋孝宗承继高宗做法，亲试童子18次。孝宗年间，甚至出现了女童子试，“淳熙元年夏，女童林幼玉求试，中书后省挑试所诵经书四十三件，并通，诏特封孺人。”②

反之，宋代更多的皇帝意识到童子试拔苗助长的负面作用，多次下达诏令，停止童子试。宋度宗朝礼部侍郎李伯玉言：“人材贵乎善养，不贵速成，请罢童子科，息奔竞，以保幼稚良心。”③道中了问题的实质。李伯玉认为童子试会引导读书就是为了做官利己的低俗倾向，而丧失了政治理想追求，即丧失“幼稚良心”。北宋许多君臣对此同样有清醒的认识，帝王多次发布政令，停止“童子举”。宋仁宗皇祐三年（1051）诏：“今后诸处更不得申奏及发遣念书童子赴阙。”④宋哲宗元祐元年（1086）诏礼部：“自今乞试童子诵书，所属毋得令收接。”⑤宋徽宗政和二年（1112）诏：“童子陈乞诵书，今又九人，愈见滋多。所有近令辟雍长贰等通试人数，并今来并不试验。”⑥即使最热衷于童子试的高宗，也很快意识到问题的严重性。绍兴三年（1133），高宗说：“上有所好，下必有

① 《宋史》卷一五六《选举志二》，第11册，第3653页。
② 《宋会要辑稿·选举》九之三〇，第5册，第4411页。
③ 《宋史》卷四六《度宗本纪》，第3册，第896页。
④ 《宋会要辑稿·选举》九之三〇，第3册，第4408页。
⑤ 《宋会要辑稿·选举》九之三〇，第3册，第4408页。
⑥ 《宋会要辑稿·选举》九之三〇，第3册，第4409页。

甚焉。盖由昨尝推恩一二童子，故求试者云集。此虽善事，然可以知人主好恶，不可不审也。”[①]所以，宋代童子试屡罢屡兴，时断时续。一直到南宋宁宗嘉定十四年（1221），尚书省上奏云：“童子设科，从来未曾立定试期并取放名额。比年以来，多有暗减岁数，州县复不审核，寖成冒滥。”朝廷因此下诏：“自今后童子举，每岁以三人为额。仍令礼部行下诸路州军，须管精加核实年甲挑试，结罪保明，申礼部国子监。定以三月初七日类聚挑试。将试中合格人具申朝廷，用三月十七日赴中书后省复试。”[②]其后，宋度宗因李伯玉的论奏，咸淳三年（1267）罢童子科试。此时，离南宋灭亡仅十年时间了。

其次，宋代童子试的内容变化不定。《宋会要辑稿》记载的宋太宗年间两次童子试，测试的内容都是“念书”，应该与唐代童子科类似，强调对儒家经典著作的背诵。而后，渐渐转向文学创作。宋太宗试建州十一岁童子杨亿，“试赋五篇，皆援笔立成”，[③]考试的重点已经转移。宋真宗咸平二年（999）试睦州十二岁童子邵焕，“面赋《春雨诗》一篇，援笔而就，赏其敏速，遂命以官。”[④]咸平四年（1001）试南康军六岁童子重轲，“使诵《周易》数卦，颇精通。赋诗一章，亦援笔而就，遂奖录焉。”[⑤]此时，也记载这些少年儿童擅读书背诵，但至宋真宗大中祥符年间，多次考试童子，或仅仅强调其“能为诗”“于内殿赋诗”“上言其能文”，[⑥]显然测试的重点转向发现少年儿童的文学创作天赋。童子试内容的重大变化，对宋代文学创作的繁荣产生了显著的影响。最为典型的案例就是北宋两位大作家杨亿和晏殊，他们通过童子试脱颖而出，而逐渐成长为文坛的领袖人物。杨亿是“西昆体”代表作家，《湘山野录》卷上

---

① 《宋会要辑稿·选举》九之三〇，第5册，第4409页。
② 《宋会要辑稿·选举》一二之三九，第5册，第4467页。
③ 《续资治通鉴长编》卷二五，第2册，第590页。
④ 《宋会要辑稿·选举》九之二一，第5册，第4407页。
⑤ 《宋会要辑稿·选举》九之二二，第5册，第4407页。
⑥ 均见《宋会要辑稿·选举》九《童子出身》。

比较详尽地记载了宋太宗雍熙元年（984）他到京都考试的情况：

杨大年年十一，建州送入阙下，太宗亲试一赋一诗，顷刻而就。上喜，令中人送中书，俾宰臣再试。时参政李至状："臣等今月某日，入内都知王仁睿传圣旨，押送建州十一岁习进士杨亿到中书。其人来自江湖，对扬轩陛，殊无震慑，便有老成。盖圣祚承平，神童间出也。臣亦令赋《喜朝京阙诗》，五言六韵，亦顷刻而成。其诗谨封进。"诗内有"七闽波渺邈，双阙气岧峣。晓登云外岭，夜渡月中潮。"断句云"愿秉清忠节，终身立圣朝"之句。①

晏殊是宋词创作走向繁荣的第一位重要作家，被后人称为宋词"初祖"。史载其在京都的考试过程：

抚州进士晏殊年十四，大名府进士姜盖年十二，皆以俊秀闻，特召试。殊试诗、赋各一首，盖试诗六篇。殊属辞敏赡，上深叹赏。……后二日，复召殊试诗、赋、论，殊具言赋题尝所私习，上益爱其淳直，改试他题。既成，数称善。②

这两人执文坛牛耳后，奖掖后进，选拔人才，又发现与挖掘了更多的文学大家，形成宋代文学创作长盛不衰的局面。在这方面，晏殊更为知名。出自晏殊门下的文学大家有欧阳修、范仲淹、宋祁、张先、尹洙、石介等。换一个角度看，晏殊等文学神童过早进入官场，被打磨得八面玲珑，性格相对平庸，对文学创作也有负面影响。

此后，童子试内容的变化，还表现在三个方面。其一，背诵的儒家经典著作数量逐渐增加。最初，仅仅能背诵五经中一部分就可以了，至

① 《湘山野录》卷上，第7—8页。

② 《续资治通鉴长编》卷六〇，第3册，第1341页。

宋神宗元丰年间，饶州十一岁童子朱天锡能背诵《周易》《尚书》《毛诗》《周礼》《礼记》《论语》《孟子》七经；其兄长十二岁朱天申，除上述七经外，还能背诵《孝经》《扬子》《老子》三经。到高宗年间，送试童子大约都能背诵经书十种左右，最多的达到十七种。在经典背诵种类无法增加的前提下，童子开始背诵经书之注疏、讲解等，号称既能背诵又能讲解，其实只是增加和扩大了背诵的内容而已，“今之所讲说者，不过父兄以讲义与之诵念，实未尝通晓义理。”[①]其二，为了讨得帝王之欢心，童子在经典背诵之外，开始大量背诵当代皇帝的创作。此风始于宋高宗年间，应试童子“诵御制《劝学》《渔父词》及经子书十四种”“诵御制《建炎古诗》《渔父词》及经子书十六种”“诵御制《宣圣七十二贤赞》及经子书十种”“诵御制《为君难说》及诸子书十种”。[②]在宋代，歌词乃通俗文类，为体不尊，文人皆游戏为之。高宗的《渔父词》进入经典背诵行列，对推尊词体起到相当大的作用，这也是童子试意想不到的收获。其三，与南宋时局有关，童子试增加了武学方面的内容，如“兼习步射，排变阵章”等。

宋孝宗淳熙八年（1181），朝廷试图为童子试内容和等级作出具体规定。《宋史》载：

> （童子试）始分为三等：凡全诵六经、《孝经》、《语》、《孟》及能文，如六经义三道、《语》《孟》义各一道、或赋一道、诗一首为上等，与推恩；诵书外能通一经，为中等，免文解两次；止能诵六经、《语》、《孟》为下等，免文解一次。复试不合格者，与赐帛。[③]

此外，《朝野类要》载：

---

① 《宋会要辑稿·选举》一二之三八，第5册，第4466页。

② 《宋会要辑稿·选举》九之二七、二八，第5册，第4410页。

③ 《宋史》卷一五六《选举志二》，第11册，第3651页。

神童。十岁以下能背诵，挑试一经或两小经，则可以应补州县小学生。若能通五经以上，则可以州官荐入于朝廷，而必送中书省复试，中则可免解。①

这应该也是南宋年间的规定，时间大约早于前一条。与童子试其他规范制度一样，这些规定未见贯彻实施的具体文献资料。换言之，童子试在两宋期间始终无法进入“常选”之列。

宋代童子试为天下父母指出一条望子成龙的捷径，摧残儿童、拔苗助长之偏激行为，也就屡见不鲜。《避暑录话》记载了江西饶州一地父母的极端措施：

饶州自元丰末朱天锡以神童得官，俚俗争慕之。小儿不问如何，粗能念书，自五六岁即以次教之五经，以竹篮坐之木杪，绝其视听。教者预为价，终一经偿钱若干。昼夜苦之。中间此科久废，政和后稍复，于是亦有偶中者。流俗因言饶州出神童。然儿非其质，苦之以至死者，盖多于中也。②

父母居然将自家幼童放置于大树之上，断绝外界的一切干扰，逼迫他们背诵。许多幼童被摧残致死，父母仍然没有醒悟。当代一些“高考状元县”“高考集中营”的举措，就有点宋代饶州父母的样子。因为饶州当地这样极端的风俗，宋代参加童子试的幼童大量来自饶州。以《宋会要辑稿·选举九·童子出身》记载的宋高宗朝26次童子试为例，没有载明童子籍贯的有7次，全国其他地方籍贯的有7次，饶州籍贯的有12次，由此也可以从一个角度理解宋代江西人才辈出的成因。南宋江西大诗人

① 《朝野类要》卷二，第54页。
② 《避暑录话》卷上，第2617页。

杨万里就有多首送家乡童子赴试的诗歌，其《送李童子西归》说：

江西李家童子郎，腹载五车干玉皇。选德殿后春昼长，天子呼来傍御床。口角诵书如布谷，眼光骨法俱冰玉。紫绡轻衫发锦束，万人回头看不足。莫言幼慧长不奇，杨文公与晏临淄。老翁笞儿也太痴，欲鞭辕下追霜蹄。六岁取官曲肱似，春风昼锦归吾里。生子当如李童子，至如吾儿豚犬耳。①

其《送刘童子》说：

天上麒麟地上行，掌中珠玉月中生。澜翻六籍吞诸子，声动三公及九卿。别有诗书真事业，不应童子是勋名。长成来奏三千牍，桃李春风冠集英。②

诗歌除了称颂这些神童天赋异禀之外，也点出其负面作为："老翁笞儿也太痴，欲鞭辕下追霜蹄。"许多幼童恐怕就是这样被鞭打致死的。

敦促儿童刻苦学习和过度逼迫是一把双刃剑，今天依然如此。宋代童子试的经验与教训，皆值得今人深思。

---

① 〔宋〕杨万里著，王琦珍整理：《杨万里诗文集》卷六，江西人民出版社，2006年，上册，第105页。

② 《杨万里诗文集》卷二三，上册，第414—415页。

宋代科举闹场事件

“学而优则仕”，中国古代知识分子读书唯一的出路是进入仕途，实现个人价值。宋代取士最重科举，科举考试决定着大多数宋代知识分子的个人命运，读书人自然高度关注科场。科场内外有诸多不公，有时则是个人立场带来的认识偏差，宋代由此不断酿成科举闹场事件。一系列贯穿两宋的科举闹场事件，或推动了科举制度的变革发展，或影响着文坛风气之转移，都对历史之进程发挥了或多或少的作用。

科举制度肇始于隋朝，兴盛于唐朝。唐朝科举考试，不弥封试卷，允许试前公开推荐，对考官也缺乏足够的监督制度。所以，在唐朝，更多的是考场之外的因素决定考场的录取名次。杜牧的考试经历就非常具有典型性。《唐摭言》载，崔郾是年知贡举，太学博士吴武陵持杜牧《阿房宫赋》向其推荐：“‘请侍郎与状头。’郾曰：‘已有人。’曰：‘不得已，即第五人。’郾未遑对。武陵曰：‘不尔，即请比赋。’郾应声曰：‘敬依所教。’既即席，白诸公曰：‘适吴太学以第五人见惠。’”[①]这是两位爱才者的作为。更多的时候，唐代科场都是权势、金钱、友情的交易，千奇百怪的作弊行为和事件层出不穷。《旧唐书》载：“天宝二年春，御史中丞张倚男奭参选，……分甲乙丙科，奭在其首。众知奭不读书，论议纷然。……玄宗大集登科人，御花萼楼亲试，登第者十无一二；而奭手持试纸，竟日不下一字，时谓之‘曳白’。”[②]这样的现象在唐朝科举考试中是普遍的，“时举子尤盛，进士过千人，然中第者皆衣冠士子。”[③]唐人谚语因此云：“及第不必读书，作官何须事业！”[④]

---

① 《唐摭言》卷六，第63页。

② 《苗晋卿传》，《旧唐书》卷一一三，第10册，第3350页。

③ 《册府元龟》卷六四二《贡举部》，第8册，第7802页。

④ 《侯鲭录》卷四，第103页。

宋代推行“佑文”的基本国策，依赖文士治理国家。科举成为宋代士人进入仕途的最主要、最重要途径。科举考试是否公正公平，关系到宋代官员队伍的建设，关系到国家命运之盛衰。朝野上下，聚目科举，科场的细微事件都被置于放大镜之下。

宋初科举，沿袭唐制，科场之外的因素极大地干扰了科举考试。如宋太祖建隆元年（960），即赵宋建国之第一年科举，“前乡贡《三传》孙兰治《左氏春秋》，聚徒教授。其门人有被黜退者，兰乘醉突入贡部，喧哗不已。”[①]建隆四年（963）科举，“龙捷左厢都指挥使、汉州防御使马仁瑀尝私以士属知贡举薛居正，居正实不许而阳诺之。及闻喜宴日，仁瑀乘醉携所属士慢骂居正。”[②]随着国家秩序的建立和完善，如此公开无理的闹场事件基本绝迹。但是，考试不公，亦如唐朝，极其普遍。这种现象，既引起广大考生的不满，也引起帝王的高度重视。

考生不满，就会寻找诉求途径，频繁地酿成闹场事件。帝王重视，就会借助科举闹场事件，惩治不公或作弊考官，以求端正考场风气。北宋考生闹场大都集中在汴京，其中数次考生喧闹群体事件，带来科举制度的变革。宋太祖开宝六年（973），“礼部放准等十一人、五经郝镕等二十一人及第，谢于讲武殿。进士武济川、《三传》刘浚以人质蕞陋及占对失次，命黜去。又下第进士徐士廉等挝登闻鼓上言，以久困场屋，无由奋发，及诉知举李昉取舍非当。即诏贡部籍入策进士并终场经学，与准等并亲复于殿庭。御试举人自兹始也。仍赐准等钱二十万，令宴会。济川乃昉乡人，既黜，昉亦责太常少卿。”[③]殿试在唐代为非常态，偶尔举行，而宋代自此年之后，殿试成为制度，形成发解试、省试、殿试之三级考试制度。殿试由皇帝主持，录取者皆为“天子门生”。《燕翼诒谋录》云：“自唐以来，进士皆为知举门生，恩出私门，不复知有人主。开宝六

① 《续资治通鉴长编》卷一，第1册，第9页。
② 《续资治通鉴长编》卷四，第1册，第102页。
③ 《宋会要辑稿·选举》七之一，第5册，第4356页。

年……御试进士不许称门生于私门，一洗故习，大哉宏模！”[①]两年后再次举行殿试，太祖云：“向者登科名级，多为势家所取，致塞孤寒之路，甚无谓也。今朕躬亲临试，以可否进退，尽革畴昔之弊矣。”[②]

宋太宗年间，闹场事件依然频发。举二例：端拱元年（988），“宋白知贡举……榜既出，而谤议蜂起，或击登闻鼓求别试。上意其遗才，壬寅，召下第人复试于崇政殿，得进士马国祥以下及诸科凡七百人，令枢密院用白纸为牒赐之，以试中为目。”[③]淳化二年（991），“谢泌奉诏发解国子学举人，黜落既多，群聚喧诟，怀甓以伺其出。泌知之，潜由他径入史馆，数宿不敢归。”[④]

频频出现的落第考生喧闹、帝王严惩考官等事件，让宋初知贡举成为高危职业，知贡举者便设法试图规避风险。宋太宗淳化三年（992），“以翰林学士承旨苏易简等权知贡举。易简等以贡举重柄，义在无私，受诏之日，五人便赴尚书省锁宿，更不归私第，以杜绝请托。物论嘉之。”[⑤]又：“自端拱元年（988）试士罢，进士击鼓诉不公后，次年苏易简知贡举，固请御试。是年又知贡举，既受诏，径赴贡院以避请求。后遂为例。”[⑥]科举考试中又出现了一项新的“锁院”制度，即朝廷公布考官名单后，考官们立即进入考试场所——贡院，不再与外界接触，直到录取名单公布才离开贡院。这一年殿试，首次采用“糊名考校”法，科举考试弥封制度呼之欲出。宋真宗年间，诸项科举制度大致完善。咸平二年（999），试卷弥封已成制度；景德四年（1007），严格糊名誊录制度；大中祥符八年（1015），专设誊录院。至此，科举试场基本落实公正公平的原则。

---

① 《燕翼诒谋录》卷一，第2页。
② 《续资治通鉴长编》卷一，第1册，第336页。
③ 《续资治通鉴长编》卷二九，第2册，第654页。
④ 《续资治通鉴长编》卷三二，第2册，第728页。
⑤ 《宋会要辑稿·选举》一九之二，第5册，第4563页。
⑥ 《宋会要辑稿·选举》一之四，第5册，第4232页。

制度越来越严密，录取越来越公正，落第考生却依然采取闹场的方式。咸平五年（1002），“陈恕知贡举，恕所取之士甚少……恕乡里，所斥尤多。人用怨谤，竞为谣咏讥刺。或刻木像其首，涂血掷于庭。又缚纬为人，题恕姓名，列置衢路，过辄鞭之。”[①]大中祥符元年（1008），“南省下第举人周叔良等百二十人讼知举官晁迥等抑塞孤寒，列世家子弟四十余人，称文学浅近，不合奏名。”[②]这些事件都是发生在严格执行“糊名考校”法之后，科场录取公平公正，甚得时论称许，落第者却仍然要对考官宣泄怨毒仇恨。宋初帝王有借考生闹场监督考官之意，故对其采取相对宽容的态度，甚至是支持怂恿，由此，闹场成为落第考生发泄情绪的常态。科举制度逐步完善之后的闹场，可以被看作是前阶段频繁闹场事件的惯性作用，真宗后期以来，闹场事件明显减少。

宋仁宗嘉祐二年（1057），再度爆发大规模闹场事件。此年，欧阳修权知贡举，“先是，进士益相习为奇僻，钩章棘句，浸失浑淳。修深疾之，遂痛加裁抑，仍严禁挟书者。及试榜出，时所推誉，皆不在选。嚣薄之士，候修晨朝，群聚诋斥之，至街司逻吏不能止。或为《祭欧阳修文》投其家，卒不能求其主名置于法。然文体自是亦少变。”[③]《宋名臣言行录》亦载：“是时，进士为文，以诡异相高，号‘太学体’。文体大坏，公患之。所取率以词义近古为贵，比以险怪知名者黜去殆尽。榜出，怨议纷然，久之乃服。然文章自是变而复古。”[④]这一年闹场，不是录取不公，而是欧阳修改变了录取标准，原来耗尽心思、精力学写奇涩险怪“太学体”的士子纷纷落第，文风平易流畅、清新自然的苏轼、苏辙、曾巩得以录取。这一次闹场不了了之，带来的是宋代文体文风的改变。

南宋以后，省试、殿试相对规范，闹场事件比较少见。地方发解试

---

① 《续资治通鉴长编》卷五一，第2册，第1120—1121页。

② 《宋会要辑稿·选举》七之一〇，第5册，第4360页。

③ 《续资治通鉴长编》卷一八五，第8册，第4467页。

④ 《宋名臣言行录·后集》卷二，《景印文渊阁四库全书》第449册，第159页。

等，制度并不严密，闹场由中央转向地方，以致“秋赋多鼓噪之患”。[①] 其中以“冒贯”闹场事件最为常见。宋代发解试，各地都有固定的名额，士人必须在原籍参加考试。部分考生，或冒贯到发解名额相对多的、录取相对容易的州郡考试，或冒贯参加多地发解试，侵占当地发解名额，引发当地士人闹场风波。举三例：

(绍兴二十六年) 镇江府发解举人，而闽人有冒贯者。举人周晋等持梃欲击之，守臣直秘阁林大声率府寮往视，为飞石中其帻，吏士有被伤者。大声即捕举人十八人属吏。事闻，诏停举，令金部郎中、总领淮东财赋董苹审问。晋遁去，其徒顾作猷等皆坐编管、殿举有差。其后，右正言凌哲奏：“举人喧竞，盖大声遣卒护送闽人冒贯，激使之然。”于是，大声亦罢。[②]

绍熙三年，……秋大比，计使以外郡士子附试，公（陈居仁）固持不可，则径以势临考官。公度其必致纷争，五夜躬至棘闱之前，叱外郡士毋得入，哗者始定。[③]

(嘉定十七年) 刑部奏云：“淮西转运司申，光州进士秦万全妄诉林应辰冒贯就试，群众打林应辰濒死，士人惊散，几坏科举。”[④]

淳熙五年（1178），右谏议大夫萧燧言：“比言诸路士人并有寡廉鲜耻，贪他郡解额之宽，诈冒以侥幸于一得。土著士人争讼纷纭，场屋鼓噪，无所不至。乞下诸州，严为之禁。”[⑤]朝廷虽然为此下达诏令，终难

① 《李公墓志铭》，《楼钥集》卷一一一，第6册，第1925页。
② 《建炎以来系年要录》卷一七四，第7册，第3040页。
③ 《陈公行状》，《楼钥集》卷九二，第5册，第1635页。
④ 《宋会要辑稿·选举》一六之三七，第5册，第4530页。
⑤ 《宋会要辑稿·选举》一六之二一，第5册，第4522页。

禁止“冒贯”事件之发生，且到南宋后期愈演愈烈。

科举考试，关系士人终身富贵，牵一发而动全身，细小问题亦能酿成群发事件。淳熙八年（1181），“临安士人以不预补试，群诣台谏宅陈词。台谏畏其势，以好语谕之。是夜，集吏部侍郎郑丙之门，诟骂无礼。”①地方发解试监督力度也不如中央，易发生弊案。嘉定九年（1216），“‘知荣州杨叔兰放罢，朝奉郎刘光特降一官。’以潼川提刑、权运判魏了翁言：‘荣州解试拆号后，士人赵甲等诉试院欺弊事。叔兰系举送官，关防不谨，以致官吏作弊。朝奉郎刘光不能训其子，使抵冒法禁。’故也。”②省试、殿试考官，皆朝廷精心选择声望颇高之士，地方发解试则没有这样的条件，各地考生或质疑考官水平，酿成群体事件。淳熙十六年（1189），“秋大比，士子哗，讼某官墨不可。”③凡此种种，皆地方考生针对局部或细节问题而发，不再对科举制度大局产生影响。

宋代是科举制度完善的时期，在这过程中，闹场事件发挥了相当的作用。今天的高考制度，许多规则都是继承了宋代科举制度的。

① 〔宋〕周密撰，张茂鹏点校：《齐东野语》卷一，北京：中华书局，1997年，第3页。

② 《宋会要辑稿·选举》一六之三二，第5册，第4527页。

③ 《曾东老墓志铭》，《杨万里诗文集》卷一三〇，下册，第2151页。

宋代科场作弊

宋代科举考试，成为士人进入仕途的唯一正途。万众一心，挤向科举考试之“独木桥”，才力智商不及者、富贵多金者、权势显赫之子弟，以及其他形形色色的人群，在科举制度疏漏或管理不严格时，总是期望通过一定的作弊手段，让自己更早地通过科举考试。只要有考试，总存在着作弊现象或作弊企图。

唐代科举不实行弥封制，考官直接面对考生，科举录取随意性很大，甚至考生的录取及名次考前就确定了。“崔相沆知贡举，得崔瀣。时榜中同姓，瀣最为沆知。谭者称：‘座主门生，沆瀣一气。’”[①]“沆瀣一气”之现象，在唐代科举中极其普遍，所以，唐代考生无需挖空心思在考试过程中作弊。宋初科举考试制度沿袭唐代，然宋代帝王依赖文臣士大夫治理国家，格外重视文官素质，所以，一开始他们就高度重视选官制度之源头——科举制度。在没有弥封等制度的前提下，他们只能通过“人治”特别措施，力图为科举考试打造一个公平公正的环境。如，宋太祖开宝元年（968），因翰林承旨陶穀之子陶邴试进士合格，名列第六，太祖“遽命中书复试”，并诏曰：“自今举人凡关食禄之家，委礼部具析以闻，当令复试。”[②]宋太宗雍熙二年（985），“宰相李昉之子宗谔、参知政事吕蒙正之从弟蒙亨、盐铁使王明之子扶、度支使许仲宣之子待问，举进士试皆入等。上曰：‘此并势家，与孤寒竞进，纵以艺升，人亦谓朕为有私也！’皆罢之。”[③]宋真宗大中祥符元年（1008），朝廷“召所谓势家子弟者，别坐就试。”[④]在帝王有意识的抑制之下，北宋初期的达官贵族

---

① 〔宋〕王谠撰，周勋初校正：《唐语林校正》卷七，北京：中华书局，1997年，下册，第676页。

② 《续资治通鉴长编》卷九，第1册，第200页。

③ 《续资治通鉴长编》卷二六，第2册，第595页。

④ 《续资治通鉴长编》卷六八，第3册，第1533页。

子弟甚至都不敢参加科举考试，“旧制，执政子弟多以嫌不敢举进士，有过省而不敢就殿试者，盖时未有糊名之法也。”[①]

此外，朝廷对科场弊案，处置非常严厉。宋太祖开宝五年（972），枢密使刘崇矩门下客郑伸挟怨“告崇矩受太原人席羲叟黄金，私托翰林学士扈蒙与羲叟甲科”，最后证实乃诬告，朝廷的处理居然是“崇矩罢为镇国节度使。赐伸同进士出身，酸枣县主簿。”[②]矫枉过正的处置，表明朝廷对科举作弊零容忍的态度。宋太宗太平兴国七年（982），朝廷诏云：“或假手以干名，或挟书而就试，渐成浇薄，宜用澄清。”[③]没有制度的保障，宋初只能依赖案例之警示和临时之诏告，努力澄清科场环境。

依靠一次次的临时措施，终难抑制科举丛生之弊端。从宋太宗后期开始，朝廷逐步变革科举制度，陆续建立起锁院、弥封、编排、誊录等系列制度。宋真宗大中祥符四年（1011），朝廷推出新定条制：“举人纳试卷，内臣收之，先付编排官；去其卷首乡贯状，以字号第之；付弥封官誊写、校勘，用御书院印，始付考官。定等讫，复弥封，送复考官，再定等。编排官阅其同异，未同者再考之；如复不同，即以相附近者为定。始取乡贯状字号合之，乃第其姓名差次并试卷以闻，遂临轩唱第。”[④]至此，朝廷基本上建立起公平公正的科举考试制度。

制度一旦建立，相应的考试作弊手段便一一产生。至仁宗末年，欧阳修说：“近年以来，举人盛行怀挟，排门大噪，免冠突入，亏损士风，伤败善类。此由举人既多，而君子小人杂聚，所司力不能制。虽朝廷素有禁约，条制甚严，而上下因循，不复申举。惟此一事为科场大患。”[⑤]尤其是北宋后期以来，朝纲松弛，朝政混乱，科举考试中之作弊现象，也愈演愈烈。徽宗朝以来，吏治之败坏，便与科举考试中作弊现象越来

① 《石林燕语》卷八，第112页。
② 《续资治通鉴长编》卷一三，第1册，第289页。
③ 《宋会要辑稿·选举》三之四，第5册，第4263页。
④ 《续资治通鉴长编》卷七六，第3册，第1740页。
⑤ 《论逐路取人札子》，《欧阳修全集》卷一一三，第4册，第1718页。

越猖獗密切关联。

对于科举中的作弊现象，南宋孝宗时礼部郎官范仲艺总结说："近日科举之弊，如假借户贯，迁就服纪，增减年甲，诡冒姓名，怀挟文书，计嘱题目，喧兢场屋，诋诃主司，拆换家状，改易试卷，如此等弊，不可胜数。而代笔一事，其弊尤甚。"[①]宋宁宗时，臣僚再度归纳科场弊端云："凡十二事陈之：曰门关，曰纳卷，曰内外通传，曰全身代名，曰换卷首纳白卷，曰吊卷，曰吏人陪《韵略》钱，曰帘内胥吏乞觅帘外胥吏，曰试宏博人怀挟、传义，曰诸色人之弊，曰帘外诸司官避亲，曰印卷子。"[②]其中，最为常见的作弊手段是怀挟和代笔。

怀挟文字，就是偷偷携带各种文字入考场，以便考试时抄袭。这是最古老、最普遍的考试作弊方式。宋代制度规定："凡就试，唯词赋者许持《切韵》《玉篇》。"[③]除上述韵书和字书外，不可以挟带其他文字入考场。太宗年间已经有对"挟书"的禁令，真宗景德二年（1005），更是"就座搜获怀挟书册节义者十七人"。[④]为了应对怀挟之弊，考场开始规定考生进入试场必须脱衣搜身。大中祥符五年（1012），真宗认为："皆解衣阅视，虑其挟藏书册，颇失取士之体，宜令止之。"[⑤]随着考生的增多，"怀挟"之弊愈演愈烈。欧阳修说："窃闻近年举人公然怀挟文字，皆是小纸细书，抄节甚备。每写一本，笔工获钱三二十千。"[⑥]北宋中叶，已经出现专业制作作弊文字的抄手，这是印刷术未发达时的情景。宋代印刷术的发展，带来考场作弊书籍之大量出现，"自国家取士场屋，世以决科之学为先。故凡编类条目、撮载纲要之书，稍可以便检阅者，今充栋汗牛矣。建阳书肆，方日辑月刊，时异而岁不同，以冀速售。而四方转

① 《宋会要辑稿·选举》五之五，第5册，第4315页。

② 《宋会要辑稿·选举》六之四八，第5册，第4353页。

③ 《宋史》卷一五五《选举志一》，第11册，第3605页。

④ 《宋会要辑稿·选举》三之七，第5册，第4265页。

⑤ 《续资治通鉴长编》卷七七，第3册，第1756页。

⑥ 《条约举人怀挟文字札子》，《欧阳修全集》卷一一一，第4册，第1677页。

致传习，率携以入棘闱，务以眩有司，谓之‘怀挟’，视为故常。”[①]宋代福建路建宁府，是当时图书刊印销售的一大中心，“书籍行四方”“麻沙、崇宁两坊产书，号为图书之府”[②]，此地集中制作怀挟书籍。考生考试结束，即将怀挟文字弃置考场。北宋后期，“引试既毕，遗编蠹简，几至堆积。”[③]徽宗年间几乎年年为此发布禁令，但收效甚微。南宋考场秩序更加混乱，考试期间，居然“蝇头册子，山积案上”。[④]为了抑制怀挟作弊，朝廷尝试多种做法。绍兴二十六年（1156），“诏：‘今后省试、太学国子监公试、发解铨试，并试刑法。令国子监印造《礼部韵略》《刑统》律文、《绍兴敕令》格式，并从官给。’上先谕宰执曰：‘自来举人许带《礼部韵略》入试院，多缘此夹带别文字，难以检察。’故有是诏”[⑤]。

怀挟之盛，宋人诗词中皆有言及。王珪《和景彝诮扶出者》诗，讥讽因怀挟被驱离考场的作弊者，诗云：“天子重论秀，待之以公卿。志士抱奇节，犹或场屋轻。学能苦自琢，诗书腹纵横。胡为怀袖间，挟册角群生？诃卒窥其旁，执衣来叩楹。狂狙就新缚，跳突哀且鸣。岂不念寒孤，顾有素令明。利禄非可苟，辱甚舍弗烹。”[⑥]抄袭被捉之片刻，“狂狙就新缚，跳突哀且鸣”，非常形象生动。《苕溪渔隐丛书》所载，亦极生动幽默：

政和元年，尚书蔡薿为知贡举，尤严挟书。是时，有街市词曰《侍香金童》，方盛行。举人因其词加改十五字，作“挟怀”词，云：“喜叶叶地，手把怀儿摸。甚恰恨出题厮撞著，内臣过得不住脚。忙里只是，看得班驳。　骇这一身冷汗，都如云雾薄。比似年时头

① 《愧郯录》卷九，第156页。
② 《宋本方舆胜览》卷一一，第127页。
③ 《宋会要辑稿·选举》四之七，第5册，第4294页。
④ 《宋会要辑稿·选举》六之九，第5册，第4334页。
⑤ 《宋会要辑稿·选举》四之二九，第5册，第4305页。
⑥ 《全宋诗》卷四九一，第9册，第5949页。

势恶，待检又还猛想度。只恐根底，有人寻著。”①

代笔，就是由他人替代答卷，其作弊方式大约有三种。其一，考生与枪手同时入场，答卷完毕，互换试卷。前文所言“拆换家状，改易试卷”就指这种情况。嘉定十年（1217），臣僚奏云：“日来多有冒名入场之人，颇骇人听。如甲系正名赴省，乙乃冒名入场。……场屋制备卷，以防正卷之阙失。今乃预买备卷，冒名出试，则以场中之文，令正身誊上。及至中榜，计赂吏胥，抽换场中之卷，虽一二千缗，亦不惮费。”②其二，雇枪手冒名顶替，全程替考，所谓“全身代名”者，乃至部分考生，“身不入场，榜出高中”。③其三，将考试题目外传，再将代答程文传入。方式大致也有两种。一种是通过考官锁院期间家书往来，挟带答案。嘉定六年（1213），臣僚言：“试院有平安历，不过以报平安。今则不然，其出也，所书项目，监门莫得而见；其入也，所传件数，监门莫得而稽。囊复封识，不知所藏何物。名为药裹，安知无简札往来？号为家书，安知无消耗漏泄？其弊有未易言者。”④另一种是借助考场建筑空隙，传递答案。就在这一年，臣僚再奏云：“贡院墙壁，本自低矮，年来颓圮，如西边一带，抵靠别试所晨华馆，而断垣及肩，践踏成路，传泄之弊，多由此出。最后正通大理寺前，居民搭盖浮屋于墙上，亦作弊处，莫可堤防。东畔墙虽稍高，却与封弥誊录所相邻，而缝穴最多，关防须密。”⑤

绍兴十八年（1148），礼部言代笔之弊，即涉及此三种方式：“访闻就试举人内，有势力之家，多输贿赂，计嘱应试人换卷，代笔起草，并书真卷。或冒名就试，或假手程文，自外传入，就纳卷处誊写。”⑥宁宗

① 〔宋〕胡仔纂集，廖德明校点：《苕溪渔隐丛话·后集》卷三九引《上庠录》，人民文学出版社，1962年，第328页。

② 《宋会要辑稿·选举》六之二九，第5册，第4344页。

③ 《宋会要辑稿·选举》六之三四，第5册，第4346页。

④ 《宋会要辑稿·选举》六之一一，第5册，第4335页。

⑤ 《宋会要辑稿·选举》六之一三，第5册，第4336页。

⑥ 《宋会要辑稿·选举》四之二八，第5册，第4304页。

时大理少卿费培亦云："吏辈肆奸，了无顾忌。欲拆换卷头，以甲为乙；誊写程文，以伪为真；受他人之嘱，毁坏有名试卷，亦可也。"[①]代笔猖獗，见于记载，大都在南宋年间。其为害之烈，远超怀挟，怀挟还需自己有一定功底，以抄袭补不足，代笔则可以让完全不读书的纨绔子弟高中科名。故南宋臣僚云："代笔之弊，最其甚者。显行贿赂，略无忌惮，或替名入试，或就院假手。故有身躐儒科，而不能动笔，污辱搢绅。"[②]

怀挟、代笔之外，最为常见的作弊方式是冒籍，发生于地方"解试"中。宋代地方"解试"有"牒试"法，规定："随侍见任守倅等官，在本贯二千里外，曰'满里子弟'；试官内外有服亲及婚姻家，曰'避亲'；馆于见任门下，曰'门客'。是三等许牒试，否则不预。"[③]由于其为转运司主持，故又称"漕试"，或"漕牒"。宋代地方"解试"，"以终场二十人解一名"[④]；牒试北宋时"每十人解三人"，[⑤]南宋则"七人而解试一人"，[⑥]录取比例远高于一般解试。因此，考生当然要奔走钻营，以获取"牒试"资格。绍兴六年（1136），四川制置大使席益即云："科举冒滥之弊，无甚于牒试。"[⑦]乾道元年（1165），臣僚又云："科举之制，州郡解额狭而举子多，漕司所解，其数颇宽。士取应者，往往舍乡贯而图漕牒，至于冒亲戚、诈户籍而不之恤。且牒试之法，川、广之士用此可也，而福建则密迩王都，亦复牒试；见任官用此可也，而待阙得替官一年内亦许牒试；本宗有服亲用此可也，而中表缌麻之亲，亦许牒试。或宛转请求，或通同托嘱，至有待阙得替官一人而牒十余名者。"[⑧]此类弊案，史籍记载甚多。

---

① 《宋会要辑稿·选举》六之五，第5册，第4332页。
② 《宋会要辑稿·选举》五之三〇，第5册，第4327页。
③ 《宋史》卷一五六《选举志二》，第11册，第3628页。
④ 《宋会要辑稿·选举》一六之二，第5册，第4512页。
⑤ 《宋会要辑稿·选举》一五之九，第5册，第4500页。
⑥ 《建炎以来系年要录》卷一〇二，第4册，第1732页。
⑦ 《宋会要辑稿·选举》一六之五，第5册，第4514页。
⑧ 《宋会要辑稿·选举》一六之一三，第5册，第4518页。

另一种冒籍法类似今天高考中的“借考”，即改变户籍，从录取比例低的地区转移到录取比例高的地区应试。欧阳修云：“今东南州军进士取解者，二三千人处只解二三十人，是百人取一人，盖已痛裁抑之矣。西北州军取解，至多处不过百人，而所解至十余人，是十人取一人，比之东南十倍假借之矣。”[①]地方录取比例的巨大差异，在两宋期间一直存在，借地参加考试的事情也就屡见不鲜，乃至频繁酿成群体事件。如绍兴二十六年（1156），“镇江府发解举人，而闽人有冒贯者。举人周晋等持梃欲击之，守臣直秘阁林大声率府寮往视，为飞石中其帻，吏士有被伤者。”[②]又如嘉定十七年（1224），“光州进士秦万全妄诉林应辰冒贯就试，群众打林应辰濒死，士人惊散，几坏科举。”[③]

最简单的作弊方式是考官与考生考前约定暗号，见试卷上暗号即录取。举二例以见之：

杨大年为翰林学士，适礼部试天下士。一日，会乡里待试者，或云：“学士必持文衡，幸预有以教之。”大年作色拂衣而入，则曰：“于休哉！”大年果知贡举。凡程文用“于休哉”者，皆中选。[④]

蜀中类试，相传主司多私意与士人相约为暗号，中朝亦或有之，而蜀以为常。李壁季章、季永，同登庚戌科，己酉赴类省试。二公皆以文名一时，而律赋非所长。乡人侯某者以能赋称，因资之以润色。既书卷，不以诗示侯，侯疑其必有谓。将出门，侯故少留，李遂先出，而侯踵其后。至纳卷所，扣吏以二李卷子，欲借一观，以小金牌与之。吏取以示，则诗之景联皆曰：“日射红鸾扇，风清白兽

① 《论逐路取人札子》，《欧阳修全集》卷一一三，第4册，第1717页。
② 《建炎以来系年要录》卷一七四，第7册，第3040页。
③ 《宋会要辑稿·选举》一六之三七，第5册，第4530页。
④ 〔宋〕邵博温撰，李剑雄、刘德权点校：《邵氏闻见后录》卷二〇，北京：中华书局，1997年，第158页。

樽。”侯即于己卷改用之。既而皆中选。二李谢主司，主司问：“此二句，惟以授于昆仲，何为又以与人？”李恍然不知所以。他日，微有所闻，终身与侯不协。[①]

要在众多试卷中寻找到有暗号的卷子，难度很大。况且，试卷分房，考官多人，有暗号的试卷恰好落到约定的考官手中，也有难度。这种作弊方式看似简单，操作起来却很不容易。偶尔为之可能，多处记载更像是传说，而非事实。

宋人科场作弊，花样繁多，主要是上述几类，其他不再一一细说。

① 《齐东野语》卷八，第142—143页。

寄应与苏轼兄弟

嘉祐元年（1056）三月，苏洵带着苏轼、苏辙兄弟同上京城开封，是年七月苏轼兄弟即应开封府试，得解。次年，兄弟两人又同登进士榜，一时荣光无限。然而，此间有一疑问：苏轼兄弟乃四川眉山人，怎么可以参加开封府试？这与当时的科举考试制度有相悖处。后代学者以“寄应”二字打发，仍有诸多疑惑。

宋代科举考试分为三级：发解试，省试，殿试。欲参加礼部省试，必须先通过地方一级的发解试，所谓“得解”。或者免解者亦可，苏轼兄弟非免解者，此项略而不论。苏轼兄弟参加的是开封府的发解试，问题由此而生。

首先讨论宋代发解试解额问题。

唐代科举考试，礼部省试之前也有地方一级的“乡贡”，且有具体贡额规定：“应诸州贡人：上州岁贡三人，中州二人，下州一人。必有才行，不限其数。”[①]如果各地贡额没有限制，大量士人涌入京师，省试当然无法应付；或者各地贡额比例严重失调，也会造成士人奔走钻营的现象，皆不利于科举考试。因此，为各地规定贡额，是科举制度之常态。

赵宋建国，初期战乱频仍，境内割据政权林立，读书教育风气不盛，故太祖朝没有限制解额一说。但是，执政者已经注意到这个问题。乾德二年（964），“卢多逊言诸州所荐士数益多”，[②]却未提出具体对策。太宗朝，宇内大致统一，聚集在京城的考生人数剧增。太平兴国七年（982）九月，“上以诸道进士猥杂，或挟书假手，侥幸得官，所至多触宪章，欲惩革之。甲寅，诏所在贡举等州，自今长吏择官考试，合格许荐

① 《唐会要》卷二六，上册，第499页。《唐六典》有相同记载，不赘述。

② 《续资治通鉴长编》卷五，第1册，第132页。

送。仍令礼部，自今解贡举人，依吏部选人例，每十人为保，有行止逾违为他人所告者，同保并当连坐，不得赴举。”[①]要求各地提高发解士人之质量，其目的就是要对发解数量有一定限制。然而，没有明确提出限制办法，当然无法遏制发解数量日益增长的势头。淳化三年（992），“诸道贡举人万七千三百，皆集阙下。”[②]宋人对此也多有记载，列举两条：

诸州贡士，国初未有限制，来者日增。淳化三年正月丙午（十一日），太宗命诸道贡举人悉入对崇政殿，凡万七千三百人。时承平未久也，不知其后极盛之时，其数又几倍也。[③]

国初，州郡贡士犹未限数目。太宗始有意广收文士，于是，为守者率以得士多为贵。淳化三年，试礼部遂几二万人，自后未有如是盛者。[④]

发解试荐送者过多，礼部省试终于无法承受，到了必须出台限制名额规定的时候了。至道三年（997）五月：

诏曰：“朝廷为官择人，设科待士，当惩滥进，方尽至公。应两京、诸道州府进士、诸科举人发解及贡院考试条贯，宜令翰林学士、中书舍人参议，先具发解条贯以闻。”翰林学士承旨宋白等议曰：“国家封域至广，州郡甚多，每岁举人，动以万数，将惩滥进，理在精求。欲乞不限两京、国学及诸道州府，应新旧进士、诸科举人，每秋赋各依前后敕命，委本处逐色差官考试。须是文章经义最精者，每进士一百人只解二十人，九经已下诸科共及一百人，只解二十人

① 《续资治通鉴长编》卷二三，第1册，第527—528页。
② 《续资治通鉴长编》卷三三，第2册，第733页。
③ 《燕翼诒谋录》卷二，第16页。
④ 《避暑录话》卷三，第2651页。

赴阙。如将来考试或有缪滥，其逐处发解官并依先敕殿罚。内州府不及一百人处，亦令约此数目解送，但十分中只解送二分。”诏依所奏。[①]

此项规定，随着各地参加考试人数的增多或减少，不断有所改动。然而，发解试限定名额，从此得以确立。[②]

实际操作中，发解试淘汰率更高。北宋金君卿《仁宗朝言贡举便宜事奏状》云：“臣今以诸郡应举人数计之，有十人解一名处，有二十人及三十人以上解一名处。”[③]朝廷以诏书出台那一年当地的考生数量为基准，为各地规定发解试名额，以后不再变动。各地文化发达程度不同，教育事业发展也不同，逐渐就出现了“有十人解一名处，有二十人及三十人以上解一名处”，不同地区通过发解试的比率慢慢失调。欧阳修说：“今东南州军进士取解者，二三千人处只解二三十人，是百人取一人……西北州军取解，至多处不过百人，而所解至十余人，是十人取一人，比之东南十倍假借之矣。”[④]到了南宋，甚至失调到“歙士赴举者二千人，而解额才十二。”[⑤]宋人因此说：“天下解额，多少不同，不可均一，所从来久矣。”[⑥]不同地区通过发解试的难易程度也就大不相同。

其次，再来讨论北宋冒名作弊现象。

上述失调现象，必然滋生宋代的“高考移民”，考生或冒名，或改变户籍，到解额多或文化教育事业欠发达地区参加发解试，以求更容易得解，所谓“籍非本土，假户冒名”。[⑦]这在宋代属于科举作弊事件，或称

---

① 《宋会要辑稿·选举》一四之一六，第5册，第4490页。

② 参见《宋代科举与文学考论》，第19—23页；《中国科举制度通史·宋代卷》，第148—165页。

③ 《全宋文》卷一八二四，第84册，第61页。

④ 《论逐路取人札子》，《欧阳修全集》卷一一三，第4册，第1717页。

⑤ 《夷坚三志》壬卷六《汪会之登科》，第4册，第1515页。

⑥ 〔宋〕刘敞：《礼部贡院定夺郑荀起请科场未便事件状》，《全宋文》卷一二八一，第59册，第108页。

⑦ 《宋会要辑稿·选举》三之二六，第5册，第4274页。

“冒籍”“冒贯”“寓贯”。冒名考试，侵占当地考生利益，时时酿成群体事件。举二例：“镇江府发解举人，而闽人有冒贯者。举人周晋等持梃欲击之，守臣直秘阁林大声率府寮往视，为飞石中其帻，吏士有被伤者。”[①]又：“光州进士秦万全妄诉林应辰冒贯就试，群众打林应辰濒死，士人惊散，几坏科举。”[②]

北宋士人冒名作弊，最多的是冒籍开封。仁宗朝徐积说：“天下举人所以多就开封府寄应者，亦无他，盖为本土解额人数少。”[③]这里说的是“寄应”，同时也道出宋人多冒籍开封的原因。而且，开封府试获解者，更容易登进士第。柳开说：“凡近年举进士者，唯开封解为盛，礼部升而中第者十居其五。所以天下之士群来而求荐焉，争先而冀上焉。”[④]以宋真宗咸平元年（998）榜为例：“此榜五十人，自第一至十四人，惟第九名刘烨为河南人，余皆贯开封府，其下又二十五人亦然。不应都人士中选若是之多，疑亦外方人寄名托籍，以为进取之便耳。”[⑤]此年登第者50人中，开封府籍39人，故洪迈猜测多“寄名托籍”者。宋仁宗庆历元年（1041）《南郊赦书》特别提及：“昨来开封府本土进士，多闻因郡外举人虚冒户名，妄称乡贡就试，致解送本土举人全少。……开封府将来发解，仰别定条约，严设关防，勿容诈妄。”[⑥]冒名开封者当然侵害了“本土举人”的利益，故予以严厉禁止。

朝廷虽有禁令，利益所在，甘冒风险者大有人在。皇祐五年（1053）殿试之后，金仁卿有《仁宗朝言贡举便宜事奏状》，云：

臣窃见向来开封府、国子监两处应举者，常至数千人。其间虽

① 《建炎以来系年要录》卷一七四，第7册，第3040页。
② 《宋会要辑稿·选举》一六之三七，第5册，第4530页。
③ 〔宋〕徐积：《上赵殿院书》，《全宋文》卷一六一六，第74册，第152页。
④ 〔宋〕柳开：《上卢学士书》，《全宋文》卷一二三，第6册，第321页。
⑤ 《容斋续笔》卷一三，上册，第378页。
⑥ 《宋会要辑稿·选举》一五之一一，第5册，第4501页。

有奇才异士，然亦类多托籍冒名、浮薄不逞者，杂于其中……朝廷近年亦患其然，故尝诏立赏格，许人告讦。徒使狡诈之人，夤缘为奸，兴构狱讼，殊亏事体，适长浇风。以至于引试之际，则士人汹涌欢噪，不可止御。至有殴击吏卒，肝脑涂地者……今年自闻诏下，四方之往者不绝于道，臣恐前岁之弊，未能遽已也。窃原士之所以轻去州郡，而乐趋府、监者，大抵以近者州郡立定解额，多不均一。及开封府、国子监素无定额，比之外郡稍宽，故外郡解额少处，竞奔凑京师。及府、监举人保明行实，约束未尽，致有冒名之弊。[①]

此奏折称，开封府众多考生中，"多托籍冒名"者，朝廷虽然"诏立赏格，许人告讦"，然而"往者不绝于道"，不能遏制冒名作弊。由此屡屡发生考试纠纷，所谓"引试之际，则士人汹涌欢噪"，甚至"殴击吏卒，肝脑涂地"。司马光亦云：冒名开封者，"国家虽重为科禁，至于不用荫赎，然冒犯之人，岁岁滋甚。"[②]冒籍开封，已经成为北宋科举考试中屡见不鲜的作弊现象。

最后，讨论科举考试中的"寄应"制度。

所谓"寄应"，指非本土的考生寄籍应试。这种现象始于唐代。《唐摭言》称，盛唐之后"乡贡渐广，率多寄应者。"[③]唐代考生"寄应"，是一种自发的自由行为，制度对此并没有限制，所以，也不是违规的作弊行为。举一例以明之：

白乐天典杭州，江东进士多奔杭取解。时张祜自负诗名，以首冠为己任。既而徐凝后至，会郡中有宴，乐天讽二子矛盾。祜曰："仆为解元，宜矣。"凝曰："君有何佳句？"祜曰："《甘露寺》诗有

① 《全宋文》卷一八二四，第84册，第61页。

② 《司马光集》卷三〇，第2册，第726页。

③ 《唐摭言》卷一，第8页。

‘日月光先到，山河势尽来。’又《金山寺》诗有‘树影中流见，钟声两岸闻。’”凝曰：“善则善矣，奈无野人句云：‘千古长如白练飞，一条界破青山色。’”祜愕然不对。于是一座尽倾，凝夺之矣。①

“江东”泛指江南地区。张祜、徐凝都不是杭州本地士人，却可以奔白居易名气而来，在此地得解。他们的“寄应”行为，光明正大，应该是当时制度允许的，唐代乡贡中“率多寄应”也由此而来。而后，士人“寄应”渐渐集中于京师，所谓“诸道举人多于京兆府寄应”。②

发解试限额和寄应是相互矛盾冲突的，所以，入宋之后便“禁举人寄应”。③太祖开宝五年（972）诏书云：

乡举里选，先王之制也。朕之取士，率由旧章，宜用申明，俾从遵守。应天下贡举人，自今并于本贯州府取解，不得更称“寄应”。如化外人，即述归依因依，预于开封府投状，长吏具事取裁。其国子监举人，须是元在监习业，方许校艺解送，不得妄称监生。仍并令礼部贡院分明勘会，违者具名以闻。④

此道禁“寄应”诏令，给“化外人”留下缺口，因为当地还没有发解试，故仍然可以“于开封府投状”寄应。又，国子监举人不在“寄应”之列。太宗朝一再重申此道禁令。端拱二年（989）：“申明举人并请本贯文解之制。乡里在声教未通之地者，许于两京寄应。”⑤淳化三年（992）：“应举人今后并须取本贯文解，不得伪书乡贯发解……或举人内有乡里是

① 《唐摭言》卷二，第17—18页。
② 〔宋〕王溥撰：《五代会要》卷二三《缘举杂录》，上海：上海古籍出版社，1978年，第366页。
③ 《宋史》卷三《太祖本纪三》，第1册，第38—39页。
④ 《宋会要辑稿·选举》一四之一四，第5册，第4489页。
⑤ 《山堂考索·后集》卷三六《士门》，第684页。

声教未通之地，许于开封府、河南府寄应。”“乡里声教未通”即属化外。至道三年（997）：“仍令今年秋赋举人，并于本贯州府取解，不得寄应。”[1]真宗朝由翰林学士晁迥等制定的《礼部贡院条制》，明确规定：“举人并不得寄应，仍不得分人田土，虚立户名。违论如法！如有久在乡县，实无户籍，许召命官一人保明行止，非妄冒者，听具本贯家状，于开封府投纳收试。”[2]这里给“久在乡县，实无户籍”者留出“寄应”出路。

既留出后路，就有奔走作弊者，相应的纠纷也就因此产生。真宗大中祥符七年（1014），“开封府解服勤辞学进士二十五人，为下第者刘溉所讼，其十三人以寓贯，皆奔窜潜匿，有司追捕。”[3]经此事件，诏令重申：

> 应进士并诸科举人等，今后除取本乡文解赴举外，如是显无户籍，及虽有籍已离本贯、难更往彼者，即许召曾经省试举人三人，或御试举人二人，或命官一员，保明行止。仍只许保明一人。但不是负犯殿责及勒出科场之人，即明具元本乡贯、家状，许于开封府投纳、引验，便与收接，依例考试、发解。并于卷头分明开坐元本乡贯并寄应去处。[4]

诏令再次对寄应者身份做了明确规定，即“显无户籍”和“虽有籍已离本贯、难更往彼者”。真宗朝对寄应者增加了“保人”一条，审定更加严格。不过，此类纠纷，依然不断。真宗天禧四年（1020），翰林学士承旨晁迥等言：“开封府举人稍多，屡致词讼……诸州举人，多以身有服制，本贯难于取解，遂奔凑京毂，寓籍充赋……本府土著登名甚少，交

① 《宋会要辑稿·选举》一四之一六，第5册，第4490页。
② 《宋会要辑稿·选举》三之九、一〇，第5册，第4266页。
③ 《续资治通鉴长编》卷八三，第4册，第1897页。
④ 《宋会要辑稿·选举》一四之二五，北京：中华书局，1997年，第5册，第4495页。

构喧兢。”[1]品味晁迥所奏，“寄应”与“冒籍”问题又纠缠在一起。

仁宗朝依然纠缠于这个问题。天圣七年（1029），臣僚奏云：

> 《贡举条制》：“进士、诸科如显无户籍，及虽有户籍、久离本贯者，许召官委保就试，仍于卷首具标本贯、寄应二处……”伏见：近年每开科场，外州举人竞凑京府，寄贯召保，多违此条。昨庐州进士王济，因兄修己于祥符县买田十八亩，投状之际，遂以修己为父。又有王宇，亦贯济户，遂以济之三代为己名讳。不顾宪章，换易亲讳，亏损孝行，无甚于兹！[2]

此奏疏言明，近年科场寄应作弊者仍然很多，且举出王济的具体案例，同样是先冒籍再寄应。苏轼兄弟参加嘉祐二年（1057）科举考试，是年四月，朝廷再度诏令：“今后并须在本贯取应。其日前已在他处寄应、取到解者，许经逐处官司陈首，勘会诣实，即与移牒，并给付自公据，令还本贯。”[3]

经过上述梳理，可以明了宋代相关科举制度：其一，各地解额有限定；其二，许多考生冒名参试，更多的是冒名开封，以求更容易得解与及第；其三，寄应虽然屡屡被禁止，但是制度又对部分身份特殊者留出后路。

现在可以来讨论苏轼兄弟发解试问题了。

苏洵携苏轼兄弟前往开封，路过成都，曾谒见知州张方平，大得称赏。张方平叙述此事云：

> 初，君将游京师，过益州，与仆别，且见其二子轼、辙及其文

---

① 《宋会要辑稿·选举》一五之三，第5册，第4497页。
② 《宋会要辑稿·选举》一五之七，第5册，第4499页。
③ 《宋会要辑稿·选举》一五之一八，第5册，第4504页。

卷。曰："二子者将以从乡举，可哉？"仆披其卷，曰："从乡举，乘骐骥而驰闾巷也。六科所以擢英俊，君二子从此选，犹不足骋其逸力尔。"君曰："姑为后图。"[1]

乡举，即指发解试。品味此段语意，苏洵率二子"游京师""从乡举"，完全光明正大，似乎没有任何制度上的障碍，故无须遮遮掩掩。北宋初年开封寄应，需是"化外"之人；北宋真宗朝之后，开封寄应需满足下列条件："显无户籍"和"虽有籍已离本贯、难更往彼者"，并且，满足条件者还需有保人担保。苏轼兄弟显然不符合上述条件。

张方平赞赏苏轼兄弟的才华，认为他们有足够的才能"从乡举"，进而建议其参加"六科"考试。"六科"指制科，具体而言，有"贤良方正能直言极谏、博通坟典明于教化、才识兼茂明于体用、详明吏理可使从政、识洞韬略运筹决胜、军谋宏远材任边寄六科"。[2]宋代大致都是举行"贤良方正能直言极谏科"考试，"六科"即制科代名词。宋代制科又称"大科"，规格远远高于进士科，"制科入第三等与进士第一……制科入第四等与进士第二、第三"，[3]第一、第二等永远虚设，以示制科之不易。张方平建议苏轼兄弟越过进士科，直接参加制科考试。制科考试者身份为"内外京朝、幕职、州县官及草泽"[4]，苏轼兄弟此时乃"草泽"，同样可以参加考试，故张方平有此建议。据说张方平亲自出制科题试苏轼兄弟："老泉携东坡、颍滨谒张文定公。时方入习制科业，将应诏，文定公与语，奇之，馆于斋舍。翌日，文定公忽出六题，令人持与坡、颍云：'请学士拟试。'文定密于壁间窥之。"[5]然北宋参加制科考试并得以通过

① 〔宋〕张方平：《文安先生墓表》，《全宋文》卷八二七，第38册，第302—303页。

② 《宋会要辑稿·选举》一〇之一六，第5册，第4419页。按：六科科目，唐宋时期时有改变，这里取其一说。

③ 《续资治通鉴长编》卷一八八，第8册，第4540页。

④ 《续资治通鉴长编》卷四八，第2册，第1051页。

⑤ 〔明〕陶宗仪：《说郛》卷二七下《瑞桂堂暇录》，《景印文渊阁四库全书》第877册，第523页。

者，大都是官员，故苏洵回答“姑为后图”。苏洵还是计划让苏轼兄弟先参加进士科考试，再参加制科考试，后来事情之发展也符合苏洵之规划。问题是张方平对苏轼兄弟“乡举”考籍问题并没有任何质疑，看起来是认为其理所应当，只是认为他们更有才华，可以直接参加制科考试而已。

综上所述，苏轼兄弟在开封寄应，是违反北宋科举制度的，但其父子三人和周边人士并无遮掩，仿佛此事理所当然。或理解为制度之制定和实施，其间有较大的距离，多有变通之处。这种解释又是很勉强的，只能求教于大方之家。

宋代科举之“期集”活动

期集，即约定时间聚集，原来指各种聚会活动。唐代新科进士的“期集”，指赴固定地点“期集所”举办宴席等联谊活动。《新唐书》卷四四载：“举人既及第，缀行通名，诣主司第谢。……乃赴期集。”《唐摭言》有详尽记载：

> 大凡谢后便往期集院，院内供帐宴馔，卑于辇毂。其日，状元与同年相见后，便请一人为录事，其余主宴、主酒、主乐、探花、主茶之类，咸以其日辟之。主两人，一人主饮妓。放榜后，大科头两人，常诘旦至期集院。常宴则小科头主张，大宴则大科头。纵无宴席，科头亦逐日请给茶钱。
>
> 谢恩后，方诣期集院。大凡敕下已前，每日期集，两度诣主司之门。然三日后，主司坚请已，即止。同年初到集所，团司、所由辈参状元后，便参众郎君。拜讫，俄有一吏当中庭唱曰：“诸郎君就坐，只东双西。”其日醵罚不少。又出抽名纸钱，每人十千文。其敛名纸，见状元。俄于众中蓦抽三五个，便出此钱铺底，一自状元已下，每人三十千文。①

上文于“期集院”下注云：“团司先于主司宅侧税一大第，为新人期集。”这是新科进士等自发的、个人集资的联谊活动，且已经成为惯例。团司，是民间承办这类活动的组织，“长安游手之民，自相鸠集，目之为‘进士团’。”②团司规模之大，可知活动内容之多样和持续时间之长久。

---

① 《唐摭言》卷三，第24页；第26页。

② 《唐摭言》卷三，第24页。

宋代承继唐人科举社会风俗。“缀行期集，列叙名氏、乡贯、三代之类书之，谓之《小录》。醵钱为游宴之资，谓之‘酺’，皆团司主之。”[①]北宋前期的期集活动，自发性和个人集资都与唐人相同，唯编纂登科《小录》渐渐成为期集所最为重要的活动内容之一，这是为便于同年以后在仕途上的相互联络和照应。进入期集所，又称“入局”，后文还将涉及。

北宋中期以来，期集所活动规模越来越庞大，与唐代相比，参与人数、期集地点、出资方式、活动内容上都有了新的变化。

首先，宋代进士科录取人数越来越多，期集所逐渐无法容纳所有新科进士，只得挑选部分同年入局。

唐代进士科一届录取人数，少则七八名，大致维持在二三十名之间，因此，所有的同年都可以参加期集所的宴饮等活动，“一大第”足以容纳。北宋太祖年间，每届录取进士人数都在二十名以内，唯开宝八年（975）录取三十余名，其规模和参与方式与唐代相同。太宗登基，太平兴国二年（977）第一次开考，进士科便录取了109人。而后进士科录取人数逐渐增多。北宋神宗熙宁九年（1076）以后，每科进士录取人数大致在四百至六百之间。宋徽宗宣和六年（1124），北宋最后一次科举考试，录取人数最多，“得沈晦已下八百五人”。[②]南宋高宗绍兴十八年（1148）以后，每科录取人数大致也在四百至六百之间。宋理宗宝庆二年（1226），“赐进士王会龙以下九百八十九人及第、出身有差”，[③]是南宋进士录取最多的一科。

新科进士人数如此庞大，既没有地点可以容纳所有同年，也无法筹集这样大量的活动资金，于是，参与方式就发生变化，只有部分新科进士被挑选入局，挑选者是新科进士前三名。即状元、榜眼、探花负责挑

---

① 《宋史》卷一五五《选举志一》，第11册，第3608页。

② 《宋会要辑稿·选举》七之三七，第5册，第4374页。

③ 《宋史》卷四一《理宗本纪一》，第3册，第788页。

选和分派任务，所谓“上三人得自择同升之彦，分职有差。”[①]如此以来，后续问题就产生了：挑选哪些人入局？挑选多少人入局？入局是新科进士同年结交、以求将来仕途照应的大好时机，每位新科进士都会争取入局机会，这就给挑选者带来极大的纷扰和困扰。宝庆二年（1226）探花李昴英，中第后有五封家书，其中多次提及此事。第三封信云：“同年诸友相见，求入局者甚众，应酬无暇。”第四封信云：“同年之求入局者，多挟朝贵，或托相知，颇为所挠，只得随轻重区处。”[②]

关于入局人数等事项，还可以参见嘉定七年（1214）五月监察御史黄序的奏章：

> 进士唱名之三日，期集于别试所，有旨赐之餐钱。进士前三人，得自择同升之彦而分职。由纠弹、牒表而下数，在绍兴才四十人，淳熙至八十人，绍熙乃过百人，开禧逾二百人。前岁虽少损，犹百八十九人。夫进士通榜，不过四五百人，职其间者几半。期集所非有大利，而头钻竞趋，何哉？意为异日请托之地，下省小录口腹之须。比年胪唱甫彻，请嘱交驰，于是略其当差，滥其不当差者。今廷对有日，乞下此章于进士期集所。合差职事，当先甲科省试上十名、太学上舍生、诸州路类试首选，及名望之士，酌绍兴、淳熙之数而取衷焉。亦涵养士风之一端也。[③]

关键在于“异日请托之地”，以至于“请嘱交驰”。宝庆二年（1226），近千人争夺不到二百名的“入局”职事，自然叫李昴英“应酬无暇”。状元和榜眼有更多的挑选权，骚扰也就更多。

其次，与人数增加相关的，是期集所地点和出资方式的改变。

---

① 《宋史》卷一五六《选举志二》，第11册，第3645页。

② 详见前文《李昴英中第家书释论》。

③ 《宋会要辑稿·选举》六之二三，第5册，第4341页。

入局人数众多，租赁一所大宅已经无法容纳，官方开始为他们提供期集处所，因此也为新科进士节省了期集开支。北宋时期，期集所地点固定为汴京兴国寺。如天禧三年（1019），新科进士“方期集于兴国寺”；[①]又，“张唐卿景祐元年（1034）进士第一人及第，期集于兴国寺”；[②]又，治平二年（1065）诏：“进士二十四日于兴国寺东经藏院、诸科于相国寺东经藏院期集。”[③]数条资料印证，北宋期集所已经有了固定地点。兴国寺乃朝廷修建，规模庞大，凡562区。[④]太平兴国二年（977）正月，“以新龙兴寺为太平兴国寺”。[⑤]后太祖、太宗、神宗御容皆供奉于此，朝廷又在兴国寺建译经院，等待太宗召见的日本国使者也“馆于太平兴国寺”。[⑥]足见兴国寺的建设规模庞大和功能的多样性。南渡以后，期集所设在礼部贡院别试所。《宋史》载：“新进士旧有期集，渡江后置局于礼部贡院。”[⑦]朝廷提供更加宽敞的期集场所，便于更多新科进士入局。

期集的出资方式也由个人筹集变为朝廷资助为主。宋神宗熙宁六年（1073），“赐新及第进士钱三千缗，诸科七百缗，为期集费。进士、诸科，旧以甲次高下率钱期集，贫者或称贷于人。至是，始赐之。”[⑧]熙宁九年（1076）“加赐二百千”，[⑨]并诏贡院：“新赐进士、诸科期集钱，如的确合用不足，仰本院公用钱相贴支用。”[⑩]南宋承袭此规则，建炎二年（1128）“赐新及第进士钱千七百缗，为期集费，自是以为故事。”[⑪]《燕

---

① 〔宋〕彭□辑撰，孔凡礼点校：《续墨客挥犀》卷八，北京：中华书局，2002年，第502页。
② 《梦溪笔谈》卷二三，第193页。
③ 《宋会要辑稿·选举》二之一〇，第5册，第4250页。
④ 周宝珠：《宋代东京研究》，河南大学出版社，1992年，533页。
⑤ 《续资治通鉴长编》卷一八，第1册，第396页。
⑥ 《宋史》卷四九一《外国传七》，第40册，第14134页。
⑦ 《宋史》卷一五六《选举志二》，第11册，第3645页。
⑧ 《续资治通鉴长编》卷二四三，第10册，第5921页。
⑨ 《续资治通鉴长编》卷二七三，第11册，第6694页。
⑩ 《宋会要辑稿·选举》二之一一，第5册，第4250页。
⑪ 《建炎以来系年要录》卷一七，第1册，第365页。

翼诒谋录》总结说：

> 国初，进士期集，以甲次高下率钱刊小录、事游燕。或富而名次卑，所出无几；或贫而名次高，至于假丐。熙宁六年三月庚申，诏赐进士及第钱三千缗、诸科七百缗，为期集费。一时歆艳，以为盛事。次举熙宁九年三月戊寅，练亨甫奏罢期集钱，止赐钱造小录，及第五百千，诸科二百千，而游燕之费复率钱为之。至元祐三年三月甲戌，诏复增进士钱百万、酒五百壶为期集费。相仍至今，定为千七百缗。而局中凡所率钱，皆以小录为名，而同年得与燕集者无几。又为职事者，日叨饮食，所得小录、题名，纸札装潢皆精致，不费一金。其不与职事者，出钱而所得绝不佳，不沾杯勺，无乃太不均乎！①

再次，期集所的活动内容也有了相当的改变。《钱塘遗事》对“期集”过程有较为详细的记载：

> 置状元局。状元一出，都人争看如麻。第二、第三名，亦呼状元。是日迎出，便入局。局以别试所为之，谓之三状元，局中谓之期集所。大魁入局，便差局中职事，一一由状元点差。牒请、纠弹、笺表、小录、掌仪客、司计、掌器、掌酒果、监门，多者至五六十员，少者亦不下四十员。视事官送牒例皆二十。初第人多喜入局，得陪侍三状元，与诸同年款密，他日仕途相遇，便为倾盖。常例：五日一会，食否则日中，有酒杯，点心、果子二色。局中职事官虽多入局，而食者常半之。食罢，出入无妨。三状元常宿于局中，不可出宿于外。月余而罢局。凡预局中执职事，官员纳小录、题名钱，非职事官须纳钱五千，而后得小录、题名一本。状元入局之初，依

① 《燕翼诒谋录》卷五，第49页。

> 全赐钱一千七百贯；及诸公纳到助小录钱，亦一千三百贯有奇。三状元入局五日，职事官入局，局中以职事官名申台部，十日后正谢。[①]

只有部分同年进入期集所，同年“供帐宴馔”联欢目的就无法实现，期集所工作改以编纂新科进士题名小录为主要内容。局中虽然有“五日一会，食否则日中，有酒杯，点心、果子二色”，然而，“职事官虽多入局，而食者常半之”。这仅仅是入局者日常聚会饮食，而非同年联欢宴会，故参与者不甚积极。同年联欢之闻喜宴，则另有安排。《四库全书》保存了《绍兴十八年同年小录》《宋宝祐四年登科录》两种小录。以《绍兴十八年同年小录》为例，其提要云：“宋时廷试放榜唱名后，谒先圣、先师，赴闻喜宴，列叙名氏、乡贯、三代之类，具书之，谓之《同年小录》。”具体而言，《小录》载录：科举诏、权知贡举以下所有官员、与科举相关的所有日程安排、新科进士名录等内容。从入局人员工作分配方面来看，主管题名小录者人数最多。[②]

此外，除了京城期集所活动之外，还有两项与科举相关的期集。第一，北宋前期下第考生也有期集，后被禁止。天圣元年（1023）十二月，中书门下奏云：“下第举人……或私相期集，构合词讼。欲今后……更不得期集，连名进状。”[③]第二，南宋时，发解试也效仿新科进士，举办期集活动。周必大《跋戊午岁吉州举人期集小录》云：“选士于里，登名天府，为之首者，期集同举之人，礼也。庐陵号士乡，故此礼尤盛，而今岁特盛焉。”[④]

期集，由个人自发到官方主办，已经成为宋代科举社会最为重要的活动之一。

---

① 《钱塘遗事》卷一〇，第232—233页。

② 详见《绍兴十八年同年小录》，第345—409页。

③ 《宋会要辑稿·选举》三之一四，第5册，第4268页。

④ 《全宋文》卷五一三三，第230册，第433页。

宋代武举

宋代武举考试，承唐代而来。唐代武举比较简单，不是常选科目。《新唐书》云："又有武举，盖其起于武后之时。长安二年（702），始置武举……其选用之法不足道，故不复书。"[①]北宋前期，武举也极其简约，仁宗朝以前，宋人文献中只有寥寥几则记载。太祖开宝元年（968），"上令诸道解武举者。命李昉、扈蒙试问所习之业，皆无悉，令罢之。"[②]真宗咸平二年（999），赵安仁言："当今有至要者五，其三求军谋。今武举已行，其军谋深远、武艺绝伦科，望依唐故事。"[③]咸平三年（1000），朝廷诏云："两制、馆职详定武举、武选入官资序故事。"[④]品味这三条资料，可以明了三点：其一，北宋前期武举仍然不是常选科目，是战争时期选拔人才的临时作为；其二，武举并没有选拔出可用之才，一直处于可有可无的状态；其三，因武举或废或置，故"入官资序"等条例也不时需要重新制定。

仁宗朝与西夏连年发生战争，朝廷渴求军事人才，武举再度稍稍得以恢复。天圣七年（1029）闰二月二十三日，诏置武举：

> 应三班使臣、诸色选人，及虽未食禄、实有行止、不曾犯赃及私罪情轻者，文武官子弟别无负犯者，如实有军谋武艺，并许于尚书兵部投状，乞应上件科。先录所业军机策论伍首，上本部。其未食禄人，召命官三人委保行止，委主判官看详所业，阅视人材，审验行止。试一石力弓平射，或七斗力弓马射。委实精熟者，在外即

① 《新唐书》卷四四《选举志上》，第4册，第1170页。

② 《山堂考索·后集》卷二九《士门》，第631页。

③ 《山堂考索·后集》卷二九《士门》，第631页。

④ 《宋会要辑稿·选举》一七之五，第5册，第4533页。

本州长吏看详所业，阅视人材、行止、弓马。如可与试，即附递文卷上兵部，委主判官看详。如委实堪召试，即具名闻奏，当降朝旨，召赴阙。差官考试武艺，并问策一道，合格即从试。其逐处看详官，不得以词理平常者一例取旨，如违，必行朝典。仍限至十月终已前，先具姓名，申奏到阙。[①]

诏书规定两个方面内容：第一，参试者的身份。需身世清白、有军事特长者，官宦子弟优先。第二，考试内容。先试“弓马”，再“问策一道”，宗旨是选拔既有武艺又有韬略的将帅之才。宝元三年（1040），朝廷诏云：“自今武举人程试，并以策问定去留，弓马定高下，余依兵部旧制考校。”[②]分清策问和弓马在武举考试中的作用，宋代武举大致遵循上述规定。

终北宋一朝，武举大约有以下三个特点。

首先是规模小，参加考试并被录取的人数极少。翻检《续资治通鉴长编》《宋会要辑稿·选举》等文献资料可知，天圣七年（1029）复置武举之后，天圣八年（1030），录取进士249人、诸科573人，武举录取仅8人，参试者仅14人。又，景祐元年（1034），录取进士436人、诸科407人、特奏名332人，武举勉强录取12人，有3人落选。庆历二年（1042），录取进士501人、诸科282人、特奏名857人，武举录取38人。与进士科、诸科比较，武举规模小得可怜。

其次，所授官阶低。仍以天圣八年（1030）科举录取后的进士科与武举授官情况相比较。其年四月诏：“新及第进士第一人王拱辰为将作监丞，第二人刘沆、第三人孙抃为大理评事，并通判诸州；第四、第五人为大理评事，并佥书节度判官事。”[③]将作监丞，从六品；大理评事，从

① 《宋会要辑稿·选举》一七之五、六，第5册，第4533页。
② 《宋会要辑稿·选举》一七之七，第5册，第4534页。
③ 《宋会要辑稿·选举》二之七，第5册，第4248页。

八品。其年六月武举考试后，“以张建侯、楚宏并补三班奉职，刘翊、胡远、崔道并补三班借职，李固、孟渊、丁问并补三班差使。”[①]三班奉职和三班借职皆为从九品，三班借职是入品武阶最低一阶。嘉祐五年（1060），监察御史里行王陶曾对此提出意见：“今武举取格太轻，宜仿唐制设科，优待以官，无若招士伍然。”[②]武举所得，“若招士伍然”，正说明其出身之卑微。

再次，被朝野所轻视。宋代重文轻武，在武举过程中表现得同样明显。最初，朝廷待进士科、诸科考试和授官等活动完毕，才将武举与制举安排在一起考试，大约都在五六月份。制举考试重要性在进士科考试之上，号称“大科”，朝臣对此安排提出非议。景祐元年（1034）闰六月，宋庠奏云：“武举人等，才术肤浅，流品混淆，挽弩试射，与兵卒无异。使天子制策之士并日较能，此又国体之深讥者也，臣窃为朝廷惜之。”[③]富弼此年也有奏疏云：“武举者，蹶张驰射，侪于卒伍，所得庸妄鄙浅，固不敢望得异士。但稍能警励，有廉耻，则焉肯为卒伍之事乎？”[④]轻蔑至极，也说明北宋武举之地位。苏洵批评得更加具体：“昔之所谓武举者，盖疏矣。其以弓马得者，不过挽强引重、市井之粗材；而以策试中者，亦皆记录章句、区区无用之学。又其取人太多，天下之知兵者不宜如此之众；而待之又甚轻，其第下者不免于隶役。故其所得皆贪污无行之徒，豪杰之士耻不忍就。”[⑤]武举所得“皆贪污无行之徒”，虽不免夸张，但应该是一种比较普遍的现象。

与西夏战争结束之后，停试决定随之而来，这是对武举轻视的极端行为。皇祐元年（1049）九月，朝廷诏云：

---

① 《宋会要辑稿·选举》一七之六，第5册，第4533页。

② 《续资治通鉴长编》卷一九一，第8册，第4612页。

③ 《贤良等科廷试设次札子》，《全宋文》卷四二七，第20册，第383—384页。

④ 《论武举武学奏》，《全宋文》卷五九九，第28册，第270页。

⑤ 《上皇帝书》，〔宋〕苏洵著，曾枣庄、金成礼笺注：《嘉祐集笺注》卷一〇，上海：上海古籍出版社，1993年，第287页。

国家采唐室之旧，建立武科，每随方闻之诏，并举勇略之士。条格之设，岁序已深，然而时各有宜，今异于古。今籍之众，既以扳力日奋于行伍之间；武弁之流，又用其韬钤自进于军旅之任。来应兹选，殆稀其人。如闻所肄习者，率逢掖诸生、编户年少，以至舍学业而事筹策，乔温淳而务粗猛，纷然相效，为之愈多。朕方恢隆文风，敦厚俗尚，一失其本，恐陷末流。宜罢试于兵谋，俾专由于儒术。尚虑积习且久，顿更为难，就具等伦，裁为规制。其将来科场，武举人曾经秘阁考试者，即许投下文字外，更不许新人取应。以后科场，令罢武举一科。[①]

诏书指出：真正军旅人才皆“日奋于行伍之间”，非武举所出，应武举者“殆稀其人”，而且武举引导“舍学业而事筹策，乔温淳而务粗猛”等不良世风，故停罢武举。

治平元年（1064）九月，朝廷复置武举。此后武举一直正常举行，没有再次停罢。然而，规模小、授官低、被蔑视之境况大致没有改变。熙宁六年（1073）八月，诏云：“武举合格所取毋过三十人。”[②]九月诏云：“武举人策入优等，武艺又入优等，与右班殿直；武艺次优，与三班奉职；末等与三班差使，减磨勘二年。”[③]右班殿直，正九品，略有提高。唯武举条例修订日益完善，考试方式日益正规。元丰元年（1078）十月，诏云：“兵部以《贡举敕式》内武举敕条，再于诸处索文字，删类成《武举敕式》以闻。”[④]元祐九年（1094）三月，“兵部请增修武举得解、免解举人等条。从之。”[⑤]

---

① 《宋会要辑稿·选举》一七之八，第5册，第4534页。
② 《续资治通鉴长编》卷二四六，第10册，第5997页。
③ 《续资治通鉴长编》卷二四七，第10册，第6012页。
④ 《续资治通鉴长编》卷二九三，第12册，第7147页。
⑤ 《宋会要辑稿·选举》一七之一九，第5册，第4540页。

南宋长期处于战争状态，武举获得更多的重视，每逢科举年，皇帝分两日“策试武举进士”“阅试武举弓马”。“乾道五年（1169）廷试，始依文举给黄牒，同正奏名三十三人，榜首赐武举及第，余并赐武举出身。”[①]此后，渐渐有了“武举状元”一说。淳熙二年（1175）四月，“诏：‘武举朝集，增给钱三百贯。’自此每举如之。”[②]武举也有了期集、题名等事项。淳熙七年（1180），兵部出台《措置武举贡举补官差注格法》，规定：“第一名堪充兵将官、愿从军人，补秉义郎……第二、第三名堪充兵将官、愿从军人，补保义郎。”[③]武举出身授官制度渐趋完善。秉义郎，从八品；保义郎，正九品。一切举措，都仿效进士科，旨在提高武举地位。

然而，规模小、备受蔑视的状况基本不变。高宗朝武举进士录取人数都在20名以内，以后虽略有扩充，但变化不大。孝宗朝“武举每当大比，到省率以七十人为限，合格不许过三十人。”[④]宁宗朝至多也只有扩充到40多名。南宋一科录取进士最多的在宝庆二年（1226），共录取989人。相比较而言，武举的增量微乎其微。

而且，南宋武举进士多数没有被分配到军队效力。隆兴元年（1163）三月，殿中侍御史胡沂言：“国家艰难以来，屡颁诏旨，数路搜扬将臣，然臣窃以谓犹未尽也。夫设武举，立武学，盖将有所用也。及临轩唱第，名在一二者，固蒙褒擢，余皆吏部授以榷酤征商之事，所养非所用，所用非所养。”[⑤]许多武举出身者，只是为了求得做官资格，进入仕途后，千方百计改入文官行列。淳熙十六年（1189）十月，光宗初即位，马上颁布诏令：“自今武举人不许试换文资。”且云：“既以武进，又却换文，

---

① 《文献通考》卷三四《选举考七》，上册，第323页。
② 《宋会要辑稿·选举》一八之三，第5册，第4549页。
③ 《宋会要辑稿·选举》一八之四、五，第5册，第4550页。
④ 《宋会要辑稿·选举》一七之三三，第5册，第4547页。
⑤ 《宋会要辑稿·选举》一七之二九，第5册，第4545页。

甚非专设武科取人之意。”[①]光宗失位，此诏令即被废止。绍熙五年（1194）十月，宁宗同意“今后依旧许令武举人试换文资。”[②]而后，弃武从文现象愈益严重，嘉定十年（1217）十二月，兵部侍郎赵汝述奏云：“近世武举进士，甫得赐第，多弃所学，必欲锁试换文，回视兵书戎器，往往耻谈而羞道之……今既由武艺入官，又复慕为文臣，是右科徒为士子假途之资，而非为国家储材之地，此科遂成无用矣。”[③]获得宁宗认可。数年之后，再度变更。嘉定十三年（1220）九月，右正言张次贤奏云：“窃惟国家取士，由武举策第，许换试文资，此网罗全才之意。……且入赀、门荫之流犹许换试，而武举进者独可沮抑其所能乎？……乞应武举出身，照旧例听其换试。”[④]同样获得宁宗同意。反复较力，就是为了改入文资。轻视武举观念，在南宋战争年代依然如故。

总之，两宋期间之武举，规模、地位、重要性等，都远远不能与进士科考试比拟。

① 《宋会要辑稿·选举》一八之七、八，第5册，第4551—4552页。

② 《宋会要辑稿·选举》一八之一〇，第5册，第4553页。

③ 《宋会要辑稿·选举》一八之一七，第5册，第4556页。

④ 《宋会要辑稿·选举》一八之一八、一九，第5册，第4557页。

《宋登科记考》补正

2009年11月，江苏教育出版社出版由傅璇琮先生主编、龚延明先生和祖慧先生编撰的近五百万字《宋登科记考》，收录宋代科举考试登科者近四万人，最大可能地弥补了宋代登科记之类文献记载的阙失，厥功之伟，功德无量。如此庞大的一项研究工程，疏漏之处难免。笔者在日常科研工作中，将《宋登科记考》置于案头，时常翻检，遇其疏漏之处，亦随手记录，集腋成裘。在此，依据年代顺序，将其一一梳理出来，求教于大方之家，同时也以此对《宋登科记考》表达敬意。一共补录、辨正505人，其中补录《宋登科记考》失载进士326人，系年舛误者83人，系年不清者49人。其余43人乃补录特奏名进士、上舍释褐、诸科等。其他舛误4处。又，凡进士、特奏名进士、诸科登第或上舍释褐年代不能确定者，明清地方志所录者，《宋登科记考》虽遗漏，本文亦暂不补录辨正。

宋太祖建隆元年庚申，公元960年：

补进士名录：源护。《宋登科记考·附录》据杨世英《源公墓志铭》，云："太宗朝登进士第。"误。杨世英《源公墓志铭》："公进士登第，释褐试校书郎……开宝初，座主内翰扈公蒙重以器业，声闻于朝。"（《全宋文》卷一六四）按：扈蒙开宝之前唯有是年知贡举。

宋太祖乾德四年丙寅，公元966年：

补进士名录：李若拙。《宋登科记考》卷一将其系于建隆元年进士名录，误。《李公墓志铭》："年二十二举进士，故兵部侍郎、赠太师王公祐，乾德中典诰掖垣，兼掌贡籍，词宗公望，卿大夫无出其右。四年春，中第者六，公居其四。"（《宋代墓志辑释》①第91页）《楼钥集》卷七一《跋金花帖子绫本小录》："李（若拙）公为乾德四年进士第五人。" 中第

① 郭茂育、刘继保编著：《宋代墓志辑释》，郑州：中州古籍出版社，2016年。

名次，以墓志为准。又，《宋史》卷三〇七《李若拙传》："俄又举进士，王祐典贡举，擢上第。"建隆元年（960），扈蒙权知贡举；乾德四年（966），王祐权知贡举。

宋太祖开宝四年辛未，公元971年：

补进士名录：卫渎。《宋登科记考》失载。李寇《卫公墓志铭并序》："公讳渎，字次川，大名南乐人也……河南府举进士，开宝四年，主司雅闻其操行、程试复异于伦，榜除，谕以甲科，公诚让，策第二名。时升第者十人，号'十哲'。"（《宋代墓志辑释》第127页）

宋太祖开宝八年乙亥，公元975年：

补进士名录：刘克荷。《宋登科记考》失载。《太平治迹统类》卷二八载是年进士名录："王嗣宗、王式、刘克荷。"

宋太宗太平兴国二年丁丑，公元977年：

补进士名录：其一，孔宪。《宋登科记考·附录》据《雍正山东通志》云："孔宪，兖州仙源人，宋登进士第。"《宋史》卷四三一《孔宜传》："孔宜，字不疑，兖州曲阜人，孔子四十四世孙。……次曰（孔）宪，太平兴国二年进士及第。"

其二，柳闵。《宋登科记考》失载。《全宋文》卷一二八柳开《柳君墓志铭》："郧中大族，我家也。我世长者，故昭义军节度推官闵也，字肩回。……我烈考苦君不第，命日者以数穷之，云君年二十有八有禄。太平兴国二年，果始策名。"

其三，武允成。《宋登科记考》失载。《宋会要·职官》四八之六："太常丞武允成除成都节度副使，仍预公事。允成太平兴国元年进士。"太平兴国元年停贡举，当为是年进士。

其四，王相。《宋登科记考》失载。《太平治迹统类》卷二八载是年进士名录："吕蒙正、王相、李至……"

补诸科名录：程象明。《宋登科记考·附录》据欧阳修《程公神道碑铭》，云：程象明"太祖朝登明经科第"。《欧阳修全集》卷二一《程公神道碑铭》："太平兴国初，公之从祖羽，佐太宗自晋王即皇帝位，为文明殿学士，官至兵部侍郎。……初，公与其仲父象明同举《春秋》，皆中第。是时，从祖以给事中知开封府，召公及象明谓曰：'吾新被宠天子，待罪于此，不欲子弟并登科。'使其自择去就。公因让其从父，自引去，从祖颇贤之。"居上下文意，当为是年中第。

宋太宗太平兴国三年戊寅，公元978年：

补进士名录：其一，薛映。《宋登科记考》卷二将薛映系于淳化三年（992）进士名录，误。《宋登科记考》依据资料为吕陶《净德集》及文莹《玉壶清话》等。《净德集》卷一四《薛文恭尚书真像记》："太平兴国中，擢进士第。"《玉壶清话》卷三："薛大谏映亦榜下生也。首问胡（旦）曰：'过维扬，见董（俨）同年否？'"胡旦、董俨皆是年进士。《宋登科记考》偶误。

其二，陈象舆。《宋登科记考》失载。《玉壶清话》卷五："赵参政昌言，汾人。……是时，陈象舆、董俨俱为盐铁副使，胡旦为知制诰，尽同年生，俱少年，为一时名俊。"

其三，马伟。《宋登科记考》失载。宋光辅《马府君墓志铭并序》："公讳伟，字润之……太平兴国三年九月，上以临轩亲选多士，公果中其第，仍魁其甲。"（《宋代墓志辑释》第107页）

宋太宗太平兴国五年庚辰，公元980年：

补进士名录：其一，李逢。《宋登科记考》失载。《全宋诗》卷九〇寇准《和李逢同年水阁闲望》。寇准，是年进士。

其二，郭某。《宋登科记考》是年进士名录中无郭姓者。《张乖崖集》卷五《新市驿别郭同年》。张咏，是年进士。

其三，田望之。《宋登科记考·附录》据《嘉庆四川通志》，云："田望之，益州华阳县人。太平兴国中登进士第。"《全宋文》卷四三四八王刚中《进士题名续记》："取太平兴国五年成都进士田望之已下姓名，复刻于府学石室东厢之石柱。"

其四，戴永。《宋登科记考》失载。《全宋文》卷三九八晏殊《马忠肃公亮墓志铭》）："戴永者，公之同年生也。"马亮，是年进士。

辨正：张九思，《春秋三传》本科及第。《宋登科记考》载入是年进士名录，误。《欧阳修全集》卷六二《张公墓志铭》："张氏世以明经仕宦。君少习《春秋三传》，太平兴国五年以中高第。"故，张九思是年诸科中第。

宋太宗太平兴国八年癸未，公元983年：

补进士名录：其一，和𡾊。《宋登科记考》失载。《宋史》卷四三九《和𡾊传》："𡾊，字显仁，凝第四子也。……太平兴国八年，擢进士第，释褐霍丘主簿。"

其二，高绅。《宋登科记考》失载。《全宋诗》卷六四王禹偁《中牟县旅舍喜同年高绅著作见访》；《全宋文》卷一五九王禹偁《涟水军王御史庙碑》："吾友渤海高绅，以著作佐郎领涟水军事。……某于高君，进士同年生也。"王禹偁，是年进士。

其三：宋搏。《宋登科记考》失载。《宋史》卷三〇七："宋搏，字鹏举，莱州掖人。治《毛氏诗》。开宝八年，宋准典贡部，得第。"按：宋准太平兴国八年典贡举，《宋史》误为开宝八年。

其四，宇文恩。《宋登科记考·附录》："宇文恩，益州华阳县人。太平兴国中登进士第。"《寰宇通志》卷六一《成都府科甲》载其为太平兴国八年王世则榜进士。

其五，时旦。《宋登科记考》失载。《时公墓志铭并序》："公讳旦，字慕周……今为徐州滕县人……公举进士太平兴国八年登乙科。"（《〈宋登科记考〉拾补——以碑刻文献为中心》）

宋太宗雍熙二年乙酉，公元985年：

补进士名录：其一，张为舟。《宋登科记考》失载。《全宋文》卷二九五杨亿《诸公寄题建州浦城县清河张君所居池亭诗序》："茂才清河君，于予盖乡先生丈人行也……雍熙二年，仲氏举进士，中乙科。淳化三年，季弟随计偕，列高等，推让致美，君之志也。"又，《全宋文》卷二九九杨亿《清河张君墓志铭》："君讳仲仁，字子信，其先清河人……生子三人：长为舟，举进士；次垂象，早亡；次为式。……予从祖兵部即君之元舅，君之先夫人实予之尊姑，予之与君犹丈人行也。”按：张为舟为长子，前言“仲氏”，当为一时误记。

其二，裴湛。《宋登科记考》失载。《太平治迹统类》卷二八载是年进士名录：“梁颢年八十二作状元，张惟明、裴湛、钱若水、陈允。”

其三，吕防。《宋登科记考》失载。《太平治迹统类》卷二八载是年进士名录：“乙科：吕防、李昉、任中正、闾丘陵令。”

宋太宗雍熙五年、宋太宗端拱元年戊子，公元988年：

补进士名录：其一，赵稹。《宋登科记考》卷二将其系于端拱二年（989）进士名录，误。《全宋文》卷五八八尹洙《赵公墓志铭》：“年二十六举进士，一上中第。”端拱元年，赵稹虚岁二十六，是年登第。古代年龄当指虚岁。《全宋文》卷一九七赵稹小传即定其为“端拱元年擢进士第”。

其二，刘孟坚。《宋登科记考》失载。《刘府君墓志铭并序》：“公讳孟坚，字良史……端拱元年，一举中进士第，释褐大名府永济县尉。”（《〈宋登科记考〉拾补——以碑刻文献为中心》）

宋太宗端拱二年己丑，公元989年：

补进士名录：其一，杨举正。《宋登科记考》失载。《南部新书》癸卷：“（杨）举正，端拱二年进士，终职方员外郎。”

其二，陈智周。《宋登科记考》失载。《诗话总龟》卷四六：“袁州陈智周……于端拱二年登第，授衡阳尉卒。”

宋太宗淳化三年壬辰，公元992年：

其一，鲍当。《宋登科记考》失载。《石林燕语》卷四：“祖宗时，见任官应进士举，谓之‘锁厅’。虽中选，止令迁官，而不赐科第；不中者则停见任，其爱惜科名如此。淳化三年，滁州军事推官鲍当等应举合格，始各赐进士及第。自是遂皆赐第。”

其二，柳湜。《宋登科记考·附录》：“柳湜，大名府人，柳肩吾子，北宋前期登进士第。”《全宋文》卷一二九柳开《柳君墓志铭》：“明年，之桂州。明年，归京师。明年，开以在全时嵠峒事出台狱，除充滁州团练副使。湜举进士，试殿廷，呼曰：‘臣，柳开侄也。’上审之实，赐登第。”按：《全宋文》卷二七一张景《柳公行状》：“淳化元年，移知桂州。明年诏归，明年为黠徒诉，入台狱，贬滁州团练副使。”两文对读，柳湜当是年中第。

其三，卞日华。《宋登科记考·附录》据余靖《卞府君墓志铭》，云：“卞日华，曹州冤句人。真宗朝登进士第，初授平陆主簿。”《全宋文》卷五七五余靖《卞府君墓志铭》：“公讳日华，字某，曹州冤句人。……一举登第，解褐除陕州平陆主簿。……急召赴阙，廷见之日，德音奖劝，擢授大理评事、知宾州军州事，即淳化四年也。”

其四，毛文捷。《宋登科记考》失载。《独醒杂志》卷二：“毛文捷，字长卿，吉水人。淳化三年进士及第，王冀公与之为同年生。”

宋真宗咸平元年戊戌，公元998年：

补进士名录：其一，郑希甫。《宋登科记考》失载。《苏舜钦集》卷一四《郑公墓志铭》：“咸平诏士，为乡族敦睦，出中进士甲第，调尉建阳。……二年，移知康州。”

其二，高辅国。《宋登科记考·附录》：“北宋登进士第”。《楼钥集》卷七一《跋金花帖子绫本小录》：“咸平元年，知举四人……主文极天下选，宜乎得人之盛！……高辅国曾祖季兴、祖从诲，俱为南平王，盖荆南高氏。”《跋金花帖子绫本小录》于“主文极天下选，宜乎得人之盛”之后，依次罗列咸平元年进士：孙仅、刘烨、刘筠、李若谷、高辅国、吕蒙休、王克从、句希吉、盛京、乐黄庭。《宋登科记考》是年进士名录载孙仅、刘烨、刘筠、李若谷、王克从、盛京、乐黄庭七人，高辅国、吕蒙休、句希吉三人失载。

其三，吕蒙休。《宋登科记考·附录》：“咸平间登进士第”。《楼钥集》卷七一《跋金花帖子绫本小录》：“主文极天下选，宜乎得人之盛！……吕蒙休三代俱赠师傅，父龟图，母刘氏，徐国太夫人，文穆公蒙正之弟也。”

其四，句希吉。《宋登科记考·附录》据《宋史·句中正传》：句希古，“宋登进士第”。两者当同为一人，《宋史》或《楼钥集》有笔误。《楼钥集》卷七一《跋金花帖子绫本小录》：“主文极天下选，宜乎得人之盛！……句希吉为中正之子”。

其五，刘璋。《宋登科记考》失载。《全宋文》卷五八七尹洙《王氏题名记》：“其一题云：咸平元年翰林学士杨砺下进士五十一人。第九人刘公璋所刻也。”

宋真宗咸平二年已亥，公元999年：

补进士名录：其一，高辅尧。《宋登科记考》卷三将其系于咸平元年进士名录，误。《续资治通鉴长编》卷四三：咸平元年十月“癸丑，命修《太祖实录》官钱若水等复考开封府得解进士试卷。……时以高辅尧为首，钱易次之。……乃以孙暨为第一，辅尧第二，易第三，余并如旧。”高辅尧咸平元年秋试，当于是年中第。

其二，王辟。《宋登科记考》失载。《全宋诗》卷八一魏野《闻王衢王辟登第因有寄贺》，王衢是年登第。

辨正：其一，朱禹锡，诸科。《宋登科记考》卷三引《南部新书》乙卷：“（朱）禹锡，咸平二年，学究登科。”却误将其列入进士名录。

其二，崔陟，何年登第，待考。《宋登科记考》卷三据《却扫编》卷中录入是年进士名录。《却扫编》卷中：“先友崔陟，字浚明，年未二十举进士。待试京师，一夕梦人告曰：‘汝父攘羊，恐不复见汝登科矣。’及寤，意大恶之。既果被黜还家，见有羊毛积后垣下，问何自得之，其父曰：‘昨有羊突入吾舍者，吾既烹而食之矣。’陟因大惊，而不敢言所梦。未几，其父卒。后数年乃登第。后坐元符末上书论时事，编入党籍，仕宦连蹇不进。先公领裕民局，辟为检讨官。未几局罢，后以宿州通判终。”据此，崔陟徽宗年间尚仕宦，显然不可能于是年登第。

宋真宗咸平三年庚子，公元1000年：

补进士名录：其一，龙起。《宋登科记考·附录》：“龙起，天圣间登进士第”。《青箱杂记》卷三：“丁咸序应举时，梦唱名已过，续有一龙蜿蜒腾上，又有一骆驼继之，不知其然。比唱名，有龙起、骆起二人在其后。” 丁咸序、骆起皆是年进士。

其二，方仲荀。《宋登科记考》卷三将其系于咸平五年（1002）进士名录，以下则称其“咸平三年登进士第”，当为编排错误。《宋元方志丛刊·新安志》卷八：“咸平三年陈尧咨榜：方仲荀。”

其三，范说。《宋登科记考·附录》：“范说，北宋前期登进士第。”《齐东野语》卷一五：“范说，咸平三年进士，同学究出身。”

其四，萧揔。《宋登科记考》失载。刘颢《萧府君墓志铭并序》：“君讳揔，字伯元……咸平三年，登丙科，得试校书郎、建昌军判官兼通判。”（《宋代墓志辑释》第241页）

其五，沈谅。《宋登科记考》失载。《南部新书》戊卷：“（沈）谅，咸平三年进士及第。”

补诸科名录：王九言。《宋登科记考》失载。李师锡《王公墓志铭并序》：“公讳九言，世居汾晋间……公举明经，咸平三年中第，任袁州萍乡县尉。”（《宋代墓志辑释》第177页）

辨正：朱咸熙。《宋登科记考》卷三录入是年进士名录，误。《苏舜钦集》卷一四《朱君墓志铭》：“（朱咸熙）同至都下自论，敕赐同学究出身，时咸平三年冬十一月也。”

宋真宗咸平五年壬寅，公元1002年：

补进士名录：其一，汪白。《宋登科记考》失载。《归田录》卷二：“咸平五年，陈恕知贡举，选士最精。……汪白、青阳楷二人虽不达，而皆以文学知名当世。”

其二，青阳楷。《宋登科记考》卷四据《嘉庆四川通志》等文献，景祐元年（1034）进士名录亦载青阳楷，前后相差32年，不知是否为同一人，待考。补正文献同上。

宋真宗景德二年乙巳，公元1005年：

补进士名录：李畋。《宋登科记考》卷二将其系于淳化三年（992）进士名录，误。按：景德元年，知益州张咏敦勉蜀人张及、李畋、张逵就举，次年，三人皆登科。（详见张其凡整理《张乖崖集》第266页《张咏年谱》。)

补诸科名录：朱文郁。《宋登科记考》失载。孙抃《朱君墓铭并序》："君讳文郁，字从周，世为洛都大姓。始壮，举进士，有声场屋间。廷试，赐同学究出身。交游故人以君署第非本科出，语言勉论，君笑曰：'士所立在忠孝，此安足为?'"(《宋代墓志辑释》第161页)按：据此墓志，朱文郁"庆历九年秋八月"卒，"年七十三"。由此推断生年为宋太祖开宝八年(975)，是年29岁，可称"始壮"。又，庆历八年十二月"改明年元"(《宋史》卷一一)，庆历九年即皇祐元年。

宋真宗大中祥符元年戊申，公元1008年：

补进士名录：辛惟庆。《宋登科记考·附录》："真宗朝登进士第。"《辛公墓志铭并序》："公讳惟庆，字百祥……祥符元年登甲科。"(《〈宋登科记考〉拾补——以碑刻文献为中心》)

宋真宗大中祥符四年辛亥，公元1011年：

补进士名录：其一，方偕。《宋登科记考》卷三将其系于大中祥符五年(1012)进士名录，误。《全宋文》卷一〇二〇蔡襄《方公神道碑》："二十，进士及第。"大中祥符四年(1011)，方偕虚岁二十，是年登第。古代年龄当指虚岁。

其二，贾同。《宋登科记考·附录》："真宗朝登进士第。"《直斋书录解题》卷九："殿中丞临淄贾同公疏，本名罔，真宗御笔改之。盖祥符祀汾阴时所放经明行修进士也。"

其三，刘舜卿。《宋登科记考》失载。李育《刘公墓志铭》："公讳舜卿，字仲元，其先镇州栾城人，后家于开封……大中祥符四年，章圣祀汾阴，诏举服勤词学经明行修之士，公冠本科中第，始年二十，调蔡州确山尉。"(《宋代墓志辑释》第199页)

宋真宗大中祥符五年壬子，公元1012年：

补进士名录：胥偃。《宋登科记考》卷三将其系于天禧三年(1019)进士名录，误。《隆平集》卷一四："胥偃，字安道，潭州长沙人，大中祥符五年进士名录。"又，《诗话总龟·前集》卷三五："胥偃内相应举时……明年，徐奭榜下第二人及第。”

宋真宗大中祥符七年甲寅，公元1014年：

补进士名录：麻温其。《宋登科记考·附录》：“大中祥符中以进士第三人及第”。《渑水燕谈录》卷三：“孙温其、温舒，祥符中相继登进士第，为天下第三人，衣冠以为盛事，而天下称麻氏教子有法。”大中祥符年间科举第三人及第者，《宋会要》记载如下：元年，郑向；二年，麻温舒；三年，停贡举；四年，陈宽。五年，不详；六年，停贡举；七年，不详；八年，不详。又，《长编》卷八五大中祥符八年十二月：“又令翰林学士晁迥、李维、王曾、钱惟演，知制诰盛度、陈知微，于馆阁、京朝官中各举服勤文学者一人为覆校勘官，迥等遂以左正言、集贤院校理宋绶，著作佐郎、直集贤院徐奭，太子中允、直集贤院麻温其……”故麻温其当于是年中第。

宋真宗大中祥符八年乙卯，公元1015年：

补进士名录：其一，李丁。《宋登科记考》失载。《墨客挥犀》卷三：“庆历中，范希文以资政殿学士判邠州，予中途上谒。翌日召食时，李郎中丁同席，范与丁同年进士也。”范仲淹，是年中第。

其二，李若谷。《宋登科记考》失载。《太平治迹统类》卷二八载是年进士名录：“乙科：庞籍、范仲淹、李若谷等。”

其三，杨日休。《宋登科记考》卷二将其系于淳化三年（992）进士名录，误。刘在中《杨日休墓志铭》：“杨公讳日休，字垂美，河南人……大中祥符八年，一举登进士第，调齐州历城县主簿。”（《宋代墓志辑释》第149页）又，《宋史》卷二七〇《杨克让传》：“子希闵……自教三子：日华、日严、日休，皆登进士第……希闵弟希甫，淳化三年进士，至屯田员外郎。”《宋登科记考》卷二将杨希甫、杨日华、杨日休皆系于淳化三年进士名录。据文意，唯杨希甫淳化三年登第，杨日华、杨日休皆非是年登第，杨日华登第年月待考。杨日严，仁宗景祐元年（1034）登第，见《宋登科记考》卷四是年进士名录。杨日华当为真宗、仁宗年间登第。

其四，皮子猷。《宋登科记考》失载。《南部新书》癸卷："皮日休……（皮子）猷，字仲卿，祥符八年御前进士。"

辨正：魏介之。《宋登科记考》卷三："魏介之，佚名。范仲淹同年。"又，《宋登科记考·附录》："魏兼，字介之。洪州人。仁宗朝登进士第。"两者为同一人。魏兼，字介之，豫章人，是年登第。（许翰《魏公墓志铭》）

宋真宗天禧三年己未，公元1019年：

补进士名录：其一，廖复。《宋登科记考》失载。《诗话总龟·前集》卷三八："闽人廖复，天禧二年求荐，天府下，挝鼓讼之，复考再收。省试又下，湖人凌景阳因复讼之，亦再收高第，遂登科。"又，《泊宅编》卷八："开封解榜出，有廖复者被黜，率众诣鼓院，诉有司不公。朝廷差钱惟演等重考，取已落者七十余人，复亦预荐，时号'还魂秀才'。前发解官皆谪外郡监当。"

其二，王景。《宋登科记考》失载。王景《王公墓志铭并序》："三代潞州人也……（王德伦）购藏经籍，以训子孙为务。逮天禧己未岁，果见景举进士，一上而中，释褐，授试秘书省校书郎、石州军事推官……有男四人……次曰景。"（《宋代墓志辑释》第133页）

宋仁宗天圣二年甲子，公元1024年：

补进士名录：其一，苏涣。《宋登科记考》卷四将其系于天圣五年（1027）进士名录，误。《栾城集》卷二五《伯父墓表》："天圣元年始就乡试，……明年登科。"

其二，苏安世。《宋登科记考·附录》："仁宗朝登进士第"。《全宋文》卷五七四余靖《苏公墓志铭》："安世，举进士，屯田员外郎、广西转运使。……屯田君以靖同年进士。"

其三，庞汝弼。《宋登科记考》失载。《全宋诗》卷一九一宋庠《同年庞汝弼赴宰临贺见过叙别因成感咏》。宋庠是年登第。

其四，宋缄。《宋登科记考》失载。《全宋诗》卷一九八宋庠《宗人缄见过与予同年擢第》。按：是年进士名录有宋咸者，疑为同一人，待考。

其五，张士安。《宋登科记考》失载。《全宋诗》卷二〇七宋祁《送张士安同年赴上元尉》。

其六，王鼎。《宋登科记考·附录》："王鼎，字鼎臣。大名府馆陶县人。王沿子。北宋前期登进士第。"《全宋诗》卷二〇七宋祁《送王鼎同年尉荥阳》，二者或同为一人。

其七，叶文卿。《宋登科记考》失载。《全宋诗》卷二〇八宋祁《送同年叶文卿尉高邮》。

其八，李宗。《宋登科记考》失载。《全宋诗》卷二〇八宋祁《同年李宗太平法掾》。

其九，巩汉卿。《宋登科记考》失载。《全宋诗》卷二〇八宋祁《送巩汉卿同年赴五原理掾》。

其十，吴縠。《宋登科记考》失载。《全宋诗》卷二〇九宋祁《送同年吴縠尉乌程》。是年进士名录中有吴谷，疑为同一人。

其十一，胡恢。《宋登科记考》失载。《全宋诗》卷二一〇宋祁《胡同年恢信州弋阳簿》。

其十二，成楷。《宋登科记考》失载。《全宋诗》卷二一六宋祁《同年成楷潍州理掾》。

其十三，张孝孙。《宋登科记考》失载。《全宋诗》卷二一六宋祁《送同年张孝孙勾簿颍阴》。又，《宋登科记考》卷四载天圣九年（1031），张孝孙"以汝阴县主簿应书判拔萃科入第四等"，即是年中进士第者。

其十四，谭综。《宋登科记考》失载。《全宋诗》卷二二四宋祁《同年谭综掾江陵》。

其十五，刘立德。《宋登科记考》卷三天禧三年（1019）进士名录载有刘立德者，或同为一人。《全宋诗》卷二二四宋祁《刘立德同年赴淝州幕》。

其十六，王陶。《宋登科记考》卷四据余靖《王君墓碣铭》，将其系于天圣五年（1027）进士名录，误。《全宋文》卷五七四余靖《王君墓碣铭》："今天子初践祚，在谅闇，不待祥禫，即临轩，急于采撷天下俊异。而曲江联翩六人中第，皆公之力，六人即公及子陶。余若靖辈，悉尝趋函丈焉。”

其十七，萧陟。《宋登科记考》失载。《全宋文》卷五七五余靖《萧府君墓志铭》：“府君讳陟，字希升。……府君举进士，天圣初，今上谅阴，不亲临试，以恩例授袁州司士参军。”

其十八，元绛。《宋登科记考》卷四将其系于天圣八年（1030）进士名录，误。《全宋文》卷一八〇六王安礼《元公墓志铭》：“公举天圣二年进士，知礼部贡举翰林刘公筠奇其文，擢置高等。入试崇政，误用韵，犹赐同学究出身。”

辨正：其一，沈兼，特奏名进士。《宋登科记考》将其系于是年进士正奏名名录，误。《全宋文》卷一四一三王安石《沈君墓志铭》：“以五举进士，得同学究出身。”

其二，叶道卿。《宋登科记考》是年进士名录有叶道卿，误。叶清臣，字道卿。是科第二人及第。

宋仁宗天圣五年丁卯，公元1027年：

补进士名录：其一，沈邈。《宋登科记考》卷四将其系于宋仁宗宝元元年进士名录，误。《沈公墓志铭》：“公讳邈，字子山……二十六登进士甲科，释褐大理评事……享年四十六，庆历七年也。”据此推断，当于是年中第。（《〈宋登科记考〉拾补——以碑刻文献为中心》）

其二，张庚。《张君墓志铭并序》：“君讳庚，字太素，……中天圣五年进士，得安利军判官。”（《〈宋登科记考〉拾补——以碑刻文献为中心》）

补诸科名录：其一，孙甫。《宋登科记考》卷四仅录其天圣八年（1030）中进士第。《欧阳修全集》卷三三《孙公墓志铭》：“初举进士，天圣五年得同学究出身，为蔡州汝阳县主簿。八年，再举进士及第。”

其二，孙抗。《宋登科记考》卷四将其系于宝元元年（1038）进士名录，与此相隔十一年，应当有误。《王文公文集》卷八九《孙君墓碑》：“以天圣五年，同学究出身。……再举，进士甲科。”据上下文语意，孙抗当于天圣五年（1027）诸科中第，天圣八年进士中第。

其三，李穆。《宋登科记考·附录》："真宗朝擢明经高第"，误。《全宋文》卷一八三二盛次仲《李公墓志铭》："公讳穆，字和之，姓李氏，……青州之临淄人。……天圣五年，明经擢上第。"

辨正：程浚。《宋登科记考》卷四依据《净德集》卷二一《程公墓志铭》，言其"天圣五年进士五甲及第，赐同学究出身。"误。《程公墓志铭》："天圣五年，赐同学究出身，……再举进士，中乙科。"程浚是年，诸科中第。

宋仁宗天圣八年庚午，公元1030年：

补进士名录：其一，吴及。《宋登科记考》卷四将其系于庆历二年（1042）进士名录，误。《全宋文》卷一四八一郑獬《吴公墓志铭》："得暴疾以卒，年四十九，嘉祐壬寅九月某日也。公初年十七，中进士第。"据其生卒年推算，当于是年中第。

其二，周颂。《宋登科记考》失载。《齐东野语》卷一五："周颂，天圣八年进士。"

其三，徐行。《宋登科记考》失载。《欧阳修全集》卷六八《与石推官第二书》："同年徐君行因得寓书，论足下书之怪。"欧阳修是年中第。

其四，王鼎。《宋登科记考·附录》载二王鼎，皆与此不同。《欧阳修全集》卷一五一《与王发运鼎，字宝臣》："与同年相知尤甚。"

其五，孙植。《宋登科记考·附录》："绍兴中登进士第"，当为另一人。《欧阳修全集》卷一五五《书琴阮记后》："同年孙植，雅善琴阮。"

其六，马永伯。《宋登科记考》失载。石介《与奉符知县书》："前奉符大夫马君永伯，下车逾月，先就见介于徂徕草庐中。……马曰：'吾治君邑，吾闻君贤，且与君为天圣八年同门生。'"（《徂徕石先生文集》卷一七）

宋仁宗景祐元年甲戌，公元1034年：

补进士名录：其一，朱处仁。《宋登科记考·附录》："朱处仁，仁宗朝登进士第。"《苏舜钦集》卷一四《朱君墓志铭》："沛国朱处仁表臣，少从予游，长又同登进士第。"

其二，杨子卿。《宋登科记考》失载。《全宋诗》卷三四一赵抃《忆辇下寄同年杨子卿》，赵抃是年中第。

其三，楚建中。《宋登科记考·附录》：“楚建中，仁宗朝登进士第。”《全宋文》卷四八二三周麟之《仁宗皇帝赐楚建中御飞白记》：“公讳建中，景祐初举进士。”

其四，孙直言。《宋登科记考》失载。《全宋诗》卷三四一赵抃《会新都孙直言于成都》：“同志同年分若亲。”又，《全宋诗》卷三三九赵抃《次韵孙直言九日登龙门山》：“新都大夫孙隐之”。据此，《全宋文》卷一〇二八小传：“孙直言，字隐之，景祐元年进士及第。”

其五，士建中。《宋登科记考·附录》：“北宋中期登进士第。”据陈植锷《石介事迹著作编年》考辨，士建中是年登第。（39—41页）

其六，巩申。《宋登科记考》失载。《巩公墓志铭并序》：“公讳申，字周翰……景祐元年，一上中进士第。”（《〈宋登科记考〉拾补——以碑刻文献为中心》）

其七，柳三友。《宋登科记考》失载。《太平治迹统类》卷二八载是年进士名录：“张唐卿、杨察……柳三友。”

其八，卢震。《宋登科记考》失载。李藻《卢君墓志铭并序》：“君讳震，字景仁……逾冠，一举中第，调仪州军事推官。”（《宋代墓志辑释》第195页）按：据此墓志，卢震卒于嘉祐七年（1062），“年五十有一”，由此推断生年为宋真宗大中祥符五年（1012），是年23岁，与“逾冠”合。此前三年、后三年皆非科举年。

补诸科名录：綦愿。《宋登科记考·附录》：“仁宗朝登进士第。”《綦君墓志铭并序》：“君讳愿，字圣谟，青州寿光人……景祐元年，《三传》登第。”（《〈宋登科记考〉拾补——以碑刻文献为中心》）

辨正：黄庠。《宋登科记考》卷四载入是年进士名录，误。《宋会要·选举》三之一八：“礼部贡院言：‘进士黄庠昨第一人奏名，为患不赴御试。乞赐召试将来科场，便就御试。’”《老学庵笔记》卷七：“（黄）庠果为南省第一，不及廷对而死。”

宋仁宗景祐五年、宋仁宗宝元元年戊寅，公元1038年：

补进士名录：其一，沈逊。《宋登科记考》失载。《全宋诗》卷三五五祖无择《途次金陵逢同年沈五判官》，沈逊有和诗。祖无择是年中第。

其二，李汝臣。《宋登科记考》失载。《司马光集》卷二《送李汝臣同年谪官道江主簿》，司马光是年中第。

其三，张师奭。《宋登科记考》失载。《司马光集》卷六《和张推官同年师奭春阴无绪偶成》。

其四，王景阳。《宋登科记考》失载。《司马光集》卷六《送王殿丞景阳知眉山县》，题下注："予与眉山同年登第。"

其五，王璀。《宋登科记考·附录》："仁宗朝登进士第。"《司马光集》卷七《送王璀同年河南府司录》。

其六，王彦臣。《宋登科记考》失载。《司马光集》卷七《送王彦臣同年通判亳州》。

其七，李尧夫。《宋登科记考》失载。《司马光集》卷一一《长安送李尧夫同年》。

其八，张徽。《宋登科记考·附录》："仁宗朝登进士第。"《司马光集》卷一四《奉和大夫同年张兄会南园诗徽，字伯常》。

其九，吴执中。《宋登科记考》失载。《司马光集》卷一五《和吴朝议执中，字几圣同年谢光与景仁同年见过》。

其十，郎景微。《宋登科记考》失载。《司马光集》卷六四《送同年郎兄景微归会稽荣觐序》。

其十一，罗胜卿。《宋登科记考》失载。《全宋诗》卷三四五范镇《送罗胜卿同年提举玉局观》，范镇是年中第。

其十二，卢臧。《宋登科记考·附录》："仁宗朝登进士第。"《全宋诗》卷三四七俞希孟《范阳同年示及零陵三题率然为答甚愧妍唱范阳同年者，卢臧也》，俞希孟是年中第。

其十三，林之纯。《宋登科记考》失载。《宋登科记考》卷八政和八年（1118）进士名录载有林之纯者，当为另一人。《全元文》卷一八二王恽《苏门林氏家传》："永生之纯，字嘉父，擢景祐五年进士第，释褐主朝城簿。"

宋仁宗庆历二年壬午，公元1042年：

补进士名录：其一，苏泳。《宋登科记考·附录》："仁宗朝登进士第。"《苏轼诗集》卷一四《苏潜圣挽词序》："潜圣名泳，成都新繁人，庆历二年杨置榜登第。"

其二，质夫。王安石《王荆公诗注补笺》卷三五《次韵质夫兄使君同年》按：质夫，姓名已佚。

其三，张某。《全宋文》卷一四一三王安石《张君墓志铭》："君讳某，字某，其先成都之新繁人……余与君相好，又同年进士也。"按：《宋登科记考》是年进士名录中，唯张宗谔为成都府成都县人，此墓主当为另一人。

其四，王越石。《宋登科记考》失载。《全宋文》卷一四一八王安石《王君墓志铭》："余尝为君僚，而与其子越石同年进士也。"又，《宋登科记考·附录》据《雍正山西通志》载入一王越石，"庆元中登进士第"，当为另一人。

其五，樊景。《宋登科记考》失载。《全宋文》卷五八五尹洙《与京西转运刘察院荐樊景书》："州学教授樊景，年三十，庆历二年进士。"

其六，李尧言。《宋登科记考》失载。《全宋文》卷七一二一魏了翁《李君墓表》："公之高祖尧言，举庆历二年进士，为熙宁御史知杂。"

其七，王奕。《宋登科记考》失载。《王公墓志铭并序》："公讳奕，字公嗣……庆历二年，擢进士第，释褐，调陕州之平陆主簿。"（《〈宋登科记考〉拾补——以碑刻文献为中心》）

其八，傅尧俞。《宋登科记考·附录》："仁宗朝登进士第"。《太平治迹统类》卷二八载是年进士名录："杨置、韩绛、王珪……傅尧俞。"

其九，郭璪。《宋登科记考》失载。裴子良《郭府君墓志铭并序》："府君讳璪，字叔仪，其先河南人……庆历二年，举进士，中乙科，释褐单州团练推官。"（《宋代墓志辑释》第179页）

宋仁宗庆历六年丙戌，公元1046年：

补进士名录：其一，祝许。《宋登科记考》卷四据《渑水燕谈录》记载，将其列入庆历六年“特赐第”名录，意谓其乃是年科举之外特别赐第者，此为不了解宋代科举制度之误。《渑水燕谈录》卷六：“仁宗临轩赐进士第，审刑详议官祝谏侍廷中。……季弟许得同出身。”《宋史》卷一五五《亲试进士条制》：“上二等曰及第，三等曰出身，四等、五等曰同出身。”

其二，魏广。《宋登科记考·附录》：“庆历中登进士第。”《欧阳修全集》卷一四五《与晏元献公二通·庆历七年》：“有魏广者，好古守道之士也。其为人外柔而内刚，新以进士及第，为荥阳主簿。”又，《全宋诗》卷四八九刘敞《送魏广秘校同年》，刘敞是年中第。

其三，李谷。《宋登科记考》失载。《全宋诗》卷四七一刘敞《答李谷同年书》。

其四，蔡奕。《宋登科记考》卷四据明清文献记载，庆历二年（1042）进士名录中有蔡奕者，或为同一人。《全宋诗》卷四七三刘敞《送蔡奕同年》。

其五，杨辟。《宋登科记考》失载。《全宋诗》卷四七三刘敞《送杨辟同年》。

其六，张岳。《宋登科记考》失载。《全宋诗》卷四八八刘敞《送张岳同年》。

其七，张某。张升甫兄。《全宋诗》卷五八八强至《送张升甫三十韵》：“后予与君兄，乡贡入帝乡……同年忝进士”。强至是年中第。

其八，张正臣。《宋登科记考》失载。《全宋诗》卷五九一强至《送同年张正臣赴海陵幕》。

其九，成翻。《宋登科记考·附录》：“应天府人，宋登进士第。”《全宋诗》卷六一〇刘攽《与成太博九同年会饮成四韵博士成翻、李之纯、崔度，秘书丞戴庄，著作佐郎张于，光禄寺丞高士纶，观察推官侯利建，司理王该，高陵主簿张公岳》。

其十，李之纯。《宋登科记考》失载。补正文献同上。

其十一，崔度。《宋登科记考》失载。补正文献同上。

其十二，戴庄。《宋登科记考》失载。补正文献同上。

其十三，张于。《宋登科记考》失载。补正文献同上。

其十四，高士纶。《宋登科记考》失载。补正文献同上。

其十五，侯利建。《宋登科记考·附录》："眉州人，庆历年间登进士第。"补正文献同上。

其十六，何令孙。《宋登科记考》失载。《全宋文》卷九三八姚奭《宋何庆之墓志铭》："吾友何庆之……讳令孙，……庆历六年进士出身。"

其十七，梁端。《宋登科记考》失载。《梁公墓志铭》："公讳端，字诚之……庆历六年，中进士甲科。"（《〈宋登科记考〉拾补——以碑刻文献为中心》）

其十八，张□之。《宋登科记考》失载。《张君墓志铭并序》："□□□之，字子和……君庆历六年中进士第。"（《〈宋登科记考〉拾补——以碑刻文献为中心》）

辨正：祝谏。《宋登科记考》将其载入是年进士名录，误。祝谏是举以审刑详议官侍廷中。《渑水燕谈录》卷六："仁宗临轩赐进士第，审刑详议官祝谏侍廷中。男唐中甲科，次男虞、弟咨、一婿忘其姓名皆擢第，季弟许得同出身。每唱一名，即称谢。是日，谏五拜殿下。仁宗以问近臣，对以皆子弟也，仁宗嘉赏之。"

宋仁宗皇祐元年己丑，公元1049年：

补进士名录：其一，高陟。《宋登科记考》卷四将高陟系于嘉祐四年（1059）进士名录，误。《忠肃集》卷一三《朱君墓志铭》："君讳述，……有携稚子求并售者，君疑以诘，至再四，曰：'实药氏，华亭尉高陟妻子也。夫亡，无以朝夕，忍此以苟生。'君戚曰：'陟虽不识，而吾同年得科名者也。'"《宋登科记考》卷四亦据此条资料录入，以高陟为刘挚同年，系误读。高陟乃朱述同年，朱述是年中第。

其二，朱临。《宋登科记考》失载。《泊宅编》卷四："朱临、姚辟久同学校，每试，姚多在朱上。冯京榜中，二人俱赴廷对。未唱名前数日，京师忽传一小赋，乃朱殿试之作也。姚谓人曰："果尔，纵不作魁，亦须在甲科。"自叹平时滥居其先，及至鱼龙变化之地，便尔悬绝。因遍诣术士质之，亦访容师，未见。殿唱日，禁门未开，或云晓容在茶肆中，姚走见之。容方与一白袍偶坐，指示姚曰："状元已在此。"偶坐者，冯当世也。姚力挽就邻邸，灯下视之，曰："公第几甲，朱第几甲。"相次辨色，入听胪传，皆如师言。"

其三，李杞。《宋登科记考》失载。《全宋诗》卷四四二文同《送坚甫同年》。李杞，字坚甫。文同是年中第。

其四，张唐英。《宋登科记考》卷四将其系于庆历六年（1046）进士名录，误。《全宋文》卷二二三四张商英《张御史唐英墓志铭》："遂及进士第，实庆历三年也。"文后注云："按：张商英为哀祭唐英所作《宁魂辞》云：'年十八，乡书送至礼部。后五年，为解头，遂释褐，调南平决曹掾。'又据该文，唐英生于天圣四年（卒于熙宁元年，年四十三，推之则生于天圣四年，即公元1026年），其十八岁当庆历三年（1043），州始举送礼部，后五年，即庆历八年（1048），再上，乃及进士第，时年二十三。即此处之'庆历三年'当作'庆历八年'。此墓志铭所叙年代多误，当是后人妄改。"按：庆历八年非科举年。当为庆历八年再举，皇祐元年（1056）及进士第。

宋仁宗皇祐五年癸巳，公元1053年：

补进士名录：其一，鲁有开。《宋登科记考》失载。《全宋文》卷一四八二郑獬《李夫人墓志铭》："鲁君讳有开，字周翰，尝与予同举进士。"郑獬是年中第。

其二，盛诲之。《宋登科记考》失载。《全宋诗》卷七三二韦骧《呈南邻司门盛诲之同年》。韦骧是年中第。

其三，孙圣微。《宋登科记考》失载。《全宋诗》卷七三二韦骧《送孙圣微同年赴浙漕》。

其四，刘公仪。《宋登科记考》失载。《全宋诗》卷七三三韦骧《送刘公仪典四明》："崇政青春同擢第"。

其五，慕容伯才。《宋登科记考》失载。《全宋文》卷一八〇八王森《宋故朝请郎致仕慕容君遗戒》："朝请君讳伯才，字之珍，皇祐五年登进士第。"

其六，林绚。《宋登科记考·附录》："林绚，皇祐中进士登第。"《全宋文》卷二一七八郑侠《林府君墓志铭》："君讳绚，字伯素。……同母弟绎与君偕名皇祐中，同日擢第，君之教也。释褐，授潭州长沙尉。……会曲江余襄公临镇，录其劳于朝。"《续资治通鉴长编》卷一七二：（皇祐四年）"六月乙亥，起复前卫尉卿余靖为秘书监、知潭州。"林绚、林绎登第当在是年。

其七，林绎。《宋登科记考·附录》："林绎，皇祐中进士登第。"补正文献同上。

其八，夏旼。《宋登科记考》失载。《全宋文》卷七七八二范曾之《进士题名记》："皇祐五年，侬寇梗路，二广试于别殿，夏公旼时为第一。"

其九，西方琥。《宋登科记考·附录》："淄州人。宋登进士第。"《诗话总龟·前集》卷一〇："西方琥，东州人，郑毅夫榜登第。"

其十，李杰。《宋登科记考》卷六将其系于熙宁三年（1070）进士名录，误。《李大师墓志》："第五子杰，第皇祐五年进士。"（《〈宋登科记考〉拾补——以碑刻文献为中心》）

其十一，李无党。《太平治迹统类》卷二八载是年进士名录："杨绘……李无党"。《宋登科记考》卷六元丰二年进士名录载有李无党者，或为另一人，待考。

辨正：上官基，嘉祐二年（1057）进士。《宋登科记考》卷四是年及嘉祐二年进士名录皆有上官基，此处误。《全宋诗》卷七三八冯山《送上官基察推同年》，《宋登科记考》卷四误以此诗为吕陶所作，故以上官基为是年登科。

宋仁宗嘉祐二年丁酉，公元1057年：

补进士名录：其一，张师道。《宋登科记考》失载。《栾城集》卷二

《送张师道杨寿祺二同年》。苏辙是年中第。

其二，杨寿祺。《宋登科记考》失载。补正文献同上。

其三，钱景谌。《宋登科记考·附录》："熙宁间登进士第。"《邵氏闻见录》卷一二："钱朝请者名景谌，忠懿王孙，嘉祐间官殿直，巡辖西京马递铺。锁厅登进士第。……钱丈与王荆公善，后荆公用事，论新法不合，遂相绝，终身为外官。其家集有《答兖守赵度支书》，自序甚详云。彼者，指荆公也，足以见钱丈之贤矣。其书曰：'仆为进士时，彼为太常博士主别头试，取仆于数百人之中，以为知道者，得预荐，送于春官。'"王安石为嘉祐元年（1056）考试锁厅举人，故钱景谌是举中第。

其四，晁端彦。《宋登科记考》卷四据《曲洧旧闻》卷五，将晁端彦系于嘉祐四年（1059）进士名录，误。《苏轼诗集》卷一三《怀西湖寄晁美叔同年》，苏轼诗比宋人笔记更为可信。

其五，范亦颜。《宋登科记考》卷四将其系于皇祐五年（1060）进士名录，误。《全宋诗》卷七三八冯山《题范亦颜圣邻同年集后》。冯山是年中第。《宋登科记考》卷四误以此诗为吕陶所作，故以范亦颜为皇祐五年登科。

其六，张若愚。《宋登科记考》失载。《全宋诗》卷七四二冯山《和张若愚子发秘丞同年见寄二首》。

其七，李黄中。《宋登科记考》失载。《东原录》："南京故李龙图纮双生二子：长曰黄中，次曰象中。嘉定二年，同登进士科。"　按：嘉定二年（1209），当为嘉祐二年（1057）之误。李纮乃大中祥符元年（1008）进士，且《东原录》为北宋龚鼎臣所作。

其八，李象中。《宋登科记考》失载。补正文献同上。

其九，王与安。《宋登科记考》失载。《王府君墓志》："府君讳与安，字公翊……嘉祐二年，登进士第，调蜀州晋源县尉。"（《〈宋登科记考〉拾补——以碑刻文献为中心》）

其十，吕大球。《宋登科记考》失载。林摅《吕公墓志铭》："公讳大球，字君玉……嘉祐二年，一举擢进士第，试校书郎、主襄州襄阳簿。"

（《宋代墓志辑释》第425页）

辨正：其一，张山甫。《宋登科记考》卷四据《欧阳修全集》卷二五《张君墓表》录入。《张君墓表》：“今年春，余主试天下贡士，而山甫以进士试礼部。”未言其是否中第。

其二，邓文约。邓绾，字文约。《宋登科记考》卷四“皇祐元年进士名录”录有“邓惟清”；《附录》再录“邓绾”，称其“原名邓维清，字文约。成都府双流县人。皇祐元年登进士第。”此三者，当为同一人，待考。

宋仁宗嘉祐四年己亥，公元1059年：

补进士名录：其一，田鲠。《宋登科记考》失载。《忠肃集》卷一七《县斋岁晚寄莱芜田同年鲠字直儒》；卷一九《秋浦寄田同年鲠》。刘挚是年中第。

其二，张令。《宋登科记考》失载。《全宋诗》卷六七五杨杰《送张令同年赴岭南》，杨杰是年中第。

宋仁宗嘉祐六年辛丑，公元1061年：

补进士名录：王观。《宋登科记考》卷四将其系于嘉祐二年（1057）进士名录，误。《东轩笔录》卷一一：“王荆公为馆职，与滕甫同为开封试官。甫屡称一试卷，荆公重违其言，置在高等。及拆封，乃王观也。”王、滕于嘉祐五年八月为开封试官，故王观当于嘉祐六年中第。

宋仁宗嘉祐八年癸卯，公元1063年：

补进士名录：其一，魏沂。《宋登科记考》失载。《全宋文》卷六五五文彦博《举魏沂》：“沂自嘉祐八年登进士第。”

其二，程节。《宋登科记考》卷四将其系于嘉祐六年（1061）进士名录，误。《全宋文》卷二一一四程遵彦《程公墓志铭》：“公姓程氏，讳节，字信叔。……赐嘉祐八年进士第。”

其三，宋涣。《宋登科记考》失载。《全宋文》卷二八四六邹浩《宋子直墓志铭》：“君叔涣，嘉祐末登进士第。”

宋英宗治平二年乙巳，公元1065年：

补进士名录：王补之。《宋登科记考》失载。《画墁集》卷三《原州赠王补之洛苑同年》。张舜民是年中第。

宋英宗治平四年丁未，公元1067年：

补进士名录：其一，邢恕。《宋登科记考·附录》："北宋中期登进士第"。《隐居通议》卷一四《年谱后序》："（邢）恕，治平四年始登进士第。"又，《宋史》卷四三三"（司马）康、（邢）恕同年登科。"司马康，熙宁三年（1070）登第。两说并存，待考。

其二，裴仲谋。《宋登科记考》失载。《黄庭坚全集》第一辑《次韵裴仲谋同年》。黄庭坚是年中第。

其三，郝辟之。《宋登科记考·附录》："郝辟之，字希孟。石州定胡县人。郝寅子。神宗朝登进士第。"《黄庭坚全集》第一辑《漫尉序》："……兼寄赠郝希孟胡深夫二同年。"

其四，胡深夫。《宋登科记考》失载。补正文献同上。

其五，李夷伯。《宋登科记考》失载。《黄庭坚全集》第二辑《闰月访同年李夷伯子真于河上子真以诗谢次韵》。

其六，黎充。《宋登科记考》失载。《黄庭坚全集》第十辑《黎远字说》："龙水黎充，字子美，余同年进士。"。

其七，王祕。《宋登科记考》失载。《全宋文》卷五一八九周必大《王居士伯刍墓志铭》："曾祖祕，治平四年登第。"

其八，张公权。《宋登科记考》失载。《全宋文》卷五一九五周必大《张公墓志铭》："登治平四年进士第、赠左正议大夫讳公权者，祖也。"

其九，吕希纯。《宋登科记考·附录》："吕希纯，字子进，寿州人，吕公著第三子。北宋中期登进士第。"《历代诗话·紫微诗话》："张先生子厚与从祖子进，同年进士也。"张举，字子厚，是科登第。《宋史》卷四五八本传作"张塈"。

宋神宗熙宁三年庚戌，公元1070年：

补进士名录：其一，顿起。《宋登科记考·附录》："元祐中登进士第"，误。《栾城集》卷四《送顿起及第还蔡州》："我去淮阳今不久，邻邦时得问音尘。"苏辙是年春为陈州教授。《苏轼诗集》卷一七《次韵答顿起二首》自注："顿君及第时，余为殿试编排官，见其答策语颇直。"苏轼是年为殿试编排官。

其二，赵挺之。《宋登科记考·附录》："熙宁中登进士第。"《石林燕语》卷三："宰相同在第一甲者，……叶祖洽榜，蔡鲁公、赵正夫"。

其三，沈凭。《宋登科记考》卷六将其系于熙宁六年（1073）进士名录，误。《全宋文》卷二二一一陆佃《沈君墓表》："方是时，初识（沈）凭面，爱其平粹无碍。……其后，遂为同年之友。"

其四，范百嘉。《宋登科记考》卷六将其系于元丰八年（1085）进士名录，误。《全宋文》卷二一五〇范祖禹《范君墓志铭》云："君讳百嘉……中进士第，改大理评事，以官制易阶承事郎。"神宗于元丰五年（1082）四月颁布新官制，故范百嘉中第当在元丰五年之前。又，《全宋诗》卷四九四王珪《依韵和景仁闻喜席上作兼呈司马君实内翰》自注云："予与景仁、君实皆有子登第。"司马光之子司马康是年中第，范镇之子当有一人是年中第。范镇有子五人，长子范燕孙早卒，次子范百揆不详。第三子即范百嘉，生于庆历七年（1047），是年24岁。第四子范百岁，生于皇祐五年（1053），是年18岁，未中进士第。第五子范百虑，是年岁数过小，不可能参加考试。依据年龄与前后履历推断，是年登第者当为范百嘉。

辨正：范越一，乃"范越"之误，编者标点错误。《宋登科记考》此处引用文献为《太平治迹统类》卷二八，原文如下："是岁进士二人，直诋时病，皆在下：开封范越，一不知名。"

宋神宗熙宁六年癸丑，公元1073年：

补进士名录：其一，徐正夫。《宋登科记考》失载。《张耒集》卷一七《酬同年徐正夫司户时欲卜筑嵩洛间》。张耒是年中第。

其二，邵子发。《宋登科记考》失载。《张耒集》卷二三《寄滁州邵子发同年二首》。

其三，柳子文。《宋登科记考》失载。《全宋诗》卷九七七柳子文《次韵呈文潜学士同年》。《全宋诗》卷九七七小传："柳子文，字仲远。神宗熙宁六年进士。"

其四，许几。《宋登科记考》卷四将其系于景祐五年（1038）进士名录，误。《全宋文》卷三三九〇汪藻《许公墓志铭》："政和五年四月甲寅，中大夫、提举洪州玉隆观许公卒于袁州。……公讳几，字先之。……未冠擢上第。……享年六十二。"据此推断，许几生于皇祐六年，即公元1054年。于熙宁六年（1073）登进士第。

其五，桂堂。《宋登科记考》失载。《宋辽金元方志辑佚·眉州志》："桂堂，字公明，彭山人，登熙宁六年进士第。"（第1034页）

其六，张好礼。《宋登科记考》失载。李文卿《张公座化铭并序》："公讳好礼，字子履。少属文，举进士，熙宁六年登科，授将仕郎。"（《宋代墓志辑释》第491页）

补诸科名录：邵公辅。《宋登科记考》失载。《全宋文》卷二九二〇董询《邵君墓铭》："君讳公辅，字子正，潍州北海县人。……熙宁六年，举九经，一上中第。"

辨正：俞维，当为"俞伟"之误。此处据《宝庆四明志》《延祐四明志》录入，两处皆作"俞伟"。

宋神宗熙宁九年丙辰，公元1076年：

补进士名录：其一，程建用。《宋登科记考·附录》："熙宁中登进士第。"《苏轼年谱》卷一五："程建用（彝仲）登进士第。苏轼尝有简预祝其成功。"《苏轼年谱》以下有较为详尽的考辨。

其二，孙敏行。《宋登科记考·附录》："元祐中登进士第。"《苏轼年谱》卷二七："孙敏行，眉州人。……嘉庆《眉州属志》引《宋雁塔题名碑》，敏行为熙宁最后一人，盖为熙宁九年进士。"

其三，石谔。《宋登科记考》失载。张叔夜《石君墓志铭并序》："石君谔……熙宁末与余伯氏近同年进士也……君字舜弼"。（《宋代墓志辑释》第463页）

补特奏名进士：其一，杜默。《宋登科记考·附录》："和州人。熙宁中特奏名登进士第。"《苕溪渔隐丛话·前集》卷二五"杜默"条："熙宁末，以特奏名得同出身一命。"

其二，郭浑。《宋登科记考》失载。舒亶《宋故郭君秘校墓志铭》："郭君讳浑，字仲醇，其先汾阳人，居四明五世矣……朝廷广搜择之路，凡籍名贡部者，限年特与奏名。适诏下，君在奏中。州郡勉驾以行，复试于廷，赐第以归。逾年，法当拟官……一夕被疾，遽卒于邛……乃熙宁十年十二月有四日也。"（《宁波历代碑碣墓志汇编》第86—87页。）

宋神宗元丰二年己未，公元1079年：

补进士名录：其一，张康孙。《宋登科记考》失载。《墨庄漫录》卷五："邦基从伯康孙，字曼老，时彦榜高科。"

其二，孙倚。《宋登科记考》失载。《全宋诗》卷一〇九八李复《西溪酬孙倚李珪二同年依韵》。

其三，李昭玘。《宋登科记考·附录》："李昭玘，……北宋中期登进士第。"《全宋文》卷二六〇七李昭玘《上郓州安抚刘莘老相公书》："某元丰间作举子，同相公二令息登进士科。"刘挚二子刘跂、刘蹈是举登科。又，《全宋文》卷二六〇七李昭玘《答刘秀才求先博士墓志书博士，刘孝嗣也》："自念与先博士元丰初擢进士第。"

其四，刘孝嗣。《宋登科记考》失载。《全宋文》卷二六〇七李昭玘《答刘秀才求先博士墓志书博士，刘孝嗣也》："自念与先博士元丰初擢进士第。"

宋神宗元丰五年壬戌，公元1082年：

补进士名录：其一，周通叟。《宋登科记考》失载。《全宋诗》卷一二〇七晁说之《谢周同年通叟诗卷》。晁说之是年中第。

其二，李周翰。《宋登科记考》失载。《全宋文》卷二八四八邹浩《祭李周翰文》："余同年进士四百余人，曾未十年，知其为异物者十二人矣，况耳目所不接者。呜呼！子复从之而往乎！"邹浩是年中第。

其三，蹇颀。《宋登科记考》失载。《全宋文》卷七一一七魏了翁《蹇君墓志铭》："生二子，长曰颀，次曰颐。颀举元丰五年进士第二人。"

其四，党镈。《宋登科记考》失载。《挥麈前录》卷三："黄道夫榜，传胪至第四甲党镈卷子，神宗大笑曰：'此人何由过省？'知举舒信道对以‘五路人，用分数取末名过省。’上命降作第五甲末。”

其五，程忠彦。《宋登科记考》失载。《全宋诗》卷九三六黄裳《酬程忠彦见赠》：“与子邂逅春闱中，子未及壮文何雄？淡书名姓青云旁，天风吹我襟怀香。”

补特奏名进士：俞备。《宋登科记考》失载。《全宋文》卷二二六七黄裳《法曹俞君墓志》：“继伦生备，字几甫。……元丰六年，以特奏名为河南府助教。”按：俞备是年特奏名，次年出仕。

宋神宗元丰八年乙丑，公元1085年：

补进士名录：韩介卿。《宋登科记考》失载。左先之《韩君墓志铭》：“君讳介卿，字持正，其先河南人……明年，举进士中第，调阆州司法参军。”（《宋代墓志辑释》第349页）按：据此墓志，韩介卿“元祐六年（1091）五月十五日以疾卒，春秋三十一。”其生年当为宋仁宗嘉祐六年（1061）。“十六岁，遭父丧”，时乃熙宁九年（1076）。而后，奉养母亲数年，“不幸母夫人卒”，“乃服勤终丧”。墓志所云中第之“明年”，即终丧后之明年。介卿中第出仕后，“会朝廷更复制举”，此即元祐元年（1086）事。根据上下文时间推测，韩介卿是年中举可能性最大。如作元祐三年（1088）中第，亦可成立。

宋哲宗元祐三年戊辰，公元1088年：

补进士名录：其一，邵伯温。《宋登科记考》失载。《邵氏闻见录》卷二〇：“元祐二年秋，以经行荐，明年春唱名集英殿，宣仁太后垂帘听政也。”

其二，李注。《宋登科记考》失载。《苏魏公文集》附录一《魏公谭训》卷四：“祖父元祐三年为廷试详定，得李注元发，以为：‘胸臆环奇，文章浩博似史迁；论事有本末，布衣而知天下事似陆贽。’欲以第一人。苏黄门诸公皆不悦，曰：‘适出一曾旼，又擢一曾旼，不可。’意不能夺，才得乙科，士论惜之。”

其三，李冲元。《宋登科记考》卷六将其系于熙宁三年（1070）进士名录，误。《全宋文》卷五一三四周必大《题鞠城铭》：“里人李冲元，字元中……元祐三年亦登第。”

其四，吴幵。《全宋文》卷二九四九吴幵《赵君墓志铭》：“予方总角，晦叔已游郡学有声。后十年，予中进士第。” 按：古人以“总角”指十二三岁孩童，吴幵生于1067年，是年二十二岁，符合其自述。《宋登科记考》卷七载绍圣四年（1097），吴幵“以澶州司理参军应宏词科，考入次等”，即是年中进士第者。

其五，崔鶠。《全宋文》卷二九五二周行己《送刘絜矩序》：“余有友者十四人，举于礼部者十人。礼部第其可进，以名上于天子者孙勰、段万顷、欧阳献、崔鶠、王靓五人者。”《宋登科记考》是年进士名录载孙勰、段万顷、欧阳献（名录作欧阳献可）三人，崔鶠、王靓二人遗漏。《宋登科记考·附录》所载崔鶠，据《墨庄漫录》，当于元祐九年中第。两者疑为同一人，待考。

其六，王靓。《宋登科记考》失载。补正文献同上。

其七，安亢。《宋登科记考》失载。《李夫人墓志》：“先君讳子照，字诲之，姓安氏……厥后自皇祖考亢登元祐三年进士第。”（《〈宋登科记考〉拾补——以碑刻文献为中心》）

其八，吴柔嘉。《宋登科记考》失载。《挥麈三录》卷一：“蔡丞相作《车盖亭》十诗……处厚亟请取读……于公宇冬青堂笺注上之。后两日，其子柔嘉登第，授太原府司户，至侍下。” 按：吴处厚于元祐四年（1089）四月笺注上《车盖亭》诗，故其子当于是年登第。

其九，符世英。《宋登科记考》失载。张仲容《符公之墓》：“子一人，曰世英，元祐三年进士。”（《宋代墓志辑释》第389页）

宋哲宗元祐六年辛未，公元1091年：

补进士名录：其一，吴味道。《宋登科记考》失载。《春渚纪闻》卷六：“先生（苏轼）元祐间，出帅钱塘。视事之初，都商税务押到匿税人南剑州乡贡进士吴味道，……谓味道曰：‘先辈这回将上天去也，无妨来年高选，当却惠顾也。’味道悚谢再三，果登高第。”苏轼元祐四年（1089）三月知杭州，元祐六年二月罢杭州任。

其二，李新。《宋登科记考》卷七将李新系于元祐三年进士名录，误。《全宋文》卷二八九七李新《吊安康郡君词序》："元祐己巳，某识周彦于鱼凫市门，语久意合。明年春，周彦具书币来致某，欲以文相会，馆某于华萼。……是年秋，某以书贡。春，解褐衣，通籍士部。"元祐己巳，即元祐四年。

其三，武得之。《宋登科记考》失载。《全宋诗》卷一三一〇赵鼎臣《次韵志康赠武得之得之余同年也》。赵鼎臣是年中第。

其四，王粹公。《宋登科记考》失载。《全宋诗》卷一三一〇赵鼎臣《送同年王粹公受代还朝》。

其五，赵宗说。《宋登科记考》失载。《全宋文》卷二九八五赵鼎臣《赵八行墓志铭》："其后，犹子宗说、直方继踵登进士第。……鼎臣与宗说、直方及第时又为同年生。"

其六，赵直方。《宋登科记考》失载。补正文献同上。

其七，束斌卿。《宋登科记考・附录》："郓州人。宋登进士第。"《全宋文》卷二九八五赵鼎臣《束邦宪母李氏墓志铭》："斌卿，字邦宪。……与余同年登科。"

其八，黄乾。《宋登科记考》失载。《宋辽金元方志辑佚・南雄路志》："黄乾，保昌，元祐六年马涓榜第三甲。"（第806页）

其九，王衮。《宋登科记考》失载。上官旭《王公墓志铭》："公讳宗孟，字景纯……至元祐六年，公受特恩，廷试中选……其子衮预正奏名，前公一日廷试，中进士高第。"。（《宋代墓志辑释》第501页）

补特奏名进士：王宗孟。《宋登科记考》失载。上官旭《王公墓志铭》："公讳宗孟，字景纯……至元祐六年，公受特恩，廷试中选"。（《宋代墓志辑释》第501页）

宋哲宗元祐九年、宋哲宗绍圣元年甲戌，公元1094年：

补进士名录：其一，崔鶠。《宋登科记考・附录》："字德符，号婆娑先生。开封府雍丘县人，徙颍昌府阳翟县。元祐中登进士第"。《墨庄漫录》卷三："崔鶠德符，颍昌阳翟人。元祐中毕渐榜登科。"

其二，韩瑨。《宋登科记考》失载。《全宋文》卷二八一九晁说之《韩公表墓志铭》："绍圣元年，以诗赋奏名礼部。上初亲政，策士，对曰：'国家承平久，直虑未形之祸，祸既未形，则非言之可示也。愿致慎其微，不在左右近习乎？'主司忌之，而又喜其文，乃第诸甲卷之中。是时，名璙，字居表。后改瑨，又以新令，字公表。"

其三，张裕。《宋登科记考》失载。《师友杂志》："张裕益中亦以上书被罪，……益中，毕渐榜登科。"

其四，刘丹。《宋登科记考》失载。《夷坚三志》壬卷五："绍圣元年甲戌，本境石坡人刘丹字彦宏，登进士第，任大和尉。"

其五，王孝迪。《宋登科记考》失载。《太平治迹统类》卷二八载是年进士名录："毕渐、唐寅……王孝迪"。

补诸科名录：穆翚。《宋登科记考》失载。《全宋文》卷三三一九穆涘《宣德郎穆翚墓表》："府君讳翚，字彦翔，元祐末登通礼科。"

宋哲宗绍圣四年丁丑，公元1097年：

补进士名录：其一，邵叔承。《宋登科记考》失载。《全宋文》卷三四九七孙觌《邵公墓志铭》："邵氏世家金陵，南唐国除，徙常州宜兴县。……公讳某，字叔承。……擢绍圣四年进士第。"

其二，刘伯庄。《宋登科记考》失载。李嵩《刘先生墓铭并序》："长安刘先生，讳伯庄，字子衷……乃登进士第，调康定军鄜城县主簿。"（《宋代墓志辑释》第399页）又，刘伯庄《陈氏墓志铭》："陈十有五岁归于樊川刘伯庄……绍圣四年三月十九日以疾卒……时伯庄举进士，在都下集英赐第才十日。"（《宋代墓志辑释》第379页）

补特奏名进士：常祜。《宋登科记考》失载。《常君墓志铭》："君讳祜，字百禄……绍圣四年，该科举恩授本州助教。"（《〈宋登科记考〉拾补——以碑刻文献为中心》）

宋哲宗元符三年庚辰，公元1100年：

补进士名录：其一，蔡靖。《宋登科记考》失载。《石林燕语》卷四："熙宁初，改经义取士，兴建太学。讫崇宁罢科，秋赋每榜魁，南省皆选为得失。……李常宁、毕渐、李釜、蔡薿榜，章綡、李朴、蔡靖、陈国林皆得。”

其二，周诜。《宋登科记考》失载。《全宋文》卷五一一七周必大《曾南夫提举文集序》：“此吾先大父秦国公元符庚辰同年进士也。”又，《全宋文》卷五一二三周必大《跋初寮王左丞赠曾祖诗及竹林泉赋》：“大父太师与初寮先生同为元符庚辰进士。”《楼钥集》卷九八《周公神道碑》：“公讳必大，……祖诜。”

其三，曹纬。《宋登科记考》卷九绍兴二十四年（1154）进士名录：“曹纬，字元象，一字彦文。颍昌府人。曹泳侄。”误。章定《名贤氏族言行类稿》卷一九：“曹纬字元象，颍昌人。元符三年擢进士第。”此曹纬，乃北宋末著名词人曹组兄，高宗年间大臣曹勋伯父。曹泳侄曹纬，秦桧去世后遭驳落，宋孝宗乾道三年（1167）特许其“赴乾道五年以后省试”。（《宋会要·选举》四之三九）乾道八年再中第。《宋登科记考》将两位曹纬混为一谈。

其四，范子舟。《宋登科记考》失载。陈述之《范君墓志铭并序》：“君讳子舟，字巨济……及建中靖国元年第……释褐将仕郎、青州千乘主簿。以上书姓名入籍，不得进。”（《宋代墓志辑释》第451页）按：建中靖国元年非科举年，“上书姓名入籍”乃崇宁元年（1102）事，故中第当在是年。

宋徽宗崇宁二年癸未，公元1103年：

补进士名录：其一，赵徽之。《宋登科记考》失载。《全宋文》卷二九三九慕容彦逢《宗室故怀州防御使河内侯墓志铭》：“公讳徽之，字天和。……崇宁二年举进士。”

其二，文正思。《宋登科记考》卷八将其系于崇宁五年（1106）进士名录，误。《全宋文》卷四〇九一郭由中《范氏墓志铭》：“故文林郎、兴州州学校教授文正思致道之夫人范氏，……教授公擢崇宁龙飞进士第。”

补特奏名进士：徐遹，特奏名进士第一人。《宋登科记考》卷八将其系于崇宁五年（1106）特奏名进士名录，误。《墨庄漫录》卷九：“徐遹子，闽人。博学尚气，累举不捷，久困场屋。崇宁二年，为特奏名魁，时已老矣。”

宋徽宗崇宁三年甲申，公元1104年：

补贡士名录：其一，赵滋。《宋登科记考》卷八崇宁二年（1103）进士名录载有赵滋，或为同一人。《崇宁三年太学上舍题名序》：“崇宁三年十一月四日……躬幸太学，取论最之士十有六人……郑南、程振、赵滋、刘嗣明、吴揆、赵熙、崔珫、张绰、方开、李会、戴欣、叶祖义、江致平、林徽之、乔孝纯、胡尚文。”（《〈宋登科记考〉拾补——以碑刻文献为中心》）

其二，刘嗣明。《宋登科记考》失载。补正文献同上。

其三，赵熙。《宋登科记考》失载。补正文献同上。

其四，张绰。《宋登科记考》失载。补正文献同上。

其五，李会。《宋登科记考·附录》：“李会，横州人，绍兴中登进士第。”当为另一人。补正文献同上。

其六，戴欣。《宋登科记考》失载。补正文献同上。

其七，乔孝纯。《宋登科记考》失载。补正文献同上。

其八，胡尚文。《宋登科记考》失载。补正文献同上。

宋徽宗崇宁五年丙戌，公元1106年：

补进士名录：其一，陈国林。《宋登科记考》失载。《石林燕语》卷四：“熙宁初，改经义取士，兴建太学。讫崇宁罢科，秋赋每榜魁，南省皆迭为得失。……李常宁、毕渐、李釜、蔡薿榜，章綡、李朴、蔡靖、陈国林皆得。”

其二，傅察。《宋登科记考》卷八将其系于大观三年（1109）进士名录，误。《全宋文》卷三八二四李邴《傅公墓志铭》：“年十七，崇宁五年同进士出身。”又，《全宋文》卷三四〇四晁公休《傅公行状》：“公以元祐四年己巳十一月十六日生。……年十七，举进士。”

其三，王翿。《宋登科记考》失载。《嘉泰会稽志》卷一九：“王翿者，字文辉，开封陈留人，徙湖之安吉。登崇宁五年进士第。”

宋徽宗大观元年丁亥，公元1107年：

补上舍释褐：侯栖筠。《宋登科记考》失载。《夷坚志补》卷一八："魏郡侯栖筠，……大观元年，擢贡士第三人及第。"

宋徽宗大观三年己丑，公元1109年：

补进士名录：其一，毛安节。《宋登科记考》失载。《宾退录》卷二："按《登科记》：大观三年榜中毛安节者，盖其父。"

其二，李师稷。《宋登科记考》失载。《全宋诗》卷一四八七孙觌《通守李师稷大夫同年挽词》。孙觌是年中第。

其三，张中行。《宋登科记考》失载。《全宋文》卷四二六一朱辂《张中行墓志》："公讳中行，姓张氏，系出清河。……公以大观三年擢进士第。"

其四，李上行。《宋登科记考》失载。《梁溪漫志》卷六："大观三年，徽宗临轩策士，……是榜，晋陵张氏宰，寀，后改名宦、宇、无锡李氏兄弟上行、端行皆中选。"

其五，王祖良。《宋登科记考》失载。《王公墓铭》："公讳祖良，字汉英，世为广汉洛邑人。登大观己丑科。"（《〈宋登科记考〉拾补——以碑刻文献为中心》）

其六，马永卿。《宋登科记考》失载。《直斋书录解题》卷五："马永卿大年者，从刘元城游，大观三年进士。"

补特奏名进士：赵察。《宋登科记考·附录》："赵察，滁州来安人，宋特奏名登进士第。"《全宋文》卷二九四九吴幵《赵君墓志铭》："以特奏名释褐。又四年，调桂州永福县丞。……明年，予出守山阳，……明年春，晦叔以疾不起，时政和五年正月二十五日也。……晦叔讳察，世为滁来安人。"据此，政和五年（1115）上推六年，赵察是年特奏名登第。

宋徽宗政和二年壬辰，公元1112年：

补进士名录：其一，汪汝直。《宋登科记考》失载。《全宋诗》卷一五四〇李正民《次韵汪汝直同年》。李正民是年中第。

其二，方允迪。《宋登科记考》失载。《挥麈后录》卷一一："政和初，方允迪将就廷试，前期闻御注《老子》新颁赐宰执，欲得之以备对。会允迪与薛肇明有连，亟从问之，乃云无有也。一日，入薛书室，试启书箧，忽见之，尽能记忆。洎廷试，果发问，毛达可友得对策，大喜，即欲置魁选。而强隐季渊明为参详官，力争，谓其间赞圣德处有一二语病，必欲置十名之后，达可尤力辨。既而，中夜思之，时中人络绎于诸公间，万一转而上闻，非徒无益，乃议置十二名，犹在甲科。是时，陈彦方以术得幸，又令使预占今岁甲科几人。彦云七人，而中人辈欲神其说，密喻主司仅取此数。既而，傅崧卿以上舍，薛尚友、盛并以执政子，皆置甲科，卒取十人。允迪乃在乙科第四。允迪，即外舅之仲父也。”

补特奏名进士：王廷老。《宋登科记考》失载。《全宋文》卷四三三〇胡铨《王公墓志铭》：“公讳廷老，字世臣。……政和壬辰，乃特奏名。”

宋徽宗政和三年癸巳，公元1113年：

补上舍释褐：其一，潘择可。《宋登科记考》失载。《睽车志》卷二：“平江潘择可，崇宁五年以舍法贡入京。未至，夜梦衣褐，挽车三十辆，其弟端夫衣绿随其后。至政和三年，择可以上舍释褐。”

其二，胡兴义。《宋登科记考》失载。《太平治迹统类》卷二八载是年上舍释褐名录：“陈公辅、胡松年、胡兴义等”。

其三，章之邵。《宋登科记考》卷八将其系于政和五年（1115）进士名录，误。郑刚中《北山集》卷二五《石花记》：“政和壬辰，予偕里人章少董之卲以乡书西上，……越明年，少董登科。”《系年要录》卷九九：“故左迪功郎章之邵赠左宣义郎。之邵，政和中以上舍得官。”按：《宋登科记考》卷八“章之邵”条下所征引两条宋人材料，皆有粗心之误。其一，“宋綦崇礼《北海集》卷二五《石花记》”，应改正为“宋郑刚中《北山集》卷二五《石花记》”；其二，“宋李心传《系年要录》卷九八、绍兴六年二月辛未”，应改正为：“宋李心传《系年要录》卷九九、绍兴六年三月辛未”。

其四，周审言，上舍释褐。《宋登科记考》卷八将其系于政和五年

（1115）进士名录，误。《系年要录》卷一一六："周审言……浦城人，登政和贡士第。"

宋徽宗政和六年丙申，公元1116年：

补上舍释褐：其一，莫廷芬。《宋登科记考》卷八将其系于政和八年进士名录，误。《刘一止集》卷四九《莫国华墓志铭》："君讳廷芬，字国华，湖州乌程人。……政和六年，赐上舍出身。"一说，登政和八年（1118）进士第。当以《墓志铭》为准。

其二，詹友端。《宋登科记考·附录》："北宋登进士第。"《全宋文》卷三五二〇周紫芝《送詹伯伊之大梁序》："政和六年春，卿大夫举进士于礼部，得四人焉，吾友詹友端伯伊盖居其首。"政和六年（1116）非礼部科举年，当为上舍释褐。

宋徽宗政和七年丁酉，公元1117年：

补上舍释褐：施逵。《宋登科记考》失载。《夷坚三志》壬卷五："施逵……后以舍选登政和七年贡士第，为第四人。"

宋徽宗政和八年、宋徽宗重和元年戊戌，公元1118年：

补进士名录：方性夫。《宋登科记考》失载。《全宋诗》卷一四五五王庭珪《次韵方性夫同年见寄》。王庭珪是年中第。

补上舍释褐：其一，任渊。《宋登科记考》失载。《全宋文》卷四二六九冯时行《任全一墓志铭》："姓任氏，讳渊，字全一。……登政和八年上舍第。"

其二，张璘。《宋登科记考》失载。《全宋文》卷五一九五周必大《张公墓志铭》："公讳璘，……政和八年赐上舍及第。"

宋徽宗重和二年、宋徽宗宣和元年己亥，公元1119年：

补上舍释褐：胡汾。《宋登科记考》失载。《全宋文》卷五一八七周必大《胡公墓志铭》："靖州治中汾，宣和己亥上舍释褐。"

宋徽宗宣和二年庚子，公元1120年：

补上舍释褐：万叔永。《宋登科记考》失载。《王十朋全集·诗集》卷七《万府君挽词字叔永，庚子登科》。

宋徽宗宣和三年辛丑，公元1121年：

补进士名录：其一，张大受。《宋登科记考》卷八将其系于大观三年（1109）进士名录，误。《春渚纪闻》卷一："重和辛丑，嘉甫之弟大受复中乙科。"按：重和无辛丑年，当为宣和三年（1121）之误。

其二，李经。《宋登科记考》卷八将其系于宣和六年（1124）进士名录，误。李纲《闻七弟叔易登科》："尔今又登第，相去才九龄。"是年，距李纲登第恰好九年。李经，字叔易，李纲弟。

其三，林懿成。《宋登科记考》失载。《刘一止集》卷五《林懿成检正见贻次韵谢之林乃同年》。刘一止是年中第。

其四，唐仲章。《宋登科记考》失载。《全宋诗》卷一八七三胡寅《古今豪逸……同年兄唐仲章闻而悦之》。胡寅是年中第。

其五，郭伟，字伯成。《宋登科记考》失载。《全宋文》卷四一七五胡寅《送郭伟序》："同年友郭伯成自濱江访予于永山。"

其六，施扬休。《宋登科记考》失载。《全宋文》卷四一八二胡寅《成都施氏义田记》："吾同年兄左史施公扬休家素贫。"

其七，储宏。《宋登科记考》卷八将其系于宣和六年（1124）进士名录，误。《宋会要·职官》六一之一八、一九（宣和三年四月二十九）："诏：梁师成下使臣忠训郎储宏、承信郎曹组，特令就殿试，考中第五甲赐同进士出身，仍转一官。"

其八，席益。《宋登科记考》失载。《太平治迹统类》卷二八载是年进士名录："何涣、宋齐愈……席益……冯舜臣。"

其九，冯舜臣。《宋登科记考》失载。补正文献同上。

宋徽宗宣和四年壬寅，公元1122年：

补上舍释褐：其一，李彦辅。《宋登科记考》失载。《宋会要·职官》卷二八之二二："十一日，诏：……李彦辅、曹摅、丁祉并赐上舍出身。"

其二，丁祉。《宋登科记考》失载。补正文献同上。

宋徽宗宣和六年甲辰，公元1124年：

补进士名录：其一，姚孝锡。《宋登科记考·附录》："姚孝锡，字伯纯。丰县人。政和中登进士第。”《齐东野语》卷一一：“姚孝锡，字仲纯，丰县人，登宣和六年第。”

其二，余宅仲。《宋登科记考》失载。《全宋诗》卷一八一八王之道《边公式、周表卿侍郎同年会》：“侍郎边公式、周表卿，以绍兴十七年夏四月癸丑讲甲辰同升之好，与诸公把酒湖上，为泛舟之集。预会者余宅仲、李景圭、王端才、何才卿、蔡仲平、时昌臣、李宜仲、王彦光及之道，共一十一人。”王之道是年中第。十一人中，《宋登科记考》卷八是年进士名录载五人，另六人失载。

其三，李景圭。《宋登科记考》失载。补正文献同上。

其四，王端才。《宋登科记考》失载。补正文献同上。

其五，何才卿。《宋登科记考》失载。补正文献同上。

其六，时昌臣。《宋登科记考》失载。补正文献同上。

其七，李宜仲。《宋登科记考》失载。补正文献同上。

其八，朱元直。《宋登科记考》失载。《全宋诗》卷一九三七冯时行《送同年朱元直监税》。冯时行是年中第。

其九，杨元直。《宋登科记考》失载。《全宋诗》卷一九三八冯时行《送同年杨元直持宪节湖南二首》。

其十，曾子修。《宋登科记考》失载。《全宋文》卷四〇六三王之道《赠孙明远序》：“因予同年曾子修获有请于明远。”

其十一，吴褒成。《宋登科记考》失载。《吴公墓志》：“吴公讳褒成，字颂圣……宣和七年唱第，授登仕郎。”按：宣和七年（1125）非科举年，当为宣和六年之误。（《〈宋登科记考〉拾补——以碑刻文献为中心》）

其十二，杨允恭。《宋登科记考》失载。《太平治迹统类》卷二八载是年进士名录：“沈晦、周执羔、王翼、杨允恭……沈灼……王椿。”

其十三，沈灼。《宋登科记考》失载，补正文献同上。

其十四，王椿。《宋登科记考》失载，补正文献同上。

辨正：程瑀。《宋登科记考》载入是年进士名录，误。程瑀，又名臧瑀，《宋登科记考》卷八政和六年“上舍释褐”条已录入。《全宋文》卷四三二六胡铨《程公墓志铭》："公讳瑀，字伯寓。……先是，王父以季女妻同邑臧氏，久而未字，王父念之。及公之生，乃命淑人举以嗣其姑，故公初为臧氏。……遂由上舍擢天下第一，释褐授承事郎、太学博士，时政和六年也。"

宋徽宗宣和七年乙巳，公元1125年：

补上舍释褐：其一，元盥。《宋登科记考》失载。《太平治迹统类》卷二八载是年上舍释褐："元盥、黄应南、王师亮等。"

其二，王师亮。《宋登科记考》失载，补正文献同上。

宣和年间

补上舍释褐：其一，郭元迈。《宋登科记考》失载。《云麓漫钞》卷八："郭公元迈，字英远。……政和初，由乡贡入上庠，宣和中上舍。"

其二，傅凝远。《宋登科记考》失载。《渭南文集》卷三三《傅正议墓志铭》："公讳某，字凝远。……崇宁中，甫年十八，入太学，声名籍甚，试中高等。然犹几二十年，乃以上舍登第。"

宋高宗建炎二年戊申，公元1128年：

补进士名录：其一，沈清臣。《宋登科记考》失载。《宋名臣言行录别集》上卷四："（王大宝）知袁州。宗丞沈清臣以诋和议忤时相，贬沅，道过袁。公曰：'吾同年生也。'留之数日。"王大宝是年中第。

其二，施逵。《宋登科记考》失载。《西塘集耆旧续闻》卷六："施逵，字必达，建阳人。少负其才，有诗名，建炎间早擢上第。"按：建炎年间，朝廷唯是年科举。

宋高宗绍兴二年壬子，公元1132年：

补进士名录：潘致尧。《宋登科记考·附录》："北宋末南宋初登进士第。"《楼钥集》卷七三《跋潘刑部致尧诗卷》："彦先，济南潘公之字也，登绍兴初进士科。"

宋高宗绍兴五年乙卯，公元1135年：

补进士名录：其一，薛元功。《睽车志》卷五："毘陵薛季成元功，绍兴乙卯登科。" 按：是年进士名录有薛允功，常州武进县人，当为同一人。

其二，苏济。《宋登科记考》卷九将其系于绍兴八年（1138）进士名录，所据《嘉庆广西通志》，误。《宋辽金元方志辑佚·桂林志》：“苏济，义宁人，绍兴乙卯登第。”（第863页）

宋高宗绍兴八年戊午，公元1138年：

补进士名录：其一，胡水孚。《宋登科记考》失载。《全宋诗》卷二〇〇七黄公度《桂阳宰胡达信水孚同年见赠三首次韵》。黄公度是年中第。

其二，章倧。《宋登科记考》失载。《韵语阳秋》卷一八：“某黄公度榜……女夫章倧同榜”。又，葛立方《蛛砚铭》：“绍兴戊午五月，余与妹夫章道祖待省试于临安之资国……未几，余与道祖偶皆预赐第之末。”（《全宋文》卷四四三七）

宋高宗绍兴十二年壬戌，公元1142年：

补进士名录：徐淮。《宋登科记考·附录》：“徐淮，字佑元。北宋前期，试礼部，为《礼经》第一。”“北宋前期”，当为“南宋前期”之误。《全宋文》卷四三二七胡铨《徐奉议墓志铭》：“君讳淮，字佑元。庚申秋再荐春官，为礼部第一，声名藉甚。”

补特奏名进士：潘端夫。《宋登科记考》失载。《睽车志》卷二：“平江潘择可，……其弟端夫衣绿随其后。至政和三年，择可以上舍释褐。后三十年，端夫始就恩科。”政和三年（1113）后三十年，正是此年。

宋高宗绍兴十五年乙丑，公元1145年：

补进士名录：石𡼖。《宋登科记考》失载。《全宋文》卷五六八一朱熹《石君墓志铭》：“吾友石君子重讳某，……年十八擢进士第，……其卒以淳熙九年六月乙丑，享年五十有五。”又，《全宋文》卷五五一七朱熹《答石子重𡼖》。依据其生卒年推断，是年中第。

宋高宗绍兴十八年戊辰，公元1148年：

补进士名录：刘长方。《宋登科记考》失载。《王十朋全集》卷九《和短灯檠歌寄刘长方》：“戊辰仲冬二十有三夜，……既而思友人刘长方，……去秋同与上庠荐刘，遂登乙科。”

宋高宗绍兴二十一年辛未，公元1151年：

补进士名录：其一，黄安国。《宋登科记考》失载。《全宋诗》卷一九八五李石《送黄安国同年》。李石是年中第。

其二，李鼎。《宋登科记考》失载。《全宋文》卷四五七〇李石《李隐君墓志铭》：“君于余为诸父行，君之犹子鼎为同年进士。”

其三，庄伯威。《宋登科记考》失载。《全宋文》卷五一五七周必大《泛舟游山录一》：“辛未，谒同年庄伯威知录”。周必大是年中第。

其四，陈朝举。《宋登科记考》失载。《全宋文》卷五一五八周必大《泛舟游山录二》：“乙亥，新青阳主簿陈朝立纪相访。其兄朝举，同年也。”

其五，赵不怯。《宋登科记考》失载。《全宋文》卷五一五八周必大《泛舟游山录二》：“丙子，晴。漕司主管文字赵承议不怯，同年也。”

其六，赵不病。《宋登科记考》失载。《全宋文》卷五一五八周必大《泛舟游山录二》：“壬午，尉赵修职不疚相访，同年不病之弟也。”

其七，赵彦萃。《宋登科记考》失载。《全宋文》卷五一六〇周必大《奏事录》：“同年丁忧赵司法彦萃并相候。”

其八，皇甫自闻。《宋登科记考》失载。《全宋文》卷五一六一周必大《南归录》：“左奉议郎浙西检法皇甫自闻、左奉议郎监分差镇江粮料院陆楠，……皇甫暨陆皆同年也。”

其九，山立。《宋登科记考》失载。《全宋文》卷六七九五程珌《黄君茂龄墓志铭》：“彬生山立，辛未进士。”

辨正：刘亨。乃“刘焞”之误。《南宋馆阁续录》卷七：“刘焞，字文潜，成都人，赵逵榜进士及第，治《春秋》。”又，《全宋文》卷五一六〇周必大《乾道庚寅奏事录》：“庚辰，同年刘文潜焞著作相过。”

宋高宗绍兴二十四年甲戌，公元1154年：

补进士名录：其一，李深之。《宋登科记考》失载。《范石湖集》卷六《李深之西尉同年谈吴兴风物再用古城韵》。范成大是年中第。

其二，赵正之。《宋登科记考》失载。《范石湖集》卷九《次韵赵正之同年客中》。

其三，郭见义。《宋登科记考·附录》："郭见义，字季奭，河南府人。南宋登进士第。"《全宋文》卷四九六一郭见义小传："郭见义，字季勇，洛阳人，逵后。以进士登科。"《范石湖集》卷一四《送郭季勇同年归衡山》。数条记载，名同，字有一字之异，待考。

其四，何正仲。《宋登科记考》失载。《范石湖集》卷一八《青城县何子方使君同年园池》；《吴船录》卷上："发青城县，同年雅州守何正仲子方来见。"

其五，王亢。《宋登科记考》失载。《吴船录》卷上："嘉守王亢子苍留看月榭"；《范石湖集》卷一八《别后寄题汉嘉月榭》："同年，谓王子苍。"

其六，许耀卿。《宋登科记考》失载。《范石湖集》卷二八《送许耀卿监丞同年赴静江倅》。

其七，杨愻。《宋登科记考》失载。《吴船录》卷上："有同年杨愻伯勉"。

其八，钱袭明。《宋登科记考》失载。《杨万里诗文集》卷二八《叶叔羽集同年九人于樱桃园，钱袭明、何同叔即席赋诗，追和其韵》。杨万里是年中第。

其九，江季通。《宋登科记考》失载。《于湖居士文集》卷三八《江季通》："同年义均兄弟。"张孝祥是年中第。

其十，何薔。《宋登科记考》失载。《全宋文》卷三八八五何麒《道州学记》："以癸酉冬经始，越明年夏六月告成。邦人遣其子弟鼓箧来游者以百辈。又明年，试于春官，而李长庚、何薔擢进士第。"

其十一，赵公迈。《宋登科记考》失载。《全宋文》卷六九六七陈宓《赵公墓志铭》："赵公，讳公迈，字志行。……擢廿四年太常第，赐进士出身。"

宋高宗绍兴二十七年丁丑，公元1157年：

补进士名录：其一，王茂材。《宋登科记考》失载。《全宋诗》卷二三五三喻良能《湖上用王茂材同年韵》。喻良能是年中第。

其二，李诚之。《宋登科记考》失载。《全宋诗》卷二三五七喻良能《次韵李同年诚之见贻之什》。

其三，宇文绍奕。《宋登科记考》失载。《全宋文》卷四五七一李占《云巢子墓志铭》："太守宇文侯绍奕为同年。……登绍兴二十七年进士第。……云巢子姓李氏，讳占。"

其四，熊克。《宋登科记考》卷九据《南宋馆阁续录》卷八将其系于绍兴二十一年（1151）进士名录，误。《南宋馆阁续录》卷八："熊克，字子复，高安人，绍兴二十七年王十朋榜进士出身。"

其五，赵彦德。《宋登科记考》失载。《全宋文》卷五六二七朱熹《跋谢艮斋所作〈静斋铭〉》："卷中又有同年赵彦德题字"。谢谔，号艮斋，是年中第。

其六，赵不愿。《宋登科记考》失载。《全宋文》卷六四九七叶适《赵公行状》："公姓赵氏，讳不愿，字仁仲。……中绍兴二十七年进士第。当超两秩，请以益其母封。法止令人，高宗嘉之，封曹氏咸宁郡夫人。"

其七，赵祐之。《宋登科记考》失载。《宋会要·职官》六一之二五、二六："二十七年三月二十九日，诏：赵祐之母程氏特封太孺人。祐之以宗子赐进士出身，乞用唱名合得循资恩例回授，故有是命。"

辨正：其一，梁子辅。是年进士名录有梁子辅，即是科第三名梁介。梁介，字子辅。

其二，梁子韶。是年进士名录有梁子韶，即是科第三名梁介。梁介，又字子韶，亦作子绍。《王十朋全集·诗集》卷二二《子绍至云安复和前韵见寄酬以二首》："细阅皇朝进士科，第三人最得贤多。"

其三，罗良弼。乃是科特奏名进士。《全宋文》卷四三二六胡铨《罗长卿母朱氏墓志铭》："岁在丁丑，良弼以累举特奏，召为右迪功郎、赣州会昌县东尉。”

其四，吴正已，当为吴已正。《夷坚志》乙卷一、周必大《二老堂诗话》皆作“吴已正”。

宋高宗绍兴三十年庚辰，公元1160年：

补进士名录：其一，冯显。《宋登科记考》失载。《全宋文》卷四八〇四韩元吉《冯君墓志铭》：“冯显，字子容。……绍兴三十年，遂以中第。”

其二，陈甲。《宋登科记考》失载。《夷坚志》甲卷一七：“陈甲，字元父，仙井仁寿人。……甲以绍兴三十年登乙科。”

补特奏名进士：赵师古。《宋登科记考》失载。《宋会要·选举》四之三四：“礼部言：“取应宗子赵师古，《三经》复试不中，年四十三岁，乞推恩。……”诏：“与补承信郎。”

宋孝宗隆兴元年癸未，公元1163年：

补进士名录：其一，张邦达。《宋登科记考》失载。《范石湖集》卷一四《逍遥楼席上赠张邦达教授，张癸未省闱门生也，同年进士俱会楼上者七人》。范成大是年为省试试卷点检官。

其二，翁处度。《宋登科记考》失载。《楼钥集》卷六《同年翁处度招游北山次韵》。楼钥是年中第。

其三，王速。《宋登科记考》失载。《楼钥集》卷九四《王公行状》：“公讳速，字致君，姓王氏。……隆兴改元，中进士第。”

其四，陈雍父。《宋登科记考》失载。《楼钥集》卷七三《跋陈君彦直楚芗图》：“又知为同年雍父之季也。”

其五，张唐英。《宋登科记考》失载。《全宋诗》卷二五七六袁说友《和同年张唐英怀弟晋英韵二首》。袁说友是年中第。

其六，张元善。《宋登科记考》失载。《全宋诗》卷二五七八袁说友《同张元善集癸未同年》。

其七，薛来庆，字子晋。《宋登科记考》失载。《全宋诗》卷二五七八袁说友《和薛子晋来庆癸未登第韵二首》。

其八，张季良。《宋登科记考》失载。《全宋诗》卷二五七九袁说友《和同年张季良少卿馈家酿韵三首》。

其九，范仲芑，字西叔。《宋登科记考》失载。《全宋文》卷四六五八林光朝《祭范谏议西叔文》："同年进士具位林某等敬致祭。"林光朝是年中第。

其十，黄灏。《宋登科记考》卷九将其系于绍兴三十年（1160）进士名录，误。《全宋文》卷五七二〇黄灏《应君墓志铭》："隆兴癸未，灏以进士升藉于吏部。"

其十一，张孟远。《宋登科记考》失载。《全宋文》卷五八八一吕祖谦《送张孟远序》："吾同年友张孟远也。"

其十二，洪杞。《宋登科记考》卷一〇将其系于乾道五年（1169）进士名录，误。《全宋文》卷六七四四朱著《洪氏墓志铭》："季讳杞，三荐首，癸未进士乙科。"

补特奏名进士：其一，萧许。《宋登科记考》卷一一误其为宋光宗绍熙元年（1190）特奏名。《杨万里诗文集》卷一二八《萧岳英墓志铭》："今天子嗣位，庆赖海内，公以特奏名授将仕郎。……淳熙三年春，光尧庆寿，恩加奉议郎，赐五品服。"萧许仕于宋孝宗年间，当为宋孝宗初年特奏名。

其二，赵伯涣。《宋登科记考》失载。《全宋文》卷四三二五胡铨《赵公墓志铭》："伯涣，……以累举赐癸未第。"

其三，苏总龟。《宋辽金元方志辑佚·清源志》："苏总龟，字待问。居太学十六年，试中上舍优等第一人。孝宗登极，恩赐释褐登第，授衡州教授。"（第435页）

宋孝宗乾道二年丙戌，公元1166年：

补进士名录：其一，邓才卿。《宋登科记考》失载。《全宋诗》卷二四八八周孚《邓才卿同年两顾弊庐病睡不克见别后次庭藻送行韵谢之》。周孚是年中第。

其二，李克。《宋登科记考》失载。《全宋文》卷五〇七九周必大《回新进士启孙逢辰、罗全略、徐彻、陈邦、陈梦才、刘浚、李克》按：是年进士名录有李允者，吉州人，疑即李克。

其三，王寿嵩。《宋登科记考·附录》："渠州邻水县人。元祐中登第。"《全宋文》卷七一一七魏了翁《王君墓志铭》："家于蜀，今遂为广安右姓。……生子寿嵩，登乾道二年进士第。"邻水县现隶属于四川广安市，《附录》据《嘉庆四川通志》所载，误。

宋孝宗乾道五年己丑，公元1169年：

补进士名录：其一，赵善与。《宋登科记考》失载。《楼钥集》卷一〇八《赵公墓志铭》："乾道五年试礼部，俱为第一，登进士第。……仲弟善与同登科。"

其二，王卿月。《宋登科记考》卷一〇载其乾道二年武举登第，五年再登文科进士第。

其三，彭元忠。《宋登科记考》失载。《全宋诗》卷二六〇八曾丰《中都寄广东提干彭元忠》："同年同郡更同官。"曾丰是年中第。

其四，赵善琏。《宋登科记考·附录》："赵善涟，字清卿。开封府浚仪县人。南宋登进士第。"《夷坚志》丁卷一四："赵善琏，……遂以乾道五年登第。"两者或为同一人，待考。

宋孝宗乾道八年壬辰，公元1172年：

补进士名录：其一，林多益。《宋登科记考》失载。《全宋诗》卷二五二八陈傅良《送同年林多益丞宁海》。陈傅良是年中第。

其二，周介之。《宋登科记考》失载。《全宋诗》卷二五三四陈傅良《送周介之同年赴德化宰》。

宋孝宗淳熙二年乙未，公元1175年：

补进士名录：其一，张汝明。《宋登科记考》卷一二据《嘉靖建宁府志》："张汝明，字叔晦。邵武军建宁县人。嘉泰二年登进士第。"《楼钥集》卷八八《先兄严州行状》："与张元晦汝明厚善。乙未，张赴省闱，……场屋中一挥成篇。既在选，谓所亲曰：'吾沾一第，益友之赐也。'"两者当为同一人，《宋登科记考》误。

其二，单演之。《宋登科记考》失载。《全宋文》卷七〇九六魏了翁

《长宁军贡院记》："绍兴十四年，始以士之请，寓试于郡之龙华僧舍。越十六年，增流寓贡额二名，合旧为三。越十四年，而单演之始登进士第。"以此推算，单演之应于是年登第。

宋孝宗淳熙五年戊戌，公元1178年：

补特奏名进士：戴晛。《宋登科记考》卷六将其系于元丰五年特奏名进士名录，误。《宋辽金元方志辑佚·南雄路志》："戴晛，淳熙戊戌科中第四等，从事郎英德府军事推官。"（第807页）

宋孝宗淳熙八年辛丑，公元1181年：

补进士名录：其一，赵善罙。《宋登科记考·附录》："字深甫。濮王六世孙。先以武臣任监当官，淳熙间登进士第换官。"《全宋文》卷五〇六四周必大《论殿试宗室换官恩科推恩札子淳熙八年闰三月十五日》："今契勘得锁应八人，除忠训郎善罙合换京官外，其成忠郎汝僚、师粟、师愚、师程四人并合换从事郎，保义郎伯友、希墠二人并合换修职郎，承节郎汝嶲一名止合换廸功郎。"又，《全宋文》卷四八〇六韩元吉《毛氏墓志铭》："赵氏之子将葬其母，踵门而泣曰：'善罙生四年而失先君子'……淳熙之八年也，夫人生朝，方燕亲族，而善罙贡名礼部。"是年进士名录有赵善宲者，疑即同一人。

其二，赵师粟。《宋登科记考》失载。补正文献同上。是年进士名录有赵师栗者，疑即同一人。

其三，赵师愚。《宋登科记考》失载。补正文献同上。

其四，赵希墠。《宋登科记考》失载。补正文献同上。

其五，赵汝嶲。《宋登科记考》失载。补正文献同上。

其六，林直卿。《宋登科记考》失载。《夷坚支志》甲卷一〇："莆田林直卿……中淳熙戊戌省科，年四十有五矣。林以母服，不及廷试。……林以辛丑还试，得监某州税郎"。按：《宋登科记考》是年进士名录中有"林浩卿"，莆田人，疑为同一人。

宋孝宗淳熙十一年甲辰，公元1184年：

补特奏名进士：孙约之。《宋登科记考》失载。《全元文》卷四八七吴澄《丰城县孙氏世谱序》："其九世，淳熙甲辰特奏名、监潭州南岳庙约之"。

宋孝宗淳熙十四年丁未，公元1187年：

补进士名录：其一，张大正。《宋登科记考》失载。《游宧纪闻》卷六："先伯讳上大下正，字汝弼，登淳熙丁未第。初隆兴乙酉，请乡举，时主司命题云：'平康正直。强弗友、刚克，燮友、柔克，沉潜、刚克，高明、柔克。'已而，春官失利，梦神人告曰：'汝若再遇四克，始克有济。'自以为经旨中，别无四克矣。淳熙丁酉再试，题云：'抚于五辰，庶绩其凝，无教逸欲有邦。兢兢业业，一日二日万几。'场中遇程三畏，字景宣，厉声云：'汝弼可贺矣，不记向时之梦耶？今果有四克。'是年遂再荐，景宣为解首。"

其二，赵汝傅。《宋登科记考》失载。《赵善誉墓志》："子男五人：汝傅，以淳熙丁未中进士丙科。"（《宁波历代碑碣墓志汇编》第203页。）楼钥《赵公墓志铭》："汝傅妙年跻世科。"（《楼钥集》卷一百〇八）

补特奏名进士：李概。《宋登科记考》失载。《杨万里诗文集》卷一三二《李仲承墓志铭》："仲承讳概，……淳熙丁未，始以累举试集英，初调武冈军武冈县主簿。"

辨正：史弥悉，宋宁宗嘉定七年（1214）进士。《宋登科记考》是年进士名录据《宝庆四明志》卷一〇《进士》录入。按：《宝庆四明志》卷一〇无史弥悉，有史弥悆，编者误录。又，《宋登科记考》卷一二嘉定七年进士名录亦有史弥悉。

宋光宗绍熙元年庚戌，公元1190年：

补进士名录：其一，赵彦珍。《宋登科记考》失载。《夷坚支志》癸卷七："赵彦典，淳熙十五年冬，梦贵人金章紫绶，……次年，覃恩赦下，许赴量试，而期日已迫，愿改不能，但以典字。及揭榜遭黜，果有彦珍预焉。"

其二，潘景宪。《夷坚三志》壬卷九："俄顷，黄衣伟丈夫别引一士至，乃同舍生潘景宪叔昌也。……（诸葛贲）迨丁未赴省，偶展试日，当二月初，试毕东还。二十五日揭榜，……报捷者至。又一榜，潘叔昌始登科。”按：《宋登科记考》卷一〇隆兴元年（1163）进士名录载“潘景宪，字叔度”者，后引文献资料中即有《夷坚三志》此条目，误。隆兴元年进士潘景宪，当另有一人。

其三，张敏。《宋登科记考·附录》载二张敏，一“绍兴中登进士第”，一“元符年间登进士第”，或皆另有其人。《全宋文》卷六八二二刘宰《通泰兴王大夫瀹书》：“同年友张右史敏则自新安来。”刘宰是年中第。

补特奏名进士：何伯达。《宋登科记考·附录》：“何伯达，南雄州保昌县人。元祐间特奏名登进士第。历端溪县令。”《宋辽金元方志辑佚·南雄路志》：“何伯达，绍熙庚戌科该覃恩升等，修职郎德庆府端溪县令。”（第807页）

宋光宗绍熙四年癸丑，公元1193年：

补进士名录：其一，于潜佳。《宋登科记考》失载。《全宋诗》卷二七八八程珌《于潜佳丞，四明人，同年友也。……》。程珌是年中第。

其二，倪璃。《宋登科记考》卷一一将其系于绍熙元年（1190）进士名录，误。《全宋文》卷六七九三程珌《武宁桥记》：“适同年倪君璃见过。”

其三，陈仲酉。《宋登科记考》失载。《全宋文》卷六七八〇程珌《回崔侍郎》：“蜀不为无人，某不能尽识。陈同年仲酉，颇负胆气，亦有谋略。”

其四，王翊。《宋登科记考》卷一三宋理宗宝庆二年（1226）进士名录：“王翊，字公辅。成都府郫县人。”或为另一人。《夷坚志》支丁卷七：“成都人郭某，……郭后数年登绍熙癸丑第，……同郡王翊主簿，同年生也。”

其五，黄开。《夷坚三志》壬卷二：“南城士人黄开，字梦高，因累举免解，而以绍熙癸丑登科，调湖口主簿。次年九月病卒。同郡新城一士，亦姓黄，赴壬子秋举。……竟亦名开，遂同年唱第，铨调桂阳主簿。”《宋登科记考》卷一一绍熙四年进士名录依据此条资料，仅录入一黄开。

宋宁宗庆元二年丙辰，公元1196年：

补进士名录：其一，赵希錧。《宋登科记考》卷一二将其录入是年武举进士名录，误。《全宋文》卷七一一一魏了翁《赵公希錧神道碑》："公讳希錧，字君锡，旧名希喆，举进士，改赐今名，太祖皇帝九世孙也。……举庆元二年进士，授修职郎。"又，《宋史》卷四一三："赵希錧字君锡，旧名希，登庆元二年进士第，改赐今名。"

其二，赵师向。《宋登科记考》失载。赵师白《赵公墓志铭》："公讳师向，字汉英，系出太祖皇帝……遇今上龙飞，用祖宗故事'宗室再上礼部者，许预廷对。'遂擢庆元元年进士第。"（《宁波历代碑碣墓志汇编》第221—222页）按：庆元元年（1195）非科举年，当为是年之误。

补特奏名进士：其一，朱缨。《宋登科记考》卷七将其系于元祐三年（1088）特奏名进士名录，误。《宋辽金元方志辑佚·南雄路志》："朱缨，丙辰科中第四等，迪功郎新州司法参军。"（第807页）按：《宋辽金元方志辑佚·南雄路志》："今访问自建炎戚君晖以下得二十四人，书之于左。"故所记皆为南宋特奏名进士。

其二，欧阳光。《宋登科记考》卷七将其系于绍圣四年（1097）特奏名进士名录，误。《宋辽金元方志辑佚·南雄路志》："欧阳光，丙辰科该覃恩升等，从政郎象州防御推官。"（第807页）

辨正：汤千。当为汤于之误。《全宋文》卷七一九一真德秀《汤武康墓志铭》："君名于，字升伯，姓汤氏。"

宋宁宗庆元五年己未，公元1199年：

补特奏名进士：李无双。《宋登科记考》卷七将其系于元符三年（1100）特奏名进士名录，误。《宋辽金元方志辑佚·南雄路志》："李无双，己未科该覃恩升等，文林郎昌化军佥判。"（第807页）

宋宁宗嘉泰二年壬戌，公元1202年：

补进士名录：其一，潜敷。《宋登科记考》失载。《全宋诗》卷二八九〇洪咨夔《送潜同年敷调官归》。洪咨夔是年中第。

其二，王晞鸿。《宋登科记考》失载。《全宋诗》卷二八九一洪咨夔《次同年王火井晞鸿不遇之韵》。

辨正：龚颐正，嘉泰元年（1201）七月赐进士出身。《续编两朝纲目备要》卷六嘉泰元年七月："乙丑，赐龚颐正出身。"

宋宁宗开禧元年乙丑，公元1205年：

补进士名录：赵汝备。《宋登科记考》失载。赵崇揄等《赵公圹记》："先君讳汝备，字景周，旧名汝僖，家世开封，太宗皇帝八世孙。靖康南渡，寓居越之余姚……开禧乙丑，奏名廷对，赐进士出身。"（《宁波历代碑碣墓志汇编》第329页）

补特奏名进士：其一，邓鹏飞。《宋登科记考》卷八将其系于政和二年（1112）特奏名进士名录，误。《宋辽金元方志辑佚·南雄路志》："邓鹏飞，乙丑科中第三等，迪功郎象州防御推官。"（第807页）

其二，李九龄。《宋登科记考》卷八将其系于宣和三年（1121）特奏名进士名录，误。《宋辽金元方志辑佚·南雄路志》："李九龄，乙丑科中第四等，敕授宜州文学。"（第807页）

宋宁宗嘉定元年戊辰，公元1208年：

补进士名录：史尧辅。《宋登科记考》失载。《全宋文》卷七一一三魏了翁《史君尧辅墓志铭》："尧辅，字充甫。……开禧三年大比，以《易》学冠同经生，中类试高等。是岁孽韩就殛，明年诸尝与韩忤者以次召用，朝野交贺。充甫对策廷中，……余同年友真景元德秀，端人也，得其文，第之前列。为详定官所抑，以冠乙科。"

宋宁宗嘉定四年辛未，公元1211年：

辨正：李伯玉。《宋登科记考》卷一二据《嘉靖江西通志》载录。《宋登科记考》卷一三载端平二年（1235）乙未榜进士第二名为李伯玉，与是榜李伯玉同为饶州余干县人，此处当为明清地方志所误载。

宋宁宗嘉定七年甲戌，公元1214年：

补进士名录：董槐。《宋登科记考》卷一二将其系于嘉定十六年（1223）进士名录，误。《宋史》卷四一二："董槐……嘉定六年登进士第，调靖安主簿。丁父忧去官。十四年，起为广德军录事参军。”嘉定六年非科举年，当为嘉定七年之误。

辨正：李之用，是年特奏名进士。《宋辽金元方志辑佚·南雄路志》：“李之用，甲戌科中第四等，迪功郎德庆府泷水簿尉。”（第808页）按：《宋辽金元方志辑佚·南雄路志》：“今访问自建炎戚君晖以下得二十四人，书之于左。”故所记皆为南宋特奏名进士。

宋宁宗嘉定十年丁丑，公元1217年：

补进士名录：其一，赵必健。《宋登科记考》卷一二将其系于嘉定十三年（1220）进士名录，误。《后村先生大全集》卷一六〇《赵使君墓志铭》：“嘉定丙子再荐，明年擢进士。”

其二，赵希瀞。《宋登科记考》卷一二将其系于嘉定十三年（1220）进士名录，误。《后村先生大全集》卷一五五《赵公墓志铭》：“讳希瀞，字吴钩。……登嘉定丁丑第。”

其三，蹇森之。《宋登科记考》失载。《全宋文》卷七一一七魏了翁《蹇君墓志铭》：“男森之，举嘉定十年进士。”

宋宁宗嘉定十三年庚辰，公元1220年：

补进士名录：其一，冯素餐。《宋登科记考》失载。《全宋文》卷七六九七孙德之《冯公墓志铭》：“长素餐，庚辰甲科，知温州。”

其二，赵与簒。《宋登科记考》失载。《宋史》卷四二三：“赵与簒，字德渊，太祖十世孙，居湖州。嘉定十三年进士。”

补特奏名进士：其一，欧阳三英，《宋登科记考》卷九将其系于绍兴五年（1135）特奏名进士名录，误。《宋辽金元方志辑佚·南雄路志》：“欧阳三英，庚辰科中第四等，敕授邵州文学。”（第808页）

其二，孔绍祖。《宋登科记考》卷九将其系于绍兴三十年（1160）特奏名进士名录，误。《宋辽金元方志辑佚·南雄路志》：“孔绍祖，庚辰科中第五等，廷射合格，迪功郎监潭州南岳庙。”（第808页）

宋宁宗嘉定十六年癸未，公元1223年：

补进士名录：其一，陈景周。《宋登科记考》卷一二将其系于嘉定十三年（1220）进士名录，误。《全宋文》卷六八五五刘宰《陈修职墓志铭》："曰景周，字仲思。……嘉定癸未，廷对擢乙科。"《宋登科记考》卷一二亦据此墓志铭录入，偶误。

其二，赵咨。《宋登科记考》失载。《咸淳临安志》卷一一周直方《登科题名记》："学建于嘉定九年，至十五年始得旨试上舍生，汝是与咨，首遇兹选。"

宋理宗宝庆二年丙戌，公元1226年：

补进士名录：其一，江晔。《宋登科记考》失载。《全宋文》卷七四四二袁甫《江夫人巢氏墓志铭》："晔，丙戌奏名，调峡州宜都尉。"

其二，文复之。《宋登科记考》卷一三据魏了翁《荐三省元奏》和《至正金陵新志》卷一四将其系于绍定二年（1229）进士名录，误。魏了翁《荐三省元奏状》："今伏见宣教郎、前利州路转运司干办公事文复之，始以明经为四川类试第一。会绍定二年诏免策士，复之遂以前例置之进士第五，而视恩鼎甲。"（《全宋文》卷七〇六〇）宝庆二年（1226）"诏免策士"，绍定二年当为宝庆二年之误。又，《至正金陵新志》卷一四："合州人文复之，字廷实。治《易》，王会龙榜第三名及第。"王会龙是年状元。

其三，冷应澂。《宋登科记考》卷一三将其系于绍定二年（1229）进士名录，误。《宋史》卷四一六："冷应澂，字公定，隆兴分宁人。宝庆元年进士，调庐陵主簿。"宝庆元年（1225）非科举年，当为是年之误。

宋理宗绍定二年己丑，公元1229年：

补进士名录：其一，张刚。《宋登科记考》失载。《吹剑四录》："建昌张刚叔介，绍定二年登科。"

其二，宋秉国。《宋登科记考·附录》："绍定中登进士第。"《全宋文》卷七一二二魏了翁《宋君墓志铭》："二子：长即少章，次秉国，举绍定三年进士。"按：绍定三年（1230）非科举年，当为二年之误。

其三，程松龙。《宋登科记考》失载。《全宋文》卷八二四八程述祖《程公家传》："绍定初元，（郑元凤）以毛郑《诗》亚于乡书。明年上春官，时传天庠士夜梦登天者，见天门划开，上书‘龙凤文采’四大字。暨省闱揭晓，程松龙居第一，先公居第二，袁文焴第三，赵采第四。”

补特奏名进士：朱晞父。《宋登科记考》失载。《宋辽金元方志辑佚·南雄路志》：“朱晞父，缨之子，绍定二年缪榜，从事郎，初任临江军新喻县尉。”（第808页）

宋理宗绍定五年壬辰，公元1232年：

补进士名录：其一，方岳。《宋登科记考》卷一三将其系于绍定二年（1229）进士名录，偶误，且与下文人物简介矛盾。《宋登科记考》卷一三人物简介云：“绍定五年登进士第七名。”

其二，沈贯卿。《宋登科记考》失载。《全宋诗》卷三二〇七方岳《九日与同年沈贯卿饮月墅》。方岳是年中第。

辨正：谭文蔚，宋理宗端平二年（1235）特奏名进士，《宋登科记考》该年特奏名进士名录亦载。此处重复载录，误。《宋辽金元方志辑佚·南雄路志》：“谭文蔚，端平乙未王声叔榜第四等，敕授高州文学。”（第808页）

宋理宗端平二年乙未，公元1235年：

补进士名录：其一，邓益。《宋登科记考》失载。《隐居通议》卷三一《前朝科诏》：“邓益季谦，乙未吴榜。”

其二，赵时序。《宋登科记考》失载。《全宋诗》卷三一二三林希逸《同年赵左藏时序挽诗》。林希逸是年中第。

补特奏名进士：杨元定。《宋登科记考》失载。《全宋文》卷七八〇九王柏《杨公墓志铭》：“君讳某，字元定，姓杨氏。……世为婺之金华人。……端平乙未，因以累试恩奏名天府。廷对入等，授迪功郎、常州晋陵县主簿。”

宋理宗嘉熙二年戊戌，公元1238年：

补进士名录：宋涣。《宋登科记考》失载。《吹剑四录》：“赵汝砺……及卒，无子，葬其三丧，嫁其女于同年进士宋涣。”按：赵汝砺是年进士。

宋理宗淳祐元年辛丑，公元1241年：

补进士名录：其一，许德开。《宋登科记考》失载。《全宋诗》卷三〇三二阳枋《谒同年许使君德开》。阳枋是年中第。

其二，郭靖甫。《宋登科记考》失载。《全宋文》卷七八五七李曾伯《跋郭靖父告》："右告二轴六件，乃新进士郭靖甫之五世祖宛邱明府治平至元丰时所给者也。……予以是常期靖甫之必世其家，今果登淳祐元年进士第，遂续郭君世科。"

其三，刘泽民。《宋登科记考》失载。《全宋文》卷八〇一二欧阳守道《题怀芳小草后》："予同年刘泽民书之。"

其四，洪如叶。《宋登科记考》失载。《全宋文》卷八一七五方逢辰《俞公行状》"淳祐辛丑，被旨衡文别头。如洪如叶，所得皆知名士。"

其四，方泰来。《宋登科记考》失载。《寿昌乘·贡士题名》："方泰来，辛丑登第。"

宋理宗淳祐四年甲辰，公元1244年：

补进士名录：其一，翁如汤。《宋登科记考》失载。《全宋文》卷八一七五方逢辰《俞公行状》："四年，再为别头考官。前列如翁如汤，皆公所拔也。"

其二，谢昌元。《宋登科记考》失载。《全元文》卷七三〇袁桷《师友渊源录》："谢昌元，资州人。淳祐甲辰别院第一，守封州提举。"

其三，陈梦立。《宋登科记考》失载。赵与坦《漳浦县新学记》："淳祐甲辰，郡之捷南宫者三人，邑居其二。陈君梦立巍占甲科，吴君遇聘联名擢第。"（《宋辽金元方志辑佚·清漳志》，第447页）

辨正：安刘。《宋登科记考》卷一三据《宝庆四明记》卷一〇、《南宋馆阁录》卷七等，确定安刘乃淳祐甲辰年进士。又，《癸辛杂识·别集上》："安刘，字景周，一字子阳，四明人。嘉熙丁亥（酉），太学解试魁，戊戌周榜。"言之凿凿，姑备一说。

其四，张锐。《宋登科记考》失载。《寿昌乘·贡士题名》："张锐，甲辰登第。"

宋理宗淳祐七年丁未，公元1247年：

补进士名录：其一，陈宏甫。《宋登科记考》卷一〇据明清地方志将其系于淳熙八年（1181）进士名录，误。《全宋文》卷七九九五郭梦龙《雷州府学登科题名记》："岁在丁未，州学正陈宏甫果以经学第进士。"

其二，阳炎卯。《宋登科记考》卷一三将其系于端平二年（1235）进士名录，误。《全宋文》卷八一五四阳少箕《阳公行状》："季炎卯，登淳祐丁未进士第"。

其三，龚梦灵。《宋登科记考》失载。《东南纪闻》卷二："龚斗文梦灵，崇阳人，淳祐丁未登进士第。"

宋理宗淳祐十年庚戌，公元1250年：

补进士名录：其一，冯去辨。《宋登科记考》失载。《全宋文》卷七六九七孙德之《冯公墓志铭》："次去辨，庚戌进士，分司干官。"

其二，林栋。《宋登科记考》卷一三将其系于宝祐元年（1253）进士名录，误。《全宋文》卷七七四二林希逸《林国辅墓志铭》："君讳栋，字国辅，一字与守。……戊申升舍，己酉上舍，文声籍籍。既擢庚戌第。"

其三，李旬金。《宋登科记考》失载。《全元文》卷四八五吴澄《存古正字序》："至元之季，于金陵识先达李君仲和父。……仲和，讳旬金，宋淳祐庚戌进士出身。"

宋理宗宝祐元年癸丑，公元1253年：

补进士名录：其一，吴节卿。《宋登科记考》失载。《全宋文》卷八一三二姚勉《回文本心榜眼书》："又见吴同年节卿亦在其间。"姚勉是年中第。

其二，陈景初。《宋登科记考》失载。《全宋文》卷八一三二姚勉《回文本心榜眼书》："会陈剂院景初同年方能言其故"。

其三，邓方渊。《宋登科记考》失载。《全宋文》卷八一三三姚勉《通提刑郑南谷书》："清漳佥判邓从政，名方渊，温陵人，登癸丑第，于某为同年。"

其四，程澥。《宋登科记考》卷一三据《宝祐四年登科录》将其系于宝祐四年（1256）进士名录，又引姚勉《谭氏孺人墓志铭》。两条文献资料自相矛盾，《宋登科记考》未加辨析。或《宝祐四年登科录》误，或宝祐四年乃另一人。《全宋文》卷八一三四姚勉《混一华夷疆域图序》："仆尝过程君澥于西山，酒间出书一编，视其目，则曰《混一华夷疆域图》。……同年生姚某序。"又，《全宋文》卷八一四三姚勉《谭氏孺人墓志铭》："余与兴国军教授豫章程君澥第南省同年。"

其五，万定翁。《宋登科记考》失载。《全宋文》卷八一三五姚勉《跋李彝甫廷对策稿》："万同年定翁、程同年则明，皆其门人，以策擢上第。"又，《全宋文》卷八一三九姚勉《万诚翁爱贤堂记》："同年万定翁之兄诚翁"。又，《全宋诗》卷三四〇二姚勉《寄题武安节推同年万君定翁露香堂》。

其六，程则明。《宋登科记考》失载。补正文献同上。

其七，洪述。《宋登科记考》失载。《全宋文》卷八一三五姚勉《书洪玉父奏稿后》："宝祐癸丑，幸得与徽猷公四世子孙述为同年生。"

其八，吴伯大。《宋登科记考》失载。《全宋文》卷八一四〇姚勉《竹溪记》："吴君伯大，家于剑溪之上。……伯大，延平人也，今为同年生。"

其九，方哲。《宋登科记考》失载。《全宋文》卷八一七五方逢辰《癸丑严陵乡会题名记》："宝祐初元夏五之四日，皇帝临轩策士。越二十有二日，赐文武正特奏名，发严陵进士洪承祖暨方哲凡一十人。"

其十，卫钥。《宋登科记考》失载。《寿昌乘·贡士题名》："卫钥，癸丑登第。"

宋理宗宝祐四年丙辰，公元1256年：

补进士名录：其一，曾士倬。《宋登科记考》失载。《文天祥全集》卷一〇《跋曾子美万言书稿名士倬》："集英殿赐某等进士。第入局，一日，同年曾兄子美来访。"

其二，王廷瑞。《宋登科记考》卷一三将其系于宝庆二年（1226）进士名录，误。《全元文》卷八七王义山《亡嫂孺人周氏墓志铭》："归于我先兄。……生二子：……次廷瑞，出继祖母舅杨氏后，丙辰科南省正奏名。”《宋登科记考》亦据此条资料录入，误“丙辰”为“丙戌”。

补特奏名进士：李应龙。《宋登科记考》失载。《全宋文》卷八一三五姚勉《跋李彝甫廷对策稿》：“岁丙辰，试太常，复不利，以特奏恩奉大对。余时在江南泉石间，谓朋友言：今年特奏第一人必松麓。新榜至，松麓乃第在三人。”又，《全宋诗》卷三四〇五姚勉《送松麓李应龙彝甫携阿颖鹏升参学》。

宋理宗景定三年壬戌，公元1262年：

补进士名录：其一，陈宗。《宋登科记考》失载。《癸辛杂识・续集》卷上“开庆六士”条载：“陈宜中、曾唯、黄镛、刘黻、陈宗、林则祖，皆以甲辰岁史嵩之起复上书，倡为期之论。……时人号为‘六君子’。既贬旋还，时相好名，牢笼宜中为伦魁，余悉擢巍科，三数年间皆致通显。”林则祖，《宋史》卷四一八作“林测祖”。其中四人已见上述“进士名录”，遗漏二人。

其二，曾唯。《宋登科记考》失载。补正文献同上。

其三，萧献可。《宋登科记考》失载。《全宋文》卷八二七〇刘辰翁《虎溪莲社堂记》：“余与同年萧献可皆公客。”刘辰翁是年中第。

其四，钟谌。《宋登科记考》失载。《全元文》卷八〇王义山《西湖倡和诗序》：“同年宜春钟谌醵客为兹游。”王义山是年中第。

其五，李硕。《宋登科记考》卷一三将其系于宝祐元年（1253）进士名录，误。《全元文》卷四三二戴表元《李君墓志铭》：“李氏，越余姚人。……父硕，以太学词赋高选，中壬戌进士鼎科。”

其六，陈天应。《宋登科记考》失载。《全元文》卷二一八方回《潘友文涣字说》：“回同年乙科进士陈此竹天应，建宁乡前辈。”方回是年中第。

其七，葛与山。《宋登科记考》失载。《全元文》卷五〇五吴澄《存与堂记》：“南丰州判官葛君，世居豫章新建之石江。其父与山翁，景定壬戌进士。”

其八，徐云屋。《宋登科记考》失载。《全宋词》第五册刘辰翁《摸鱼儿·酒边留同年徐云屋》。又，《全宋诗》卷三三五二王义山《挽云屋徐侍郎》："雁塔题名墨尚鲜，九州四海此同年。"

宋度宗咸淳元年乙丑，公元1265年：

补进士名录：其一，徐可大。《宋登科记考》失载。《何梦桂集》卷二《贺徐提管可大得子》："谩道同年是我兄。"何梦桂是年中第。

其二，赵崇诎。《宋登科记考》失载。《全元文》卷七〇五陈纪《赵公行状》："公讳必瑑，字玉渊……盐干生崇诎，修职郎、南安军司户参军。司户生公。……咸淳乙丑，侍司户同试南宫，父子联名登高科。"

宋度宗咸淳四年戊辰，公元1268年：

补进士名录：其一，娄甫。《宋登科记考》失载。《全元文》卷四七九吴澄《送娄志淳太初赴石城县主簿序》："翁之伯子德刚甫，簿之父也，咸淳丁卯以诗赋贡，次年登进士科，授迪功郎，尉袁之万载。"

其二，姬文龙。《宋登科记考》失载。《全元文》卷一二六六《姬先生墓碣铭》："君讳文龙，字伯阳，姓姬氏，河东绛州人也……宋咸淳四年以词赋擢进士第，初授迪功郎，主郢之京山簿。"

补特奏名进士：其一，张克嘉。《宋登科记考》失载。《全宋文》卷七九三三叶梦鼎《张正谏墓志铭》："子男二：……次克嘉，郑出，咸淳戊辰特科。"

其二，王子兼。《宋登科记考》失载。《全元文》卷四三〇戴表元《王公行状》："明之奉化，有善士曰王公，讳子兼，字达善。……咸淳戊辰，公年五十，老矣。度少年进取事，愈不可为。始用累举恩，对策集英，授迪功郎、建德府瑞安县主学。"

其三，朱希一。《宋登科记考》失载。《全元文》卷四九〇吴澄《题咸淳戊辰御赐进士诗后》："咸淳辛未岁，予与朱光甫先生同试省闱。试毕，同途而归，今四十三年矣。其子希一以戊辰特奏名时所得御赐诗墨刻示予，观之泫然。"

宋度宗咸淳七年辛未，公元1271年：

补进士名录：其一，文伯纯。《宋登科记考》失载。《全宋诗》卷三六四二戴表元《相逢行赠文伯纯同年》。戴表元是年中第。

其二，潘昌朝。《宋登科记考》失载。《全宋诗》卷三六四四戴表元《送同年潘昌朝》。

其三，赵汉弼。《宋登科记考》失载。《全元文》卷四一六戴表元《春秋法度编序》："乡郡赵君汉弼，与予为同年生。"

其四，牟成甫。《宋登科记考》失载。《全元文》卷四一九戴表元《陵阳牟氏寿席诗序》："其长子余同年弟成甫。"

其五，陈应子。《宋登科记考》失载。《全宋诗》卷三七〇五黎廷瑞《寄朱野翁兼简月观陈同年应子》。黎廷瑞是年中第。

其六，黄仲明。《宋登科记考》失载。《全元文》卷五一六吴澄《黄亨叔墓志铭》："临川黄君亨叔，……其宗兄知县君仲明。仲明与予同为咸淳庚午贡士，……明年，……仲明登进士丙科。"

其七，赵孟跻。《宋登科记考》失载。《全元文》卷六四一刘将孙《赵君墓志铭》："君讳孟跻，字仲仁，本宋艺祖秦王宫诸孙。……登咸淳辛未第。"

其八，赖平可。《宋登科记考》失载。《全元文》卷六九〇何中《赖氏行述》："宋年尤重科第，而庐陵尤盛。葛溪之上游，距欧阳氏泷冈四十里而近，名小岭者，赖氏居焉。……平可国学生，咸淳辛未，登进士第，调抚州宜黄尉。"

补特奏名进士：游子贤。《宋登科记考·附录》："南宋特奏名登进士第。"《全元文》卷四三一戴表元《游县丞墓志铭》："君讳子贤，字俊伯，游氏。……今为信上饶人。……辛未岁，遂用累举恩授容州文学。"

宋度宗咸淳十年甲戌，公元1274年：

补进士名录：其一，吴安行。《宋登科记考》失载。《全元文》卷四三一戴表元《吴君墓志铭》："吴氏，饶德兴建节人。……生二子：长安行，以词赋中甲戌进士科，调信州贵溪尉。"

其二，刘景。《宋登科记考》失载。《全元文》卷四七八吴澄《送彭泽教谕刘芳远序》："予之齐年友刘君景，年二十入太学，二十有六成进士，授江陵户曹，未及禄而代改。”按：吴澄生于淳祐九年（1249），是年二十六岁。

其三，曾唯斋。《宋登科记考》失载。《全元文》卷四七八吴澄《赠兰谷曾圣弼序》：“临川西乡查林曾氏唯斋翁，专门治《周官》六典。宝祐乙卯初与贡，咸淳庚午再与贡。其再贡也，予忝同升。越五年，甲戌免举，试礼部，登进士科。”

参考文献

文献类

〔后晋〕刘昫等撰：《旧唐书》，北京：中华书局，1986年。

〔宋〕欧阳修等撰：《新唐书》，北京：中华书局，1986年。

〔宋〕王溥撰：《唐会要》，北京：中华书局，1998年。

〔宋〕王溥撰：《五代会要》，上海：上海古籍出版社，1978年。

〔宋〕王钦若等编：《册府元龟》，北京：中华书局，1960年。

〔清〕徐松撰，孟二冬补正：《登科记考补正》，北京：北京燕山出版社，2003年。

〔宋〕曾巩撰，王瑞来校证：《隆平集校正》，北京：中华书局，2012年。

〔宋〕李焘撰：《续资治通鉴长编》，北京：中华书局，2004年。

〔清〕黄以周等辑注，顾吉辰点校：《续资治通鉴长编拾补》，北京：中华书局，2004年。

〔宋〕朱熹撰：《宋名臣言行录》，《景印文渊阁四库全书》本，台北：台湾商务印书馆股份有限公司，1986年。

〔宋〕赵汝愚编，吴小如等校点：《宋朝诸臣奏议》，上海：上海古籍出版社，1999年。

〔宋〕陈均编，许沛藻等点校：《皇朝编年纲目备要》，北京：中华书局，2006年。

〔宋〕佚名编，汝企和点校：《续编两朝纲目备要》，北京：中华书局，1995年。

〔宋〕彭百川撰：《太平治迹统类》，《丛书集成续编》本，台北：新文丰出版公司，1988年。

〔元〕脱脱等撰：《宋史》，北京：中华书局，1995年。

〔元〕佚名撰，李之亮校点：《宋史全文》，哈尔滨：黑龙江人民出版社，2004年。

〔宋〕徐梦莘撰：《三朝北盟会编》，《景印文渊阁四库全书》本，台北：台湾商务印书馆，1986年。

佚名撰：《靖康要录》，《景印文渊阁四库全书》本，台北：台湾商务印书馆，1986年。

〔宋〕李心传撰，辛更儒点校：《建炎以来系年要录》，上海：上海古籍出版社，2018年。

〔宋〕李心传撰，徐规点校：《建炎以来朝野杂记》，北京：中华书局，2000年。

〔宋〕陈骙等撰，张富祥点校：《南宋馆阁录》，北京：中华书局，1998年。

〔元〕佚名撰，王瑞来笺证：《宋季三朝政要笺证》，北京：中华书局，2010年。

〔清〕徐松辑：《宋会要辑稿》，北京：中华书局，1997年。

〔宋〕章如愚编撰：《山堂考索》，北京：中华书局，1992年。

〔宋〕祝穆编、祝洙补订：《宋本方舆胜览》，上海：上海古籍出版社，1991年。

〔宋〕祝穆等编：《古今事文类聚》，《景印文渊阁四库全书》本，台北：台湾商务印书馆1986年。

〔宋〕章定编：《名贤氏族言行类稿》，《景印文渊阁四库全书》本，台北：台湾商务印书馆1986年。

〔元〕马端临撰：《文献通考》，北京：中华书局，1986年。

中华书局编辑部编：《宋元方志丛刊》，北京：中华书局，1990年。

刘纬毅等辑：《宋辽金元方志辑佚》，上海：上海古籍出版社，2011年。

章国庆编著：《宁波历代碑碣墓志汇编》，上海：上海古籍出版社，2012年。

郭茂育、刘继保编著：《宋代墓志辑释》，郑州：中州古籍出版社，2016年。

〔明〕陈邦瞻编：《宋史纪事本末》，北京：中华书局，1977年。

〔清〕徐乾学撰：《资治通鉴后编》，《景印文渊阁四库全书》本，台北：台湾商务印书馆，1986年。

〔清〕纪晓岚等编纂：《景印文渊阁四库全书》，台北：台湾商务印书馆，1986年。

〔宋〕张咏著，张其凡整理：《张乖崖集》，北京：中华书局，2000年。

〔宋〕范仲淹撰，〔清〕范能濬编集，薛正兴校点：《范仲淹全集》，凤凰出版社，2004年。

〔宋〕欧阳修撰，李逸安点校：《欧阳修全集》，北京：中华书局，2001年。

〔宋〕司马光撰，李文泽、雷绍晖校点：《司马光集》，成都：四川大学出版社，2010年。

〔宋〕苏舜钦著、沈文倬校点：《苏舜钦集》，上海：上海古籍出版社，1981年。

〔宋〕苏颂著，王同策等点校：《苏魏公文集》，北京：中华书局，2004年。

〔宋〕石介著，陈植锷点校：《徂徕石先生文集》，北京：中华书局，1984年。

〔宋〕苏洵著，曾枣庄、金成礼笺注：《嘉祐集笺注》，上海：上海古籍出版社，1993年。

〔宋〕苏轼撰，孔凡礼点校《苏轼文集》，北京：中华书局，1986年。

〔宋〕苏轼撰，王文诰集注、孔凡礼点校《苏轼诗集》，北京：中华书局，1996年。

〔宋〕苏辙撰，陈宏天、高秀芳点校：《苏辙集》，北京：中华书局，1990年。

〔宋〕程颢、程颐著，王孝鱼点校：《二程集》，北京：中华书局，2012年。

〔宋〕刘挚撰、陈晓平等点校：《忠肃集》，北京：中华书局，2002年。

〔宋〕吕陶撰：《净德集》，《丛书集成初编》本，北京：中华书局，1985年。

〔宋〕张舜民撰：《画墁集》，《丛书集成初编》本，北京：中华书局，1985年。

〔宋〕黄庭坚著、郑永晓整理：《黄庭坚全集》，南昌：江西人民出版社，2011年。

〔宋〕张耒撰、李逸安等点校：《张耒集》，北京：中华书局，2000年。

〔宋〕陆游撰：《陆游集》，北京：中华书局，1976年。

〔宋〕范成大著：《范石湖集》，上海：上海古籍出版社，1981年。

〔宋〕杨万里著，王琦珍整理：《杨万里诗文集》，南昌：江西人民出版社，2006年。

〔宋〕王十朋著，梅溪集重刊委员会编：《王十朋全集》，上海：上海古籍出版社，1998年。

〔宋〕刘一止著，龚景兴等点校：《刘一止集》，杭州：浙江古籍出版社，2012年。

〔宋〕楼钥撰，顾大朋点校：《楼钥集》，杭州：浙江古籍出版社，2010年。

〔宋〕黎靖德编，王星贤点校：《朱子语类》，北京：中华书局，1999年。

〔宋〕叶适著，刘公纯等点校：《叶适集》，北京：中华书局，2013年。

〔宋〕刘克庄撰，王蓉贵等校点：《后村先生大全集》，成都：四川大学出版社，2008年。

〔宋〕李昴英撰，杨芷华点校：《文溪存稿》，广州：暨南大学出版社，1994年。

〔宋〕文天祥著：《文天祥全集》，北京：中国书店，1985年。

〔宋〕何梦桂著，赵敏等点校《何梦桂集》，杭州：浙江古籍出版社，2011年。

北京大学古文献研究所编，傅璇琮等主编：《全宋诗》，北京：北京大学出版社，1995年。

曾枣庄、刘琳主编：《全宋文》，上海：上海辞书出版社；合肥：安徽教育出版社，2006年。

唐圭璋编：《全宋词》，北京：中华书局，1980年。

李修生主编：《全元文》，江苏古籍出版社，1999年。

〔五代〕王定保：《唐摭言》，上海：上海古籍出版社，1978年。

〔宋〕王谠撰，周勋初校正：《唐语林校正》，北京：中华书局，1997年。

〔宋〕钱易撰，黄寿成点校：《南部新书》，北京：中华书局，2002年。

〔宋〕宋祁撰、储玲玲整理：《宋景文公笔记》，《全宋笔记》第一编第五册，郑州：大象出版社，2003年。

〔宋〕田况撰，储玲玲整理：《儒林公议》，《全宋笔记》第一编第五册，郑州：大象出版社，2003年。

〔宋〕曾布撰，程郁整理：《曾公遗录》，《全宋笔记》第一编第八册，郑州：大象出版社，2003年。

〔宋〕欧阳修撰，李伟国点校：《归田录》，北京：中华书局，1997年。

〔宋〕司马光撰，邓广铭、张希清点校：《涑水记闻》，北京：中华书局，1997年。

〔宋〕邵博温撰，李剑雄、刘德权点校：《邵氏闻见后录》，北京：中华书局，1997年。

〔宋〕沈括撰：《梦溪笔谈》，上海：上海书店出版社，2009年。

〔宋〕吴处厚撰，李裕民点校：《青箱杂记》，北京：中华书局，1997年。

〔宋〕王辟之撰，吕友仁点校：《渑水燕谈录》，北京：中华书局，1997年。

〔宋〕方勺撰，徐沛藻等点校：《泊宅编》，北京：中华书局，1997年。

〔宋〕何薳撰，张明华点校：《春渚纪闻》，北京：中华书局，1997年。

〔宋〕文莹撰，郑世刚、杨立扬点校：《湘山野录》，北京：中华书局，1997年。

〔宋〕文莹撰，郑世刚、杨立扬点校：《玉壶清话》，北京：中华书局，1997年。

〔宋〕陈师道撰，李伟国点校：《后山谈丛》，北京：中华书局，2007年。

〔宋〕朱弁撰，孔凡礼点校：《曲洧旧闻》，北京：中华书局，2002年。

〔宋〕魏泰撰，李裕民点校：《东轩笔录》，北京：中华书局，1997年。

〔宋〕庄绰撰，萧鲁阳点校：《鸡肋编》，北京：中华书局，1997年。

〔宋〕曾慥撰，俞钢、王燕华整理：《高斋漫录》，《全宋笔记》第四编第五册，郑州：大象出版社，2008年。

〔宋〕陈善撰，查清华整理：《扪虱新话》，《全宋笔记》第五编第十册，郑州：大象出版社，2012年。

〔宋〕马永卿编：《元城语录》，《景印文渊阁四库全书》本，台北：台湾商务印书馆，1986年。

〔宋〕朱彧撰，李伟国点校：《萍洲可谈》，北京：中华书局，2007年。

〔宋〕赵令畤撰，孔凡礼点校：《侯鲭录》，北京：中华书局，2002年。

〔宋〕赵彦卫撰，傅根清点校：《云麓漫钞》，北京：中华书局，1998年。

〔宋〕叶梦得撰，宇文绍奕考异，侯忠义点校：《石林燕语》，北京：中华书局，1997年。

〔宋〕叶梦得撰，徐时仪校点：《避暑录话》，《宋元笔记小说大观》第3册，上海：上海古籍出版社，2007年。

〔宋〕徐度撰，尚成校点：《却扫编》，上海：上海古籍出版社，2012年。

〔宋〕曾敏行撰，朱杰人整理：《独醒杂志》，《全宋笔记》第四编第五册，郑州：大象出版社，2008年。

〔宋〕张邦基撰，孔凡礼点校：《墨庄漫录》，北京：中华书局，2002年。

〔宋〕彭□辑撰，孔凡礼点校：《墨客挥犀》，北京：中华书局，2002年。

〔宋〕彭□辑撰，孔凡礼点校：《续墨客挥犀》，北京：中华书局，2002年。

〔宋〕陆游撰，孔凡礼点校：《家世旧闻》，北京：中华书局，1997年。

〔宋〕陆游撰，李剑雄、刘德权点校：《老学庵笔记》，北京：中华书局，1997年。

〔宋〕吕本中撰，查清华、胡俭整理：《师友杂志》，《全宋笔记》第三编第六册，郑州：大象出版社，2008年。

〔宋〕李心传撰，崔文印点校：《旧闻证误》，北京：中华书局，1997年。

〔宋〕邵伯温撰，李剑雄、刘德权点校：《邵氏闻见录》，北京：中华书局，1997年。

〔宋〕王林撰，诚刚点校：《燕翼诒谋录》，北京：中华书局，1997年。

〔宋〕叶绍翁撰，沈锡麟、冯惠民点校：《四朝闻见录》，北京：中华书局，1997年。

〔宋〕赵升撰，王瑞来点校：《朝野类要》，北京：中华书局，2010年。

〔宋〕岳珂撰：《愧郯录》，《景印文渊阁四库全书》本，台北：台湾商务印书馆，1986年。

〔宋〕洪迈撰，孔凡礼点校：《容斋随笔》，北京：中华书局，2005年。

〔宋〕洪迈撰，何卓点校：《夷坚志》，北京：中华书局，1981年。

〔宋〕费衮撰，傅毓钤：《梁溪漫志》，太原：山西人民出版社，1986年。

〔宋〕张世南撰，崔文印点校：《游宦纪闻》，北京：中华书局，1997年。

〔宋〕郭彖撰，李梦生校点：《睽车志》，上海：上海古籍出版社，2012年。

〔宋〕俞文豹撰，张宗祥校订：《吹剑录全编》，上海：古典文学出版社，1958年。

〔宋〕谢采伯撰：《密斋笔记》，《景印文渊阁四库全书》本，台北：台湾商务印书馆，1986年。

〔宋〕罗大经撰，王瑞来点校：《鹤林玉露》，北京：中华书局，1997年。

〔宋〕王明清撰，田松清校点：《挥麈录》，上海：上海古籍出版社，2012年。

〔宋〕高承撰，〔明〕李果订，金圆、许沛藻点校：《事物纪原》，北京：中华书局，1989年。

〔宋〕龚明之撰，孙菊园校点：《中吴纪闻》，《宋元笔记小说大观》第3册，上海：上海古籍出版社，2007年。

〔宋〕吴曾撰：《能改斋漫录》，上海：上海古籍出版社，1979年。

〔宋〕赵与时撰，傅成校点：《宾退录》，上海：上海古籍出版社，2012年。

〔宋〕周密撰，张茂鹏点校：《齐东野语》，北京：中华书局，1997年。

〔宋〕周密撰，吴企明点校：《癸辛杂识》，北京：中华书局，1997年。

〔宋〕四水潜夫辑：《武林旧事》，杭州：西湖书社，1981年。

〔元〕刘一清：《钱塘遗事》，上海：上海古籍出版社，1985年。

〔宋〕龚鼎臣：《东原录》，《景印文渊阁四库全书》本，台北：台湾商务印书馆，1986年。

〔元〕刘埙：《隐居通议》，《景印文渊阁四库全书》本，台北：台湾商务印书馆，1986年。

〔元〕佚名：《东南纪闻》，《景印文渊阁四库全书》本，台北：台湾商务印书馆，1986年。

〔明〕陶宗仪：《说郛》，《景印文渊阁四库全书》本，台北：台湾商务印书馆，1986年。

〔宋〕胡仔纂集，廖德明校点：《苕溪渔隐丛话》，北京：人民文学出版社，1962年。

〔宋〕阮阅编，周本淳校点：《诗话总龟》，北京：人民文学出版社，2006年。

〔清〕何文焕辑：《历代诗话》，北京：中华书局，1981年。

专著类

傅璇琮：《唐代科举与文学》，西安：陕西人民出版社，1995年。

吴宗国：《唐代科举制度研究》，吉林：辽宁大学出版社，1997年。

龚延明编著：《宋代官制辞典》，北京：中华书局，1997年。

孔凡礼：《苏轼年谱》，北京：中华书局，1998年。

周宝珠：《宋代东京研究》，郑州：河南大学出版社，1992年。

诸葛忆兵：《宋代宰辅制度研究》，北京：中国社会科学出版社，2000年。

沈松勤：《南宋文人与党争》，北京：人民出版社，2005年。

李兵：《书院与科举关系研究》，武汉：华中师范大学出版社，2005年。

祝尚书：《宋代科举与文学考论》，郑州：大象出版社，2006年。

傅璇琮主编，龚延明、祖慧编撰：《宋登科记考》，南京：江苏教育出版社，2009年。

沈松勤：《宋代政治与文学研究》，北京：商务印书馆，2010年。

朱泽君主编：《崔与之与岭南文化研究》，北京：人民出版社，2010年。

张希清：《中国科举制度通史·宋代卷》，上海：上海人民出版社，2015年。

诸葛忆兵：《宋代文史考论》，北京：中华书局，2002年。

诸葛忆兵编著：《宋代科举资料长编》，南京：凤凰出版社，2017年。

诸葛忆兵：《宋代科举制度与文学演变》，哈尔滨：北方文艺出版社，2020年。
黄云鹤：《唐宋时期落第士人群体研究》，北京：中华书局，2020年。

期刊类

诸葛忆兵：《范仲淹与教育》，《文史知识》2010年第7期。
诸葛忆兵：《宋代应策时文概论》，《复旦学报（社会科学版）》2016年第4期。
林岩：《南宋的太学舍选和两优状元》，《中华文史论丛》2014年第2期。

后　记

1999年，我从北京师范大学历史系博士后流动站出站，加盟中国人民大学中文系，开始一段新的教学科研历程。其时，我就选择了“宋代科举制度沿革与文学创作演变”为将来研究重点之一。中国古代文学和历史两个方面的研究题目，都是我所喜爱的，上述学术规划涵盖两个方面，正是我相对擅长的。

其后，漫长的文献资料积累和学术思考过程随之展开。最初是零敲碎打的，对自己感兴趣的个案予以特别关注，从一个个研究问题的解决着手。发表的第一篇论文是《论宋人锁院诗》，刊载于《文学评论》2009年第6期。研究过程中我深刻意识到，如果不对现存的宋代科举文献资料做竭泽而渔的掌握，就无法将相关研究推向深入。于是，我将所有的注意力转向“宋代科举资料长编”这项工作。最后，收集、考辨、编定200多万字的文献资料，分为5册，2017年由凤凰出版社出版。该项工作完成之后，我就将研究重点再度拉回到宋代科举制度与文学这一课题，2020年《宋代科举制度与文学演变》一书由北方文艺出版社出版。

完成上述研究工作之后，下一个研究重点就是“宋代科举制度史”，写作出一本具有独特角度的专著，这一愿望变得异常强烈。首先，对文献资料比较充分的掌握使我具有研究和写作的勇气，也使得研究和写作变得相对流畅。其次，我的研究强调史的纵贯线索，围绕此纵贯线索展开思考，努力避免成为宋代科举制度重大事件或重要人物的研究集成，这就是我上文提出的独特角度。第一篇论文《论真宗朝科举制度之演变》

发表于《北京大学学报》2021年第2期，而后又有关于两宋历朝历代科举制度演变的论文陆续发表。非常感谢所有学术刊物的编辑给予我诸多的发表机会，看到自己的研究成果能够及时地呈现于读者眼前，是研究者最大的快乐之一。

2022年6月，我从中国人民大学退休，然国学院给予我一贯的支持，此书出版同样需要感谢中国人民大学国学院。顺便提一句，我在中国人民大学有24年的教学科研生涯，一直工作在相对宽松自由的教学和学术环境中，对此我要感谢众多学生、同仁和我的工作单位。最后，同样非常感谢浙江人民出版社，他们以出版宋代学术著作为己任，曾几次诚恳地向我约稿，由此促成了这次出版机会。我的学生朱碧澄供职于浙江人民出版社，作为此书责编，付出了诸多辛苦努力，一并致谢。

本书附录部分，是我研究宋代科举制度史的附属产品，集中于具体事件、人物和问题的研究或介绍，与前面正文相辅相成，可以视作制度史的有机组成部分。

与宋代科举制度相关的研究，覆盖了我在中国人民大学工作的整个过程。其间发表论文38篇，仍有数篇论文待发；出版专著3部，当然将此专著也统计在内。受个人学术眼光和能力的限制，研究中有诸多不足之处，尚请同行学者一一指正。

诸葛忆兵

2023年3月